代数的魅力与技巧

单 墫 著

中国科学技术大学出版社

内 容 简 介

本书是面向中学生的一本简明的代数辅导书,高屋建瓴地总结出了初中代数中的重要知识点,对初中代数的定理、概念等结合例题进行了详细的讲解,并提炼、编制了一些特别能启发思维的练习题.通过这些练习,读者可在初中代数的表达、关键步骤以及书面表达的完整性等方面有所收获和得到启发.

本书适合中学生学习,也可供中学数学教师参考.

图书在版编目(CIP)数据

代数的魅力与技巧/单墫著. —合肥:中国科学技术大学出版社,2020.11(2024.9重印)
ISBN 978-7-312-05067-1

Ⅰ. 代⋯ Ⅱ. 单⋯ Ⅲ. 代数课—中学—教学参考资料 Ⅳ. G634.623

中国版本图书馆 CIP 数据核字(2020)第 187011 号

代数的魅力与技巧
DAISHU DE MEILI YU JIQIAO

出版	中国科学技术大学出版社 安徽省合肥市金寨路96号,230026 http://press.ustc.edu.cn https://zgkxjsdxcbs.tmall.com
印刷	合肥华苑印刷包装有限公司
发行	中国科学技术大学出版社
开本	787 mm×1092 mm 1/16
印张	25.25
字数	646 千
版次	2020 年 11 月第 1 版
印次	2024 年 9 月第 5 次印刷
印数	20001—25000 册
定价	66.00 元

前　言

这是一本初中代数的课外读物.读者应当学过小学数学,知道有理数的有关知识.

初中代数的内容大致分为四块:数、式、方程、函数.这些内容在本书中都有涉及,因此它可作为自学初中代数的读本.本书中还有大量例题与习题,因此它也可作为复习初中代数的资料.当然,本书并不是自学读本与复习资料,它是一本课外读物.课外读物在内容、写法等方面均有较大的自由.

读课外读物好比旅游.游山玩水时,游客享有充分的自由,或一掠而过,或停下来仔细观看,全凭自己的兴趣.

笔者就是希望能够增进读者的兴趣.

本书部分内容曾由上海辞书出版社出版.这次大加修订,内容增加了一倍以上,改由中国科学技术大学出版社出版.

感谢中国科学技术大学出版社为本书顺利出版所做的工作.

单　墫

2020 年 10 月

目 录

前言 ·· (i)

第1章 字母世界 ·· (1)

  1. 从特殊到一般 ·· (1)

  2. 公式、法则 ·· (2)

  3. 两位数与三位数 ·· (3)

  4. $65^2 = ?$ ·· (4)

  5. 手指表示乘法口诀 ··· (4)

  6. 三阶幻方 ··· (5)

  7. 字母运算的建立 ·· (7)

  8. 2米+3米 ·· (8)

  9. 数轴 ··· (9)

  10. 序 ··· (10)

  习题1 ·· (11)

  习题1解答 ··· (12)

第2章 式 ··· (14)

  1. 同底数的幂相乘 ·· (14)

  2. 多项式的乘法 ·· (14)

  3. 乘法的例题 ·· (15)

  4. 平方差公式 ·· (16)

  5. 其他公式(一) ·· (17)

  6. 其他公式(二) ·· (18)

  7. 一个有趣的问题 ·· (19)

  8. 欣赏风景 ··· (20)

  9. 勾股数 ·· (20)

  10. 限制的取消 ··· (21)

11. 除以单项式 ··· (23)

12. 除以多项式 ··· (23)

13. 一元多项式 ··· (24)

14. 分离系数法 ··· (26)

15. 绝对值 ··· (28)

习题 2 ··· (30)

习题 2 解答 ·· (31)

第 3 章　渐入佳境 ·· (35)

1. 未知数 ··· (35)

2. 方程 ·· (37)

3. 武林秘籍 ·· (38)

4. 标准形式 ·· (40)

5. 一题多解 ·· (42)

6. 还原问题 ·· (43)

7. 和差问题 ·· (44)

8. 倍数问题 ·· (45)

9. 年龄问题 ·· (47)

10. 盈亏问题 ··· (48)

11. 鸡兔同笼 ··· (50)

12. 托尔斯泰问题 ··· (51)

13. 重在分析 ··· (51)

14. 方程组 ·· (52)

15. 方程组的解法 ··· (53)

16. 比与比例(一) ··· (55)

17. 比与比例(二) ··· (56)

习题 3 ··· (58)

习题 3 解答 ·· (59)

第 4 章　统一与多样 ·· (63)

1. 善于比较 ·· (63)

2. 卖出 $\frac{4}{5}$ ·· (64)

3. 三包糖果 ·· (65)

4. 男生女生 ·· (66)

5. 蚊香打折 ……………………………………………………………（67）

6. 教学试验 ……………………………………………………………（68）

7. 行程问题 ……………………………………………………………（69）

8. 又是行程 ……………………………………………………………（69）

9. 又是浓度 ……………………………………………………………（70）

10. 未知数多 …………………………………………………………（71）

11. 更多应用题（一） …………………………………………………（72）

12. 更多应用题（二） …………………………………………………（73）

习题 4 …………………………………………………………………（74）

习题 4 解答 ……………………………………………………………（76）

第 5 章 新式武器 ……………………………………………………（82）

1. 行列式 ………………………………………………………………（82）

2. 解二元一次方程组的公式 …………………………………………（84）

3. 矩阵 …………………………………………………………………（87）

4. 《九章算术》 …………………………………………………………（89）

5. 三元方程组 …………………………………………………………（91）

6. 三种货物 ……………………………………………………………（93）

7. 大数多大 ……………………………………………………………（94）

8. 牛顿的吃草问题 ……………………………………………………（95）

习题 5 …………………………………………………………………（97）

习题 5 解答 ……………………………………………………………（98）

第 6 章 千变万化 ……………………………………………………（102）

1. 代数式的值 …………………………………………………………（102）

2. 似与不似 ……………………………………………………………（103）

3. 解枷去锁 ……………………………………………………………（109）

4. 因式分解（一） ………………………………………………………（113）

5. 十字相乘法 …………………………………………………………（115）

6. 因式分解（二） ………………………………………………………（117）

7. 好整以暇 ……………………………………………………………（120）

8. 定理，定理 …………………………………………………………（124）

9. 对称与轮换 …………………………………………………………（128）

10. 轮换式的分解 ……………………………………………………（131）

11. 五光十色 …………………………………………………………（134）

习题 6 ·· (140)

习题 6 解答 ·· (141)

第7章 发现新天地 ·· (146)

1. 方程的根 ·· (146)

2. 无理数 ·· (147)

3. 广阔天地 ·· (149)

4. 根式的性质 ·· (153)

5. 与根式有关的问题 ·· (153)

6. $\sqrt{a \pm \sqrt{b}}$ ··· (155)

7. 根式的化简 ·· (157)

8. 含根式的恒等式 ··· (158)

9. 三次根式 ·· (160)

习题 7 ·· (163)

习题 7 解答 ·· (164)

第8章 有志竟成 ·· (167)

1. 因式分解法 ·· (167)

2. 求根公式 ·· (168)

3. 迎刃而解 ·· (170)

4. 判别式 ·· (172)

5. 有关问题 ·· (173)

6. 韦达定理(一) ·· (174)

7. 一下打死七个 ·· (176)

8. 韦达定理(二) ·· (177)

9. 对称吗？ ·· (178)

10. 双二次方程 ·· (180)

11. 倒数方程 ·· (181)

12. 分式方程 ·· (183)

13. 方程 $x + \dfrac{1}{x} = a + \dfrac{1}{a}$ ·············· (185)

14. 实数解 ·· (186)

15. "不妨设" ·· (187)

16. 无理方程(一) ·· (187)

17. 无理方程(二) ·· (190)

18. 两个数的和与积 ·· (191)

19. 对称方程组 ·· (193)

20. 分式方程组 ·· (196)

21. 更多方程组 ·· (198)

22. 消去常数项 ·· (200)

23. 三次方程 ··· (201)

24. 高次方程 ··· (203)

25. 常用不等式 ·· (204)

习题 8 ··· (206)

习题 8 解答 ··· (207)

第 9 章 方程大战 ·· (211)

1. 方程 ·· (211)

2. 二元方程组 ··· (215)

3. 含无理方程的方程组 ··· (219)

4. 多元方程组（一） ·· (225)

5. 多元方程组（二） ·· (230)

习题 9 ··· (237)

习题 9 解答 ··· (240)

第 10 章 珠联璧合 ·· (252)

1. 郢书燕说 ·· (252)

2. 直角坐标系 ··· (253)

3. 心电图 ··· (253)

4. 一次函数的图像 ··· (254)

5. 反比例函数的图像 ·· (255)

6. 距离公式 ·· (256)

7. 中点公式 ·· (257)

8. 分点公式 ·· (259)

9. 三角形的面积 ·· (261)

10. 直线方程 ··· (264)

11. 直线的平行与垂直 ··· (266)

12. 例题选讲 ··· (269)

习题 10 ··· (275)

习题 10 解答 ··· (277)

第11章 二次函数及其图像 ································ (283)

1. 二次函数 ····································· (283)
2. 二次函数的性质 ································ (284)
3. 抛物线都是相似的 ······························ (285)
4. 求二次函数 ··································· (286)
5. 解不等式 ····································· (288)
6. 参数 ··· (291)
7. 最大值与最小值 ································ (294)
8. 讨论一个极值问题 ······························ (298)
9. 分式的极值 ··································· (299)
10. 例题举隅 ···································· (300)
习题 11 ··· (305)
习题 11 解答 ···································· (307)

第12章 不亦说乎 ······································ (310)

1. 30 道题 ····································· (310)
2. 30 道题的解答 ································ (314)
3. 100 道题 ···································· (333)
4. 100 道题的解答 ······························· (340)

第1章 字母世界

这本课外读物的特点可以用四个字概括:"曲径通幽".

我们沿着一条僻静的、弯弯曲曲的、有点幽香的小路,通向繁花似锦的数学花园.一路上,能够欣赏到丘壑的错落,享受到山林的野趣.这就是我所希望的.

本章引领读者进入字母世界,了解其中的种种规则、观念与符号.

"入乡问俗",我们会发现"字母世界"中绝大多数事物与"数的世界"中是一样的,但也有所不同,一些新的东西值得我们注意,值得我们学习.

温故知新,就是我们的学习方法.

既然进入这个世界,我们就是其中的主人,应当而且可以考虑如何合理地拟定其中的规则,如何自由地运用这些规则,如何欣赏获得的成果,如何解决面临的问题或绕过前进的障碍.

没有东西可以阻挡我们前进.

向前进,你就会产生信心!

1. 从特殊到一般

代数,顾名思义,就是用字母来代表数.

用字母代表数,有什么好处?

好处就是可以反映一般的规律,例如:
$$2 \times 3 = 3 \times 2$$
只是一个特殊的、具体的例子.但从这些具体、特殊的例子中,可以归纳出一般的规律.

乘法交换律 对任意两个数 a、b,有
$$a \times b = b \times a.$$

同样,用字母可以表示如下规律:

加法交换律 对任意两个数 a、b，有
$$a + b = b + a.$$

乘法结合律 对任意三个数 a、b、c，有
$$(a \times b) \times c = a \times (b \times c).$$

加法结合律 对任意三个数 a、b、c，有
$$(a + b) + c = a + (b + c).$$

(乘法对加法的)分配律 对任意三个数 a、b、c，有
$$a \times (b + c) = a \times b + a \times c.$$

在字母运算中，乘号常常省略. 例如，分配律可以写成
$$a(b + c) = ab + ac.$$

除法也有分配律，即对任意三个数 a、b、$c(a \neq 0)$，有
$$(b + c) \div a = b \div a + c \div a.$$

不过，"$\div a$"可作为"$\times \dfrac{1}{a}$"处理. 所以通常只说乘法分配律，而不说除法分配律.

一个等式，如果不论其中字母代表什么数（当然除数不能为 0），都是成立的，那么这个等式就称为恒等式.

表示上述规律的等式，都是恒等式.

2. 公式、法则

很多公式或法则，用字母表示尤为方便.

设正方形的边长为 a，周长为 p，面积为 S，则
$$p = 4a, \tag{1}$$
$$S = a^2. \tag{2}$$

设长方形的长为 a，宽为 b，周长为 p，面积为 S，则
$$p = 2(a + b), \tag{3}$$
$$S = ab. \tag{4}$$

设三角形的一边为 a，这边上的高为 h，面积为 S，则
$$S = \frac{1}{2}ah. \tag{5}$$

设梯形的上底为 a，下底为 b，高为 h，面积为 S，则
$$S = \frac{1}{2}(a + b)h. \tag{6}$$

设平行四边形的一边为 a，这边上的高为 h，面积为 S，则

$$S = ah. \tag{7}$$

设圆的半径为 r,周长为 p,面积为 S,则
$$p = 2\pi r, \tag{8}$$
$$S = \pi r^2. \tag{9}$$

设多边形的边数为 n,内角和为 S,则
$$S = (n-2) \times 180°. \tag{10}$$

其中有些公式是相通的,例如在(6)中,令 $a = b$,(6)就变成了(7);令 $b = 0$,(6)就变成了(5).

正负数的运算法则也可以用字母来表示,如
$$(+a) + (-b) = a - b, \tag{11}$$
$$(-a) + (+b) = b - a, \tag{12}$$
$$(-a) + (-b) = -(a+b), \tag{13}$$
$$a \times (-b) = -ab = (-a) \times b, \tag{14}$$
$$(-a) \times (-b) = ab. \tag{15}$$

3. 两位数与三位数

两位数 32 的个位数字是 2,十位数字是 3. 一般地,如果一个两位数,其个位数字是 b,十位数字是 a,则这个数应当表示为
$$10 \times a + b, \tag{1}$$
也就是
$$10a + b. \tag{2}$$

注意,在数与字母相乘(或字母与字母相乘)时,乘号"×"可以省略,如 $10 \times a$ 可以写成 $10a$.同样,$a \times b$ 可以写成 ab.

因此,ab 并不是十位数字为 a、个位数字为 b 的两位数,而是 a 与 b 的乘积.

同样,百位数字为 a、十位数字为 b、个位数字为 c 的三位数应当表示为
$$100a + 10b + c. \tag{3}$$
而 abc 却表示 a、b、c 三个数的乘积.

有时也用 $\overline{ab}$ 表示十位数字为 a、个位数字为 b 的两位数,用 $\overline{abc}$ 表示百位数字为 a、十位数字为 b、个位数字为 c 的三位数.但其上面的横线绝对不能省略,否则便会产生混乱.

例 将任一个两位数的十位数字与个位数字交换,再将得出的两位数与原数相加.证明:所得的和一定能被 11 整除.

证明 设这个两位数为 $10a+b$，则十位数字 a 与个位数字 b 交换后，所得两位数为 $10b+a$．两个数的和为
$$(10a+b)+(10b+a)=11a+11b=11(a+b),$$
能被 11 整除．

4. $65^2 = ?$

$$65^2 = 65 \times 65 = 4225.$$

不难算出结果，但要一口报出答数，恐怕也不太容易．可以再试试：
$$75^2 = ?$$

诀窍是"积的末两位是25，百位以上(含百位)是被乘数的十位数字加1再乘以十位数字"，即
$$75^2 = 700 \times (7+1) + 25 = 5625.$$

更一般地，如
$$78 \times 72 = 5616.$$

对于这类"头同尾合十"的乘法，被乘数与乘数是十位数字相同的两位数，并且个位数字的和为10，相乘时，所得的积末两位就是被乘数的个位数字与乘数的个位数字相乘，而百位以上(含百位)就是被乘数的十位数字加1再乘以十位数字．

用字母表达更为清晰：设 a、b、c 为数字，并且 $b+c=10$，那么
$$(10a+b)(10a+c) = 100a(a+1)+bc.$$

理由很简单：由分配律可得
$$\begin{aligned}(10a+b)(10a+c) &= 10a \times 10a + 10ac + 10ab + bc \\ &= 100a \times a + 10a(b+c) + bc \\ &= 100a \times a + 100a + bc \\ &= 100a(a+1) + bc.\end{aligned}$$

5. 手指表示乘法口诀

$1 \times 9 = 9, 2 \times 9 = 18, \cdots, 9 \times 9 = 81$，可以用手指来表示．

例如 4×9，可以这样表示：

将两手平伸，手心向上．从左开始数至第 4 个手指(左手的无名指)，将它弯起．在它左边有 3 个手指，右边有 6 个手指，乘积就是36(四九三十六)．

不妨试一试其他情况,肯定屡试不爽.

为什么呢?

这是不难证明的.

证法 1 设 k 表示 $1,2,\cdots,9$ 中的某一个数.在第 k 个手指左边有 $k-1$ 个手指,右边有 $10-k$ 个手指.而
$$10(k-1) + (10-k) = 9k.$$

证法 2 一共有 9 种情况,不难一一验证.既然 9 种情况都成立,那么这种方法就是正确的.这种证法叫作枚举法或穷举法("穷"即穷尽一切可能).

6. 三阶幻方

图 1-1 中的正方形由 9 个小方格组成.每个小方格中各填一个数.如果每一行(上三个数)的和、每一列的和、每条对角线的和都等于同一个数 s,即

$$a + b + c = s, \qquad (1)$$
$$d + e + f = s, \qquad (2)$$
$$g + h + i = s, \qquad (3)$$
$$a + d + g = s, \qquad (4)$$
$$b + e + h = s, \qquad (5)$$
$$c + f + i = s, \qquad (6)$$
$$a + e + i = s, \qquad (7)$$
$$c + e + g = s, \qquad (8)$$

那么图 1-1 就称为三阶幻方.

a	b	c
d	e	f
g	h	i

图 1-1

三阶幻方有许多有趣的性质与问题.

例 1 已知 $e=10$,求 s.

解 (5)+(7)+(8),得

$$b + e + h + a + e + i + c + e + g = 3s,$$

即
$$(a + b + c) + 3e + (g + h + i) = 3s. \tag{9}$$

(9) - (1) - (3),得
$$3e = s. \tag{10}$$

所以三阶幻方具有如下性质:

每一行(列、对角线)的和是中央那个数的 3 倍.

故当 $e = 10$ 时,$s = 30$.

例 2 已知 $a = 15, i = 5$,求 e.

解 由 (10),e 是 s 的 $\frac{1}{3}$. 又 $a + i + e = s$,所以 $a + i$ 是 s 的 $\frac{2}{3}$,即 $a + i$ 是 e 的 2 倍.

所以三阶幻方具有如下性质:

每条对角线两端上的数的和是中央那个数的 2 倍.

故当 $a = 15, i = 5$ 时,
$$e = (15 + 5) \div 2 = 10.$$

同样,可得如下性质:

第二行或第二列两端上的数的和是中央那个数的 2 倍.

例 3 已知 $h = 7, f = 9$,求 a.

解 (4) + (7) = (2) + (3),即
$$(a + d + g) + (a + e + i) = (d + e + f) + (g + h + i).$$

所以
$$2a = f + h.$$

即三阶幻方具有如下性质:

对角线端点上的数等于不在对角线上并且与这个数不相邻的两个数的平均数.

故当 $h = 7, f = 9$ 时,
$$a = (7 + 9) \div 2 = 8.$$

例 4 已知 $c = 18, d = 20$,求 h.

解 与例 3 同理,可知
$$2c = d + h.$$

故当 $c = 18, d = 20$ 时,
$$h = 2 \times 18 - 20 = 16.$$

7. 字母运算的建立

代数引进了字母,字母代表数,当然可以对字母进行运算.与数一样,字母(以及数)之间可以进行加、减、乘、除(只要除数不为0),而且服从(加法、乘法的)交换律、结合律、分配律.

我们也可以换一种观点,从另一种角度考虑问题.我们不问字母是否代表数.设想我们来到一个字母世界(今后还会进入集合世界、向量世界、矩阵世界等),我们如何在这个世界中逐步建立四则运算,而且上述运算定律均保持成立?

首先考虑字母(数)的乘法.3、a、c、b(一个数,三个字母)相乘,我们将它们用乘号连接起来,成为

$$3 \times a \times c \times b. \tag{1}$$

这样的式子就作为乘积(乘法的结果).所以这种乘法非常省事,可以称为"不乘之乘".

而且,代数中还可以将乘号"×"写成简单一些的"·",甚至不写,例如上面的(1)可以写成

$$3 \cdot a \cdot c \cdot b, \tag{2}$$

或

$$3acb. \tag{3}$$

当然全是数的情况不能不写乘号,如3×2不能写成32.习惯上将数写在最前面,称为系数.(3)的系数就是3.习惯上还按照字母的顺序来写,所以(3)最好写成

$$3abc, \tag{4}$$

这样就便于比较了.

同一个字母相乘可写成幂的形成,如$a \times a \times a$ 可以写成a^3.这里相同的乘数a 称为底数,相同乘数a的个数3称为指数,乘积a^3 称为a的三次幂.一般地,设n为正整数,则

$$\underbrace{a \times a \times \cdots \times a}_{n\text{个}} = a^n \tag{5}$$

称为a的n次幂.

由交换律易知

$$(ab)^n = \underbrace{(ab)(ab)\cdots(ab)}_{n\text{个}} = a^n b^n, \tag{6}$$

$$\left(\frac{a}{b}\right)^n = \underbrace{\left(a \times \frac{1}{b}\right)\left(a \times \frac{1}{b}\right)\cdots\left(a \times \frac{1}{b}\right)}_{n\text{个}} = \frac{a^n}{b^n}. \tag{7}$$

如果含有数与字母的式子中只有乘法,那么这个式子就称为单项式.例如 $-15ab^3c^2$ 就是单项式,其中 -15 是系数.当系数为 ± 1 时,常常省去 1,只留下正负号.如 $-a^2b$ 的系数就是 -1.在提及单项式时,必须包括它的符号.如单项式 $-a^2b$ 与单项式 $+a^2b$ 是两个不同的单项式.但"+"号在不致混淆时也可省去.

单独一个字母,如 a,或者单独一个数,如 1001,也都可以作为单项式.

8. 2米+3米

$$2 \text{米} + 3 \text{米} = ? \text{米}.$$

这个问题太简单了.答案当然是 5 米.

$$2a^2bc^3 + 3a^2bc^3 = ?$$

同样,答案是 $5a^2bc^3$.这里的 a^2bc^3 与单位"米"地位相当.在相加时,只需要将其前面的系数 2 与 3 相加即可.

$2a^2bc^3$ 与 $3a^2bc^3$ 称为同类项,其中的字母相同(都是 a、b、c),而且每个字母相应的指数也都相等(a^2 与 a^2,b 与 b,c^3 与 c^3).用一句口诀来说:

"同类项,同类项,底数、指数都一样."

同类项在相加时可以合并,也应当合并.合并的方法就是将系数相加.这里的系数可以是负数.例如

$$2a^2bc^3 - 3a^2bc^3 = 2a^2bc^3 + (-3a^2bc^3) = -a^2bc^3.$$

在字母世界中,字母、数、单项式的加法也是很简单的"不加之加",将它们用"+"号连接起来就可以了.但如果其中有同类项,则应当加以合并.

例1 求 $3a$、$5b$、$-4c$、$2a$、$-b$ 的和.

解 $3a + 5b + (-4c) + 2a + (-b) = 5a + 4b - 4c.$ (1)

其中 $5a$、$4b$、$-4c$ 无法合并,用加号连接作为和[$+(-4c)$ 可省记为 $-4c$].

若干个单项式用加号连接起来就称为多项式.例如(1)中的 $5a + 4b - 4c$ 就是多项式.它由 3 项(3 个单项式)即 $5a$、$4b$、$-4c$ 组成.这里项也是包括正负号的.

多项式的加法实质上也就是合并同类项.

例2 求 $3a - 5b$ 与 $2b - 3c$ 的和.

解 $(3a - 5b) + (2b - 3c) = 3a - 3b - 3c.$

多项式的减法实际上是加法,即将减式中的每一项改变符号与被减式相加.

例3 求 $(3a - 5b) - (2b - 3c)$.

解 原式 $= (3a - 5b) + (-2b + 3c) = 3a - 7b + 3c.$

9. 数　　轴

数轴,是数、形结合的典范.

在一条直线上任意取定一点 O,称为原点(也就是出发点).我们用 O 点表示 0. 从 O 出发,规定一个方向为正,则其相反方向为负.例如下面的水平直线,可以规定向右为正,向左为负,方向用一个箭头表示(图 1-2).

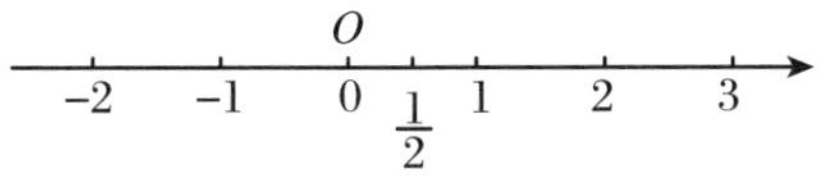

图 1-2

在这条直线上再标上单位,例如以 1 厘米作为单位.这种具有"原点、方向、单位"的直线称为数轴(轴就是直线).

数轴,可以表示数.

首先,表示整数.由原点向右移动 1 个单位,得到的点表示 1.再向右移动 1 个单位,得到的点表示 2.接下去是 3,4,…,分别距原点 3,4,…个单位,并且在原点的右方渐行渐远.

由原点向左移动 1 个单位,得到的点表示 -1.再向左移动 1 个单位,得到的点表示 -2.接下去是 $-3,-4,\cdots$,分别距原点 3,4,…个单位,并且在原点的左方渐行渐远.

整数具有**"离散性"**,每两个整数至少相距 1.

数轴也可以表示有理数.将 0 到 1 这一段(称为区间[0,1])二等分,分点就表示 $\frac{1}{2}$. 将[0,1]三等分,分点(从左到右)分别是 $\frac{1}{3}$、$\frac{2}{3}$.

如果将 0 到正整数 m 的这一段(区间[0,m])n 等分(n 是正整数),那么分点从左到右依次是 $\frac{m}{n},\frac{2m}{n},\cdots,\frac{(n-1)m}{n}$.

同样,如果将区间[$-m$,0](从负整数 $-m$ 到 0 的一段直线)n 等分(n 是正整数),那么分点从右到左依次是 $-\frac{m}{n},-\frac{2m}{n},\cdots,-\frac{(n-1)m}{n}$.

这样,每一个有理数 $\left(\frac{m}{n}\text{或}-\frac{m}{n}\right)$ 都可以用数轴上的点表示.

有理数具有**"稠密性"**:任意两个有理数 a、b 之间必有一个有理数.事实上,$\frac{a+b}{2}$ 就

是在 a、b 之间的一个有理数. 当然,$\dfrac{a+b}{2}$ 与 b、a 与 $\dfrac{a+b}{2}$ 之间也有有理数. 这样继续下去,在 a、b 之间就有无穷多个有理数.

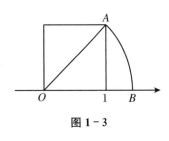

图 1-3

有理数密密麻麻地排在数轴上. 是不是数轴上的每一个点都表示有理数呢?

非也!如果我们以 O 为顶点,作一个边长为1的正方形如图 1-3. 再以 O 为圆心,对角线长 OA 为半径作圆,交数轴于 B. 那么点 B 就不表示有理数,也就是说 $OB(=OA)$ 的长不是有理数.

10. 序

现实世界是有序的.

数轴上的点从左到右依次排列.

有理数可以按照大小顺次排列.

常用的不等号有">"(大于)、"<"(小于)、"≥"(大于或等于)、"≤"(小于或等于). 例如

$$-5 < -4.8 < 0 < 1024.$$

只由乘法产生的单项式,通常将数(连同正负号)写在最前面,接下去按字母顺序将各个字母的因数逐一写出.

几个单项式,可以按照次数(各个字母的指数的和)的大小排列. 如果其中每个单项式的次数相同,例如 $3a^3b^2c^2$、$-a^2b^3c^2$、$-\dfrac{1}{2}a^4bc^2$、a^2b^4c 都是 7 次,它们的顺序应该如何确定呢?

我们可以按照字典的做法,先考虑字母 a 的指数,将 a 的次数最高的单项式 $-\dfrac{1}{2}a^4bc^2$ 排在最前面,接着是 $3a^3b^2c^2$. 而 $-a^2b^3c^2$ 与 a^2b^4c 中 a 的指数都是2,我们进一步考虑 b 的指数. 根据 b 的指数,将 a^2b^4c 排在 $-a^2b^3c^2$ 前面. 这样,上面的四个单项式则排成 $-\dfrac{1}{2}a^4bc^2$、$3a^3b^2c^2$、a^2b^4c、$-a^2b^3c^2$.

同样地,多项式 $3a^3b^2c^2 - a^2b^3c^2 - \dfrac{1}{2}a^4bc^2 + a^2b^4c$ 应当写成

$$-\dfrac{1}{2}a^4bc^2 + 3a^3b^2c^2 + a^2b^4c - a^2b^3c^2.$$

多项式的各项按照字母的次数由大到小的排列,称为降幂排列.当然也可以反过来,按照字母的次数由小到大来排,称为升幂排列,例如一个关于字母 x 的多项式
$$3x^5 - 4x^3 + 2x^2 - x + 1$$
是降幂排列.如果写成升幂排列的形式,应当是
$$1 - x + 2x^2 - 4x^3 + 3x^5.$$
序与运算一样,是数学中的重要概念.

我们的世界是井然有序的.

习 题 1

1. 2021 个数,依照由小到大的顺序,从左到右排成一排,每相邻两个数的差都是 5. 它们的平均数是 1989. 如果去掉最右边的四个数,平均数变成多少?

2. 设 $a<b$. 问:$\dfrac{a+2b}{3}$ 与 $\dfrac{2a+b}{3}$ 哪个大?如果将 a、b、$\dfrac{a+2b}{3}$、$\dfrac{2a+b}{3}$ 这四个数画在数轴上,其位置之间有什么关系?

3. 将区间 $[a,b]$ 分成 n 等份,这些分点各表示什么数?

4. 设 n 是自然数. 求 $1+2+\cdots+n$.

5. 求 $1+3+5+\cdots+99$. 更一般地,设 n 为自然数,求前 n 个正奇数的和,即 $1+3+\cdots+(2n-1)$.

6. 全体自然数(本书中,0 不算自然数)可排成一个有头无尾的无穷数列:
$$1,2,3,4,\cdots.$$
全体整数能否排成一个有头无尾的无穷数列,不要求按照大小顺序,但每个整数或早或迟均在数列中出现,且恰好出现一次?

7. 一批自然数(不一定是全体自然数)中一定有一个最小的,这称为最小数原理.

一批有理数中一定有一个最小的吗?在正有理数中一定有一个最小的吗?

8. 在小于 2 的有理数中,是否有一个最大的?

9. a、b 都是正整数. 问:$\dfrac{a+1}{b+1}$ 与 $\dfrac{a}{b}$ 哪个大?说明你的理由.

10. A 是若干(m)个有理数的平方和,B 也是若干(n)个有理数的平方和,那么 $A+B$ 当然也是若干 $(m+n)$ 个有理数的平方和.

(ⅰ) 证明:$A \times B$ 也是若干个有理数的平方和.

(ⅱ) 证明:$\dfrac{A}{B}$ 也是若干个有理数的平方和.

(ⅲ) $A-B$ 是否一定是若干个有理数的平方和?如果一定是,请说明理由. 如果不一

定是,那么加上什么条件后,$A-B$就一定是若干个有理数的平方和?(所加条件应尽量简单.)

≪ 习题1解答 ≫

1. 平均数就是位于中央的数.去掉最右边的两个数,平均数向左移一位.去掉最右边的四个数,平均数向左移两位,仍然是位于中央的数.每移一位减少5,所以现在平均数是
$$1989 - 5 \times 2 = 1979.$$

2. 显然 $\dfrac{a+2b}{3} > \dfrac{2a+b}{3}$.

如果画在数轴上,则 $\dfrac{2a+b}{3}$ 与 $\dfrac{a+2b}{3}$ 都在区间 $[a,b]$ 内,并且将此区间三等分(如图).图中原点与1的位置可以表示在任意地方,不一定非得在 a 的左边.

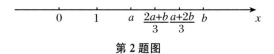

第2题图

3. 这 $n-1$ 个分点应为 $a+\dfrac{b-a}{n}, a+\dfrac{2(b-a)}{n}, \cdots, a+\dfrac{(n-1)(b-a)}{n}$,也就是
$$\dfrac{(n-1)a+b}{n}, \dfrac{(n-2)a+2b}{n}, \cdots, \dfrac{a+(n-1)b}{n}.$$

4. $1+2+\cdots+n = \dfrac{n(n+1)}{2}$.

5. $1+3+\cdots+99 = \dfrac{1+99}{2} \times 50 = 50^2 = 2500$.

$1+3+\cdots+(2n-1) = \dfrac{1+(2n-1)}{2} \times n = n^2$.

6. 可以.排法很多,如
$$0, 1, -1, 2, -2, 3, -3, \cdots,$$
即将0与自然数按照大小排序,然后紧跟在每个自然数后面放上它的相反数.

7. 有限多个有理数中一定有一个最小的,但无限多个有理数中未必有最小的.例如全体形如 $\dfrac{1}{10^n}(n=1,2,\cdots)$ 的数满足
$$1 > 0.1 > 0.01 > \cdots,$$
其中没有最小的("只有更小,没有最小").

(全体)正有理数中没有最小的.

8. 在小于2的有理数中没有最大的,例如:
$$1.9 < 1.99 < 1.999 < 1.9999 < \cdots,$$
一个比一个大,没有最大的.

9. 当 $a<b$ 时,$\dfrac{a}{b}<\dfrac{a+1}{b+1}$.理由可以有各种说法.例如 $\dfrac{a}{b}$ 表示 a 个馒头分给 b 个人,每人分得 $\dfrac{a}{b}$ 个.当 $a<b$ 时,$\dfrac{a}{b}$ 是真分数,每人所得不到1个.如果增加1个人带着1个馒头来参与平分,那么由于 $1>\dfrac{a}{b}$,故每人所得应略有增加,即现在的平均数 $\dfrac{a+1}{b+1}>\dfrac{a}{b}$.

当 $a>b$ 时,情况相反.原来每个人的平均所得 $\dfrac{a}{b}>1$.增加1个带1个馒头来的人参与平分,每人所得应当减少,即现在的平均数 $\dfrac{a+1}{b+1}<\dfrac{a}{b}$.

当正数 a、b 不是整数时,上述结论依然成立.

10. (i) 设 $A=a_1^2+a_2^2+\cdots+a_m^2$,$B=b_1^2+b_2^2+\cdots+b_n^2$,这里 $a_1,a_2,\cdots,a_m,b_1,b_2,\cdots,b_n$ 都是正整数(别担心字母不够用!需要时,可以加"下标"),则
$$\begin{aligned}AB &= (a_1^2+a_2^2+\cdots+a_m^2)(b_1^2+b_2^2+\cdots+b_n^2)\\ &= a_1^2b_1^2+a_1^2b_2^2+\cdots+a_1^2b_n^2+a_2^2b_1^2+a_2^2b_2^2+\cdots\\ &\quad +a_2^2b_n^2+\cdots+a_m^2b_1^2+a_m^2b_2^2+\cdots+a_m^2b_n^2\\ &= (a_1b_1)^2+(a_1b_2)^2+\cdots+(a_1b_n)^2+\cdots\\ &\quad +(a_mb_1)^2+(a_mb_2)^2+\cdots+(a_mb_n)^2\end{aligned}$$
是 mn 个有理数的平方和.

(ii) $\dfrac{A}{B}=\dfrac{AB}{B^2}$.在(i)中已证明 AB 是若干个有理数的平方和 $c_1^2+c_2^2+\cdots+c_k^2$,所以
$$\frac{A}{B}=\frac{c_1^2+c_2^2+\cdots+c_k^2}{B^2}=\left(\frac{c_1}{B}\right)^2+\left(\frac{c_2}{B}\right)^2+\cdots+\left(\frac{c_k}{B}\right)^2$$
也是若干个有理数的平方和.

(iii) $A<B$ 时,$A-B<0$.而有理数的平方和一定是正数或零,不能是负数.所以,这时 $A-B$ 不是有理数的平方和.

如果 $A>B$,那么 $A-B$ 是正有理数,可设
$$A-B=\frac{k}{h}\quad (k、h\text{ 都是正整数}),$$
则有
$$A-B=\frac{k}{h}=\frac{kh}{h^2}=\underbrace{\left(\frac{1}{h}\right)^2+\left(\frac{1}{h}\right)^2+\cdots+\left(\frac{1}{h}\right)^2}_{kh\text{ 个}}.$$

上式表明任一正有理数都可以写成若干个有理数的平方和.这也包括了(i)、(ii)两问.

第 2 章 式

字母(包括数),用运算符号(+、-、×、÷)连接起来,就成了式.

式的运算,是初中代数的基础.

万丈高楼平地起,基础务必要打牢.

1. 同底数的幂相乘

a^2 与 a^3 都是 a 的幂,底数相同(都是 a),指数分别为 2 与 3. 根据定义有
$$a^2 = a \times a, \quad a^3 = a \times a \times a,$$
所以
$$a^2 \times a^3 = (a \times a) \times (a \times a \times a) = a^5.$$
一般地,对于正整数 m、n,有
$$a^m \times a^n = a^{m+n}. \tag{1}$$
即同底数的幂相乘,底数不变,指数相加.

由此可进行单项式的乘法运算,如
$$3a^2b \times 4a^3b^2c = (3 \times 4) \times (a^2 \times a^3) \times (b \times b^2) \times c = 12a^5b^3c.$$
即系数与系数相乘,同底数的幂相乘,各部分相乘的积用乘号连接,最后省去乘号.

对于这种简单的计算,以后应直接写出结果.

由(1)还可推出
$$(a^m)^n = \underbrace{a^m \times a^m \times \cdots \times a^m}_{n\text{个}} = a^{m+m+\cdots+m} = a^{mn}.$$

2. 多项式的乘法

多项式的乘法,需要利用分配律.

例1 求 $3a^2b \times (4a^3b^2c + 5ac)$.

解 原式 $= 3a^2b \times 4a^3b^2c + 3a^2b \times 5ac$
$= 12a^5b^3c + 15a^3bc$.

例2 求 $(3a^2b + 2b - 4a^3c) \times (4a^3b^2c + 5ac)$.

解 原式 $= 3a^2b(4a^3b^2c + 5ac) + 2b(4a^3b^2c + 5ac) - 4a^3c(4a^3b^2c + 5ac)$
$= 12a^5b^3c + 15a^3bc + 8a^3b^3c + 10abc - 16a^6b^2c^2 - 20a^4c^2$.

由此可见,两个多项式相乘,应当将第一个多项式的每一项与第二个多项式的每一项相乘,再将各部分的积相加.

一个 m 项式(有 m 项的多项式)与一个 n 项式相乘,得到 mn 项.当然这 mn 项中可能存在同类项,如果有就应当合并(参看本章第7节).

3. 乘法的例题

例1 求 $(a+b)(a-b)$.

解 原式 $= a^2 - ab + ba - b^2 = a^2 - b^2$.

例2 求 $(a+b)(a+b)$.

解 原式 $= a^2 + ab + ba + b^2 = a^2 + 2ab + b^2$.

例3 求 $(a-b)(a-b)$.

解 原式 $= a^2 - ab - ba + b^2 = a^2 - 2ab + b^2$.

例4 求 $(a+b)(a^2 - ab + b^2)$.

解 原式 $= a^3 - a^2b + ab^2 + ba^2 - ab^2 + b^3 = a^3 + b^3$.

例5 求 $(a-b)(a^2 + ab + b^2)$.

解 原式 $= a^3 + a^2b + ab^2 - a^2b - ab^2 - b^3 = a^3 - b^3$.

例6 求 $(a+b)(a+b)(a+b)$.

解 原式 $= (a+b)(a^2 + 2ab + b^2)$
$= a^3 + 2a^2b + ab^2 + a^2b + 2ab^2 + b^3$
$= a^3 + 3a^2b + 3ab^2 + b^3$.

例7 求 $(a-b)(a^{n-1} + a^{n-2}b + a^{n-3}b^2 + \cdots + ab^{n-2} + b^{n-1})$.

解 原式 $= a^n + a^{n-1}b + a^{n-2}b^2 + \cdots + a^2b^{n-2} + ab^{n-1}$
$\quad - a^{n-1}b - a^{n-2}b^2 - \cdots - b^n$
$= a^n - b^n$.

例8 当 n 为正奇数时,求 $(a+b)(a^{n-1} - a^{n-2}b + a^{n-3}b^2 - \cdots - ab^{n-2} + b^{n-1})$.

解 原式 $= a^n - a^{n-1}b + a^{n-2}b^2 - \cdots - a^2b^{n-2} + ab^{n-1}$
$+ a^{n-1}b - a^{n-2}b^2 + \cdots - ab^{n-1} + b^n$
$= a^n + b^n.$

4. 平方差公式

上节的例1可写成
$$(a+b)(a-b) = a^2 - b^2, \tag{1}$$
这个式子极其常用,它表明两个数的和乘以这两个数的差,等于这两个数的平方差,因此称为平方差公式.

例1 $2 \times 3 \times 4 \times 5 + 1 = 121 = 11^2$. 一般地,4个连续整数的乘积加上1,一定是平方数. 请证明这个结论.

证明 设4个连续整数中最小的是 n,则其他3个依次是 $n+1$、$n+2$、$n+3$.
$$n(n+1)(n+2)(n+3) + 1$$
$$= [n(n+3)][(n+1)(n+2)] + 1$$
$$= (n^2 + 3n)(n^2 + 3n + 2) + 1$$
$$= [(n^2 + 3n + 1) - 1][(n^2 + 3n + 1) + 1] + 1$$
$$= (n^2 + 3n + 1)^2 - 1 + 1$$
$$= (n^2 + 3n + 1)^2.$$

评注 上面的证法有两点技巧值得注意:第一,将 n 与 $n+3$ 相乘,$n+1$ 与 $n+2$ 相乘.这样分成两组,不但比较均匀(积都是2次),而且积 $n^2 + 3n$ 与 $n^2 + 3n + 2$ 的二次项、一次项都相同,只有常数项不同.第二,将 $n^2 + 3n + 1$ 作为 a,1作为 b,正好可以使用公式(1).

例2 化简 $(2+1)(2^2+1)(2^4+1)\cdots(2^{32}+1) + 1$.

解 原式 $= (2-1)(2+1)(2^2+1)(2^4+1)\cdots(2^{32}+1) + 1$
$= (2^2-1)(2^2+1)(2^4+1)\cdots(2^{32}+1) + 1$
$= (2^4-1)(2^4+1)\cdots(2^{32}+1) + 1$
$= \cdots$
$= (2^{32}-1)(2^{32}+1) + 1$
$= 2^{64} - 1 + 1$
$= 2^{64}.$

评注 虽说"1乘如不乘",但将1变成 $2-1$,用 $2-1$ 乘原式中的 $(2+1)(2^2+1)$

$\cdot (2^4+1)\cdots(2^{32}+1)$,便可以运用平方差公式(1),多次运用这个公式能够达到化简的效果.

平方差公式也常常反过来用,即
$$a^2 - b^2 = (a+b)(a-b). \tag{2}$$

例 3 计算 $\left(1-\dfrac{1}{2^2}\right)\left(1-\dfrac{1}{3^2}\right)\cdots\left(1-\dfrac{1}{10^2}\right)$.

解 每个因数(括号中的数)都是平方差,可以用公式(2)化简.

$$\begin{aligned}
\text{原式} &= \left(1-\frac{1}{2}\right)\left(1+\frac{1}{2}\right)\left(1-\frac{1}{3}\right)\left(1+\frac{1}{3}\right)\cdots\left(1-\frac{1}{10}\right)\left(1+\frac{1}{10}\right) \\
&= \frac{1}{2}\times\frac{3}{2}\times\frac{2}{3}\times\frac{4}{3}\times\frac{3}{4}\times\frac{5}{4}\times\cdots\times\frac{9}{10}\times\frac{11}{10} \\
&= \frac{1}{2}\times\frac{11}{10} \\
&= \frac{11}{20}.
\end{aligned}$$

5. 其他公式(一)

第 3 节的例题,还给出了其他公式,如例 2,即
$$(a+b)^2 = a^2 + 2ab + b^2. \tag{1}$$

这表明两个数的和的平方,等于这两个数的平方和加上这两个数的乘积的 2 倍.(文字表述太啰唆了,远不及公式简洁,但用文字说一说,对理清公式的意义还是有好处的.)

(1)也常常反过来用,尤其是在 $a^2+2ab+b^2$ 中缺了一项 b^2 时,我们知道应配上一项才能成为平方.这种"配方"用途甚广.

第 3 节的例 3,即
$$(a-b)^2 = a^2 - 2ab + b^2. \tag{2}$$

(2)其实是"多余的".因为在(1)中将 b 换成 $-b$,便可得到(2).

第 3 节的例 6,即
$$(a+b)^3 = a^3 + 3a^2b + 3ab^2 + b^3. \tag{3}$$

左边是和的立方,展开后成为右边.右边共有 4 项,都是 3 次方,依照 a 的降幂排列,a 的幂次逐步减少(3、2、1、0),b 的幂次逐步增加(0、1、2、3),各项系数分别为 1、3、3、1.

评注 $(a+b)^1 = a+b$,$(a+b)^2 = a^2+2ab+b^2$,将它们及(3)的右边的系数从上而下写成宝塔形,并在最上面加上"塔尖"1:

$$\begin{array}{c}1\\1\quad 1\\1\quad 2\quad 1\\1\quad 3\quad 3\quad 1\end{array}$$

其中每行的数等于上一行在它肩上的两个数的和. 如果依此规律再写一写,就是

$$1\quad 4\quad 6\quad 4\quad 1$$

这正好是 $(a+b)^4$ 展开后的系数,即

$$(a+b)^4 = a^4 + 4a^3b + 6a^2b^2 + 4ab^3 + b^4.$$

更一般地,可得到 $(a+b)^n$ 的展开式,将来还会学到,这里不再多说.

上面的宝塔,国外称为帕斯卡(Pascal)三角形,其实我国宋代的杨辉早就发现了.

只需在(3)中将 b 换成 $-b$,就可得到

$$(a-b)^3 = a^3 - 3a^2b + 3ab^2 - b^3. \tag{4}$$

注意,其中各项符号正负交替.

公式(3)、(4)也常写成

$$(a+b)^3 = a^3 + b^3 + 3ab(a+b), \tag{5}$$

$$(a-b)^3 = a^3 - b^3 - 3ab(a-b). \tag{6}$$

6. 其他公式(二)

第3节的例4,即

$$(a+b)(a^2-ab+b^2) = a^3 + b^3, \tag{1}$$

也常常写成

$$a^3 + b^3 = (a+b)(a^2 - ab + b^2), \tag{2}$$

称为立方和公式.

类似地,第3节的例5,即

$$a^3 - b^3 = (a-b)(a^2 + ab + b^2). \tag{3}$$

注意,(2)中右边第一个因式是 $a+b$,而第二个因式 $a^2 - ab + b^2$ 中间一项是负号. (3)中右边第一个因式是 $a-b$,而第二个因式 $a^2 + ab + b^2$ 中三项系数均为正.

(3)的推广是第3节的例7,即

$$a^n - b^n = (a-b)(a^{n-1} + a^{n-2}b + a^{n-3}b^2 + \cdots + ab^{n-2} + b^{n-1}). \tag{4}$$

而(2)的推广是第3节的例8,即

$$a^n + b^n = (a+b)(a^{n-1} - a^{n-2}b + a^{n-3}b^2 - \cdots - ab^{n-2} + b^{n-1}). \tag{5}$$

注意,(5)中 n 必须是奇数,第二个因式 $a^{n-1}-a^{n-2}b+\cdots+b^{n-1}$ 中各项符号正负交替.

7. 一个有趣的问题

学习时,应当经常提出一些疑问.

学数学,更应当"于无疑处有疑",多想一些问题.

有些问题,看似简单,其实要想彻底弄清楚,并不容易.

学了多项式的乘法后,我们就可以提出一个问题:

假设有两个多项式相乘,其乘积当然也是一个多项式.试问,在合并同类项后,这个乘积多项式最多有多少项?最少有多少项?请说明理由,并举出项数达到最多或最少的实例.

这个问题在通常的代数书上是见不到的.请同学先自己想一想,再往下看.

例 设合并同类项后 A 是一个 m 项式,B 是一个 n 项式(m、n 都是大于1的自然数).在合并同类项后,乘积 AB 最多有多少项?最少有多少项?请说明理由,并举出实例.

解 由分配律,在未合并同类项时,AB 有 mn 项,因此 AB 的项数不超过 mn. 当 $A=1+x+x^2+\cdots+x^{m-1}$,$B=1+x^m+x^{2m}+\cdots+x^{(n-1)m}$ 时,

$$AB = (1+x+x^2+\cdots+x^{m-1})(1+x^m+x^{2m}+\cdots+x^{(n-1)m})$$
$$= 1+x+x^2+\cdots+x^{m-1}+x^m+x^{m+1}+\cdots+x^{2m-1}+\cdots+x^{(n-1)m}$$
$$+ x^{(n-1)m+1}+\cdots+x^{nm-1},$$

恰好有 mn 项.

乘积 AB 至少有两项.因为 A 的最高次项与 B 的最高次项相乘,一定是 AB 的最高次项,不能与其他项合并;A 的最低次项与 B 的最低次项相乘,一定是 AB 的最低次项,也不能与其他项合并.所以 AB 至少有两项.

当 $m=2$ 时,取 $A=1-x$,$B=1+x+x^2+\cdots+x^{n-1}$,则

$$AB = (1-x)(1+x+x^2+\cdots+x^{n-1})$$
$$= 1+x+x^2+\cdots+x^{n-1}-(x+x^2+x^3+\cdots+x^n)$$
$$= 1-x^n,$$

恰好有两项.

一般的情况困难得多,可以作为一个长期思考的问题.

8. 欣赏风景

$$(n+1)^2 - n^2 = ?$$

这道题不难,有了前面的公式更为简单.

$$(n+1)^2 - n^2 = (n^2 + 2n + 1) - n^2 = 2n + 1. \tag{1}$$

这样就做完了.不过,有些题做完了,我们还可以(或者说应该)考虑一下其中的意义.

(1)有什么意义?

重写一下,即

$$(n+1)^2 - n^2 = 2n + 1, \tag{2}$$

左边表示两个平方数的差.如果 n 是整数,那么左边是两个连续整数 $n+1$ 与 n 的平方差.右边是一个奇数 $2n+1$.

如果将(2)反过来写成

$$2n + 1 = (n+1)^2 - n^2, \tag{3}$$

意义就更加明显.它表明每一个奇数 $2n+1$ 可以写成两个平方数的差.

很多人能得出(1),但很少有人会想到这个式子有上述意义.

学数学好似旅游,一路上有很多风景可以欣赏,不要只顾翻山越岭,却忘记了欣赏风景.

如果化简 $(n+1)^2 - (n-1)^2$,你能看到什么样的风景呢?

你能将 40 写成两个平方数的差吗?

9. 勾 股 数

大家都知道勾股定理:在直角三角形中,斜边的平方等于两条直角边的平方和.最著名的特例是"勾三股四弦五",即斜边为 5,两条直角边分别为 3 与 4,这时

$$3^2 + 4^2 = 5^2. \tag{1}$$

一般的情况是设斜边为 c,两条直角边分别为 a、b,则

$$a^2 + b^2 = c^2. \tag{2}$$

如果一组正整数 a、b、c 适合(2),那么这组正整数 a、b、c 就称为勾股数.

比如,3、4、5 就是一组勾股数.6、8、10 也是一组勾股数.

显然,将一组勾股数扩大为 k(k 为正整数)倍得到的 ka、kb、kc 仍然是勾股数:

$$(ka)^2 + (kb)^2 = (kc)^2. \tag{3}$$

相应地,以 ka、kb、kc 为边长的直角三角形是以 a、b、c 为边长的直角三角形放大到 k 倍. 这两个直角三角形是相似的.

如果将 ka、kb、kc 与 a、b、c 算作同组, 也就是说我们只考虑那些 a、b、c 的最大公约数为 1 的勾股数, 并称它为本原的勾股数. 那么, 你还能举出几组本原的勾股数吗?

因为
$$7^2 + 24^2 = 25^2,$$
也就是 $25^2 - 24^2 = (25+24)(25-24) = 49 = 7^2$, 所以 7、24、25 是一组本原的勾股数;

因为
$$5^2 + 12^2 = 13^2,$$
也就是 $13^2 - 12^2 = (13+12)(13-12) = 25 = 5^2$, 所以 5、12、13 也是一组本原的勾股数.

一般地, 设 n 为大于 1 的奇数, 则 $\dfrac{n^2+1}{2}$、$\dfrac{n^2-1}{2}$ 都是整数, 相差为 1.

$$\left(\dfrac{n^2+1}{2}\right)^2 - \left(\dfrac{n^2-1}{2}\right)^2 = \left(\dfrac{n^2+1}{2} + \dfrac{n^2-1}{2}\right)\left(\dfrac{n^2+1}{2} - \dfrac{n^2-1}{2}\right) = n^2. \tag{4}$$

于是, 对于任意大于 1 的奇数 n, $\dfrac{n^2-1}{2}$、$\dfrac{n^2+1}{2}$ 是本原的勾股数 $\left(\dfrac{n^2-1}{2} 与 \dfrac{n^2+1}{2} 是相邻的整数, 相邻的整数都是互质的, 所以 \dfrac{n^2-1}{2} 与 \dfrac{n^2+1}{2} 互质\right)$.

对于正偶数 n, n^2-1 与 n^2+1 是相邻的奇数, 二者互质, 这时也有
$$(n^2+1)^2 - (n^2-1)^2 = (2n)^2. \tag{5}$$

于是, 对于任意正偶数 n, $2n$、n^2-1、n^2+1 是本原的勾股数.

再进一步, 对于正整数 x、$y(x>y)$, 有
$$(x^2+y^2)^2 - (x^2-y^2)^2 = (2xy)^2. \tag{6}$$

于是, 对于奇偶性不同并且互质的正整数 x、$y(x>y)$, $2xy$、x^2-y^2、x^2+y^2 是本原的勾股数.

10. 限制的取消

$$a^5 \div a^3 = ?$$

根据幂的定义, 有
$$a^5 \div a^3 = (aaaaa) \div (aaa) = aa = a^2.$$

一般地, 设 m、n 为正整数, $m > n$, 则

$$a^m \div a^n = a^{m-n}. \tag{1}$$

即同底数的幂相除,底数不变,指数相减.

上面的(1)有一个限制,即 $m > n$.

有限制,当然不方便,不够自由.

能够将限制逐步取消吗?

可以试一试.

先看 $m = n$ 时情况如何. 这时

$$a^m \div a^n = a^m \div a^m = 1. \tag{2}$$

如果(1)还能适用,那么应当有

$$1 = a^m \div a^m = a^{m-m} = a^0, \tag{3}$$

出现了 0 次幂! 所以必须规定

$$a^0 = 1, \tag{4}$$

这时(1)才能适用于 $m = n$ 的情况. 反过来,如果规定 $a^0 = 1$,那么(1)在 $m = n$ 时仍能成立.

再看 $m < n$ 时情况如何. 这时

$$a^m \div a^n = \underbrace{(a \times a \times \cdots \times a)}_{m\text{个}} \div \underbrace{(a \times a \times \cdots \times a)}_{n\text{个}}$$

$$= 1 \div \underbrace{(a \times a \times \cdots \times a)}_{n-m\text{个}}$$

$$= \frac{1}{a^{n-m}}.$$

因此,如果(1)仍成立,应当有

$$\frac{1}{a^{n-m}} = a^m \div a^n = a^{m-n}, \tag{5}$$

即应当规定在字母 k 为正整数时,

$$a^{-k} = \frac{1}{a^k}, \tag{6}$$

这样(1)在 $m < n$ 时仍能成立.

于是(1)对于正整数 m、n 恒成立. 不难进一步验证,在有了(4)与(6)后,(1)对于一切整数 m、n 恒成立.

限制被取消了! 在数学的发展中,常常去掉种种限制以获取更大的自由.

当然也有些限制是不能去掉的,例如零不能作除数. 所以在 a 表示数时,上面的除式必须限制 $a \neq 0$. 出现 a 的零指数与负指数时,也都必须限制 $a \neq 0$.

11. 除以单项式

除以单项式,不是难事.

首先看一看单项式除以单项式.

例1 求 $-5a^4b^2c^3d^2 \div 15a^2bc^3$.

解 $-5a^4b^2c^3d^2 \div 15a^2bc^3 = -\dfrac{1}{3}a^2bd^2$.

作为被除式的单项式,它的系数除以除式的系数 $\left(-5 \div 15 = -\dfrac{1}{3}\right)$,每个字母的幂指数减去除式中相同字母的幂指数 $(4-2=2, 2-1=1, 3-3=0, 2-0=2)$.

例2 求 $-5a^4bc^3d^2 \div 15a^2b^2c^3$.

解 仍用上面的方法,结果为 $-\dfrac{1}{3}a^2b^{-1}d^2$,也可写成 $-\dfrac{a^2d^2}{3b}$.

这种分母中出现正数幂的字母的式子,称为分式.

$-\dfrac{a^2d^2}{3b}$ 是分式, $-\dfrac{a^2d^2}{3}$ 不是分式,因为分母中仅有数,没有字母.

多项式除以单项式,利用分配律就可以了.

例3 求 $(10a^3b^2c^6 - 15a^4b^3c^5 + 7a^2b) \div 5a^2b$.

解 原式 $= 10a^3b^2c^6 \div 5a^2b - 15a^4b^3c^5 \div 5a^2b + 7a^2b \div 5a^2b$

$= 2abc^6 - 3a^2b^2c^5 + \dfrac{7}{5}$.

评注 以上例题,熟练后均应直接写出结果.对于这种心算能力,要自觉地培养,努力减少那些可有可无的步骤.心算时,应注意"序".先写下商中系数的符号、值,再逐个写下各个字母及其指数.

12. 除以多项式

整数除以整数,有两种情况.

一种是能整除,例如 $6 \div 2 = 3$.

一种是不能整除,例如 $5 \div 3$. 这其实更简单,结果是 $\dfrac{5}{3}$. 其中的分数线就是除号,只不过将 $5 \div 3$ 换了一种写法. 另外,还有一个需要注意的地方,就是可以约分的应当约分.

例如,$10 \div 8$ 就是 $\dfrac{10}{8}$,但 10 与 8 有公因数 2,应当约去,所以最后结果是 $\dfrac{5}{4}$.

多项式的除法与整数的除法相同,也有两种情况.

一种是能整除,例如
$$(a^2 - b^2) \div (a + b) = a - b.$$
这时多项式 $a + b$ 称为多项式 $a^2 - b^2$ 的因式.

另一种是不能整除,例如
$$(a^2 - b^2) \div (a + 2b) = \dfrac{a^2 - b^2}{a + 2b}.$$
结果是一个分式.实际上是"不除之除":将被除式作为分子,除式作为分母,中间的分式线其实就是除号.当然,如果分子、分母有公因式,应当约分.

例 求 $(a^3 - b^3) \div (a^2 - b^2)$.

解
$$\begin{aligned}(a^3 - b^3) \div (a^2 - b^2) &= \dfrac{a^3 - b^3}{a^2 - b^2} \\ &= \dfrac{(a-b)(a^2 + ab + b^2)}{(a+b)(a-b)} \\ &= \dfrac{a^2 + ab + b^2}{a + b}.\end{aligned}$$

约分的前提是分子、分母有公因式.为了找到公因式,往往需要进行因式分解,即将多项式分解成因式的乘积.

13. 一元多项式

仅含一个字母的多项式,称为一元多项式,其中的字母通常用 x 表示.例如 $3x^3 - 4x^2 + 5x - 1$ 就是 x 的三次多项式.

一元多项式的项常依降幂排列.

一元多项式的除法可用竖式进行,得出商式与余式.

例 1 求 $(3x^3 - 4x^2 + 5x - 1) \div (x^2 + 3x - 1)$.

解

$$\require{enclose}\begin{array}{r}3x - 13 \\ x^2+3x-1 \enclose{longdiv}{3x^3 - 4x^2 + 5x - 1} \\ \underline{3x^3 + 9x^2 - 3x} \\ -13x^2 + 8x - 1 \\ \underline{-13x^2 - 39x + 13} \\ 47x - 14\end{array}$$

与整数除法类似,先用 $3x^3$ 除 x^2,得出商的第一项 $3x$.再用 $3x$ 乘除式,得出 $3x^3 + 9x^2 - 3x$,从被除式中减去.接下来用所得的差 $-13x^2 + 8x - 1$ 再依同样步骤去除除式.继续下去,直到最后得到次数低于除式的余式 $47x - 14$.

本题的答案是商式为 $3x - 13$,余式为 $47x - 14$.

上面的结果可以写成
$$3x^3 - 4x^2 + 5x - 1 = (x^2 + 3x - 1)(3x - 13) + 47x - 14 \qquad (1)$$
或
$$(3x^3 - 4x^2 + 5x - 1) \div (x^2 + 3x - 1) = 3x - 13 + \frac{47x - 14}{x^2 + 3x - 1}. \qquad (2)$$

(2)就是
$$\frac{3x^3 - 4x^2 + 5x - 1}{x^2 + 3x - 1} = 3x - 13 + \frac{47x - 14}{x^2 + 3x - 1}.$$

我们把"假分式"(分子次数大于或等于分母次数)变成了"带分式"(一个整式 $3x - 13$ 加上一个分子次数小于分母次数的真分式).

例2 求 $(2x^4 + x^2 - 5x + 3) \div (3x^2 + x + 1)$.

解 注意被除式中没有三次项,竖式中要留出空格.

$$\begin{array}{r}
\frac{2}{3}x^2 - \frac{2}{9}x + \frac{5}{27} \\
3x^2 + x + 1 \overline{\smash{\big)}\, 2x^4 + x^2 - 5x + 3} \\
\underline{2x^4 + \frac{2}{3}x^3 + \frac{2}{3}x^2 } \\
-\frac{2}{3}x^3 + \frac{1}{3}x^2 - 5x + 3 \\
\underline{-\frac{2}{3}x^3 - \frac{2}{9}x^2 - \frac{2}{9}x } \\
\frac{5}{9}x^2 - \frac{43}{9}x + 3 \\
\underline{\frac{5}{9}x^2 + \frac{5}{27}x + \frac{5}{27}} \\
-\frac{134}{27}x + \frac{76}{27}
\end{array}$$

商式为 $\frac{2}{3}x^2 - \frac{2}{9}x + \frac{5}{27}$,余式为 $-\frac{134}{27}x + \frac{76}{27}$.

有时,为了更一般,x 的多项式也常常采用字母系数,如
$$ax^2 + bx + c$$
就是一般的(x 的)二次多项式,其中 a、b、c 为任意数,但 $a \neq 0$,这时,我们以 x 为主要字母,而 a、b、c 均表示数.这种区别只是为了方便,不必过分重视.

14. 分离系数法

一元多项式的乘法可用竖式进行.

例1 求 $(x^3-2x+3)(x^2-3x+2)$.

解 列出竖式,注意 x^3-2x+3 中缺二次项,需留出空位(如同数的乘法中的0).

$$
\begin{array}{r}
x^3 \qquad -2x+3 \\
\times \qquad x^2 -3x+2 \\
\hline
x^5 \qquad -2x^3+3x^2 \qquad\qquad \\
-3x^4 \qquad +6x^2-9x \qquad \\
2x^3 \qquad -4x+6 \\
\hline
x^5-3x^4 \qquad +9x^2-13x+6
\end{array}
$$

积为 $x^5-3x^4+9x^2-13x+6$.

上面的演算,我们是从高位算起的,即先用 x^2 乘 x^3-2x+3 中的各项,再用 $-3x$ 乘 x^3-2x+3 中的各项,最后用 2 乘 x^3-2x+3 中的各项.如果改从低位算起,亦无不可.

注意将积中 x 的同次幂对齐(排在同一列).

其实上面的竖式中,x 可以省去,只需写出系数,然后相乘,即(这次我们从低位算起)

$$
\begin{array}{r}
1 \quad -2+3 \\
\times \quad 1 \quad -3+2 \\
\hline
2 \quad -4+6 \\
-3 \quad +6-9 \\
1 \quad -2 \quad +3 \\
\hline
1 \quad -3 \quad +9-13+6
\end{array}
$$

积为 $x^5-3x^4+9x^2-13x+6$.

这种只写出系数的竖式运算,称为分离系数法.

x、y 的形如 $a_0 x^n + a_1 x^{n-1} y + a_2 x^{n-2} y^2 + \cdots + a_{n-1} x y^{n-1} + a_n y^n$ 的二元多项式(系数 $a_0, a_1, \cdots, a_n$ 作为常数),称为 n 次齐次多项式,每一项的次数(即 x 的次数与 y 的次数之和)都是 n.这种多项式相乘,也可用分离系数法.

例2 计算 $(x^3-7xy^2+5y^3)(x^2-2xy+3y^2)$.

解

$$\begin{array}{r} 1 \quad -7 \;+\; 5 \\ \times \quad 1 \;-\; 2 \;+\; 3 \\ \hline 3 \quad -21 + 15 \\ -2 \;+\; 14 - 10 \\ 1 \quad -7 \;+\; 5 \\ \hline 1 - 2 - 4 + 19 - 31 + 15 \end{array}$$

积为 $x^5 - 2x^4y - 4x^3y^2 + 19x^2y^3 - 31xy^4 + 15y^5$.

除法也可用分离系数法.

例 3 求 $(2x^4 + x^2 - 5x + 3) \div (3x^2 + x + 1)$.

解

$$\begin{array}{r} \tfrac{2}{3} - \tfrac{2}{9} + \tfrac{5}{27} \\ 3 + 1 + 1 \overline{\smash{)}\, 2 \quad\quad + 1 \;-\; 5 \;+\; 3} \\ 2 + \tfrac{2}{3} + \tfrac{2}{3} \\ \hline -\tfrac{2}{3} + \tfrac{1}{3} - 5 + 3 \\ -\tfrac{2}{3} - \tfrac{2}{9} - \tfrac{2}{9} \\ \hline \tfrac{5}{9} - \tfrac{43}{9} + 3 \\ \tfrac{5}{9} + \tfrac{5}{27} + \tfrac{5}{27} \\ \hline -\tfrac{134}{27} + \tfrac{76}{27} \end{array}$$

商式为 $\dfrac{2}{3}x^2 - \dfrac{2}{9}x + \dfrac{5}{27}$, 余式为 $-\dfrac{134}{27}x + \dfrac{76}{27}$.

这题就是上一节的例 2. 读者可以比较一下.

写完这一节后,我自己再看一遍,觉得例 1、例 2 还是用心算更好.心算的方法也是从高次开始的.如例 1,可以先写出积的最高次项即五次项 x^5, 它由 x^3 与 x^2 相乘而得.再写出积的四次项,它由 x^3 与 $-3x$ 相乘而得.积的三次项为 0, 因为 $x^3 \cdot 2 + (-2x) \cdot x^2 = 0$. 积的二次项为 $(-2x)(-3x) + 3x^2 = 9x^2$. 积的一次项为 $(-2x) \cdot 2 + 3 \cdot (-3x) = -13x$. 最后积的常数项为 $6(=3 \times 2)$.

这样由高(次)往低(次),逐项写出,用心算应不困难.这种锻炼心算能力的好机会,切莫放过.当然,初学者列出竖式计算也无可厚非.但既不用竖式,也不用心算,将每两项的积一一写出,排成一长排,再通过找同类项进行合并,是最糟糕的办法.

请用心算直接写出例 2 的结果.试一试!

今后会有很多(多项式相乘的)机会,应尽量心算,勿错过(锻炼心算的)良机!

15. 绝 对 值

看过卡通剧《诸葛四郎与魔鬼党》的人,一定记得魔鬼党的领袖矮老人每次做坏事前,都要说一句:"大丈夫不能流芳百世,亦当遗臭万年."这做坏事的矮老人真的遗臭万年了,但却根本不是大丈夫.因为他干了大坏事,而干坏事对社会所起的作用是负的.坏事干得越大,负作用越大,这个人也就越渺小.

负数的绝对值越大,值反而越小.

绝对值是一个很重要的概念.一个数 a 的绝对值记为 $|a|$,定义如下:

若 a 是正数,则 $|a| = a$;

若 a 等于 0,则 $|a| = 0$;

若 a 是负数,则 $|a| = -a$.

例如 $|-5| = 5$.

如果将 a 用数轴上的点表示,那么 $|a|$ 就是 a 到原点 O 的距离.

$|a|$ 一定是非负的.

例 1 已知 $(2a-1)^2 + |b+1| = 0$. 求 $\left(\dfrac{1}{a}\right)^2 + \left(\dfrac{1}{b}\right)^{1999}$.

解 非负数的和为 0 时,每一个非负数都是 0.

$(2a-1)^2$、$|b+1|$ 都是非负数,它们的和为 0,所以

$$(2a-1)^2 = 0, \quad |b+1| = 0.$$

从而 $a = \dfrac{1}{2}, b = -1$,于是

$$\left(\dfrac{1}{a}\right)^2 + \left(\dfrac{1}{b}\right)^{1999} = 2^2 + (-1)^{1999} = 4 - 1 = 3.$$

例 2 a、b 为任意有理数.讨论 $|a| + |b|$ 与 $|a+b|$ 的大小.

解 分情况讨论.

a、b 同为正数时,$a+b$ 为正数,

$$|a| + |b| = a + b = |a+b|.$$

a、b 同为负数时,$a+b$ 为负数,

$$|a| + |b| = (-a) + (-b) = -(a+b) = |a+b|.$$

a、b 一正一负时,和 $a+b$ 的绝对值是 a、b 的绝对值的差,当然小于 $|a|+|b|$,即
$$|a|+|b|>|a+b|.$$

a、b 中至少有一个为 0 时,不妨设 $b=0$,则
$$|a|+|b|=|a|=|a+0|=|a+b|.$$

因此 $|a|+|b|\geq|a+b|$,并且在 a、b 异号($ab<0$)时,严格的不等式 $|a|+|b|>|a+b|$ 成立.

上面的结果也可用数轴来解释.设在数轴上,点 A 表示 a,点 B 表示 b,则 $|a|+|b|$ 是线段 OA、OB 的长度的和.而 $|a+b|$ 在 a、b 同号或至少有一个为 0 时,是线段 OA 与 OB 的长度的和;在 a、b 异号时,是线段 OA 与 OB 的长度的差的绝对值.

评注 为了方便起见,约定 $a=0$ 时,线段 OA 的长度为 0(此时 A 与原点 O 重合).又在 $a=0$ 时,我们也常说 a 与 b 同号(不论 b 是什么数).这样,上面的结论可以简单写成:

a、b 同号时,$|a|+|b|=|a+b|$;

a、b 异号时,$|a|+|b|>|a+b|$.

例 3 求 $|x+1|+|x-2|$ 的最小值.

解 $|x+1|+|x-2|=|x+1|+|2-x|$
$$\geq|(x+1)+(2-x)|=3.$$

当 x 在区间 $[-1,2]$ 内(即 $-1\leq x\leq 2$)时等号成立.因此 $|x+1|+|x-2|$ 的最小值是 3.

如果用数轴上的点 A、B、P 分别表示 -1、2、x(图 2-1),那么 $|x+1|$、$|x-2|$ 分别是线段 AP、PB 的长.线段 AB 的长为 3.显然 $AP+PB\geq AB$,当且仅当 P 在区间 $[A,B]$ 内时等号成立.

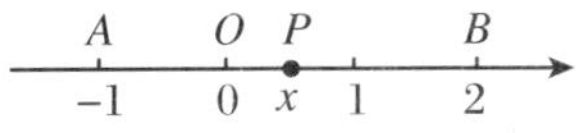

图 2-1

例 4 求 $|x+1|+|x-2|+|x-3|$ 的最小值.

解 由上例,$|x+1|+|x-3|$ 的最小值是 $3-(-1)=4$.

而 $|x-2|$ 的最小值是 0.在 $x=2$ 时,$|x+1|+|x-3|$ 与 $|x-2|$ 同取得最小值.

于是,所求最小值是 $4+0=4$,在 $x=2$ 时取得.

例 5 $-a$ 的绝对值是 a 吗?

解 如果 $a\geq 0$,那么 $-a$ 的绝对值是 a;

如果 $a<0$,那么 $-a$ 的绝对值是 $-a$.

一位数学家说过:"巨石绝不会将人绊倒,小石子却常常将人绊倒."所以例 5 的结论值得注意,切勿认为 $-a$ 的绝对值一定是 a.

在数轴上的线段,有时也分出正负,称为有向线段.如图 2-1 中,线段 AO 从起点 A

到终点 O 的方向与数轴的正方向相同,约定为正,$AO=1$.而线段 OA 从起点 O 到终点 A 的方向与数轴的正方向相反,约定为负,$OA=-1$.同样,图 2-1 中,$OB=2$,$BO=-2$,$AB=3$,$BA=-3$.

对于图 2-2 中数轴上的两点 A、P,设它们分别代表数 a 与 p,则不论 P、A 位置如何,恒有
$$PA = a - p.$$

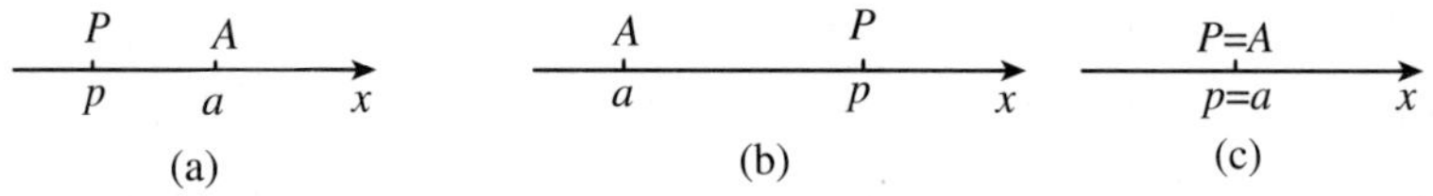

图 2-2

在图 2-2 中,我们故意省略了原点与单位,以突出点 P 与 A.在图(a)中,P 在 A 的左边,$p<a$,PA 为正.在图(b)中,P 在 A 的右边,$a<p$,PA 为负.在图(c)中,P、A 重合,$p=a$,$PA=0$.不论哪一种情况,PA 均可用 $a-p$ 表示,即用终点的坐标减去起点的坐标.

引入有向线段是为了方便,为了统一.

例 6 求证:对于数轴上任意三点 P、A、B,恒有
$$PA + AB = PB,$$
这里 PA、AB、PB 均为有向线段.

证明 设 P、A、B 分别表示数 p、a、b,则
$$PA + AB = (a-p) + (b-a) = b - p = PB.$$

在本书中,PA 通常仅表示普通线段,即
$$PA = |a - p|.$$
除非特别说明(或从上下文看出),PA 才表示有向线段.

习 题 2

1. 用分离系数法或心算求
$$(x^2 + 3x - 1)(3x - 13) + (47x - 14),$$
得出结果后,与第 13 节例 1 比较一下.

2. 用分离系数法求
$$(x^5 - 3x^4 + 9x^2 - 13x + 6) \div (x^3 - 2x + 3).$$

3. 求乘积

$(a+b+c)(a+b-c)(b+c-a)(c+a-b)$.

4. 求乘积$(a+b+c)^2$、$(a_1+a_2+\cdots+a_n)^2$.

5. 求$(a+b+c)(a^2+b^2+c^2-ab-bc-ca)$.

6. 求$(a+b+c)(a^2+b^2+c^2)$.

7. 求$(a+b+c)^3$.

8. 已知我们有
$$n^2-(n-1)^2=2n-1,$$
$$(n-1)^2-(n-2)^2=2(n-1)-1 \quad (将上面的 n 换成 n-1),$$
$$\cdots,$$
$$2^2-1^2=2\times 2-1,$$
$$1^2-0^2=2\times 1-1.$$
将以上各式相加,能得出什么结果?

9. 依照上面的做法,求
$$1^2+2^2+\cdots+100^2.$$

10. 将$(1-x)(1+2x)(1-3x)(1+4x)\cdots(1-13x)$展开后(即写出乘积),$x^2$的系数是多少?

<< 习题2解答 >>

1.

```
              1 + 3 - 1
       ×          3 - 13
       ─────────────────
              3 + 9 - 3
          -13 - 39 +13
       ─────────────────
              3 - 4 - 42 +13
       +             47 - 14
       ─────────────────
              3 - 4 + 5 - 1
```

结果为$3x^3-4x^2+5x-1$.与第13节例1比较可知
$$被除式 = 除式 \times 商 + 余式.$$
这是一个很重要的结论(也是熟知的、常见的结论).

心算直接由高向低写出结果.

2.

$$
\begin{array}{r}
1-3+2 \\
1+0-2+3\overline{\smash{\big)}\,1-3+0+9-13+6} \\
\underline{1+0-2+3} \\
-3+2+6-13+6 \\
\underline{-3+0+6-9} \\
2+0-4+6 \\
\underline{2+0-4+6} \\
0
\end{array}
$$

乘、除互为逆运算. 本题可与第 14 节例 1 对照.

3. 原式 $= [(a+b)^2 - c^2][c^2 - (b-a)^2]$

$\qquad = (a^2 + b^2 + 2ab - c^2)(c^2 - a^2 - b^2 + 2ab)$

$\qquad = (2ab)^2 - (a^2 + b^2 - c^2)^2$

$\qquad = 4a^2 b^2 - (a^2 + b^2)^2 + 2c^2(a^2 + b^2) - c^4$

$\qquad = 2a^2 b^2 + 2b^2 c^2 + 2c^2 a^2 - a^4 - b^4 - c^4.$

4. $(a+b+c)^2 = (a+b+c)(a+b+c).$

积有 $3 \times 3 = 9$ 项,其中平方项有 3 个,即 a^2、b^2、c^2. 有些项可以合并: $ab + ba = 2ab$,等等. 于是结果为

$$(a+b+c)^2 = a^2 + b^2 + c^2 + 2ab + 2bc + 2ca,$$

这也可以作为一个公式,它是第 5 节(1)的推广.

类似地,$(a_1 + a_2 + \cdots + a_n)^2$ 有 n^2 项,其中有 n 个平方项. $n(n-1)$ 个乘积项两两合并,结果是

$$(a_1 + a_2 + \cdots + a_n)^2 = a_1^2 + a_2^2 + \cdots + a_n^2 + 2a_1 a_2 + 2a_1 a_3 + \cdots$$

$$+ 2a_1 a_n + 2a_2 a_3 + \cdots + 2a_{n-1} a_n.$$

即 n 个数的和的平方,等于这 n 个数的平方和加上每两个数的积的 2 倍.

5. 共有 $3 \times 6 = 18$ 项,其中有 3 个立方项,即 a^3、b^3、c^3. 又有 3 个 $-abc$ [即 $a \times (-bc), b \times (-ca), c \times (-ab)$]. 其余的 12 项,如 $a(-ab)$ 与 ba^2,可两两抵消. 结果是

$$(a+b+c)(a^2 + b^2 + c^2 - ab - bc - ca) = a^3 + b^3 + c^3 - 3abc,$$

这也可以作为一个公式.

注意,先看一看有多少项(18 项),将它们进行分类处理,可分作三类:立方项,三个 a、b、c 都是一次的项,a、b、c 中一个 2 次、一个 1 次、一个 0 次的项(即形如 $\pm ab^2$ 的项). 这样做可培养观察与心算能力(只要写出结果),不必先将 18 项一一写出,再合并同类项.

6. 原式 $= a^3 + b^3 + c^3 + a^2b + a^2c + b^2c + b^2a + c^2a + c^2b$.

7. 原式 $= (a+b+c)(a^2+b^2+c^2+2ab+2bc+2ca)$
   $= a^3 + b^3 + c^3 + 3a^2b + 3a^2c + 3b^2a + 3b^2c + 3c^2a + 3c^2b + 6abc$.

8. 将已知各式相加得
$$n^2 = 2(1 + 2 + \cdots + n) - n,$$
所以
$$1 + 2 + \cdots + n = \frac{n^2 + n}{2} = \frac{1}{2}n(n+1).$$

9. 因为
$$101^3 - 100^3 = 3 \times 100^2 + 3 \times 100 + 1,$$
$$100^3 - 99^3 = 3 \times 99^2 + 3 \times 99 + 1,$$
$$\cdots,$$
$$1^3 - 0^3 = 3 \times 0^2 + 3 \times 0 + 1,$$
相加得
$$101^3 - 1^3 = 3 \times (1^2 + 2^2 + \cdots + 100^2) + 3 \times (1 + 2 + \cdots + 100) + 100,$$
即
$$3 \times (1^2 + 2^2 + \cdots + 100^2) = 101^3 - 101 - \frac{3}{2} \times 101 \times 100$$
$$= 101 \times (101^2 - 1) - \frac{3}{2} \times 101 \times 100$$
$$= 101 \times 100 \times 102 - \frac{3}{2} \times 101 \times 100$$
$$= \frac{1}{2} \times 100 \times 101 \times 201,$$
所以
$$1^2 + 2^2 + \cdots + 100^2 = \frac{1}{6} \times 100 \times 101 \times 201 = 338350.$$

一般地,有
$$1^2 + 2^2 + \cdots + n^2 = \frac{1}{6}n(n+1)(2n+1).$$

10. $1-x, 1+2x, \cdots, 1-13x$ 中 x 的系数有正有负,颇为复杂,不如用字母表示,即讨论更一般的问题:将
$$(1 + a_1 x)(1 + a_2 x) \cdots (1 + a_n x)$$
展开后,x^2 的系数是多少?

显然,展开后,x^2 的系数是两两不同的系数 a_i 与 a_j 相乘($1 \leqslant i < j \leqslant n$),然后相加

起来,即
$$a_1a_2 + a_1a_3 + \cdots + a_1a_n + a_2a_3 + \cdots + a_{n-1}a_n.$$
而由第 4 题可知此和等于
$$\frac{1}{2}[(a_1 + a_2 + \cdots + a_n)^2 - (a_1^2 + a_2^2 + \cdots + a_n^2)],$$
所以 x^2 的系数为

$$\frac{1}{2}[(-1 + 2 - 3 + 4 - \cdots - 13)^2 - (1^2 + 2^2 + \cdots + 13^2)]$$

$$= \frac{1}{2}\left(7^2 - \frac{1}{6} \times 13 \times 14 \times 27\right)$$

$$= \frac{1}{2}(7^2 - 13 \times 7 \times 9)$$

$$= -\frac{1}{2} \times 7 \times (13 \times 9 - 7)$$

$$= -385.$$

第3章 渐入佳境

本章介绍一次方程(组).

方程,是最能彰显代数魅力的内容.小学中出现的应用题,几乎没有不能用方程来解的.而且,过去的一些难题,往往需要煞费苦心,好不容易才能解出来.现在,用方程来解,易如反掌,就像是"艨艟巨舰一毛轻","此日中流自在行".

无怪乎有人说:"代数是懒人的算术."

1. 未 知 数

大家都会做加法,例如

$$3 + 2 = 5. \tag{1}$$

每个问题都可以产生一个反问题.从上面的加法可以产生下面的反问题:

$$? + 2 = 5, \tag{2}$$

这里"?"是未知数.不难看出

$$? = 5 - 2, \tag{3}$$

也就是

$$? = 3. \tag{4}$$

求未知数的问题很多.再举一个例子.

在下面的"□"中填数,使等式成立:

$$□ - 7 = 12. \tag{5}$$

这道题也很容易:

$$□ = 12 + 7, \tag{6}$$

也就是

$$□ = 19, \tag{7}$$

"□"中填的数是 19.

在代数中，未知数常用 x、y、z 等字母表示，而已知数常用 a、b、c 等字母表示．当然这只是通常的习惯，并非绝对的．

例如上面的(2)可写成
$$x + 2 = 5 \qquad (8)$$

(5)可写成
$$y - 7 = 12. \qquad (9)$$

(8)的解是
$$x = 5 - 2, \qquad (10)$$

即
$$x = 3. \qquad (11)$$

(9)的解是
$$y = 12 + 7, \qquad (12)$$

即
$$y = 19. \qquad (13)$$

再如求 x，使得
$$3x = 18. \qquad (14)$$

($3x$ 即 $3 \times x$．在不致混淆时，我们常常省略乘号．)

(14)的解是
$$x = 18 \div 3, \qquad (15)$$

即
$$x = 6. \qquad (16)$$

求 y，使得
$$\frac{1}{4} y = 7. \qquad (17)$$

(17)的解是
$$y = 7 \times 4, \qquad (18)$$

即
$$y = 28. \qquad (19)$$

从以上例子可以看出，一个等式的两边可以同时加上或减去同一个数，如(8)的两边同时减去 2，(9)的两边同时加上 7；也可以同时乘以或除以同一个数，除数当然不能为 0，如(14)的两边同时除以 3，(17)的两边同时乘以 4．

2. 方　程

含有未知数的等式,称为方程.例如
$$x + a = b \tag{1}$$
就是一个方程,其中 x 是未知数,a、b 是已知数.例如,在上节的(8)中,$a=2,b=5$.

使方程成立(两边相等)的 x 的值,称为方程的解或根.方程(1)的解就是
$$x = b - a. \tag{2}$$

在(1)的两边同时减去 a,就可得到(2).也可以说,将(1)左边的 $+a$ 移到右边,但改变了符号,成为 $-a$,这称为"移项".

同样地,考虑方程
$$ax = b, \tag{3}$$
其中 a、b 是已知数,$a \neq 0$,x 是未知数.例如,在上节的(14)中,$a=3,b=18$;(17)中,$a=\dfrac{1}{4}, b=7$.

在(3)的两边同时除以 a(即乘以 $\dfrac{1}{a}$),可得(3)的解为
$$x = \dfrac{b}{a}. \tag{4}$$

我国古代将未知数称作"元".仅有一个未知数的方程,称为一元方程.

方程就是一个问题:未知数取什么值时,等式能够成立?

解方程就是求出这样的值,也就是方程的解(根).

例1 解方程
$$\dfrac{4}{3}x = 5. \tag{5}$$

解 在(5)的两边同时乘以 $\dfrac{3}{4}$(即除以 $\dfrac{4}{3}$),得
$$x = 5 \times \dfrac{3}{4}, \tag{6}$$
即
$$x = \dfrac{15}{4}. \tag{7}$$

将(6)、(7)合在一起,写成
$$x = 5 \times \dfrac{3}{4} = \dfrac{15}{4} \tag{8}$$

也无不可,因为 $5 \times \dfrac{3}{4}$ 的结果就是 $\dfrac{15}{4}$,(8)中的等号是成立的.

但要注意,不能将(5)、(6)连写成

$$\dfrac{4}{3}x = 5 = x = 5 \times \dfrac{3}{4},\tag{9}$$

这是因为 $\dfrac{4}{3}x$ 并不等于 x , x 也不等于5.所以在解方程时,往往一行只写一个等号,不连着往下写.这样虽然有点"矫枉过正",但在初学阶段还是有好处的,不致产生(9)那样的谬误.

例 2 解方程

$$0.5x = 7.2.\tag{10}$$

解 在(10)的两边同时乘以2,得

$$x = 14.4.$$

2×7.2 可以心算出结果为14.4,不必非要写出 2×7.2 .这些中间过程,能够省去的应当尽量省去.

本题"同时乘以2"即两边同时除以0.5,但说成"同时乘以2"更好一些,操作起来更为简单.

3. 武 林 秘 籍

武侠小说中,常常有人找到前人遗留的武林秘籍,从而武功大进.其实,后人应当胜过前人,应当不断有自己的新创造、新发明,靠吃祖宗的饭是没有出息的.发现古人的著作,可以从中了解当时人的想法与社会进步的情况,提高学习兴趣,但不应一味地效法他们,开历史倒车.

现在人们找到的最古老的"数学秘籍"是苏格兰收藏家莱因德购得的古埃及纸草,其中有85个问题.下面的例题即其中的第24个问题.

例 某数与它的 $\dfrac{1}{7}$ 相加得19.求这个数.

先看看纸草上的解法:设这个数为7,与它的 $\dfrac{1}{7}$ 相加得

$$7 + 7 \times \dfrac{1}{7} = 8,$$

不是19.但 $8 \times \dfrac{19}{8} = 19$,将 $\dfrac{19}{8}$ 与7相乘得

$$7 \times \frac{19}{8} = 16\frac{5}{8},$$

这就是本题的答案.

现在的解法是设这个数为 x,则根据题意有

$$x + \frac{1}{7}x = 19,$$

即

$$\frac{8}{7}x = 19,$$

所以

$$x = 19 \times \frac{7}{8} = 16\frac{5}{8}.$$

一般地,系数有分母 a 的方程

$$\frac{b}{a}x + cx = d \quad (a \neq 0, ac + b \neq 0) \tag{1}$$

都可以用古埃及的方法求解.先设 $x = a$,得出

$$\frac{b}{a} \times a + ca = b + ca.$$

比较 $b + ca$ 与 d,将 $b + ca$ 乘以 $\frac{d}{b+ca}$ 得 d,所以本题的答案就是

$$x = \frac{ad}{b+ca}.$$

现在的解法如下:

去分母,即在(1)的两边同时乘以 a,得

$$bx + acx = ad.$$

合并同类项,得

$$(b + ac)x = ad.$$

从而,两边同时除以 $b + ac$(因为 $b + ac \neq 0$),得

$$x = \frac{ad}{b+ac}.$$

两种解法结果完全相同.

现在的解法比古代的好.

一元方程(1)中,未知数 x 的次数是 1,这种方程称为一元一次方程.如果一元方程中,未知数 x 的最高次数为 n,那么就称为一元 n 次方程.例如

$$x^3 - 2x + 1 = 0$$

就是一元三次方程.

4. 标 准 形 式

形如
$$ax = b \quad (a \neq 0) \tag{1}$$
的方程,称为一元一次方程的标准形式.

在(1)的两边同时除以 a,就得到(1)的唯一的解,即
$$x = \frac{b}{a}. \tag{2}$$

任何一个一元一次方程,经过去分母、去括号、移项、合并同类项,都可以化为标准形式(1),从而得到解(2). 这就是解一元一次方程的方法.

例 1 解方程
$$\frac{1}{3}\left\{x - \frac{1}{3}\left[x - \frac{1}{4}\left(x - \frac{3}{2}\right)\right] - 1\right\} = x + \frac{3}{4}. \tag{3}$$

解 先去小括号,得
$$\frac{1}{3}\left\{x - \frac{1}{3}\left[x - \frac{1}{4}x + \frac{3}{8}\right] - 1\right\} = x + \frac{3}{4}, \tag{4}$$

即
$$\frac{1}{3}\left\{x - \frac{1}{3}\left[\frac{3}{4}x + \frac{3}{8}\right] - 1\right\} = x + \frac{3}{4}. \tag{5}$$

再去中括号,得
$$\frac{1}{3}\left\{x - \frac{1}{4}x - \frac{1}{8} - 1\right\} = x + \frac{3}{4}, \tag{6}$$

即
$$\frac{1}{3}\left\{\frac{3}{4}x - \frac{9}{8}\right\} = x + \frac{3}{4}. \tag{7}$$

最后去大括号,得
$$\frac{1}{4}x - \frac{3}{8} = x + \frac{3}{4}. \tag{8}$$

移项,得
$$-\frac{3}{4}x = \frac{9}{8}. \tag{9}$$

两边同时乘以 $-\frac{4}{3}$,得
$$x = -\frac{3}{2}. \tag{10}$$

借助心算与草稿纸,上面的过程可以省去很多步,甚至直接得出(9).心算的要点是将含 x 的项与不含 x 的常数项分开计算.(4)的左边 x 的系数可以算出是 $\frac{1}{4}$,从而(9)的左边 x 的系数是 $-\frac{3}{4}$.常数项也不难算,大括号内是 $-\frac{9}{8}$,从而(9)的右边是 $\frac{9}{8}$ $\left(=\frac{3}{4}+\frac{3}{8}\right)$.这种运算能力应通过练习逐步养成.

例2 解关于 x 的方程(即以 x 为未知数,其他字母为已知数)

$$\frac{x-a}{b} - \frac{x-b}{a} = \frac{b}{a} \quad (a \neq 0, b \neq 0, a \neq b). \tag{11}$$

解 去分母,即在(11)的两边同时乘以 ab,得

$$a(x-a) - b(x-b) = b^2, \tag{12}$$

即

$$(a-b)x = a^2, \tag{13}$$

所以

$$x = \frac{a^2}{a-b}. \tag{14}$$

评注 方程的一大便利,就是可以去分母(两边同时乘以适当的数),将分数(分式)运算化为整数(整式)运算.

例3 设 n 是正整数,$[x]$ 表示不超过 x 的最大整数.解关于 x 的方程

$$x + 2[x] + 3[x] + \cdots + n[x] = \frac{n^2(n+1)^2}{2}. \tag{15}$$

解 因为

$$1 + 2 + \cdots + n = \frac{n(n+1)}{2},$$

所以 $\frac{n(n+1)}{2}$ 是整数,$\frac{n^2(n+1)^2}{2}$ 也是整数.

(15)的右边是整数,所以左边也是整数.$2[x], 3[x], \cdots, n[x]$ 都是整数,所以左边剩下的一项 x 也是整数,即 $x = [x]$.从而方程(15)变为

$$x(1 + 2 + \cdots + n) = \frac{n^2(n+1)^2}{2}, \tag{16}$$

所以

$$x = \frac{n^2(n+1)^2}{2} \div \frac{n(n+1)}{2} = n(n+1). \tag{17}$$

评注 例3其实是一道不难解的一次方程题.

5. 一 题 多 解

一道题可以有多种解法.

例 已知 a、b、c 是正数.解关于 x 的方程

$$\frac{x-a-b}{c}+\frac{x-b-c}{a}+\frac{x-c-a}{b}=3. \tag{1}$$

解 (1)可化为

$$x\left(\frac{1}{a}+\frac{1}{b}+\frac{1}{c}\right)=\frac{b+c}{a}+\frac{c+a}{b}+\frac{a+b}{c}+3. \tag{2}$$

$\left(\text{注意移项时要变号,所以}\dfrac{-b-c}{a}\text{从左边移到右边变为}\dfrac{b+c}{a}.\right)$

因为

$$\frac{b+c}{a}+\frac{c+a}{b}+\frac{a+b}{c}+3=\left(\frac{b+c}{a}+1\right)+\left(\frac{c+a}{b}+1\right)+\left(\frac{a+b}{c}+1\right)$$

$$=\frac{b+c+a}{a}+\frac{c+a+b}{b}+\frac{a+b+c}{c}$$

$$=(a+b+c)\left(\frac{1}{a}+\frac{1}{b}+\frac{1}{c}\right),$$

所以方程(2)变为

$$x\left(\frac{1}{a}+\frac{1}{b}+\frac{1}{c}\right)=(a+b+c)\left(\frac{1}{a}+\frac{1}{b}+\frac{1}{c}\right).$$

两边同时除以 $\dfrac{1}{a}+\dfrac{1}{b}+\dfrac{1}{c}$,得

$$x=a+b+c.$$

本题的关键是方程(2)右边的变形.这个过程比较长,所以我们宁愿单独列出,而不多写几个方程.

又解 左边三个分式的分子不同,但不难化为相同的.这只需将每个分式减去1,则方程(1)可化为

$$\left(\frac{x-a-b}{c}-1\right)+\left(\frac{x-b-c}{a}-1\right)+\left(\frac{x-c-a}{b}-1\right)=0,$$

即

$$\frac{x-a-b-c}{c}+\frac{x-b-c-a}{a}+\frac{x-c-a-b}{b}=0.$$

提取公因式 $x-a-b-c$,得

$$(x-a-b-c)\left(\frac{1}{c}+\frac{1}{a}+\frac{1}{b}\right)=0.$$

因为 $\frac{1}{a}+\frac{1}{b}+\frac{1}{c}>0$,所以

$$x-a-b-c=0,$$

即 $x=a+b+c$.

三解 如果每个分式都等于 1,那么它们的和就是 3.在 $x=a+b+c$ 时,恰好每个分式都等于 1,所以 $x=a+b+c$ 就是方程(1)的根.而且(1)是一次方程,它只有一个根.因此它的根就是 $x=a+b+c$.

评注 能一眼看出 $x=a+b+c$ 就是本题答案,很了不起.

6. 还原问题

方程的一大作用就是解应用题.小学阶段的应用题,都可以通过"设未知数,列方程,解方程",得出答案.

本节先看看还原问题.

一个数,经过一系列运算,可以得到一个新数.将最后得到的数作为已知数,求原来的数.这种问题就称为还原问题.

例 1 某数先加上 3,再乘以 3,减去 5,然后除以 2,最后结果为 17.问:原数是多少?

解 设原数为 x,根据题意有

$$[3(x+3)-5]\div 2=17. \tag{1}$$

两边同时乘以 2,得

$$3(x+3)-5=34, \tag{2}$$
$$3(x+3)=39,$$
$$x+3=13,$$
$$x=10.$$

上述过程即

$$(17\times 2+5)\div 3-3=10,$$

与算术解法完全相同.

但解方程(1)的方法并不止上述一种.例如在得到(2)后,可以直接利用心算(将未知数与常数项分开算),得

$$3x=30.$$

两边同时除以 3,得

$$x = 10.$$

答:原数为10.

本题先在方程(1)的两边同时乘以2,这样可以避免分数运算.

方程(1)的解法多种多样,并不限于逐步倒推.

例 2 小强问爷爷的年龄.爷爷说:"我的年龄乘以3,再减去8,然后除以5,最后加上4,恰好就是你的年龄的3倍."小强今年13岁,爷爷今年多少岁?

解 设爷爷的年龄为 x 岁,则

$$\frac{1}{5}(3x-8)+4=39,$$

移项得

$$\frac{1}{5}(3x-8)=35.$$

两边同时乘以5,得

$$3x-8=175,$$
$$3x=183,$$
$$x=61.$$

答:爷爷今年61岁.

例 3 小克用39元买了一本《宇宙密码》,又用剩下的钱的一半买了一本《平面几何的知识与问题》.然后买了一本日记本,用去第二次剩下的钱的一半多5角.最后剩15元.小克原有多少钱?

解 设原有 x 元,则第一次剩下 $(x-39)$ 元,第二次剩下 $\frac{1}{2}(x-39)$ 元,最后剩下 $\frac{1}{4}(x-39)-0.5$,即15元.所以

$$\frac{1}{4}(x-39)-0.5=15.$$

两边同时乘以4,得

$$x-39-2=60,$$
$$x=101.$$

答:小克原有101元.

7. 和 差 问 题

例 1 已知两个数的和是 a,差是 b.求这两个数.(这里 a、b 都是已知数,$b>0$.要

求我们用 a、b 的代数式表示结果.)

解 设大数为 x,则小数为 $x-b$.根据题意有
$$x+(x-b)=a. \tag{1}$$
所以
$$x=\frac{a+b}{2}, \tag{2}$$
$$x-b=\frac{a+b}{2}-b=\frac{a-b}{2}. \tag{3}$$

答:这两个数分别是 $\frac{a+b}{2}$ 与 $\frac{a-b}{2}$.

又解 设大数为 x,则小数为 $a-x$.根据题意有
$$x-(a-x)=b. \tag{4}$$
同样可得到(2)、(3).

本题有两个条件:和为 a,差为 b.设出未知数 x 后,可利用一个条件表示另一个数,再根据剩下的一个条件列出方程.

(2)、(3)可以当作公式,即在和差问题中,大数等于和加差然后除以 2,小数等于和减差然后除以 2.

利用字母 a、b 代替具体的数,所得的结果具有一般性,往往能作为公式运用.

例 2 两个车间共有 48 人.从一车间调出 8 人到二车间,一车间还比二车间多 2 人.问:两个车间原来各有多少人?

解 一车间原来比二车间多
$$2+8\times 2=18(人).$$
根据例 1,一车间原有
$$\frac{48+18}{2}=33(人),$$
二车间原有
$$48-33=15(人).$$

利用例 1 可以直接得出结果,就不必再列方程了.

8. 倍 数 问 题

例 1 已知甲数是乙数的 a 倍($a\neq -1$),并且甲、乙的和是 b.求甲、乙两数.

解 设乙数为 x,则甲数为 ax.根据题意有

$$ax + x = b.$$

所以
$$x = \frac{b}{a+1},$$
$$ax = \frac{ab}{a+1}.$$

答：甲数为 $\frac{ab}{a+1}$，乙数为 $\frac{b}{a+1}$.

又解 设甲数为 x，则乙数为 $b-x$. 根据题意有
$$x = a(b-x).$$

所以
$$x = \frac{ab}{a+1},$$
$$b - x = b - \frac{ab}{a+1} = \frac{b(a+1)-ab}{a+1} = \frac{b}{a+1}.$$

结果与上面相同.

在后一种解法中，如果先利用甲是乙的 a 倍得出乙为 $\frac{x}{a}$，那么就产生了分式，比较麻烦，不及利用甲、乙的和是 b 来得好.

例 2 已知甲数是乙数的 a 倍（$a \neq 1$），并且甲、乙的差是 b. 求甲、乙两数.

解 设乙数为 x，则甲数为 ax. 根据题意有
$$ax - x = b.$$

所以
$$x = \frac{b}{a-1},$$
$$ax = \frac{ab}{a-1}.$$

答：甲数为 $\frac{ab}{a-1}$，乙数为 $\frac{b}{a-1}$.

本题加上 $a \neq 1$ 的限制，是为了保证不出现分母为 0 的情况. 例 1 加上 $a \neq -1$ 的限制也是此意.

例 1、例 2 的结果都可作为公式.

例 3 骡对驴说："如果把你驮的货物给我一包，那么我驮的就是你的两倍. 如果把我驮的货物给你一包，那么我们驮的货物就一样多."骡、驴各驮多少包货物？

解 设骡驮 x 包. 由"骡给驴一包后，驮的货物一样多"，得驴驮 $x-2$ 包. 根据另一条件可得方程

$$x+1=2(x-2-1).$$

所以
$$x=7,$$
$$x-2=5.$$

答:骡驮 7 包,驴驮 5 包.

9. 年龄问题

例 1 今年妈妈与女儿年龄的和是 48 岁,妈妈年龄比女儿的 4 倍少 2 岁.几年前妈妈年龄是女儿的 5 倍?

解 设女儿年龄为 x 岁,则妈妈年龄为 $(4x-2)$ 岁.根据题意有
$$x+(4x-2)=48.$$

化简得
$$5x=50.$$

所以
$$x=10,$$
$$4x-2=38.$$

今年女儿 10 岁,妈妈 38 岁.

设 y 年前妈妈年龄是女儿的 5 倍,则
$$38-y=5(10-y).$$

化简得
$$4y=12,$$
$$y=3.$$

答:3 年前妈妈年龄是女儿的 5 倍.

例 2 在叔叔的年龄与侄子今年年龄相等时,侄子的年龄是 10 岁.在侄子的年龄与叔叔今年年龄相等时,叔叔 37 岁.今年叔叔、侄子各多少岁?

解 设侄子今年 x 岁,则叔叔 x 岁时,侄子 10 岁,年龄差为 $(x-10)$ 岁.因为年龄差永远不变,所以叔叔今年 $x+(x-10)=(2x-10)$ 岁,并且由于年龄差永远不变,故有方程
$$37-(2x-10)=x-10.$$

化简得
$$3x=57.$$

(通常使 x 的系数为正,并且写在方程的左边.)所以
$$x = 19,$$
$$2x - 10 = 28.$$

答:侄子 19 岁,叔叔 28 岁.

又解 设叔叔比侄子大 x 岁.侄子 10 岁时,叔叔 $(x+10)$ 岁,即侄子今年 $(x+10)$ 岁,叔叔今年 $(2x+10)$ 岁.侄子 $(2x+10)$ 岁时,叔叔 37 岁,所以有方程
$$(2x + 10) + x = 37,$$
解得
$$x = 9,$$
$$x + 10 = 19,$$
$$2x + 10 = 28.$$

答案与上面相同.

可见同一个问题往往有多种解法.

10. 盈亏问题

例 1 幼儿园老师买了同样多块的巧克力、奶糖和水果糖,分给每个小朋友 2 块巧克力、7 块奶糖、8 块水果糖.分完后,水果糖还剩 15 块,剩下的巧克力恰好是奶糖的 3 倍.共有多少个小朋友?

解 设有 x 个小朋友,则水果糖有 $(8x+15)$ 块,巧克力剩下 $[(8x+15)-2x]$ 块,奶糖剩下 $[8x+15)-7x]$ 块.根据题意有
$$(8x + 15) - 2x = 3[(8x + 15) - 7x].$$
化简得
$$3x = 30,$$
所以
$$x = 10.$$

答:共有 10 个小朋友.

本题如果用算术方法,则比较麻烦.

例 2 有一批苹果与一批梨.如果每个苹果配 2 个梨,梨分完还剩 2 个苹果.如果每 3 个苹果配 5 个梨,苹果分完还剩 1 个梨.苹果与梨各多少个?

解 设苹果有 x 个,则梨有 $2(x-2)$ 个.根据后一条件有
$$\frac{x}{3} = \frac{2(x-2) - 1}{5}.$$

两边同时乘以 15,得
$$5x = 6(x-2) - 3,$$
$$x = 15,$$
$$2(x-2) = 26.$$

答:苹果 15 个,梨 26 个.

例 3 某校到了一批新生.如果每个寝室至多安排 8 个人,要用 33 个寝室.如果每个寝室至多安排 6 个人,寝室就要增加 10 个.这批学生有多少人?

解 每个寝室至多安排 8 个人时,33 个寝室足够,而 32 个寝室不够,所以学生人数不大于 $33 \times 8 = 264$,大于 $32 \times 8 = 256$.

每个寝室至多安排 6 个人时,$33 + 10 = 43$ 个寝室足够,而 42 个寝室不够,所以学生人数不大于 $43 \times 6 = 258$,大于 $42 \times 6 = 252$.

综上,学生人数不大于 258,且大于 256.满足这个条件的整数,只有 257 和 258.

因此,学生人数为 257 或 258.

答:这批学生有 257 人或 258 人.

本题并不需要列方程.

例 4 老师分糖果给小朋友.每人 8 块,还剩 10 块.每人 9 块,最后一人分不到 9 块,但至少可得 1 块.糖果最多多少块?

解 设小朋友 x 人,则糖果 $(8x+10)$ 块.如果每人 9 块时,最后一人得 a 块(这里 a 是 1~8 中的一个数),那么糖果块数是 $9(x-1)+a$.因此有方程
$$8x + 10 = 9(x-1) + a, \qquad (1)$$
解得
$$x = 19 - a. \qquad (2)$$
由糖果数为 $8x+10$ 可知人数 x 多时,糖果数也多.因为 $a \geqslant 1$,所以 x 最多为 18.故糖果数最多为
$$8 \times 18 + 10 = 154. \qquad (3)$$
答:糖果最多 154 块.

本题也可以问糖果最少多少块.在(2)中取 $a=8$,得人数为 11,糖果数最少为 98.

现有糖果若干,若每人 a 个则少 b 个,若每人 c 个则多 d 个,求人数及糖果数.

答:人数为 $\dfrac{b+d}{a-c}$,糖果数为 $\dfrac{ad+bc}{a-c}$.

11. 鸡兔同笼

鸡和兔同笼,共有头 a 个,足 b 只.问:鸡、兔各多少只?

这里 a、b 都是已知的正整数.

设鸡有 x 只,则兔有 $a-x$ 只.根据题意,得方程

$$2x + 4(a-x) = b. \tag{1}$$

化简为标准形式,可得

$$2x = 4a - b. \tag{2}$$

所以

$$x = 2a - \frac{b}{2}, \tag{3}$$

$$a - x = \frac{b}{2} - a. \tag{4}$$

即鸡 $\left(2a - \dfrac{b}{2}\right)$ 只,兔 $\left(\dfrac{b}{2} - a\right)$ 只.

由于鸡、兔数均为正整数,所以 b 必须是偶数,并且

$$a < \frac{b}{2} < 2a. \tag{5}$$

(3)、(4)可以说是鸡兔同笼问题的公式,而且由这个公式可以衍生出各种算术解法.

例如,公式(3)右边的 $2a$ 表明 a 只兔有 $2a$ 双脚.但现在鸡、兔的脚的双数是 $\dfrac{b}{2}$,少了 $\left(2a - \dfrac{b}{2}\right)$ 双.这是由于每只鸡只有 1 双脚,即每只鸡(比 2 双脚)少 1 双脚.所以少的双数 $\left(2a - \dfrac{b}{2}\right)$ 就是鸡的只数.

再如,公式(4)右边的 $\dfrac{b}{2}$ 是脚的双数.而每只鸡正好 1 双脚,每只兔恰有 2 双脚.于是鸡、兔总数 a 比脚的双数少,而且正好少的是兔的只数.换句话说,兔的只数就是脚的双数 $\dfrac{b}{2}$ 减去鸡、兔总数 a.

还可以将每只兔劈成两只"半兔",半兔有 1 个头、2 只脚,正好与鸡一样.因此 $\dfrac{b}{2}$ 就是半兔与鸡的总头数,比兔与鸡的总头数多出 $\left(\dfrac{b}{2} - a\right)$ 个.而这多出的头数就是兔的只数(每只兔变成 2 只半兔,多出 1 个头).

12. 托尔斯泰问题

俄国大文豪列夫·托尔斯泰(Лев Николаевич Толстой,1828—1910)著作等身,他的长篇小说《战争与和平》《安娜·卡列尼娜》都是经典作品.

托尔斯泰对数学也有研究,下面就是他研究过的问题:

一组割草的人要把两片草地的草割掉.大草地比小草地大一倍.全体组员先用上午半天时间割大草地,下午平均分为两组:一组仍留在大草地,到傍晚正好割完;另一组到小草地割草,到傍晚还剩下一小块,这一小块由一个人割正好一天割完.问:共有多少个人参加割草?

解 设有 x 个人参加割草.以1个人1天割的草作为1个单位.大草地上,x 个人割了 $\frac{1}{2}$ 天,$\frac{1}{2}x$ 个人割了 $\frac{1}{2}$ 天,共割草 $\left(\frac{1}{2}x + \frac{1}{4}x\right)$ 个单位.小草地上,$\frac{1}{2}x$ 个人割了 $\frac{1}{2}$ 天,1个人割了1天,共割草 $\left(\frac{1}{4}x + 1\right)$ 个单位.因为大草地是小草地的2倍,所以

$$\frac{1}{2}x + \frac{1}{4}x = 2\left(\frac{1}{4}x + 1\right).$$

化简得

$$\frac{1}{4}x = 2,$$
$$x = 8.$$

答:共有8个人参加割草.

13. 重 在 分 析

解应用题的要点在于根据题意进行分析.虽然设未知数、列方程(组)为解应用题铺设了一条康庄大道,但仍需细致分析,才能化繁为简,化难为易,不走冤枉路.

例 游泳者在河中逆流而上,于桥下遗失水壶,被水冲走.继续向前游了20分钟后发现水壶遗失,立即返回,在距桥2千米的地方追到水壶.求水流速度.

解 本题的关键是确定游泳者返回追到水壶的时间也是20分钟.

为什么呢?

我们有多种解释.如果水是静止的,那么人从桥下游20分钟后再返回桥也需要20

分钟,这时水壶正静静地躺在那里等他.现在水是流动的.但从水壶上的一个小生命(例如《骑鹅旅行记》中变小了的尼尔斯)看来,他认为自己并未移动,而游泳者先用20分钟从他身旁游走,然后又用同样速度游回来,当然仍用20分钟.

换一种说法,设人的速度是每分钟 x 米,水速是每分钟 y 米,那么人逆流游20分钟,游了 $20(x-y)$ 米,而水壶向下游漂了 $20y$ 米,两者的距离是
$$20(x-y)+20y=20x(米).$$
人返回时,每分钟比水壶多行 $(x+y)-y=x$(米).因此追上水壶需
$$20x \div x = 20(分钟).$$
既然水壶共漂了 $2\times 20=40$ 分钟,离桥2千米,那么水流速度当然是
$$2\div 40 = 0.05(千米/分),$$
即3千米/时.

答:水流速度是3千米/时.

这道题有人认为很难,标为☆☆☆,列出一个复杂的方程
$$\frac{2+\frac{20}{60}(x-y)}{x+y}=\frac{2}{y}-\frac{20}{60}.$$
这真是不看牛的结构,用刀乱剁,既费了力,又伤了刀.

14. 方 程 组

有些问题,未知数不止一个.如果有两个或更多个未知数,那么往往可以根据问题的条件建立两个或更多个方程,这些方程组成方程组.

例1(和差问题) 已知两个数的和是 a,差是 b.求这两个数.

解 设这两个数为 x、y,则
$$\begin{cases} x+y=a, \\ x-y=b. \end{cases}$$

例2(倍数问题) 已知甲数是乙数的 a 倍,并且甲、乙的和是 b.求甲、乙两数.

解 设甲数为 x,乙数为 y,则
$$\begin{cases} x=ay, \\ x+y=b. \end{cases}$$

例3(年龄问题) 今年妈妈与女儿年龄的和是48岁,妈妈年龄比女儿的4倍少2岁.几年前妈妈年龄是女儿的5倍?

解 设今年妈妈的年龄为 x 岁,女儿的年龄为 y 岁,则

$$\begin{cases} x+y=48, \\ x=4y-2. \end{cases}$$

例4(盈亏问题) 老师分糖果给小朋友,每人 a 块,还剩 b 块;每人 c 块,就少 d 块 ($a\ne c$).问:糖果多少块?小朋友多少个?

解 设有糖果 x 块,小朋友 y 个,则
$$\begin{cases} x=ay+b, \\ x=cy-d. \end{cases}$$

通常由问题中的一个条件列出一个方程,由另一个条件列出另一个方程.

例5(鸡兔同笼问题) 鸡、兔共 a 个头,b 只脚.问:鸡多少只?兔多少只?

解 设鸡有 x 只,兔有 y 只,则
$$\begin{cases} x+y=a, \\ 2x+4y=b. \end{cases}$$

方程组的解法在下节讨论.

15. 方程组的解法

方程组的解法是消元,即将未知数(元)的个数减少.常见的消元法有加减消元法与代入消元法.

下面的方程组中,x、y 是未知数,a、b、c、d 等字母都作为已知数.

例1 解方程组
$$\begin{cases} x+y=a, & (1) \\ x-y=b. & (2) \end{cases}$$

解 (1)+(2)(即方程左边加左边,右边加右边),消去 y,得
$$2x=a+b,$$
所以
$$x=\frac{a+b}{2}. \qquad (3)$$

将(3)代入(1),得
$$y=a-x=a-\frac{a+b}{2}=\frac{a-b}{2}. \qquad (4)$$

(3)、(4)就是和差问题的公式.

也可以不将(3)代入(1),而由(1)-(2),消去 x,得
$$2y=a-b,$$

所以
$$y = \frac{a-b}{2}.$$

后一种解法更为"对称"(意即 x、y 地位平等).

上面的解法就是加减消元法.

例 2 解方程组($a \neq -1$)

$$\begin{cases} x = ay, & \text{(5)} \\ x + y = b. & \text{(6)} \end{cases}$$

解 将(5)代入(6),消去 x,得

$$ay + y = b, \tag{7}$$

所以
$$y = \frac{b}{a+1}, \tag{8}$$

从而
$$x = \frac{ab}{a+1}. \tag{9}$$

(8)、(9)就是倍数问题的公式.

上面的解法就是代入消元法.

例 3 解方程组($a \neq c$)

$$\begin{cases} x = ay + b, & \text{(10)} \\ x = cy - d. & \text{(11)} \end{cases}$$

解 (10)-(11),得

$$(c - a)y = b + d,$$

所以
$$y = \frac{b+d}{c-a}, \tag{12}$$

从而
$$x = ay + b = \frac{a(b+d)}{c-a} + b = \frac{ad+bc}{c-a}. \tag{13}$$

(12)、(13)就是盈亏问题的公式.

例 4 解方程组

$$\begin{cases} x + y = a, & \text{(14)} \\ 2x + 4y = b. & \text{(15)} \end{cases}$$

解 (15)-(14)×2,得

$$2y = b - 2a,$$

所以
$$y = \frac{b}{2} - a. \qquad (16)$$

同样,(14)×4-(15),得
$$2x = 4a - b,$$

所以
$$x = 2a - \frac{b}{2}. \qquad (17)$$

(16)、(17)就是鸡兔同笼问题的公式.

在例2中,$a \neq -1$.在例3中,$a \neq c$.这都是很显然的限制.

16. 比与比例(一)

两个数 a、b 的比就是 $a \div b$,写成分数 $\dfrac{a}{b}$ 更好.当然通常限定 $b \neq 0$.

如果两个比 $\dfrac{a}{b}$、$\dfrac{c}{d}$ 相等,即
$$\frac{a}{b} = \frac{c}{d}, \qquad (1)$$

我们就说 a、b、c、d 四个数成比例.

在(1)的两边同时加上1,得
$$\frac{a+b}{b} = \frac{c+d}{d}, \qquad (2)$$

这称为合比定理.

在(1)的两边同时减去1,得
$$\frac{a-b}{b} = \frac{c-d}{d}, \qquad (3)$$

这称为分比定理.

(2)÷(3),得
$$\frac{a+b}{a-b} = \frac{c+d}{c-d}, \qquad (4)$$

这称为合分比定理.

(2)、(3)、(4)还有种种变形.如(1)÷(3),得
$$\frac{a}{a-b} = \frac{c}{c-d}. \qquad (5)$$

以上概念与定理产生于平面几何,在代数中也有用处.

例 1 解方程
$$\frac{x+2}{x+3} = \frac{3}{4}. \tag{6}$$

解 这个方程当然不难解,但最简单的办法是利用比的性质,由(5)、(6)可得
$$\frac{x+2}{(x+3)-(x+2)} = \frac{3}{4-3}, \tag{7}$$

即
$$x + 2 = 3, \tag{8}$$
$$x = 1.$$

经检验,$x = 1$ 是原方程的根.

评注 熟练后,(7)可以省略.实际上,(8)也可以省略,直接利用心算就可以得出结果.

例 2 解方程
$$\frac{2x+3}{2x-3} = \frac{5x+10}{5x-4}. \tag{9}$$

解 应用合分比定理,得
$$\frac{(2x+3)+(2x-3)}{(2x+3)-(2x-3)} = \frac{(5x+10)+(5x-4)}{(5x+10)-(5x-4)}, \tag{10}$$

即
$$\frac{2x}{3} = \frac{5x+3}{7}.$$

再去分母,整理得
$$x = -9.$$

经检验,$x = -9$ 是原方程的根.

评注 (ⅰ)(10)这一步可以省略.

(ⅱ)分母中有未知数的方程,称为分式方程.分式方程的根需要检验.本题只需检验 $x = -9$ 是否会使方程中的分母为 0.

17. 比与比例(二)

如果
$$\frac{a_1}{b_1} = \frac{a_2}{b_2} = \cdots = \frac{a_n}{b_n}, \tag{1}$$

那么当 $b_1 + b_2 + \cdots + b_n \neq 0$ 时,有

$$\frac{a_1}{b_1} = \frac{a_2}{b_2} = \cdots = \frac{a_n}{b_n} = \frac{a_1 + a_2 + \cdots + a_n}{b_1 + b_2 + \cdots + b_n}, \tag{2}$$

这称为等比定理.证明如下:

令 $\dfrac{a_1}{b_1} = k$,则由(1)可得

$$a_1 = kb_1,$$
$$a_2 = kb_2,$$
$$\cdots,$$
$$a_n = kb_n.$$

将以上几个等式相加,得

$$a_1 + a_2 + \cdots + a_n = k(b_1 + b_2 + \cdots + b_n).$$

所以当 $b_1 + b_2 + \cdots + b_n \neq 0$ 时,有

$$\frac{a_1 + a_2 + \cdots + a_n}{b_1 + b_2 + \cdots + b_n} = k,$$

即(2)成立.

例 1 已知 $x : y : z = 3 : 4 : 5, x + y + z = 36$.求 x、y、z.

解 因为

$$\frac{x}{3} = \frac{y}{4} = \frac{z}{5} = \frac{x + y + z}{3 + 4 + 5} = \frac{36}{12} = 3,$$

所以 $x = 9, y = 12, z = 15$.

例 2 已知 $x = \dfrac{a}{b + c} = \dfrac{b}{c + a} = \dfrac{c}{a + b}$.求 x 的值.

解 由(2)可得

$$x = \frac{a + b + c}{(b + c) + (c + a) + (a + b)} = \frac{a + b + c}{2(a + b + c)}. \tag{3}$$

当 $a + b + c \neq 0$ 时,$x = \dfrac{1}{2}$.

当 $a + b + c = 0$ 时,不能用(2).这时 $a = -(b + c)$,故 $x = \dfrac{a}{b + c} = -1$.

评注 可以约定当比的后项为 0 时,前项也为 0.所以(3)在 $a + b + c = 0$ 时,仍算作是成立的,但最后的 $\dfrac{a + b + c}{2(a + b + c)}$ 不能约分成 $\dfrac{1}{2}$,需要另行处理.

例 3 已知

$$\frac{x + y - z}{z} = \frac{x - y + z}{y} = \frac{-x + y + z}{x}, \tag{4}$$

并且
$$\frac{(x+y)(y+z)(z+x)}{xyz} = -1. \tag{5}$$

求 $x+y+z$ 的值.

解 如果 $x+y+z \neq 0$,那么由(2)及(4)可得
$$\frac{x+y-z}{z} = \frac{x-y+z}{y} = \frac{-x+y+z}{x}$$
$$= \frac{(x+y-z)+(x-y+z)+(-x+y+z)}{z+y+x} = 1.$$

所以
$$\frac{x+y}{z} = \frac{x+y-z}{z} + 1 = 2.$$

同理,可得
$$\frac{x+z}{y} = 2,$$
$$\frac{y+z}{x} = 2.$$

于是
$$\frac{(x+y)(y+z)(z+x)}{xyz} = 2^3 = 8,$$

与(5)矛盾.

该矛盾表明必有 $x+y+z=0$,即等比定理的条件不成立,不能用(2).这时
$$\frac{x+y-z}{z} = -2 = \frac{x-y+z}{y} = \frac{-x+y+z}{x},$$
$$\frac{(x+y)(y+z)(z+x)}{xyz} = -1.$$

评注 使用(2)时需要注意限制条件.

《《 习 题 3 》》

1. 解方程
$$\frac{1}{2}(x+1) + \frac{1}{3}(x+2) = 3 - \frac{1}{4}(x+3).$$

2. 解方程
$$3(x+2) - \frac{1}{3}(x-2) = 2(x-2) - \frac{1}{2}(x+2).$$

3. 解方程

$$\frac{x-9}{11} - \frac{x+2}{3} = (x+1) - \frac{x+2}{3}.$$

4. 解方程

$$\frac{2x+3}{2x-3} = \frac{5}{7}.$$

5. 解方程

$$1 - \frac{x - \frac{26-10x}{3}}{13} = \frac{x}{2} - \frac{7x - \frac{21-7x}{2}}{21}.$$

6. 解方程组

$$\begin{cases} 23x + 17y = 63, \\ 17x + 23y = 57. \end{cases}$$

7. 解方程组

$$\begin{cases} 3u + 20v = 7, \\ \dfrac{1}{3}u + \dfrac{7}{2}v = \dfrac{31}{30}. \end{cases}$$

8. 鱼尾重4千克,鱼头的重量等于鱼尾与躯干重量之和的 $\frac{1}{2}$.躯干的重量等于鱼头加鱼尾的重量.问:鱼头与躯干各重多少千克?

9. 将162写成甲、乙、丙、丁四个数的和.甲加2,乙减2,丙乘2,丁除2,所得结果都相等.问:甲、乙、丙、丁各是多少?

10. 小红与小明参加一次同学聚会.小红看到不戴眼镜的同学人数是戴眼镜的同学的3倍.小明看到戴眼镜的同学人数是不戴眼镜的同学的 $\frac{2}{5}$.参加聚会的同学共有多少人?

习题3 解答

1. 因为

$$\left(\frac{1}{2} + \frac{1}{3} + \frac{1}{4}\right)x = 3 - \frac{1}{2} - \frac{2}{3} - \frac{3}{4},$$

即

$$\left(\frac{1}{2} + \frac{1}{3} + \frac{1}{4}\right)x = \frac{1}{2} + \frac{1}{3} + \frac{1}{4},$$

所以 $x = 1$.

2. 化简得

$$\frac{7}{6}x = -11\frac{2}{3},$$

$$x = -10.$$

3. 化简得

$$\frac{10}{11}x = -\frac{20}{11} \quad (\text{注意使 } x \text{ 的系数尽量为正}),$$

$$x = -2.$$

4. 由合分比定理可得

$$\frac{2x}{3} = -6,$$

所以

$$x = -9.$$

经检验,$x = -9$ 不会使题中分式的分母为 0,是原方程的根.

5. 化简得

$$1 - \frac{x-2}{3} = \frac{x}{2} - \frac{x-1}{2} \quad (\text{看清楚如何化繁为简,心算完成}),$$

$$\frac{x}{3} = \frac{7}{6},$$

$$x = \frac{7}{2}.$$

6. 直接消元,数比较大,可先将两个方程加、减得

$$40x + 40y = 120,$$
$$6x - 6y = 6,$$

即

$$x + y = 3,$$
$$x - y = 1.$$

所以

$$(x, y) = (2, 1).$$

7. 在第 2 个方程的两边同时乘以 6,得

$$2u + 21v = \frac{31}{5}. \tag{1}$$

所以用第 1 个方程减去(1),得

$$u - v = \frac{4}{5}. \tag{2}$$

$(1) - 2 \times (2)$,得

$$23v = \frac{23}{5},$$

$$v = \frac{1}{5},$$

$$u = v + \frac{4}{5} = 1.$$

8. 设鱼头重 x 千克,躯干重 y 千克,则

$$x = \frac{1}{2}(y + 4), \qquad (1)$$

$$y = x + 4. \qquad (2)$$

由(1)得

$$2x = y + 4, \qquad (3)$$

将(2)代入(3),得

$$2x = x + 4 + 4,$$

$$x = 8,$$

$$y = 8 + 4 = 12.$$

答:鱼头重 8 千克,躯干重 12 千克.

9. 设甲加 2 为 x,则乙、丙、丁分别为 $x+2$、$\frac{x}{2}$、$2x$,故

$$(x-2) + (x+2) + \frac{x}{2} + 2x = 162,$$

即

$$\frac{9x}{2} = 162,$$

$$x = 36.$$

因此

$$x - 2 = 34, \quad x + 2 = 38, \quad \frac{x}{2} = 18, \quad 2x = 72.$$

答:甲、乙、丙、丁分别为 34、38、18、72.

10. 小红、小明在计算人数时,都不包括自己在内.但小红计数时,包括小明;小明计数时,包括小红.

小红、小明戴不戴眼镜呢?

有四种可能:都戴眼镜、都不戴眼镜、小红戴而小明不戴、小红不戴而小明戴.前两种情况下,两人的统计结果应一样,但现在不一样,这说明两人一个戴眼镜,一个不戴眼镜.

小明看到不戴眼镜的人数是戴眼镜的 $\frac{5}{2}$ 倍,而 $\frac{5}{2} < 3$,这表明小明不戴眼镜,小红戴眼镜.

设戴眼镜的人数为 x,不戴眼镜的人数为 y,则
$$\begin{cases} y = 3(x-1), \\ x = \dfrac{2}{5}(y-1). \end{cases}$$

所以
$$5x = 2y - 2 = 6(x-1) - 2 = 6x - 8,$$
$$x = 8,$$
$$y = 3(8-1) = 21,$$
$$x + y = 29.$$

即参加聚会的同学共有 29 人,其中不戴眼镜的 21 人(包括小明),戴眼镜的 8 人(包括小红).

第4章 统一与多样

解应用题,有两种方法.

一种是设未知数,列方程,解方程.这是代数方法.

代数的方法具有统一性,简单且一般.

另一种是算术方法,需要根据问题的特点仔细分析,找出解法.虽然也有种种类型(如和差问题、还原问题等),但并无统一解法.

统一与多样,各有千秋.本书虽然主要介绍代数的魅力,但也不贬低算术方法.

多样,彰显灵活性,有利于培养思维能力.虽然解决通常的应用题,算术方法不及代数方法简单、一般,但在组合、数论等其他数学分支中也很有作用.而利用代数方法不仅可解与一次方程有关的应用题,与二次方程有关的问题以及各种几何问题往往也能用代数方法解决.

日本著名数学家林鹤一曾写过一本《算术代数二样之解法》,将一道题用代数、算术两种方法来解.本章也提供一些问题,有的用代数方法,有的用算术方法,有的两种方法都用,以供读者加以比较.

1. 善 于 比 较

农民收瓜,其中 $\frac{3}{8}$ 装满 4 筐还多出 36 千克,其余的正好装满 8 筐.瓜共多少千克?

这道题不必设未知数了,将已知条件比较一下即可.

全部的 $\frac{6}{8}$ 应装满 8 筐还多出 72 千克.

而全部的 $\frac{5}{8}\left(=1-\frac{3}{8}\right)$ 正好装满 8 筐.

所以全部的 $\frac{1}{8}$ 是 72 千克.

$$72 \div \frac{1}{8} = 576(千克).$$

2. 卖出 $\frac{4}{5}$

以每本 10.9 元的价格购进一批相册,以每本 14 元卖出,卖出 $\frac{4}{5}$ 时已赚 150 元.这批相册共多少本?

代数的解法是设相册共 x 本.买进用 $10.9x$ 元,卖出 $\frac{4}{5}$ 得 $14 \times \frac{4}{5} x$ 元,即 $11.2x$ 元.根据题意,得方程
$$11.2x - 10.9x = 150,$$
所以
$$0.3x = 150,$$
$$x = 500.$$
即相册共 500 本.

算术的解法更简单些,但要仔细想一想.
$$14 \times \frac{4}{5} = 11.2 = 11.2 \times 1,$$
即以 14 元卖出 $\frac{4}{5}$ 相当于以 11.2 元卖出全部(即"1").每本赚
$$11.2 - 10.9 = 0.3(元),$$
共赚 150 元,所以本数为
$$150 \div 0.3 = 500.$$

其中 11.2×1 中的"1"颇有深意.

两种解法实际上完全一样.

想起我在 1964 年教初一时,那时小学不教代数方法,算术方法在一些同学头脑里根深蒂固.他们不能很快地接受代数方法.虽然设了未知数,但列的方程却总是
$$x = \cdots$$
[例如本题即是 $x = 150 \div \left(14 \times \frac{4}{5} - 10.9\right)$],其实仍是算术解法.

很多年过去了.现在情况恰好相反.不少学生家长(甚至是清华的毕业生)只会代数解法,遇到小学的奥数题(有的用算术方法很简单)时却不知道如何去解.只得先列方程(如上),保留演算过程,得出 $x = \cdots$ 后,将 x 去掉,变成如

$$150 \div \left(14 \times \frac{4}{5} - 10.9\right)$$

这样的式子.

有的家长因此对奥数耿耿于怀.其实学习是终身的,多学一些东西,使自己的脑子更灵活一些,又有何不好?

3. 三包糖果

三包糖块数一样多,种类只有奶糖、水果糖两种.第一包中奶糖数与第二包中水果糖数一样多.第三包中奶糖数占全部奶糖数的 $\frac{2}{5}$.三包糖合在一起时,水果糖占几分之几?

先用代数方法.未知数较多,怎么设才好?

可以设糖果总数为 $3a$,这样每包糖果数都是 a.这个 a 或 $3a$,应当"设而不求".实际上它无法求出,也并不需要求出.重要的是那个分数的值(水果糖占几分之几),而 $3a$ 只是分母,不是比值,应当在约分时自然地约去.其实你设糖果数为 300 也无不可.

再设奶糖数为 m,水果糖数为 n,则
$$m + n = 3a. \tag{1}$$

每包糖都是 a 块,而且第一包中奶糖数与第二包中水果糖数一样多,所以这两包合在一起时,奶糖数与水果糖数一样多,都是 a.

于是第三包中奶糖有 $(m-a)$ 块,水果糖有 $(n-a)$ 块,并且
$$\frac{m-a}{m} = \frac{2}{5}, \tag{2}$$

所以
$$m = \frac{5}{3}a.$$

由(1)得
$$n = 3a - m = \frac{4}{3}a,$$

所以
$$\frac{n}{3a} = \frac{4}{9},$$

即水果糖数占糖果总数的 $\frac{4}{9}$.

算术方法则颇具巧思.

先将第一包中水果糖与第二包中奶糖交换,这样第一包中全是奶糖,第二包中全是水果糖,而且三包糖的块数仍是一样多.

这时,第三包中奶糖数占总奶糖数的 $\frac{2}{5}$.第一包中奶糖数则占总奶糖数的 $1-\frac{2}{5}=\frac{3}{5}$.即第三包中奶糖数与第一包中奶糖数的比是 $2:3$,也就是第三包中奶糖数是第一包中糖果(全是奶糖)数的 $\frac{2}{3}$.将每包糖果分作三份,则第一包中三份全为奶糖,第二包中三份全为水果数,第三包中两份为奶糖,剩下一份为水果糖.

于是,三包中水果糖占 $\frac{4}{9}$.

可以画个图说明,如图 4-1.

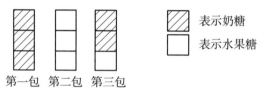

图 4-1

还是代数方法更简洁一些,可以省掉很多文字表述.

4. 男生女生

男生比女生少,少女生的 $\frac{1}{3}$.后调来 35 名男生.这时女生是男生的 $\frac{4}{5}$.问:现在女生比男生少几人?

代数的解法不难.

设原来女生 $3x$ 人,则原来男生 $2x$ 人$\left(\text{这样设避免了用分数 }1-\frac{1}{3}\right)$,根据题意有
$$\frac{4}{5}(2x+35)=3x.$$

化简得
$$4(2x+35)=15x,$$
$$7x=4\times 35,$$
$$x=20.$$

故
$$(2x+35)-3x=35-x=35-20=15,$$
即现在女生比男生少 15 人.

算术的解法需要多想一想.

先将女生人数等分为 3 份,则原来男生人数是 2 份.

再将女生人数重新等分为 4 份,则原来男生人数是
$$\frac{2}{3}\times 4=\frac{8}{3}$$
份.现在男生人数是 5 份,即 1 份是
$$35\div\left(5-\frac{8}{3}\right)=15(人).$$
现在女生人数正好比男生人数少 1 份,即少 15 人.

本题使用代数方法更易上手.

5. 蚊香打折

卖蚊香时,每袋比进价多 40% 出售.售出 90% 后,剩下的打七折卖完.所得利润少了 15%.如果营业税为 300 元,问:买进这批蚊香用多少元?

解 设买进用 x 元.原来希望的利润是 $\left(\frac{40}{100}x-300\right)$ 元,现在少赚
$$(1-90\%)(1-70\%)(1+40\%)x=\frac{42}{1000}x(元).$$

根据题意有
$$\frac{42}{1000}x=\left(\frac{40}{100}x-300\right)\cdot\frac{15}{100},$$
即
$$42x=60x-45000,$$
所以
$$x=2500,$$
即买进这批蚊香用 2500 元.

本题使用算术方法较难处理.

6. 教 学 试 验

我曾将听众(小升初的同学)分为两组,做下面的题,看哪一组做得最快.

甲组的题如下:

A 瓶装有 180 毫升溶液,浓度为 35.5%. B 瓶装有 120 毫升同种溶液,但浓度为 67.2%. 从 A、B 两瓶取出等量溶液,然后分别倒入 B、A. 混合后,两瓶浓度恰好相等.问:两瓶各取出多少毫升溶液?

乙组的题基本相同,只是将 35.5%、67.2% 分别改为 32.5%、58.4%.

读者也可以试一试.答案是多少?

试验过几次,结果不尽相同.有的不能及时完成,有的做错.最终做对的,两组答案相同,均为 72 毫升.

这道题很能说明代数方法的优点.

设 A 瓶溶液 a 毫升,浓度为 p(不必用百分号%);B 瓶溶液 b 毫升,浓度为 q ($p \neq q$). 两瓶各取出 x 毫升. 混合后,两瓶浓度分别为

$$\frac{(a-x)p + xq}{a}, \quad \frac{(b-x)q + xp}{b}.$$

根据题意有

$$\frac{(a-x)p + xq}{a} = \frac{(b-x)q + xp}{b}. \tag{1}$$

两边同时乘以 ab(去分母),得

$$b(a-x)p + bxq = a(b-x)q + axp,$$

移项、合并同类项,得

$$(a+b)(q-p)x = ab(q-p),$$

从而

$$x = \frac{ab}{a+b}. \tag{2}$$

当 $a = 180, b = 120$ 时,

$$x = \frac{180 \times 120}{180 + 120} = 72.$$

本题之妙,不仅在于设所求结果为 x,更在于设溶液量为 a、b(毫升),浓度为 p、q,得出一般结果(2),避免了繁琐的计算,而结果竟与 p、q 无关.

有人先算出总浓度为 $\frac{ap+bq}{a+b}$,再令(1)的左边与之相等,也可,但不如(1)对称[实

际上,由比的性质,(1)的左右两式,分子加分子,分母加分母后,即得$\frac{ap+bq}{a+b}$].

7. 行 程 问 题

甲、乙两车往返于相距 20 千米的 A、B 两地.甲车先从 A 地出发,9 分钟后乙车从 A 地出发,并在距 A 地 5 千米的 C 地追上甲车.乙先到 B 地后立即返回,速度不变.甲到 B 地后,休息 12 分钟再出发,速度加快,在 C 地追上乙.问:照这样的速度前进,甲比乙早多少分钟回到 A 地?

这道题恐怕用算术方法解比较简单、清晰.

A 地到 B 地 20 千米,可分为 4 段,每段 5 千米.

乙第一段比甲快 9 分钟,因此再行 3 段,比甲早
$$9 \times 3 = 27$$
分钟到 B 地.

甲又休息 12 分钟,整整比乙从 B 地出发晚
$$27 + 12 = 39$$
分钟.

但甲速度加快,在 C 地追上乙,即 3 段的用时比乙少 39 分钟.最后一段的用时比乙少
$$39 \div 3 = 13$$
分钟,所以甲比乙早 13 分钟回到 A 地.

行程问题,可能是应用题中最多的一种.其变化很多,尤其需要具体问题具体分析.

8. 又 是 行 程

一辆汽车按原计划速度行 1 小时后,剩下路程用原计划速度的 $\frac{3}{5}$ 继续行驶,那么到达目的地 A 比原计划晚 2 小时.如果按原计划速度前进的路程增加 60 千米,那么到达 A 只比原计划晚 1 小时.求原计划速度.

算术解法一 速度减慢后,前进 60 千米的时间,现在只前进
$$\frac{3}{5} \times 60 = 36(千米),$$

少了

$$60 - 36 = 24(千米).$$

这 24 千米现在要用 1（= 2 - 1）小时，所以原计划速度为每小时行

$$24 \div \frac{3}{5} = 40(千米).$$

算术解法二 速度减慢后，前进 60 千米的时间，原来可行

$$60 \div \frac{3}{5} = 100(千米),$$

而且这段时间原来可行 60 千米再继续行 1 小时，即原计划速度为每小时行

$$100 - 60 = 40(千米).$$

很简单！

代数解法 设原计划速度为每小时 v 千米，行 60 千米用 t 小时，则现在速度为每小时 $\frac{3}{5}v$ 千米，行 60 千米用 $(t+1)$ 小时，于是

$$\begin{cases} vt = 60, & (1) \\ \frac{3}{5}v(t+1) = 60. & (2) \end{cases}$$

(2) 即

$$v(t+1) = 100. \tag{3}$$

(3) - (1)，得

$$v = 40.$$

两种解法其实是一样的. 算术解法看似较简单，但较难想到. 代数解法虽稍繁琐一些，但难度较低.

9. 又是浓度

有酒精含量为 36% 的溶液若干，加了一定量的水后，稀释为酒精含量为 30% 的溶液. 如果要再稀释到 24%，那么还需加的水量是上次的几倍？

解 设溶液为 a 毫升，其酒精浓度为 p，加水 x 毫升后浓度变为 q，则由于酒精的量未变，所以

$$ap = (a+x)q, \tag{1}$$

解得

$$x = \frac{a(p-q)}{q}. \tag{2}$$

如果加水 y 毫升后浓度变为 r,则同样有

$$y = \frac{a(p-r)}{r}. \tag{3}$$

所以

$$\frac{y-x}{x} = \frac{y}{x} - 1 = \frac{q(p-r)}{r(p-q)} - 1 = \frac{p(q-r)}{r(p-q)}. \tag{4}$$

本题中 $p=36\%, q=30\%, r=24\%$,所以

$$\frac{y-x}{x} = \frac{36\times(30-24)}{24\times(36-30)} = 1.5,$$

即还需加的水量是上次的 1.5 倍.

评注 显然溶液的量 a 在解答过程中可以约去,因此可设为任一个(正)值.而 p、q、r 不需要写出百分号"%".

由原溶液直接加水 y 毫升,变成浓度 r,可直接由公式(2)得出(3),只需将 q 换为 r. 这比从第一次加水后的 $(a+x)$ 毫升考虑,简单许多.

10. 未 知 数 多

24 次比赛,共出 426 道题,每次出的题为 25 道题、16 道题或 20 道题.其中有几次出 25 道题?

解 设分别有 x、y、z 次出 25、16、20 道题,则

$$\begin{cases} x + y + z = 24, \tag{1} \\ 25x + 16y + 20z = 426. \tag{2} \end{cases}$$

(2)−(1)×16,得

$$9x + 4z = 42. \tag{3}$$

x、z 都是非负整数,所以 $9x \leqslant 42, x < 5$.

因为 42 除以 4 余 2,$8x+4z$ 可被 4 整除,所以 x 除以 4 余 2.

于是 $x=2$,即有 2 次出 25 道题.

未知数个数多于方程个数,但只要求整数解(或非负整数解)的方程,通常称为不定方程.解不定方程,往往需要估计(解的大小)、枚举、适当利用整数性质等.本书仅举少数例子,不做详细讨论.

11. 更多应用题(一)

列方程组解应用题,比列方程解应用题更容易.这是因为不限定只设一个未知数,往往可根据题意设两三(或更多)个未知数,使题目中的条件更为清楚,建立方程也更为容易,通常是几个条件列几个方程.

例1 有若干个苹果和若干个梨.如果按1个苹果配2个梨分堆,那么梨分完时还剩2个苹果;如果按3个苹果配5个梨分堆,那么苹果分完时还剩1个梨.苹果和梨各有多少个?

解 设苹果有 x 个,梨有 y 个,则

$$\begin{cases} y = 2(x-2), & (1) \\ \dfrac{x}{3} = \dfrac{y-1}{5}. & (2) \end{cases}$$

(2)即

$$5x - 3y + 3 = 0. \tag{3}$$

(1)即

$$2x - y - 4 = 0. \tag{4}$$

(4)×3-(3),得

$$x = 15.$$

代入(1),得

$$y = 26.$$

答:苹果有15个,梨有26个.

评注 例1即上一章第10节例2,那里只列了一个方程.现在改用方程组来解.

例2 一群猴子中,有公猴、母猴、小猴共38只.每天共摘桃266个.已知一只公猴每天摘桃10个,一只母猴每天摘桃8个,一只小猴每天摘桃5个.又知道公猴比母猴少4只.问:小猴有多少只?

解 设公猴 x 只,母猴 y 只,小猴 z 只,则

$$\begin{cases} x + y + z = 38, & (5) \\ 10x + 8y + 5z = 266. & (6) \\ x = y - 4. & (7) \end{cases}$$

将(7)代入(5),得

$$2y + z = 42. \tag{8}$$

将(7)代入(6),得

$$18y + 5z = 306. \tag{9}$$

这时 x 已被消去. 再由(8)、(9)消去 y, 即(8)×9-(9), 得

$$4z = 72,$$
$$z = 18.$$

答: 小猴有 18 只.

评注 公猴、母猴的数量均可求出, 但题目未问, 我们可以不求.

以上两题, 纯用算术方法来解, 不甚容易. 而若用方程组, 则迎刃而解, 可见代数的魅力.

12. 更多应用题(二)

有关行程的问题特别多, 本节举两个例子.

例 1 某人骑自行车以每小时 12 千米的速度从甲地到乙地, 再以每小时 9 千米的速度从乙地到丙地, 共用 55 分钟. 回来时, 先以每小时 8 千米的速度从丙地返回乙地, 再以每小时 4 千米的速度从乙地返回甲地, 共用 1 小时 30 分钟. 问: 从甲地到乙地, 再从乙地到丙地, 共行多少千米?

解 设从甲地到乙地的距离是 x 千米, 从乙地到丙地的距离是 y 千米, 则

$$\begin{cases} \dfrac{x}{12} + \dfrac{y}{9} = \dfrac{55}{60}, & (1) \\ \dfrac{x}{4} + \dfrac{y}{8} = 1\dfrac{30}{60}. & (2) \end{cases}$$

去分母, 即(1)×36, 得

$$3x + 4y = 33. \tag{3}$$

(2)×8, 得

$$2x + y = 12. \tag{4}$$

由(3)、(4)得 $x=3, y=6$. 从而 $x+y=3+6=9$.

答: 从甲地到乙地, 再从乙地到丙地, 共行 9 千米.

评注 分别设从甲地到乙地的距离为 x 千米, 从乙地到丙地的距离为 y 千米, 比直接设从甲地到丙地的距离易于列出方程.

例 2 在一次摩托车比赛中, 三辆摩托车由起点同时出发. 第二辆每小时比第一辆少走 15 千米, 比第三辆多走 3 千米; 第二辆到达终点比第一辆迟 12 分钟, 比第三辆早 3 分钟. 求各车的速度.

解 设第二辆车的速度为每小时 x 千米,则第一辆车的速度为每小时 $(x+15)$ 千米,第三辆车的速度为每小时 $(x-3)$ 千米.又设第二辆车到达终点用 t 分钟,则第一辆车用 $(t-12)$ 分钟,第三辆车用 $(t+3)$ 分钟.考虑全程的长,得

$$\begin{cases} \dfrac{1}{60}(x+15)(t-12) = \dfrac{1}{60}xt, & (5) \\ \dfrac{1}{60}(x-3)(t+3) = \dfrac{1}{60}xt, & (6) \end{cases}$$

其中 $\dfrac{1}{60}$ 可以去掉.(5)、(6)可分别化简为

$$5t - 4x = 60, \tag{7}$$

$$x - t = 3, \tag{8}$$

解得 $t = 72, x = 75$. 从而

$$x + 15 = 75 + 15 = 90, \quad x - 3 = 75 - 3 = 72.$$

答:三辆车的速度分别为每小时 90、75、72 千米.

评注 如果设距离为未知数来列方程,将产生分式方程(字母 x 出现在分母上).这里我们设时间为未知数,避免了除法.所得方程(5)、(6)均为整式方程,而且方程两边的 xt 可互相抵消,实际上仍是一次方程.

习 题 4

1. 解方程

$$\frac{x+2}{x+1} + \frac{x+1}{x+2} = \frac{x+4}{x+3} + \frac{x+3}{x+4}.$$

2. 解方程

$$4|6x-1| = 1 - 6x + 3|1 - 6x|.$$

3. 解方程

$$||2x - |3x+1|| = 2.$$

4. 一个农场有甲、乙两台打谷机.甲机的工作效率是乙机的 2 倍.若甲机打完全部谷子的 $\dfrac{2}{3}$ 后,由乙机继续打完,则所需时间比同时用这两台打谷机打完全部谷子多 4 天.问:单独用甲机、乙机打谷,打完全部谷子各需多少天?

5. 《孙子算经》卷下第 17 题是一首诗:

妇人洗碗在河滨,

路人问她客几人?

答曰不知客数目,

六十五碗自分明,

二人共食一碗饭,

三人共吃一碗羹,

四人共肉无余数,

请君细算客几人?

6. 甲、乙两管同开,5 小时灌满水池. 乙、丙两管同开,4 小时灌满水池. 如果乙管先开 6 小时,那么乙管关闭后,还需甲、丙两管同时开 2 小时才能灌满水池. 问:乙管单开,灌满水池需要多少小时?

请用代数、算术两种方法解答.

7. 甲、乙、丙、丁四人现在年龄之和是 128 岁. 甲 42 岁时,乙 34 岁. 甲 36 岁时,丙的年龄是丁的 3 倍. 丁现在的年龄是多少岁?甲现在的年龄至多是多少岁?

8. A、B 两地相距 125 千米. 甲、乙两人骑自行车分别从 A、B 两地同时出发,相向而行,速度分别为每小时 9 千米、每小时 7 千米. 丙骑摩托车每小时行 63 千米. 丙与甲同时由 A 地出发,在甲、乙之间来回穿梭(与乙相遇立即返回,与甲相遇也立即返回). 问:甲、乙相距 20 千米时,甲、丙相距多少千米?

9. 两只猴子,一只偷番石榴,一只偷芭蕉. 正要吃时,发现园主走进水果园来. 猴子可用时间还剩两分半钟. 第一只猴子 1 分钟可吃 10 个番石榴,只要用 $\frac{2}{3}$ 的时间就可吃完. 然后去帮第二只猴子吃芭蕉,正好全部吃完逃走. 如果芭蕉数比番石榴数多 3 倍,第一只猴子吃芭蕉比吃番石榴快 1 倍,问:第二只猴子 1 分钟可吃多少个芭蕉?

10. 下面是一个两行的表(表 4-1),表中的数都是自然数,并且每个数都是表中与它相邻的三个数的平均数,例如

$$a_1 = \frac{1}{3}(a_0 + b_1 + a_2),$$

$$b_{-1} = \frac{1}{3}(b_{-2} + a_{-1} + b_0).$$

证明表中的数全相等.

表 4-1

...	a_{-2}	a_{-1}	a_0	a_1	a_2	...
...	b_{-2}	b_{-1}	b_0	b_1	b_2	...

习题 4 解答

1. 化简得

$$1 + \frac{1}{x+1} + 1 - \frac{1}{x+2} = 1 + \frac{1}{x+3} + 1 - \frac{1}{x+4},$$

$$\frac{1}{x+1} - \frac{1}{x+3} = \frac{1}{x+2} - \frac{1}{x+4},$$

$$(x+1)(x+3) = (x+2)(x+4),$$

$$2x = -5,$$

$$x = -\frac{5}{2}.$$

经检验,$x = -\frac{5}{2}$ 是原方程的根.

2. 因为

$$|6x-1| = 1-6x,$$

所以

$$1-6x \geqslant 0,$$

$$x \leqslant \frac{1}{6}.$$

3. 从内到外逐步去掉绝对值符号. 方法是根据

$$|a| = \begin{cases} a, & a \geqslant 0, \\ -a, & a < 0, \end{cases}$$

分成两种情况讨论.

$x \geqslant -\frac{1}{3}$ 时,原方程成为

$$|2x - (3x+1)| = 2,$$

即

$$|x+1| = 2.$$

因为 $x + 1 \geqslant -\frac{1}{3} + 1 = \frac{2}{3} > 0$,所以

$$x + 1 = 2,$$

$$x = 1.$$

它满足 $x \geqslant -\frac{1}{3}$ 的要求.

$x < -\dfrac{1}{3}$ 时,原方程成为
$$|2x+(3x+1)|=2,$$
即
$$|5x+1|=2.$$
因为 $5x+1 < -\dfrac{5}{3}+1 = -\dfrac{2}{3} < 0$,所以
$$5x+1=-2,$$
$$x=-\dfrac{3}{5}.$$
它满足 $x<-\dfrac{1}{3}$ 的要求.

经检验,$x=1$,$x=-\dfrac{3}{5}$ 都是原方程的根.

4. 设甲单独打完全部谷子需 x 天,则乙单独打完全部谷子需 $2x$ 天. 甲、乙合打,效率是乙单打的 3 倍,所以合打需 $\dfrac{2x}{3}$ 天打完. 根据题意有
$$\dfrac{2}{3}x + \left(1-\dfrac{2}{3}\right)\cdot 2x = \dfrac{2x}{3}+4,$$
$$x=6,$$
$$2x=12.$$

答:单独用甲机打谷,打完全部谷子需 6 天. 单独用乙机打谷,打完全部谷子需 12 天.

5. **代数解法** 设人数为 x,则根据题意有
$$\dfrac{x}{2}+\dfrac{x}{3}+\dfrac{x}{4}=65.$$
化简得
$$6x+4x+3x=65\times 12,$$
$$x=\dfrac{65\times 12}{13}=60.$$

答:有客人 60 人.

算术解法 先求出 2、3、4 的最小公倍数 12.

每 12 个人用饭碗 $6(=12\div 2)$ 个,羹碗 $4(=12\div 3)$ 个,肉碗 $3(=12\div 4)$ 个,一共用碗
$$6+4+3=13(个).$$

现碗数为 65,可见有客人

$$65 \div 13 \times 12 = 60(人).$$

6. 代数解法 设甲、乙、丙管单开时灌满水池分别需要 x、y、z 小时,则每小时它们分别灌入全池的 $\dfrac{1}{x}$、$\dfrac{1}{y}$、$\dfrac{1}{z}$. 根据题意有

$$\dfrac{1}{x} + \dfrac{1}{y} = \dfrac{1}{5}, \tag{1}$$

$$\dfrac{1}{y} + \dfrac{1}{z} = \dfrac{1}{4}, \tag{2}$$

$$\dfrac{2}{x} + \dfrac{6}{y} + \dfrac{2}{z} = 1. \tag{3}$$

$\dfrac{1}{2} \times (3) - (1) - (2)$,得

$$\dfrac{1}{y} = \dfrac{1}{2} - \dfrac{1}{4} - \dfrac{1}{5} = \dfrac{1}{20},$$

$$y = 20,$$

即乙单独灌水,20 小时可灌满水池.

算术解法 乙开 6 小时,甲、丙各开 2 小时,合起来将水池灌满,这里甲、丙用时相同. 以下设法使甲、丙用时相同.

甲、乙各开 5 小时灌满,乙、丙各开 4 小时灌满. 所以甲、乙各开 20 小时灌满 4 个水池,乙、丙各开 20 小时灌满 5 个水池(20 是 5 与 4 的最小公倍数),即:

甲、丙各开 20 小时,乙开 40 小时,灌满 9 个水池.

甲、丙各开 2 小时,乙开 6 小时,灌满 1 个水池.

所以甲、丙各开 20 小时,乙开 60 小时,灌满 10 个水池.

从而乙单开 60 - 40 = 20 小时,灌满 10 - 9 = 1 个水池.

7. 算术解法 甲比乙大 42 - 34 = 8 岁.

甲 36 岁时,乙 36 - 8 = 28 岁.

设想从甲 36 岁时起,甲、乙都将增长的年龄让给丙,那么总和为 128 岁时,甲仍 36 岁,乙仍 28 岁,而丙由于每年增加 3 岁,所以现在的年龄仍为丁的 3 倍,从而丁现在的年龄是

$$(128 - 36 - 28) \div (3 + 1) = 16(岁).$$

代数解法 设甲 36 岁(乙 28 岁)时,丁 x 岁,距现在 a 年,那么现在甲、乙、丙、丁的年龄分别为 $36 + a$、$28 + a$、$3x + a$、$x + a$,并且

$$(36 + a) + (28 + a) + (3x + a) + (x + a) = 128,$$

即
$$x + a = 16,$$
从而丁现在的年龄是 16 岁. (x 与 a 不必求,也无法求.)

也可以设丁现在的年龄为 x,距甲 36 岁过了 a 年,则甲、乙、丙现在的年龄分别为 $36+a$、$28+a$、$3(x-a)+a = 3x-2a$. 现在四人年龄之和为
$$(36+a) + (28+a) + (3x-2a) + x = 128,$$
从而
$$4x = 64,$$
$$x = 16,$$
即丁现在 16 岁. (a 不必求,也无法求.)

至于甲的年龄,无法定出. 但他 36 岁时,丁至少 1 岁(否则就不能说丙的年龄是丁的 3 倍),所以从那时到现在,至多过了
$$16 - 1 = 15(年).$$
甲现在至多
$$36 + 15 = 51(岁),$$
这时乙 $43(=51-8)$ 岁,丙 $18(=1\times3+15)$ 岁,丁 16 岁.

当然也可能现在甲恰好 36 岁,乙 28 岁,丙 $48(=3\times16)$ 岁.

还可以问一问,甲现在至少多少岁?

乙至少 1 岁,甲现在至少 $9(=1+8)$ 岁,丁 16 岁,丙
$$128 - 1 - 9 - 16 = 102(岁).$$
这样,甲 36 岁时,乙 28 岁,丁 $43(=16+36-9)$ 岁,丙
$$102 + (36-9) = 129(岁).$$

活到 129 岁不是很常见的事情.

8. 关键在于算出第一次丙回头与甲相遇时,甲、乙相距多少千米.

乙、甲速度之比为 $k = \dfrac{7}{9}$. 丙为甲的 7 倍. 设丙与乙第一次相遇时,甲已行 s 千米,则乙已行 ks 千米,丙已行 $7s$ 千米,故
$$7s + ks = 125,$$
所以
$$s = \dfrac{125}{7+k}.$$
这时,甲、丙相距 $6s(=7s-s)$ 千米.

丙与甲第一次相遇时,甲又行了$\frac{6s}{7+1}=\frac{3}{4}s$千米,丙行了$\frac{3}{4}s\times 7$千米,乙行了$\frac{3}{4}ks$千米.甲、乙相距

$$\frac{3}{4}s\times 7-\frac{3}{4}ks=\frac{3}{4}s(7-k)=\frac{3}{4}\times\frac{7-k}{7+k}\times 125=\frac{3}{5}\times 125(千米).$$

这时,情况与一开始类似,只是甲、乙间的距离由 125 千米变为$\frac{3}{5}\times 125$千米.

所以丙第二次回到甲处时,甲、乙两人相距

$$\frac{3}{5}\times\frac{3}{5}\times 125(千米).$$

丙第三次回到甲处时,甲、乙两人相距

$$\left(\frac{3}{5}\right)^3\times 125=27(千米).$$

丙第四次回到甲处时,甲、乙间的距离为

$$\frac{3}{5}\times 27=\frac{81}{5}<20(千米).$$

因此,甲、乙相距 20 千米发生在丙第四次回到甲处之前,第三次回到甲处之后,即应从第四次相遇倒回去.

因为

$$20-\frac{81}{5}=\frac{19}{5}(千米),$$

所以甲应退

$$\frac{19}{5}\times\frac{1}{1+k}=\frac{19}{5}\times\frac{9}{9+7}(千米),$$

丙应退的距离是甲的 7 倍,即甲、丙相距

$$\frac{19}{5}\times\frac{9}{9+7}\times(1+7)=\frac{19\times 9}{10}=17\frac{1}{10}(千米).$$

答:甲、丙相距$17\frac{1}{10}$千米.

在上面的解答中,方程并非主要的工具.(仅在开始求 s 时用到,实际上不用方程也可求出 s.)解应用题,最主要的并不是列方程,而是仔细分析.本题是培养分析能力的一道好题.

如果从第三次甲、丙相遇开始计算,比较麻烦,而且极易算错,不及从第四次甲、丙相遇往回倒简明.

9. 第一只猴子 1 分钟可吃 10 个番石榴,吃芭蕉比吃番石榴快 1 倍,即 1 分钟可吃

20 个芭蕉.

第一只猴子用 $\frac{2}{3}$ 的时间吃番石榴,用 $\frac{1}{3}$ 的时间吃芭蕉.吃芭蕉的时间是吃番石榴的一半,但吃芭蕉的速度是吃番石榴的 2 倍,所以这只猴子吃的番石榴与芭蕉一样多.

由于芭蕉数比番石榴数多 3 倍,所以芭蕉数是番石榴数的 4 倍.第一只吃去全部芭蕉的 $\frac{1}{4}$,第二只吃去全部芭蕉的 $\frac{3}{4}$,即第二只吃去的芭蕉数是第一只吃去的芭蕉数的 3 倍.但第二只猴子一直在吃芭蕉,第一只只用 $1-\frac{2}{3}=\frac{1}{3}$ 的时间吃芭蕉,因此两只猴子吃芭蕉的速度相等.

因此,第二只猴子 1 分钟可吃 20 个芭蕉.

本题并不需要"两分半钟"这个条件.

本题也不需要列方程.

10. 因为表中的数都是自然数,所以其中必有一个数最小(即最小数原理).

不妨设 a_0 最小.

因为
$$a_1 + a_{-1} + b_0 = 3a_0, \tag{1}$$

而由 a_0 最小可得 $a_1 \geqslant a_0, a_{-1} \geqslant a_0, b_0 \geqslant a_0$,所以 $a_1 + a_{-1} + b_0 \geqslant 3a_0$.而且只要上面的不等号"$\geqslant$"中有一个是真正不等的,那么便有

$$a_1 + a_{-1} + b_0 > 3a_0,$$

这与(1)矛盾.所以必有

$$a_1 = a_0, \quad a_{-1} = a_0, \quad b_0 = a_0.$$

同理,由 $b_0 (= a_0)$ 最小可得 $b_{-1} = b_1 = b_0$.

依此类推,得出所有的数全相等.

本题只要假定表中的数全是正的(每个数都是与它相邻的三个数的平均数),结论仍然成立,但证明要难一些.

第5章 新式武器

解决问题,往往需要一些武器.

武器是不断发展、不断更新的.

本章介绍两种解一次方程组的新武器:行列式、矩阵.

1. 行 列 式

行列式是一种常用的工具. 二阶行列式的定义是
$$\begin{vmatrix} a & b \\ c & d \end{vmatrix} = ad - bc. \tag{1}$$

例1 求行列式
$$\begin{vmatrix} 3 & 5 \\ -2 & 7 \end{vmatrix}$$
的值.

解 根据定义有
$$\begin{vmatrix} 3 & 5 \\ -2 & 7 \end{vmatrix} = 3 \times 7 - (-2) \times 5 = 31.$$

行列式有很多重要的性质(以下证明均以二阶行列式为例,但可以推广到更高阶的行列式).

例2 证明:将行列式的某一行(列)乘以 k 后,行列式的值扩大到原来的 k 倍.

证明 不妨设第一行乘以 k. 根据定义有
$$\begin{vmatrix} ka & kb \\ c & d \end{vmatrix} = kad - kbc = k(ad - bc).$$

例3 证明:将行列式的某一行(列)乘以 k 加到另一行上,行列式的值不变.

证明 根据定义有

$$\begin{vmatrix} a+kc & b+kd \\ c & d \end{vmatrix} = (a+kc)d - (b+kd)c$$
$$= ad - bc = \begin{vmatrix} a & b \\ c & d \end{vmatrix}.$$

以上性质可用以简化行列式的计算.

例 4 求行列式

$$\begin{vmatrix} 199 & 25 \\ 99 & 12 \end{vmatrix}$$

的值.

解 由例 3 可知

$$\begin{vmatrix} 199 & 25 \\ 99 & 12 \end{vmatrix} = \begin{vmatrix} 199 - 2 \times 99 & 25 - 2 \times 12 \\ 99 & 12 \end{vmatrix} = \begin{vmatrix} 1 & 1 \\ 99 & 12 \end{vmatrix} = 12 - 99 = -87.$$

本节介绍的是二阶(二行二列)行列式,在下节的解方程组中很有用处.高于二阶的行列式也有很多用处,在大学的高等代数中可以学到.

例 5 证明:如果交换行列式的两行(或两列),那么所得行列式是原行列式的相反数.

证明 $\begin{vmatrix} c & d \\ a & b \end{vmatrix} = bc - ad = -(ad - bc) = -\begin{vmatrix} a & b \\ c & d \end{vmatrix}.$

例 6 证明:如果行列式的某一行(列)是另一行(列)的 k 倍,那么行列式的值为 0.

证明 设 $c = ka, d = kb$,则

$$\begin{vmatrix} a & b \\ c & d \end{vmatrix} = \begin{vmatrix} a & b \\ ka & kb \end{vmatrix} = a(kb) - b(ka) = 0.$$

特别地,如果行列式的两行(列)相同,那么行列式的值为 0.

例 7 研究二阶行列式的值何时为零.

解 如果行列式有一行或一列的数都是 0,那么根据定义,行列式的值为 0.

设行列式的每一行与每一列都有不为 0 的数.不妨设 $a \neq 0$.

因为行列式的值

$$\begin{vmatrix} a & b \\ c & d \end{vmatrix} = ad - bc = 0,$$

所以如果 $d = 0$,那么 $bc = 0$,b 或 c 中至少有一个为 0,与第二行及第二列都有不为 0 的数不符,故 $d \neq 0$,从而

$$bc = ad \neq 0,$$

b、c 均不为 0,并且

$$\frac{a}{c}=\frac{b}{d}, \quad \frac{a}{b}=\frac{c}{d}, \tag{2}$$

即第一行与第二行成比例,第一列与第二列成比例.

因此,行列式的值为 0 时,或者有一行(列)的数全为 0,或者第一行(列)与第二行(列)成比例,即(2)成立.

大陆地区以横为行,竖为列.台湾地区以横为列,竖为行.说法虽有不同,实质并无差别.

2. 解二元一次方程组的公式

含有两个未知数 x、y,并且 x、y 的次数都不超过 1 的方程组,称为二元一次方程组.

经过化简,二元一次方程组可化成标准形式:

$$\begin{cases} ax+by+c=0, & (1) \\ a'x+b'y+c'=0, & (2) \end{cases}$$

其中 a、b 不全为 0,a'、b' 不全为 0.

例 1 解上述方程组.

解 消去 y,即 $b' \cdot (1) - b \cdot (2)$,得

$$(ab'-a'b)x+b'c-bc'=0.$$

若 $ab'-a'b \neq 0$,则两边同时除以 $ab'-a'b$,得

$$x=\frac{bc'-b'c}{ab'-a'b}. \tag{3}$$

同样消去 x,可以得到

$$y=\frac{a'c-ac'}{ab'-a'b}. \tag{4}$$

如果采用行列式,则上面的结论可以写成:

若行列式

$$\begin{vmatrix} a & b \\ a' & b' \end{vmatrix} \neq 0, \tag{5}$$

则

$$\begin{cases} x = \dfrac{\begin{vmatrix} b & c \\ b' & c' \end{vmatrix}}{\begin{vmatrix} a & b \\ a' & b' \end{vmatrix}}, & (6) \\[2ex] y = \dfrac{\begin{vmatrix} c & a \\ c' & a' \end{vmatrix}}{\begin{vmatrix} a & b \\ a' & b' \end{vmatrix}}. & (7) \end{cases}$$

(6)、(7)是比较容易记忆的,其中分母相同,都是未知数系数所成的行列式. 分子则可以这样记:从方程中的数所成的两行三列矩阵(数表)

$$\begin{bmatrix} a & b & c \\ a' & b' & c' \end{bmatrix}$$

中分别划去 x 的系数与 y 的系数可得两个行列式,其中前者是 x 的分子,后者的相反数是 y 的分子. 要注意 y 的分子是行列式 $\begin{vmatrix} c & a \\ c' & a' \end{vmatrix}$,而不是 $\begin{vmatrix} a & c \\ a' & c' \end{vmatrix}$. 可以理解为上面的数表是"循环的",即也是 $\begin{bmatrix} b & c & a \\ b' & c' & a' \end{bmatrix}$,所以划去第一列,留下的行列式是 $\begin{vmatrix} c & a \\ c' & a' \end{vmatrix}$.

例 2 解方程组

$$\begin{cases} 23x + 17y = 63, & (8) \\ 17x + 23y = 57. & (9) \end{cases}$$

解 因为

$$\begin{vmatrix} 23 & 17 \\ 17 & 23 \end{vmatrix} = 23^2 - 17^2 = (23+17)(23-17) = 40 \times 6 = 240 \neq 0,$$

$$\begin{vmatrix} 17 & -63 \\ 23 & -57 \end{vmatrix} = \begin{vmatrix} 17 & -63 \\ 6 & 6 \end{vmatrix} = 6\begin{vmatrix} 17 & -63 \\ 1 & 1 \end{vmatrix} = 6(17+63) = 480,$$

$$\begin{vmatrix} -63 & 23 \\ -57 & 17 \end{vmatrix} = \begin{vmatrix} -6 & 6 \\ -57 & 17 \end{vmatrix} = (-6)\begin{vmatrix} 1 & -1 \\ -57 & 17 \end{vmatrix} = (-6)(17-57) = 240,$$

所以

$$x = \frac{480}{240} = 2,$$

$$y = \frac{240}{240} = 1.$$

评注 （ⅰ）公式中的 $c = -63, c' = -57$.

（ⅱ）计算行列式时,可先利用行列式的性质进行化简.

又解 当然不利用上面的公式,直接来解也不困难.

(8)+(9),得
$$40x + 40y = 120,$$
即
$$x + y = 3. \tag{10}$$
(8)−(9),得
$$6x - 6y = 6,$$
即
$$x - y = 1. \tag{11}$$
(10)+(11),得
$$2x = 4,$$
$$x = 2.$$
代入(10),得
$$y = 1.$$

上面的(10)、(11),实际上构成了"和差问题".

例 3 解关于 x、y 的方程组

$$\begin{cases} x + y = a + b, & (12) \\ (a+c)x - by = bc. & (13) \end{cases}$$

解 $\begin{vmatrix} 1 & 1 \\ a+c & -b \end{vmatrix} = -(a+b+c),$

$\begin{vmatrix} 1 & -(a+b) \\ -b & -bc \end{vmatrix} = -bc - b(a+b) = -b(a+b+c),$

$\begin{vmatrix} -(a+b) & 1 \\ -bc & a+c \end{vmatrix} = -(a+b)(a+c) + bc = -(a^2+ac+ba+bc)+bc$

$= -(a^2+ac+ba) = -a(a+b+c).$

若 $a+b+c \neq 0$,则由上面公式可知

$$\begin{cases} x = \dfrac{-b(a+b+c)}{-(a+b+c)} = b, \\ y = \dfrac{-a(a+b+c)}{-(a+b+c)} = a. \end{cases}$$

若 $a+b+c=0$,则 $c=-(a+b)$,$a+c=-b$,方程(13)成为

$$-bx - by = -b(a+b). \tag{14}$$

(14)就是(11)×(−b)的结果.因此(14)是多余的方程.原方程组实际上就是一个方程,即方程(12).不难看出,这时有无穷多组解,x 可任意取值,而

$$y = a + b - x.$$

一般地,对于(1)、(2)组成的方程组,当 $\begin{vmatrix} a & b \\ a' & b' \end{vmatrix} = 0$ 时,有两种情况:

(ⅰ) $\begin{vmatrix} b & c \\ b' & c' \end{vmatrix}$ 与 $\begin{vmatrix} c & a \\ c' & a' \end{vmatrix}$ 中有一个不为 0,方程组无解.

(ⅱ) $\begin{vmatrix} b & c \\ b' & c' \end{vmatrix} = \begin{vmatrix} c & a \\ c' & a' \end{vmatrix} = 0$,方程组有无穷多组解.方程组实际上就是一个方程,即方程(1).当 $b \neq 0$ 时,x 可为任意值,

$$y = \frac{-(ax+c)}{b};$$

当 $b = 0$ 时,$a \neq 0$,y 可为任意值,

$$x = -\frac{c}{a}.$$

3. 矩　　阵

先看一道应用题.

例1　100 个足球和 80 个篮球共 2800 元.如果每个足球加价 20%,每个篮球加价 10%,那么共需 3200 元.原来每个足球多少元?每个篮球多少元?

解　这道题用二元一次方程组较好求解(即设两个未知数).

设原来每个足球 x 元,每个篮球 y 元,则加价后,每个足球 $(1+20\%)x$ 元,每个篮球 $(1+10\%)y$ 元.由题意得方程组

$$\begin{cases} 100x + 80y = 2800, & (1) \\ 100(1+20\%)x + 80(1+10\%)y = 3200. & (2) \end{cases}$$

方程(2)可写成(去掉分母)

$$120x + 88y = 3200. \tag{3}$$

接下去,由(1)、(3)经过变形,直至消去一个未知数,方法很多.例如由(1)得

$$10x + 8y = 280. \tag{4}$$

(3) - (4) × 11,得

$$10x = 120, \tag{5}$$

$$x = 12. \tag{6}$$

代入(4),得

$$8y = 160. \tag{7}$$

所以
$$y = 20. \tag{8}$$

即原来每个足球 12 元,每个篮球 20 元.

在上题中,我们可以省去字母 x、y(有点像前面的分离系数法),将方程(1)、(3)写成

$$\begin{pmatrix} 100 & 80 & 2800 \\ 120 & 88 & 3200 \end{pmatrix},$$

这种形式的数表称为矩阵. 这个矩阵的前两列分别为 x、y 的系数,第三列是方程右边的数.

对矩阵,可以进行以下操作:

(i) 将同一行的数乘以或除以一个不等于零的数.

(ii) 将一行的数同时乘以一个数加到另一行上(与对应的数相加).

(iii) 将两行交换.

我们称这三项操作为初等变换. 例如

$$\begin{pmatrix} 100 & 80 & 2800 \\ 120 & 88 & 3200 \end{pmatrix} \rightarrow \begin{pmatrix} 10 & 8 & 280 \\ 120 & 88 & 3200 \end{pmatrix} \rightarrow \begin{pmatrix} 10 & 8 & 280 \\ 10 & 0 & 120 \end{pmatrix}$$

$$\rightarrow \begin{pmatrix} 0 & 8 & 160 \\ 10 & 0 & 120 \end{pmatrix} \rightarrow \begin{pmatrix} 0 & 1 & 20 \\ 1 & 0 & 12 \end{pmatrix} \rightarrow \begin{pmatrix} 1 & 0 & 12 \\ 0 & 1 & 20 \end{pmatrix}.$$

其中第一步是将第一行的数同时除以 10. 第二步是将第一行的数乘以 -11,再加到第二行上. 第三步是将第二行的数乘以 -1,再加到第一行上. 第四、五步是将第一行的数同时除以 8,第二行的数同时除以 10,这两步我们并作一步了. 第六步是将两行交换.

最后的目标是得到前两行两列为 $\begin{pmatrix} 1 & 0 \\ 0 & 1 \end{pmatrix}$ 的矩阵.

上面得出的就是这样的矩阵,它表明

$$x = 12, \quad y = 20.$$

一般地,可将矩阵用初等变换化为

$$\begin{pmatrix} 1 & 0 & a \\ 0 & 1 & b \end{pmatrix}, \tag{*}$$

这时方程的解就是

$$x = a, \quad y = b.$$

(*)称为行梯形,其中的 0 可以省略,写成 $\begin{pmatrix} 1 & & a \\ & 1 & b \end{pmatrix}$.

通过练习可以熟练地将矩阵化为行梯形.

大一些的矩阵(数表),如下面例 2 中的三行四列矩阵,可以同样处理.

例 2 将下列矩阵化为行梯形：

$$\begin{pmatrix} 2 & -1 & -4 \\ 3 & -2 & 6 \\ 1 & 1 & -3 \end{pmatrix},$$

这里的行梯形矩阵指 $\begin{pmatrix} 1 & & a \\ & 1 & b \\ & & 1 & c \end{pmatrix}$.

解 原矩阵 $\to \begin{pmatrix} 1 & 1 & -3 \\ 2 & -1 & -4 \\ 3 & -2 & 6 \end{pmatrix} \to \begin{pmatrix} 1 & 1 & -3 \\ 0 & -1 & -2 & 2 \\ 3 & -2 & 6 \end{pmatrix}$

$\to \begin{pmatrix} 1 & 1 & -3 \\ -1 & -2 & 2 \\ 0 & -8 & 12 \end{pmatrix} \to \begin{pmatrix} 1 & 1 & -3 \\ & 1 & 2 & -2 \\ & 0 & 1 & -\frac{3}{2} \end{pmatrix}$

$\to \begin{pmatrix} 1 & & -\frac{3}{2} \\ & 1 & 1 \\ & & 1 & -\frac{3}{2} \end{pmatrix}.$

其中各步是怎么做初等变换的，我们不难看出，也就不一一写出了．读者也可自己做一做，过程可以各种各样，不尽相同，但最后结果只有一个．

4. 《九章算术》

我国古代算书《九章算术》(约成书于公元前 1 世纪)"方程"一章中，已经有一次方程组的内容了．原题为：

今有上禾三秉，中禾二秉，下禾一秉，实三十九斗．上禾二秉，中禾三秉，下禾一秉，实三十四斗．上禾一秉，中禾二秉，下禾三秉，实二十六斗．问：上、中、下禾实一秉各何？

译成现代汉语，即以下例题．

例 上等稻 3 秉，中等稻 2 秉，下等稻 1 秉，共打出米 39 斗．上等稻 2 秉，中等稻 3 秉，下等稻 1 秉，共打出米 34 斗．上等稻 1 秉，中等稻 2 秉，下等稻 3 秉，共打出米 26 斗．问：上、中、下等稻 1 秉各打出多少斗米？

解 设上、中、下等稻 1 秉分别打出 x、y、z 斗米，则根据题意有

$$\begin{cases} 3x + 2y + z = 39, & (1)\\ 2x + 3y + z = 34, & (2)\\ x + 2y + 3z = 26. & (3) \end{cases}$$

解三元方程组的方法仍是消元. 通常是先消去一个元(未知数), 例如 z, 得到两个只含 x、y 的方程, 再由这两个方程解出 x、y. 本题的具体做法如下:

(1)−(2), 得

$$x - y = 5. \tag{4}$$

(2)×3−(3), 得

$$5x + 7y = 76. \tag{5}$$

(4)与(5)组成关于 x、y 的二元一次方程组.

(4)×7+(5), 得

$$12x = 111,$$

所以

$$x = \frac{111}{12} = \frac{37}{4}. \tag{6}$$

代入(4), 得

$$y = x - 5 = \frac{37}{4} - 5 = \frac{17}{4}. \tag{7}$$

将 x、y 的值代入(1), 得

$$z = 39 - \frac{3 \times 111}{12} - \frac{2 \times 51}{12} = \frac{11}{4}. \tag{8}$$

答: 上、中、下等稻1秉分别打出 $\frac{37}{4}$、$\frac{17}{4}$、$\frac{11}{4}$ 斗米.

如果利用矩阵来解方程, 则其过程如下:

$$\begin{pmatrix} 3 & 2 & 1 & 39 \\ 2 & 3 & 1 & 34 \\ 1 & 2 & 3 & 26 \end{pmatrix} \rightarrow \begin{pmatrix} 0 & -3 & -3 & -21 \\ 2 & 3 & 1 & 34 \\ 1 & 2 & 3 & 26 \end{pmatrix}$$ (第一行减去第二行与第三行的和)

$$\rightarrow \begin{pmatrix} 1 & 2 & 3 & 26 \\ 2 & 3 & 1 & 34 \\ 0 & 1 & 1 & 7 \end{pmatrix}$$ (第一、三行互换, 第三行除以 −3)

$$\rightarrow \begin{pmatrix} 1 & 2 & 3 & 26 \\ 0 & -1 & -5 & -18 \\ 0 & 1 & 1 & 7 \end{pmatrix}$$ (第二行减去第一行乘以2)

$$\rightarrow \begin{pmatrix} 1 & 2 & 3 & 26 \\ 0 & 0 & -4 & -11 \\ 0 & 1 & 1 & 7 \end{pmatrix}$$ （第二行加第三行）

$$\rightarrow \begin{pmatrix} 1 & 0 & 1 & 12 \\ 0 & 0 & -4 & -11 \\ 0 & 1 & 1 & 7 \end{pmatrix}$$ （第一行减去第三行乘以2）

$$\rightarrow \begin{pmatrix} 1 & 0 & 1 & 12 \\ 0 & 1 & 1 & 7 \\ & & 1 & \dfrac{11}{4} \end{pmatrix}$$ （第二行与第三行对调,第三行除以-4）

$$\rightarrow \begin{pmatrix} 1 & & & \dfrac{37}{4} \\ & 1 & 1 & 7 \\ & & 1 & \dfrac{11}{4} \end{pmatrix}$$ （第一行减去第三行）

$$\rightarrow \begin{pmatrix} 1 & & & \dfrac{37}{4} \\ & 1 & & \dfrac{17}{4} \\ & & 1 & \dfrac{11}{4} \end{pmatrix}$$ （第二行减去第三行）.

所以 $x = \dfrac{37}{4}, y = \dfrac{17}{4}, z = \dfrac{11}{4}$.

化为行梯形矩阵的过程可以省略一些（三步并作两步），右边说明不必写出（我们写出，是为了说明如何进行初等变换. 如果已经明了,就不用再加多余的说明），变换的过程也不必完全相同（只要能够获得正确的答案,怎么进行变换都没有限制）.

5. 三元方程组

上节已经初步介绍了三元方程组. 解三元方程组采用消元法. 矩阵就是消元的好工具.

例1 解方程组

$$\begin{cases} x + y = 7, \\ y + z = 9, \\ z + x = 8. \end{cases}$$

解 $\begin{pmatrix} 1 & 1 & & 7 \\ & 1 & 1 & 9 \\ 1 & & 1 & 8 \end{pmatrix} \to \begin{pmatrix} 2 & 2 & 2 & 24 \\ & 1 & 1 & 9 \\ 1 & & 1 & 8 \end{pmatrix} \to \begin{pmatrix} 1 & 1 & 1 & 12 \\ & 1 & 1 & 9 \\ 1 & & 1 & 8 \end{pmatrix}$

$\to \begin{pmatrix} 1 & 0 & 0 & 3 \\ & 1 & 1 & 9 \\ 1 & & 1 & 8 \end{pmatrix} \to \begin{pmatrix} 1 & 0 & 0 & 3 \\ & 1 & 1 & 9 \\ & & 1 & 5 \end{pmatrix} \to \begin{pmatrix} 1 & & & 3 \\ & 1 & & 4 \\ & & 1 & 5 \end{pmatrix}.$

所以 $x=3, y=4, z=5$,这可记作 $(x,y,z)=(3,4,5)$.

例2 解方程组

$$\begin{cases} 2x - y + 3z = 14, \\ 3x + 2y - 4z = -8, \\ 5x + y + z = 12. \end{cases}$$

解 $\begin{pmatrix} 2 & -1 & 3 & 14 \\ 3 & 2 & -4 & -8 \\ 5 & 1 & 1 & 12 \end{pmatrix} \to \begin{pmatrix} 2 & -1 & 3 & 14 \\ 3 & 2 & -4 & -8 \\ 0 & 0 & 2 & 6 \end{pmatrix} \to \begin{pmatrix} 2 & -1 & 3 & 14 \\ 3 & 2 & -4 & -8 \\ & & 1 & 3 \end{pmatrix}$

$\to \begin{pmatrix} 2 & -1 & 0 & 5 \\ 3 & 2 & 0 & 4 \\ & & 1 & 3 \end{pmatrix} \to \begin{pmatrix} 2 & -1 & 0 & 5 \\ 1 & 3 & 0 & -1 \\ & & 1 & 3 \end{pmatrix}$

$\to \begin{pmatrix} 0 & -7 & 0 & 7 \\ 1 & 3 & 0 & -1 \\ & & 1 & 3 \end{pmatrix} \to \begin{pmatrix} 1 & 3 & 0 & -1 \\ 1 & 0 & 0 & -1 \\ & & 1 & 3 \end{pmatrix}$

$\to \begin{pmatrix} 1 & & & 2 \\ & 1 & & -1 \\ & & 1 & 3 \end{pmatrix}.$

所以 $(x,y,z)=(2,-1,3)$.

例3 解方程组

$$\begin{cases} 2x - y = -4, \\ 3y - 2z = 6, \\ z + x = -3. \end{cases}$$

解 这就是本章第3节的例2.

$\begin{pmatrix} 2 & -1 & & -4 \\ & 3 & -2 & 6 \\ 1 & & 1 & -3 \end{pmatrix} \to \begin{pmatrix} -1 & -2 & 2 \\ & 3 & -2 & 6 \\ 1 & & 1 & -3 \end{pmatrix} \to \begin{pmatrix} 1 & 1 & -3 \\ & 1 & 2 & -2 \\ & & -8 & 12 \end{pmatrix}$

$$\rightarrow \begin{pmatrix} 1 & 1 & -3 \\ & 1 & 2 & -2 \\ & & 1 & -\dfrac{3}{2} \end{pmatrix} \rightarrow \begin{pmatrix} 1 & & & -\dfrac{3}{2} \\ & 1 & & 1 \\ & & 1 & -\dfrac{3}{2} \end{pmatrix}.$$

所以$(x,y,z) = \left(-\dfrac{3}{2}, 1, -\dfrac{3}{2}\right)$.

6. 三 种 货 物

有 A、B、C 三种货物.

甲购 A 3 件,B 5 件,C 1 件,共 200 元.

乙购 A 4 件,B 7 件,C 1 件,共 250 元.

丙购 A、B、C 各 1 件,应付多少元?

这题应设三个未知数.

设 A 每件 x 元,B 每件 y 元,C 每件 z 元,则根据题意有

$$3x + 5y + z = 200, \tag{1}$$
$$4x + 7y + z = 250. \tag{2}$$

如果利用矩阵,则可写成

$$\begin{pmatrix} 3 & 5 & 1 & 200 \\ 4 & 7 & 1 & 250 \end{pmatrix}.$$

注意本题要求 $x + y + z$,而不是分别求出 x、y、z. 仅有两个方程(1)、(2),我们无法求出 x、y、z 各是多少,但可以求出 $x + y + z$.

利用初等变换可得

$$\begin{pmatrix} 3 & 5 & 1 & 200 \\ 4 & 7 & 1 & 250 \end{pmatrix} \rightarrow \begin{pmatrix} 3 & 5 & 1 & 200 \\ 1 & 2 & 0 & 50 \end{pmatrix}$$ (第二行减去第一行,即加上第一行乘以 -1)

$$\rightarrow \begin{pmatrix} 1 & 1 & 1 & 100 \\ 1 & 2 & 0 & 50 \end{pmatrix}$$ (第一行减去第二行乘以 2),

即丙购 A、B、C 各 1 件需 100 元.

一般来说,可先化为行梯形

$$\begin{pmatrix} 1 & 0 & a & A \\ 0 & 1 & b & B \end{pmatrix},$$

从而得出 A 1 件,B 1 件,C $a+b$ 件需 $A+B$ 元. 本题中 $a+b=1$,$A+B=100$,如果

$a+b \neq 1$,则得不出本题所需结果. 当然,不一定非要化为行梯形,能尽快得出结果最好. 上面的解法即是这样.

练习 将 $\begin{pmatrix} 3 & 5 & 1 & 200 \\ 4 & 7 & 1 & 250 \end{pmatrix}$ 化成 $\begin{pmatrix} 1 & & a & A \\ & 1 & b & B \end{pmatrix}$.

解 $\begin{pmatrix} 3 & 5 & 1 & 200 \\ 4 & 7 & 1 & 250 \end{pmatrix} \to \begin{pmatrix} 4 & 7 & 1 & 250 \\ 3 & 5 & 1 & 200 \end{pmatrix} \to \begin{pmatrix} 1 & 2 & 0 & 50 \\ 3 & 5 & 1 & 200 \end{pmatrix}$

$\to \begin{pmatrix} 1 & 2 & 0 & 50 \\ 0 & -1 & 1 & 50 \end{pmatrix} \to \begin{pmatrix} 1 & 2 & & 150 \\ & -1 & 1 & 50 \end{pmatrix}$

$\to \begin{pmatrix} 1 & 2 & & 150 \\ & 1 & -1 & -50 \end{pmatrix}.$

7. 大数多大

例 有 4 个数,其中 3 个数的平均数与余下 1 个数的和分别为 29、23、21、17. 这 4 个数中最大的一个是多少?

解 设这 4 个数为 x、y、z、w,则

$$\begin{cases} \frac{1}{3}(x+y+z) + w = 29, & (1) \\ \frac{1}{3}(x+y+w) + z = 23, & (2) \\ \frac{1}{3}(x+z+w) + y = 21, & (3) \\ \frac{1}{3}(y+z+w) + x = 17. & (4) \end{cases}$$

为计算方便,先两边同时乘以 3,即得矩阵

$$\begin{pmatrix} 1 & 1 & 1 & 3 & 3\times 29 \\ 1 & 1 & 3 & 1 & 3\times 23 \\ 1 & 3 & 1 & 1 & 3\times 21 \\ 3 & 1 & 1 & 1 & 3\times 17 \end{pmatrix}.$$

第一行的值 3×29 大于同列中的 3×23、3×21、3×17,这表明第一行的和 $(x+y+z+3w)$ 大于其他行的和,即 w 大于 x、y、z.

只需求出 w,即设法使矩阵某行的前三个数为 0.

注意前四列每一列的和都是 6.

$$\begin{pmatrix} 1 & 1 & 1 & 3 & 3\times 29 \\ 1 & 1 & 3 & 1 & 3\times 23 \\ 1 & 3 & 1 & 1 & 3\times 21 \\ 3 & 1 & 1 & 1 & 3\times 17 \end{pmatrix} \rightarrow \begin{pmatrix} 6 & 6 & 6 & 6 & 3\times 90 \\ 1 & 1 & 3 & 1 & 3\times 23 \\ 1 & 3 & 1 & 1 & 3\times 21 \\ 3 & 1 & 1 & 1 & 3\times 17 \end{pmatrix}$$

$$\rightarrow \begin{pmatrix} 1 & 1 & 1 & 1 & 3\times 15 \\ 1 & 1 & 3 & 1 & 3\times 23 \\ 1 & 3 & 1 & 1 & 3\times 21 \\ 3 & 1 & 1 & 1 & 3\times 17 \end{pmatrix}$$ （注意后三行的前三列每一列的和都是5）

$$\rightarrow \begin{pmatrix} 1 & 1 & 1 & 1 & 3\times 15 \\ 5 & 5 & 5 & 3 & 3\times 61 \\ 1 & 3 & 1 & 1 & 3\times 21 \\ 3 & 1 & 1 & 1 & 3\times 17 \end{pmatrix}$$

$$\rightarrow \begin{pmatrix} 1 & 1 & 1 & 1 & 3\times 15 \\ & & -2 & & -3\times 14 \\ & & * & & \end{pmatrix}$$ （ * 表明后两行不重要,不必写出）

$$\rightarrow \begin{pmatrix} 1 & 1 & 1 & 1 & 3\times 15 \\ & & 1 & & 21 \\ & & * & & \end{pmatrix}.$$

所以最大的数 $w = 21$.

8. 牛顿的吃草问题

大科学家牛顿(Isaac Newton,1643—1727)研究过一个牛吃草的问题.原题如下：

例1 有三片牧场,青草是一样厚的,而且长得一样快,面积分别是 $3\frac{1}{3}$ 公亩(1 公亩 = 100 平方米)、10 公亩和 24 公亩.第一片牧场饲养 12 头牛,可以维持 4 个星期.第二片牧场饲养 21 头牛,可以维持 9 个星期.问：在第三片牧场上饲养多少头牛,恰好可以维持 18 个星期？

解 本题最关键的地方是草(只要未吃完)在不断地长.

设每头牛每星期吃掉 x 公亩的草,每公亩每星期长出相当于 y 公亩的草.

一般地,设 d_i 公亩饲养 n_i 头牛,可维持 t_i 周($i = 1、2、3$),则草共 $d_i(1 + t_i y)$ 公亩,所以

$$n_i t_i x = d_i(1 + t_i y). \tag{1}$$

令 $m_i = \dfrac{n_i}{d_i}$,则可得到由三个方程组成的方程组

$$m_i t_i x - t_i y - 1 = 0 \quad (i = 1、2、3). \tag{2}$$

由第 2 节公式(6),从后两个方程得到

$$\begin{cases} x = \dfrac{\begin{vmatrix} -t_2 & -1 \\ -t_3 & -1 \end{vmatrix}}{\begin{vmatrix} m_2 t_2 & -t_2 \\ m_3 t_3 & -t_3 \end{vmatrix}} = \dfrac{t_2 - t_3}{t_2 t_3 (m_3 - m_2)}, & (3) \\[2mm] y = \dfrac{\begin{vmatrix} -1 & m_2 t_2 \\ -1 & m_3 t_3 \end{vmatrix}}{t_2 t_3 (m_3 - m_2)} = \dfrac{m_2 t_2 - m_3 t_3}{t_2 t_3 (m_3 - m_2)}. & (4) \end{cases}$$

代入(2)中的第 1 个方程,得

$$m_1 t_1 (t_2 - t_3) - t_1 (m_2 t_2 - m_3 t_3) - t_2 t_3 (m_3 - m_2) = 0,$$

即

$$m_1 t_1 (t_2 - t_3) + m_2 t_2 (t_3 - t_1) + m_3 t_3 (t_1 - t_2) = 0. \tag{5}$$

(5)是一个轮换式:将下标 1 换为 2,2 换为 3,3 换为 1,第一项 $m_1 t_1 (t_2 - t_3)$ 就变成第二项 $m_2 t_2 (t_3 - t_1)$,第二项就变成第三项,第三项就变成第一项. 这种式子整齐、对称,容易记忆,我们在下一章中还会遇到.

公式(5)中有 6 个量 m_i、$t_i (i = 1、2、3)$,知道其中 5 个就可以求出第 6 个.

本题中,$n_1 = 12, d_1 = 3\dfrac{1}{3}, t_1 = 4, m_1 = \dfrac{n_1}{d_1} = 12 \div 3\dfrac{1}{3} = 3.6, n_2 = 21, d_2 = 10, t_2 = 9,$
$m_2 = \dfrac{n_2}{d_2} = 2.1, d_3 = 24, t_3 = 18.$ 求 n_3.

将以上数据代入(5),得

$$-3.6 \times 4 \times 9 + 2.1 \times 9 \times 14 + m_3 \times 18 \times (-5) = 0.$$

所以

$$m_3 = 1.5, \quad n_3 = 1.5 \times 24 = 36.$$

即在第三片牧场上饲养 36 头牛,恰好可以维持 18 个星期.

在吃草问题中,x、y 似乎很少有人过问,问题中要求的大多是 m_i(也就是 n_i)与 t_i,所以(5)远比(3)、(4)常用. 再看一个例题.

例 2 将例 1 中的数据改为:第一片牧场 3 公亩,可以饲养 12 头牛 4 个星期. 第二片牧场 10 公亩,可以饲养 25 头牛 8 个星期. 第三片牧场 24 公亩,可以饲养 40 头牛多少个星期?

解 由题意可知 $m_1=\frac{12}{3}=4, t_1=4, m_2=\frac{25}{10}=2.5, t_2=8, m_3=\frac{40}{24}=\frac{5}{3}$. 求 t_3.

将以上数据代入(5),得
$$16(8-t_3)+20(t_3-4)+\frac{5}{3}t_3\cdot(-4)=0,$$

解出 $t_3=18$.

即第三片牧场可以饲养 40 头牛 18 个星期.

评注 题中假定三片牧场草一样厚,长得一样快.这些假定当然是理想化的.但在与实际情况出入不大时,用这些假定建立数学模型可以使问题简化许多,易于处理.

例 2 中牛的食量比例 1 中牛的食量要小一些.

如果熟悉三阶(3×3 的)矩阵与三阶行列式,公式(5)就可由方程组(2)立即推出.

习 题 5

用行列式或矩阵解下列方程组(第 1~8 题).

1. $\begin{cases} 17x+25y=67, \\ 25x+17y=59. \end{cases}$

2. $\begin{cases} 3x+20y=7, \\ \frac{1}{3}x+\frac{7}{2}y=\frac{31}{30}. \end{cases}$

3. $\begin{cases} x+y=7, \\ y+z=9, \\ z+x=8. \end{cases}$

4. $\begin{cases} x-y=a-b, \\ (a+c)x-by=-bc. \end{cases}$

5. $\begin{cases} x+\frac{3}{y}=3\frac{1}{2}, \\ 3x-\frac{2}{y}=8\frac{2}{3}. \end{cases}$

6. $\begin{cases} 2x-y=-4, \\ 3y-2z=6, \\ z+x=-3. \end{cases}$

7. $\begin{cases} 2x-y+3z=14, \\ 3x+2y-4z=-8, \\ 5x+y+z=12. \end{cases}$

8. $\begin{cases} \dfrac{1}{x} + \dfrac{1}{y} = \dfrac{1}{6}, \\ \dfrac{1}{y} + \dfrac{1}{z} = \dfrac{1}{10}, \\ \dfrac{1}{x} + \dfrac{1}{z} = \dfrac{2}{15}. \end{cases}$

9. 二元一次方程组

$$\begin{cases} 2x - y = 1, \\ kx - y = 4 \end{cases}$$

有且仅有一组解. 求 k 的取值范围.

什么时候上述方程组无解?

10. 解方程组

$$\begin{cases} ax + y + z = 1, \\ x + ay + z = a, \\ x + y + az = a^2. \end{cases}$$

《习题 5 解答》

1. $\begin{pmatrix} 17 & 25 & \vdots & 67 \\ 25 & 17 & \vdots & 59 \end{pmatrix} \to \begin{pmatrix} 17 & 25 & \vdots & 67 \\ 8 & -8 & \vdots & -8 \end{pmatrix} \to \begin{pmatrix} 17 & 25 & \vdots & 67 \\ 1 & -1 & \vdots & -1 \end{pmatrix}$

$\to \begin{pmatrix} 1 & -1 & \vdots & -1 \\ 0 & 42 & \vdots & 84 \end{pmatrix} \to \begin{pmatrix} 1 & -1 & \vdots & -1 \\ & 1 & \vdots & 2 \end{pmatrix} \to \begin{pmatrix} 1 & & \vdots & 1 \\ & 1 & \vdots & 2 \end{pmatrix}.$

所以 $(x, y) = (1, 2)$.

2. $\begin{pmatrix} 3 & 20 & \vdots & 7 \\ \dfrac{1}{3} & \dfrac{7}{2} & \vdots & \dfrac{31}{30} \end{pmatrix} \to \begin{pmatrix} 3 & 20 & \vdots & 7 \\ 10 & 105 & \vdots & 31 \end{pmatrix}.$

$\begin{vmatrix} 3 & 20 \\ 10 & 105 \end{vmatrix} = 315 - 200 = 115.$

$\begin{vmatrix} 20 & -7 \\ 105 & -31 \end{vmatrix} = 735 - 620 = 115.$

$\begin{vmatrix} -7 & 3 \\ -31 & 10 \end{vmatrix} = 93 - 70 = 23.$

所以 $(x, y) = \left(\dfrac{115}{115}, \dfrac{23}{115} \right) = \left(1, \dfrac{1}{5} \right).$

3. $\begin{pmatrix} 1 & 1 & & 7 \\ & 1 & 1 & 9 \\ 1 & & 1 & 8 \end{pmatrix} \to \begin{pmatrix} 2 & 2 & 2 & 24 \\ & 1 & 1 & 9 \\ 1 & & 1 & 8 \end{pmatrix} \to \begin{pmatrix} 1 & 1 & 1 & 12 \\ & 1 & 1 & 9 \\ 1 & & 1 & 8 \end{pmatrix}$

$\to \begin{pmatrix} 1 & 0 & 0 & 3 \\ & 1 & 1 & 9 \\ 1 & & 1 & 8 \end{pmatrix} \to \begin{pmatrix} 1 & 0 & 0 & 3 \\ & 1 & 1 & 9 \\ & & 1 & 5 \end{pmatrix} \to \begin{pmatrix} 1 & 0 & 0 & 3 \\ & 1 & 0 & 4 \\ & & 1 & 5 \end{pmatrix}.$

所以 $(x,y,z)=(3,4,5)$.

4. $\begin{vmatrix} 1 & -1 \\ a+c & -b \end{vmatrix} = a-b+c.$

$\begin{vmatrix} -1 & -(a-b) \\ -b & bc \end{vmatrix} = -b(a-b)-bc = -b(a-b+c).$

$\begin{vmatrix} -(a-b) & 1 \\ bc & a+c \end{vmatrix} = -bc-(a-b)(a+c) = -a(a-b+c).$

所以, $a-b+c\neq 0$ 时,
$$x=-b,\quad y=-a.$$

$a-b+c=0$ 时,方程组即
$$\begin{cases} x-y=a-b, \\ bx-by=b(a-b). \end{cases}$$

因为后一个方程由前一个方程乘以 b 得到,所以实际上只需要前一个方程.这时方程组有无穷多组解,x 可为任意数,$y=x-a+b$.

5. $\begin{pmatrix} 1 & 3 & \frac{7}{2} \\ 3 & -2 & \frac{26}{3} \end{pmatrix} \to \begin{pmatrix} 1 & 3 & \frac{7}{2} \\ & -11 & -\frac{11}{6} \end{pmatrix} \to \begin{pmatrix} 1 & 3 & \frac{7}{2} \\ & 1 & \frac{1}{6} \end{pmatrix} \to \begin{pmatrix} 1 & 0 & 3 \\ & 1 & \frac{1}{6} \end{pmatrix}.$

即 $\left(x,\dfrac{1}{y}\right)=\left(3,\dfrac{1}{6}\right)$,所以 $(x,y)=(3,6)$.

又解 $\begin{pmatrix} 1 & 3 & \frac{7}{2} \\ 3 & -2 & \frac{26}{3} \end{pmatrix} \to \begin{pmatrix} 2 & 6 & 7 \\ 9 & -6 & 26 \end{pmatrix} \to \begin{pmatrix} 2 & 6 & 7 \\ 11 & & 33 \end{pmatrix}$

$\to \begin{pmatrix} 1 & & 3 \\ 2 & 6 & 7 \end{pmatrix} \to \begin{pmatrix} 1 & & 3 \\ & 6 & 1 \end{pmatrix}.$

所以 $(x,y)=(3,6)$.

直接用行列式与第 2 节(6)亦可.

6. $\begin{pmatrix} 2 & -1 & & -4 \\ & 3 & -2 & 6 \\ 1 & & 1 & -3 \end{pmatrix} \to \begin{pmatrix} & -1 & -2 & 2 \\ & 3 & -2 & 6 \\ 1 & & 1 & -3 \end{pmatrix} \to \begin{pmatrix} 1 & & 1 & -3 \\ & -1 & -2 & 2 \\ & & 4 & 4 \end{pmatrix}$

$\to \begin{pmatrix} 1 & & 1 & -3 \\ & 1 & & 1 \\ & -1 & -2 & 2 \end{pmatrix} \to \begin{pmatrix} 1 & & 1 & -3 \\ & 1 & & 1 \\ & & -2 & 3 \end{pmatrix}$

$\to \begin{pmatrix} 1 & & 1 & -3 \\ & 1 & & 1 \\ & & 1 & -\frac{3}{2} \end{pmatrix} \to \begin{pmatrix} 1 & & & -\frac{3}{2} \\ & 1 & & 1 \\ & & 1 & -\frac{3}{2} \end{pmatrix}.$

所以 $(x,y,z) = \left(-\frac{3}{2}, 1, -\frac{3}{2}\right).$

7. $\begin{pmatrix} 2 & -1 & 3 & 14 \\ 3 & 2 & -4 & -8 \\ 5 & 1 & 1 & 12 \end{pmatrix} \to \begin{pmatrix} 2 & -1 & 3 & 14 \\ 3 & 2 & -4 & -8 \\ 0 & 0 & 2 & 6 \end{pmatrix} \to \begin{pmatrix} 2 & -1 & 0 & 5 \\ 3 & 2 & 0 & 4 \\ 0 & 0 & 1 & 3 \end{pmatrix}$

$\to \begin{pmatrix} 2 & -1 & 0 & 5 \\ 1 & 3 & 0 & -1 \\ & & 1 & 3 \end{pmatrix} \to \begin{pmatrix} & -7 & 0 & 7 \\ 1 & 3 & 0 & -1 \\ & & 1 & 3 \end{pmatrix}$

$\to \begin{pmatrix} & 1 & 0 & -1 \\ 1 & 3 & 0 & -1 \\ & & 1 & 3 \end{pmatrix} \to \begin{pmatrix} & 1 & & -1 \\ 1 & & & 2 \\ & & 1 & 3 \end{pmatrix}.$

所以 $(x,y,z) = (2,-1,3).$

8. $\begin{pmatrix} 1 & 1 & & \frac{1}{6} \\ & 1 & 1 & \frac{1}{10} \\ 1 & & 1 & \frac{2}{15} \end{pmatrix} \to \begin{pmatrix} 1 & 1 & & \frac{1}{5} \\ & 1 & 1 & \frac{1}{10} \\ 1 & & 1 & \frac{2}{15} \end{pmatrix} \to \begin{pmatrix} 1 & & & \frac{1}{10} \\ & 1 & 1 & \frac{1}{10} \\ 1 & & 1 & \frac{2}{15} \end{pmatrix} \to \begin{pmatrix} 1 & & & \frac{1}{10} \\ & 1 & & \frac{1}{15} \\ & & 1 & \frac{1}{30} \end{pmatrix}.$

即 $\left(\frac{1}{x}, \frac{1}{y}, \frac{1}{z}\right) = \left(\frac{1}{10}, \frac{1}{15}, \frac{1}{30}\right)$,所以 $(x,y,z) = (10,15,30).$

9. $(k-2)x = 3.$

当 $k \neq 2$ 时,方程组有且仅有一组解: $x = \frac{3}{k-2}, y = 2x - 1 = \frac{8-k}{k-2}.$

当 $k = 2$ 时,方程组无解.

10. $\begin{pmatrix} a & 1 & 1 & \vdots & 1 \\ 1 & a & 1 & \vdots & a \\ 1 & 1 & a & \vdots & a^2 \end{pmatrix} \to \begin{pmatrix} 0 & 1-a^2 & 1-a & \vdots & 1-a^2 \\ 1 & a & 1 & \vdots & a \\ 1 & 1 & a & \vdots & a^2 \end{pmatrix}.$

若 $a=1$，则原来的 3 个方程均成为
$$x+y+z=1,$$
有无穷多组解 $(x,y,z)=(x,y,1-x-y)$，其中 x、y 可为任意值.

若 $a \neq 1$，则

上面的矩阵 $\to \begin{pmatrix} 0 & 1+a & 1 & \vdots & 1+a \\ 1 & a & 1 & \vdots & a \\ 1 & 1 & a & \vdots & a^2 \end{pmatrix} \to \begin{pmatrix} 0 & 1+a & 1 & \vdots & 1+a \\ 0 & a-1 & 1-a & \vdots & a(1-a) \\ 1 & 1 & a & \vdots & a^2 \end{pmatrix}$

$\to \begin{pmatrix} 1 & 1 & a & \vdots & a^2 \\ & a-1 & 1-a & \vdots & a(1-a) \\ & 1+a & 1 & \vdots & 1+a \end{pmatrix} \to \begin{pmatrix} 1 & 1 & a & \vdots & a^2 \\ & 1 & -1 & \vdots & -a \\ & 1+a & 1 & \vdots & 1+a \end{pmatrix}$

$\to \begin{pmatrix} 1 & 0 & a+1 & \vdots & a(a+1) \\ & 1 & -1 & \vdots & -a \\ & 1+a & 1 & \vdots & 1+a \end{pmatrix} \to \begin{pmatrix} 1 & & a+1 & \vdots & a(a+1) \\ & 1 & -1 & \vdots & -a \\ & & a+2 & \vdots & (a+1)^2 \end{pmatrix}.$

$a=-2$ 时，无解.

$a \neq -2$ 时，则

上面的矩阵 $\to \begin{pmatrix} 1 & & a+1 & \vdots & a(a+1) \\ & 1 & -1 & \vdots & -a \\ & & 1 & \vdots & \dfrac{(a+1)^2}{a+2} \end{pmatrix} \to \begin{pmatrix} 1 & & a+1 & \vdots & a(a+1) \\ & 1 & & \vdots & \dfrac{1}{a+2} \\ & & 1 & \vdots & \dfrac{(a+1)^2}{a+2} \end{pmatrix}$

$\to \begin{pmatrix} 1 & & & \vdots & -\dfrac{a+1}{a+2} \\ & 1 & & \vdots & \dfrac{1}{a+2} \\ & & 1 & \vdots & \dfrac{(a+1)^2}{a+2} \end{pmatrix}.$

所以 $(x,y,z)=\left(-\dfrac{a+1}{a+2}, \dfrac{1}{a+2}, \dfrac{(a+1)^2}{a+2}\right).$

综上所述，$a=1$ 时，$(x,y,z)=(x,y,1-x-y)$，其中 x、y 可为任意值.

$a=-2$ 时，无解.

$a \neq 1$、-2 时，$(x,y,z)=\left(-\dfrac{a+1}{a+2}, \dfrac{1}{a+2}, \dfrac{(a+1)^2}{a+2}\right).$

第6章 千变万化

代数式,可以做各种变形,其中因式分解尤为重要.

对于变形,需要多做练习,才能熟练,才能得心应手、出神入化.

孙悟空有七十二变,而且变得快,变得好.猪八戒也会变,但只有三十六变,而且不是很熟练.

1. 代数式的值

代数式中的字母如果表示某些指定的值,那么相应地可以算出代数式的值.

例 1 设 $A = 3a^3 - 2ab + 5b$. 求 $a = \dfrac{1}{2}, b = 2$ 时, A 的值.

解 $a = \dfrac{1}{2}, b = 2$ 时,

$$A = 3 \times \left(\dfrac{1}{2}\right)^3 - 2 \times \dfrac{1}{2} \times 2 + 5 \times 2 = 8\dfrac{3}{8}.$$

评注 $3a^3 - 2ab + 5b$ 是 a、b 的多项式,再用一个字母 A 表示它只是为了叙述方便,免得每次都要将这个多项式写一遍.

类似地,我们常用 $f(x)$、$g(x)$、$h(x)$ 等表示 x 的多项式,也是为了简便起见.另外,还可以用 $f(2), f(3), \cdots$ 表示这个多项式在 $x = 2, 3, \cdots$ 时的值.

例 2 设 $f(x) = x^2 - 3x + 1$. 求 $f(1)$、$f(0)$、$f(4)$.

解 根据题意有

$$f(1) = 1 - 3 + 1 = -1,$$
$$f(0) = 1,$$
$$f(4) = 16 - 12 + 1 = 5.$$

可见采用上述符号,省了很多事.

符号的引入,就是为了便利.

例3 已知 $x=19, y=91$,求代数式
$$(x+y+1)(x+y-1)-(x^2+y^2+xy)$$
的值.

解 应当先化简,再将 x、y 的值代入.
$$\begin{aligned}原式&=(x+y)^2-1-(x^2+y^2+xy)\\&=(x^2+2xy+y^2)-1-(x^2+y^2+xy)\\&=xy-1.\end{aligned}$$

当 $x=19, y=91$ 时,原式的值 $=19\times 91-1=1728$.

评注 第一步利用了平方差公式,第二步利用了和的平方公式.

例4 已知代数式 ax^5+bx^3+cx+d.当 $x=0$ 时,代数式的值为 3.当 $x=2020$ 时,代数式的值为 1.求 $x=-2020$ 时,代数式的值.

解 $x=0$ 时,
$$ax^5+bx^3+cx+d=d=3.$$
所以,$x=-2020$ 时,
$$\begin{aligned}代数式的值&=a\times(-2020)^5+b\times(-2020)^3+c\times(-2020)+3\\&=-(a\times 2020^5+b\times 2020^3+c\times 2020+3)+6\\&=-1+6=5.\end{aligned}$$

2. 似 与 不 似

本节讨论一次不等式.

不等式有不少性质与方程相似,但也有值得特别注意的不同之处.

不等式的两边加上(或减去)同一个数或式子,不等式仍然成立.即如果
$$a>b, \tag{1}$$
那么对任一个数或式子 c,
$$a+c>b+c. \tag{2}$$

不等式的两边乘以(或除以)同一个正数(或恒为正的式子),不等式仍然成立.即如果有(1),而 $c>0$,那么
$$ac>bc. \tag{3}$$

但不等式有一个性质与方程不同,即不等式的两边乘以(或除以)同一个负数(或恒为负的式子),不等号的方向改变.即如果有(1),而 $c<0$,那么
$$ac<bc. \tag{4}$$

这个性质特别要留心. 例如
$$5 > 2,$$
两边同时乘以 -3, 变成
$$-15 < -6.$$
以上性质中, 将">"改为"<"(或"<"改为">"), 同样成立.

例 1 解一次不等式
$$x + 1 - \frac{x-1}{2} > \frac{4}{3}x - 1, \tag{5}$$
并给出满足(5)的正整数 x.

解 将含有 x 的项移到右边(c 从左边移到右边变号, 即两边同时加上 $-c$), 其余的项移到左边, 得
$$1 + \frac{1}{2} + 1 > \frac{4}{3}x - x + \frac{x}{2},$$
整理得
$$\frac{5}{2} > \frac{5}{6}x.$$
两边同时乘以 $\frac{6}{5}$, 得
$$3 > x, \tag{6}$$
也就是
$$x < 3. \tag{7}$$

(7)[或(6)]称为不等式的解. 注意通常不等式的解不是一个数, 而是一个范围. 这个范围里的数都满足原不等式(5). 这又是不等式与方程的不同之处.

满足(5)的正整数[满足(6)或(7)的正整数]有两个, 即 $x = 1, 2$.

我们也可以将含有 x 的项移到左边, 其余的项移到右边, 整理后得到(过程应当心算, 略去)
$$-\frac{5}{6}x > -\frac{5}{2}.$$
两边同时乘以 $-\frac{6}{5}$, 得
$$x < 3.$$
最后一步要特别当心. 由于两边同时乘以负数, 故不等号的方向改变了.

一般地, 一次不等式都可以化成
$$ax > b \quad (\text{或 } ax < b).$$
当 $a > 0$ 时, 不等式的解为

$$x > \frac{b}{a} \quad \left(\text{或 } x < \frac{b}{a}\right).$$

当 $a<0$ 时,不等式的解为

$$x < \frac{b}{a} \quad \left(\text{或 } x > \frac{b}{a}\right).$$

例 2 已知关于 x 的不等式

$$(2a - 3b)x + 2b - a > 0 \tag{8}$$

的解为 $x < \frac{5}{7}$. 求不等式

$$ax > b \tag{9}$$

的解.

解 由(8)得

$$(2a - 3b)x > a - 2b. \tag{10}$$

已知(10)的解为 $x < \frac{5}{7}$,所以必有

$$2a - 3b < 0, \tag{11}$$

这样(10)才能在两边同时除以 $2a-3b$ 时产生方向相反的不等式,并且

$$x < \frac{a - 2b}{2a - 3b}. \tag{12}$$

由已知可得

$$\frac{a - 2b}{2a - 3b} = \frac{5}{7}. \tag{13}$$

解方程(13),得

$$b = 3a.$$

代入(11),得

$$a > 0.$$

从而不等式(9)的解为

$$x > \frac{b}{a} = 3,$$

即 $x>3$.

例 3 已知满足

$$\frac{x + 5}{2} - 1 > \frac{ax + 2}{2} \tag{14}$$

的 x 值都满足不等式

$$3x - 4 < 4x - 3, \tag{15}$$

求 a 的取值范围.

解 由(15)得
$$x > -1. \qquad (16)$$
由(14)得
$$(1-a)x > -1. \qquad (17)$$
由已知条件可知,(17)的解都满足(16). 所以 $a \neq 1$ [否则任一个 x 满足(17),与 $x > -1$ 不符合],而且 $1-a > 0$ [否则 $x < \dfrac{1}{a-1}$ 是(17)的解,也与 $x > -1$ 不符合],这样
$$x > \dfrac{-1}{1-a}, \qquad (18)$$
并且满足(18)的 x 都满足(16),所以必有
$$\dfrac{-1}{1-a} \geq -1,$$
即(两边同时乘以正数 $1-a$)
$$-1 \geq a - 1,$$
所以
$$a \leq 0.$$
要特别注意不等号的方向,切勿弄错.

下面一题是不等式组.

例 4 设 x、y、z 满足
$$\begin{cases} \dfrac{11}{6}z < x+y < 2z, & (19) \\ \dfrac{3}{2}x < y+z < \dfrac{5}{3}x, & (20) \\ \dfrac{5}{2}y < x+z < \dfrac{11}{4}y, & (21) \end{cases}$$
试比较 x、y、z 的大小.

解 由(19)可得 $2z > \dfrac{11}{6}z$,所以 $z > 0$.

同样,由(20)可得 $x > 0$.

由(19)中的 $x+y < 2z$ 可知,z 不是 x、y、z 中最小的.

同样,由(20)中的 $y+z < \dfrac{5}{3}x < 2x$ 可知,x 也不是 x、y、z 中最小的,从而 y 是 x、y、z 中最小的.

由(19)、(20)可得
$$\dfrac{5}{3}x - \dfrac{11}{6}z > (y+z) - (x+y),$$

即
$$\frac{8}{3}x > \frac{17}{6}z.$$

从而
$$x > \frac{17}{6} \times \frac{3}{8}z > z,$$

即
$$x > z > y.$$

本题并不需要解不等式组,只要求比较 x、y、z 的大小. 大小的感觉很重要, 需要逐步养成.

题中条件很多, 有些是多余的, 如(21). 它们的"作用"无非是干扰你的思路, "徒乱人意". 解题时要排除这种干扰, 直剖问题的核心.

评注 有没有 x、y、z 同时满足(19)、(20)、(21)?

有的. 如 $x = 5.6, z = 5, y = 4$.

不等式的问题多种多样.

例 5 设 $S = \frac{1}{1^3} + \frac{1}{2^3} + \frac{1}{3^3} + \cdots + \frac{1}{99^3}$. 求 $[4S]$. 这里 $[x]$ 表示不超过 x 的最大整数, 也就是 x 的整数部分.

解 一方面, 显然 $S > 1$, 故
$$4S > 4. \tag{22}$$

另一方面, 对于 $k = 2, 3, \cdots, 99$, 有
$$\frac{1}{k^3} < \frac{1}{k(k^2-1)} = \frac{1}{(k-1)k(k+1)} = \frac{1}{2}\left(\frac{1}{(k-1)k} - \frac{1}{k(k+1)}\right).$$

所以
$$\frac{1}{2^3} + \frac{1}{3^3} + \cdots + \frac{1}{99^3} < \frac{1}{2}\left(\frac{1}{1 \times 2} - \frac{1}{99 \times 100}\right) < \frac{1}{4},$$
$$4S < 4\left(1 + \frac{1}{4}\right) = 5. \tag{23}$$

由(22)、(23)可得
$$[4S] = 4.$$

这类对大小的估计, 数学中常常出现.

不等式与最大(小)值有密切的联系.

例 6 设 $x_1, x_2, \cdots, x_7$ 是正整数,
$$x_1 < x_2 < \cdots < x_7,$$
并且

$$x_1 + x_2 + \cdots + x_7 = 159.$$

求 $x_1 + x_2 + x_3$ 的最大值.

解 注意整数是离散的.

设 $A = x_1 + x_2 + x_3$. x_3 是 $x_1, x_2, \cdots, x_7$ 中承上启下的数,我们将其他数与它比较. 因为

$$x_1 \leqslant x_3 - 2, \quad x_2 \leqslant x_3 - 1,$$

所以

$$A \leqslant 3x_3 - 3. \qquad (24)$$

又

$$x_4 \geqslant x_3 + 1, \quad x_5 \geqslant x_3 + 2, \quad x_6 \geqslant x_3 + 3, \quad x_7 \geqslant x_3 + 4,$$

所以

$$A + 4x_3 + 1 + 2 + 3 + 4 \leqslant 159,$$

即

$$A + 4x_3 \leqslant 149. \qquad (25)$$

$4 \times (24) + 3 \times (25)$(消去 x_3),得

$$7A \leqslant 3 \times 149 - 3 \times 4 = 435. \qquad (26)$$

因为 A 是整数,所以由(26)得

$$A \leqslant 62. \qquad (27)$$

但当 $A = 62$ 时,由(24)得

$$x_3 \geqslant \frac{1}{3}(62 + 3),$$

从而

$$x_3 \geqslant 22. \qquad (28)$$

又由(25)得

$$x_3 \leqslant \frac{1}{4}(149 - 62) = \frac{87}{4} < 22, \qquad (29)$$

与(28)矛盾.因此 $A \leqslant 61$.

当 7 个数分别为

$$19、20、22、23、24、25、26 \qquad (30)$$

时,$A = x_1 + x_2 + x_3 = 61$,取得最大值.

评注 已知各数为正整数且互不相等,这是很重要的条件.

本题不能在得出 $A \leqslant 62$ 后就认定 A 的最大值为 62. 62 只是 A 的上界,未必是最大值. 我们不仅通过(28)、(29)的矛盾得出了 $A \leqslant 61$,还给出了一组满足条件的值(30),证实了 A 可取得 61 这个值.

3. 解 枷 去 锁

豹子头林冲被发配到沧州,路过小旋风柴进的庄子时,与洪教头比武.正要交锋,林冲却说:"小人输了."

"为何?"柴进问.

原来林冲戴着脚镣,自然比不得武.于是柴进贿赂差人,给林冲去了刑具.林冲得以施展身手,一棒打翻洪教头.

方程或不等式,如果含有绝对值,就好像戴了刑具,往往得先"解枷去锁",将绝对值去掉.而这就需要根据绝对值中各个式子的特点,尤其是它们的"零点"(使式子为零的 x 值),分情况进行讨论.

例 1 解方程

$$|2x+3|-|x-1|+|4x-3|=5x. \tag{1}$$

解 $2x+3$、$x-1$、$4x-3$ 的零点分别为 $-\dfrac{3}{2}$、1、$\dfrac{3}{4}$,它们将数轴分为 4 段,可以逐段进行讨论.

$x \leqslant -\dfrac{3}{2}$ 时,原方程即

$$-(2x+3)+(x-1)-(4x-3)=5x,$$

从而

$$x=-\dfrac{1}{10}.$$

但 $-\dfrac{1}{10} > -\dfrac{3}{2}$,所以这种情况无解.

$-\dfrac{3}{2} < x \leqslant \dfrac{3}{4}$ 时,原方程即

$$2x+3+(x-1)-(4x-3)=5x,$$

从而

$$x=\dfrac{5}{6}.$$

但 $\dfrac{5}{6} > \dfrac{3}{4}$,所以这种情况无解.

$\dfrac{3}{4} < x \leqslant 1$ 时,原方程即

$$2x+3+(x-1)+(4x-3)=5x,$$

从而
$$x = \frac{1}{2}.$$

但 $\frac{1}{2} < \frac{3}{4}$,所以这种情况无解.

$x > 1$ 时,原方程即
$$2x + 3 - (x - 1) + (4x - 3) = 5x,$$
从而
$$1 = 0.$$
显然矛盾,所以这种情况无解.

综上所述,方程无解.

上述解法采用枚举法,解答虽长,却无太大困难.结论是方程无解,或许有点意外,但也是正常现象,并不是每个方程都一定有解.

又解 (1)的左边有三个绝对值,只有中间一个前面是负号,可以从它入手.

若 $x \geq 1$,则(1)即
$$|2x + 3| + |4x - 3| = 6x - 1.$$
但这时
$$|2x + 3| + |4x - 3| \geq |(2x + 3) + (4x - 3)| = |6x| = 6x > 6x - 1,$$
所以无解.

若 $x < 1$,则(1)即
$$|2x + 3| + |4x - 3| = 4x + 1.$$
但这时
$$|2x + 3| + |4x - 3| \geq |2x + 3| \geq 2x + 3 > 4x + 1,$$
所以仍然无解.

这种解法比上一种解法简单很多.

例2 解方程
$$|2x - |3x + 1|| = 2. \tag{2}$$

解 $x \leq -\frac{1}{3}$ 时,方程(2)即
$$|2x + (3x + 1)| = 2. \tag{3}$$

因为 $2x \leq -\frac{2}{3} < 0$,所以
$$-(2x + 3x + 1) = 2, \tag{4}$$

从而

$$x = -\frac{3}{5}.$$

$x > -\frac{1}{3}$ 时,方程(2)即

$$|2x - (3x+1)| = 2,$$

化简为

$$|x+1| = 2. \qquad (5)$$

因为 $x+1 > x+\frac{1}{3} > 0$,所以

$$x + 1 = 2, \qquad (6)$$

从而

$$x = 1.$$

本题有两个解,即 $x = -\frac{3}{5}$ 与 $x = 1$.

由于有条件 $x \leqslant -\frac{1}{3}$,故(3)的绝对值可以去掉,变为(4).同样,(5)、(6)也是如此.

例3 解不等式

$$|2x - 5| - |4x - 3| < 1. \qquad (7)$$

解 分 $x \leqslant \frac{3}{4}, \frac{3}{4} < x \leqslant \frac{5}{2}, x > \frac{5}{2}$ 三种情况讨论.

$x \leqslant \frac{3}{4}$ 时,(7)即

$$-(2x-5) + 4x - 3 < 1,$$

从而

$$x < -\frac{1}{2}.$$

$\frac{3}{4} < x \leqslant \frac{5}{2}$ 时,(7)即

$$-(2x-5) + 3 - 4x < 1,$$

从而

$$\frac{7}{6} < x \leqslant \frac{5}{2}.$$

$x > \frac{5}{2}$ 时,(7)即

$$2x - 5 - (4x - 3) < 1,$$

从而

$$x > -\frac{3}{2},$$

即这时解为 $x > \frac{5}{2}$.

综上所述,不等式(7)的解为 $x < -\frac{1}{2}$ 或 $x > \frac{7}{6}$.

例 4 已知

$$\frac{2x-1}{3} - 1 \geqslant x - \frac{5-3x}{2}, \tag{8}$$

求 $|x-1| - |x+3|$ 的最大值和最小值.

解 在(8)的两边同时乘以 6,去分母得

$$2(2x-1) - 6 \geqslant 6x - 3(5-3x),$$

从而

$$x \leqslant \frac{7}{11}. \tag{9}$$

如图 6-1,$|x-1| - |x+3|$ 表示点 x 到 1 的距离减去点 x 到 -3 的距离.

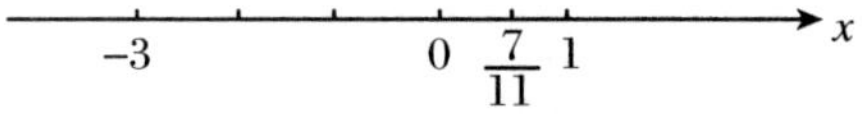

$$\begin{array}{c}\xrightarrow{\quad\quad\quad\quad\quad\quad\quad\quad}\\ -3 \quad\quad 0\ \frac{7}{11}\ 1 \quad\quad x\end{array}$$

图 6-1

$x \leqslant -3$ 时,这距离为 $4[=1-(-3)]$,即这时

$$|x-1| - |x+3| = (1-x) + (x+3) = 4.$$

在 x 进入区间 $\left(-3, \frac{7}{11}\right]$ 向右移动时,上述距离之差由 4 不断减少,在 $x = \frac{7}{11}$ 时取得最小值 $1 - \frac{7}{11} - \left(\frac{7}{11} + 3\right) = -3\frac{3}{11}$,即这时

$$|x-1| - |x+3| = 1 - x - (x+3) = -2 - 2x$$
$$\geqslant -2 - 2 \times \frac{7}{11} = -\frac{36}{11}.$$

因此,最大值为 4,最小值为 $-3\frac{3}{11}$.

一般地,设 $b \geqslant a$,$|x-b| - |x-a|$ 在 $x \leqslant a$ 时,值为 $b-a$;在 $a \leqslant x \leqslant b$ 时,值随 x 的增加而减少;在 $x \geqslant b$ 时,值为 $a-b$. 因此,最大值为 $b-a$,最小值为 $a-b$.

例 5 已知 $a_1 < a_2 < \cdots < a_n$. 求

$$A = |x-a_1| + |x-a_2| + \cdots + |x-a_n|$$

的最小值.

解 $b \geqslant a$ 时,$|x-a| + |x-b| \geqslant |b-a| = b-a$. x 在区间 $[a,b]$ 内时,$|x-a| +

$|x-b|$ 取得最小值 $b-a$.

所以,n 为偶数 $2k$ 时,
$$\begin{aligned}A &= |x-a_1|+|x-a_2|+\cdots+|x-a_n|\\&= (|x-a_1|+|x-a_n|)+(|x-a_2|+|x-a_{n-1}|)+\cdots\\&\quad+(|x-a_k|+|x-a_{k+1}|)\\&\geqslant a_n-a_1+a_{n-1}-a_2+\cdots+a_{k+1}-a_k\\&= a_n+a_{n-1}+\cdots+a_{k+1}-a_k-a_{k-1}-\cdots-a_1.\end{aligned}$$

$a_k \leqslant x \leqslant a_{k+1}$ 时,上面的等号成立,A 取得最小值
$$a_n+a_{n-1}+\cdots+a_{k+1}-a_k-a_{k-1}-\cdots-a_1.$$

n 为奇数 $2k+1$ 时,
$$\begin{aligned}A &= (|x-a_1|+|x-a_n|)+(|x-a_2|+|x-a_{n-1}|)+\cdots\\&\quad+(|x-a_k|+|x-a_{k+2}|)+|x-a_{k+1}|\\&\geqslant a_n-a_1+a_{n-1}-a_2+\cdots+a_{k+2}-a_k\\&= a_n+a_{n-1}+\cdots+a_{k+2}-a_k-a_{k-1}-\cdots-a_1.\end{aligned}$$

$x=a_{k+1}$ 时,上面的等号成立,A 取得最小值
$$a_n+a_{n-1}+\cdots+a_{k+2}-a_k-a_{k-1}-\cdots-a_1.$$

4. 因式分解(一)

我们知道
$$(a+b)(a-b) = a^2-b^2,$$
所以
$$a^2-b^2 = (a+b)(a-b). \tag{1}$$

将一个整式(如 a^2-b^2)写成几个整式的乘积,称为因式分解或分解因式. 每个乘式(如 $a+b$、$a-b$)称为积的因式.

因式分解的常用方法有提取公因式、利用公式、分组分解等.

例1 分解因式 $-15abx^4+12a^2bx^3-6ab^2cx^2y$.

解 原式由 $-15abx^4$、$12a^2bx^3$、$-6ab^2cx^2y$ 三项组成. 系数 -15、12、-6 的绝对值的最大公约数是 3,但我们通常提取公因数 -3,使得首项系数为正. a、b、x^2 都是各项的公因式,所以
$$-15abx^4+12a^2bx^3-6ab^2cx^2y = -3abx^2(5x^2-4ax+2bcy).$$

提取公因式,实际上就是乘法分配律反过来应用,可以用乘法分配律进行验算.

提取公因式时，最好一次"提净"，不要分几次提．

例2 分解因式 $3ab(2x+3y)^4 + ac(2x+3y)^2 + a(2x+3y)$．

解 原式 $= a(2x+3y)[3b(2x+3y)^3 + c(2x+3y) + 1]$．

评注 $a(2x+3y)$ 是公因式，提取后，最后一项是1，不要漏掉了．

例3 分解因式 $9x^5 - 72x^2y^3$．

解 原式 $= 9x^2(x^3 - 8y^3) = 9x^2(x - 2y)(x^2 + 2xy + 4y^2)$．

第二步利用了立方差的公式，即 $a^3 - b^3 = (a-b)(a^2 + ab + b^2)$．

例4 分解因式 $9x^2 + 24xy + 16y^2 + 8a - 4a^2 - 4$．

解 原式 $= (9x^2 + 24xy + 16y^2) - (4a^2 - 8a + 4)$
$= (3x + 4y)^2 - 4(a-1)^2$
$= (3x + 4y + 2a - 2)(3x + 4y - 2a + 2)$．

例4中前三项可用和的平方公式．提取 -1 后，后三项可用差的平方公式．第二步则用平方差公式．

如何分组是因式分解中最困难的地方，需要观察和尝试．观察要仔细，注意发现式子的特点．尝试可以多次，失败了不要灰心．多实践，多总结，就会由新手成为经验丰富的行家里手．

例5 分解因式 $3x^5 - x^4 + 3x^3 - x^2 - 3x + 1$．

解 可以将系数绝对值为3的放在一组，系数绝对值为1的放在另一组．

原式 $= (3x^5 + 3x^3 - 3x) - (x^4 + x^2 - 1)$
$= 3x(x^4 + x^2 - 1) - (x^4 + x^2 - 1)$
$= (x^4 + x^2 - 1)(3x - 1)$．

也可以将一个系数绝对值为3的与一个系数绝对值为1的分在一组，分成三组，即

原式 $= (3x^5 - x^4) + (3x^3 - x^2) - (3x - 1)$
$= x^4(3x - 1) + x^2(3x - 1) - (3x - 1)$
$= (3x - 1)(x^4 + x^2 - 1)$．

可见因式分解的方法并非唯一．

例6 分解因式 $x^5 + x + 1$．

解 本题无法直接用公式，也无法直接分组，需要先添上一项，再将它减去，即

原式 $= x^5 - x^2 + x^2 + x + 1$
$= (x^5 - x^2) + (x^2 + x + 1)$
$= x^2(x^3 - 1) + (x^2 + x + 1)$
$= x^2(x - 1)(x^2 + x + 1) + (x^2 + x + 1)$
$= (x^2 + x + 1)[x^2(x - 1) + 1]$
$= (x^2 + x + 1)(x^3 - x^2 + 1)$．

所以因式分解就像下棋一样,不能只看见眼前一步,得多想几步.在本例中,x^5-x^2 提取公因式 x^2 后,可用立方差公式,而立方差公式产生的一个因式 x^2+x+1 正好是其余三项(原先的两项 $x+1$ 再加上 x^2)的和.

拙著《因式分解技巧》(华东师范大学出版社出版)中提供了很多因式分解的例子,读者可以参考.本章也至少用了三节来谈因式分解.

5. 十字相乘法

x 的二次三项式常用十字相乘法进行分解.
如果
$$x^2 + bx + c = (x+m)(x+n), \tag{1}$$
那么
$$m + n = b, \tag{2}$$
$$mn = c. \tag{3}$$

我们常常将 c 分解为两个数 m、n 相乘,同时看一看它们的和 $m+n$ 是否为 b.如果是,那么就有分解式(1)成立.算草常常写成

$$\begin{array}{c} 1 \\ 1 \end{array} \!\!\!\!\times\!\!\!\! \begin{array}{c} m \\ n \end{array}$$

交叉相乘再相加,希望和为 b.如果不是,再重试.

例1 分解因式 $x^2 + 5x + 6$.

解 $x^2 + 5x + 6 = (x+2)(x+3)$.

$$\begin{array}{c} 1 \\ 1 \end{array} \!\!\!\!\times\!\!\!\! \begin{array}{c} 2 \\ 3 \end{array}$$

例2 分解因式 $x^2 + 5x - 6$.

解 $x^2 + 5x - 6 = (x-1)(x+6)$.

$$\begin{array}{c} 1 \\ 1 \end{array} \!\!\!\!\times\!\!\!\! \begin{array}{c} -1 \\ 6 \end{array}$$

$ax^2 + bx + c\,(a \neq 0)$ 也可以用十字相乘法,但这时 a、c 都拆成两个因数相乘,即 $a = k \times h$,$c = m \times n$,写成十字相乘形式为

$$\begin{array}{c} k \\ h \end{array} \!\!\!\!\times\!\!\!\! \begin{array}{c} m \\ n \end{array}$$

希望 $kn + hm = b$.如果能够做到,那么
$$ax^2 + bx + c = (kx + m)(hx + n). \tag{4}$$

例3 分解因式 $2x^2 + 15x + 28$.

解 $2x^2 + 15x + 28 = (2x + 7)(x + 4)$.

$$\begin{array}{c} 2 \\ 1 \end{array} \!\!\!\!\times\!\!\!\! \begin{array}{c} 7 \\ 4 \end{array}$$

本题中 2 的分解很简单,只有 1×2(或 2×1)一种[不必用 $(-1) \times$

（-2），首项系数一般为正较好，常数项可以为负]，而 28 有多种分解方法，需找出合适的一种．

例 4 分解因式 $2x^2 - x - 28$．

解 $2x^2 - x - 28 = (2x + 7)(x - 4)$．

本题原式的常数项为 -28，所以分得的因式的常数项一正一负．

例 5 分解因式 $-9x^2 - 25x + 6$．

解 $-9x^2 - 25x + 6 = -(9x^2 + 25x - 6)$
$= -(x + 3)(9x - 2)$．

二次项的系数如果为负，可先提取 -1，再分解．

例 6 分解因式 $18x^2 - 7x - 30$．

解 $18x^2 - 7x - 30 = (2x - 3)(9x + 10)$．

例 7 分解因式 $42x^2 + 83x + 40$．

解 $42x^2 + 83x + 40 = (6x + 5)(7x + 8)$．

x、y 的二元二次齐次式 $ax^2 + bxy + cy^2$ 也可以用十字相乘法分解．

例 8 分解因式 $12x^2 + 23xy + 5y^2$．

解 $12x^2 + 23xy + 5y^2 = (3x + 5y)(4x + y)$．

例 9 分解因式 $3x^2 - xy - 10y^2$．

解 $3x^2 - xy - 10y^2 = (x - 2y)(3x + 5y)$．

十字相乘的例子太多了，你可以随手写下 4 个数，例如

将它们交叉相乘再相加，即

$$6 \times 1 + (-7) \times 8 = -50,$$

就可得到一个乘法算式：

$$(6x - 7)(8x + 1) = 48x^2 - 50x - 7.$$

将其反过来，就是一道十字相乘题．

例 10 分解因式 $48x^2 - 50x - 7$．

解 $48x^2 - 50x - 7 = (8x + 1)(6x - 7)$．

有时数比较大，因数较多，需要多试几次．

例 11 分解因式 $x^2 - 120x + 3456$．

解 先分解 3456，即

$$3456 = 2^7 \times 3^3.$$

它的因数较多,要分成两个因数之积,这两个因数都应是负的偶数,因为其和为-120.可化为将$2^5\times3^3$分解为两个因数之积,和为60.又可化为将2×3^3分解为两个因数之积,和为15.这就容易多了.

要使和为-15,只需将6、9改为-6、-9,然后再各扩大8倍,即
$$x^2-120x+3456=(x-48)(x-72).$$

$$\begin{array}{c}16\\ \times\\ 19\end{array}$$

当然,也有些二次三项式无法用十字相乘法分解,如x^2+2x-7.这个问题我们将在第8章中处理.

6. 因式分解(二)

本节再举一些典型的因式分解的例子与应用.

例1 n 是大于1的自然数.证明:n^4+4 不是质数.

证明 $n=1$ 时,$n^4+4=5$ 是质数.

$n>1$ 时,我们分解 n^4+4.为此,需添上一项 $4n^2$ 配方,再将 $4n^2$ 减去,即
$$\begin{aligned}n^4+4&=n^4+4n^2+4-4n^2\\&=(n^2+2)^2-(2n)^2\\&=(n^2-2n+2)(n^2+2n+2),\end{aligned}$$
其中 $n^2+2n+2>n^2-2n+2\geqslant2$,所以 n^4+4 是合数.

例2 分解因式 $x^2-120x+3456$.

解 这题我们在上节用十字相乘法做过,这里提供另一种解法.
$$\begin{aligned}\text{原式}&=(x-60)^2-3600+3456\\&=(x-60)^2-12^2\\&=(x-48)(x-72).\end{aligned}$$

例3 分解因式 x^6-y^6.

解 $x^6-y^6=(x^3)^2-(y^3)^2=(x^3+y^3)(x^3-y^3)$
$$=(x+y)(x-y)(x^2-xy+y^2)(x^2+xy+y^2). \tag{1}$$

另一种方法是
$$\begin{aligned}x^6-y^6&=(x^2)^3-(y^2)^3\\&=(x^2-y^2)(x^4+x^2y^2+y^4). \end{aligned}\tag{2}$$

因为
$$x^2-y^2=(x+y)(x-y),$$
$$x^4+x^2y^2+y^4=x^4+2x^2y^2+y^4-x^2y^2$$

$$= (x^2 + y^2)^2 - (xy)^2$$
$$= (x^2 + y^2 + xy)(x^2 + y^2 - xy), \tag{3}$$

所以仍有
$$x^6 - y^6 = (x + y)(x - y)(x^2 + xy + y^2)(x^2 - xy + y^2).$$

如果没有(1)做对比,很可能误以为 $x^4 + x^2y^2 + y^4$ 不能再分解了($x^2 + xy + y^2$ 不能分解),其实它是能分解的.

例 4 分解因式 $x^6 + y^6$.

解 $x^6 + y^6 = (x^2)^3 + (y^2)^3 = (x^2 + y^2)(x^4 - x^2y^2 + y^4).$

$x^2 + y^2$、$x^4 - x^2y^2 + y^4$ 都不能再分解了.

例 5 分解因式 $(a-b)^3 + (b-c)^3 + (c-a)^3$.

解 分解的方法很多.例如,利用和的立方公式可得
$$(a-b)^3 = [(a-c) + (c-b)]^3$$
$$= (a-c)^3 + (c-b)^3 + 3(a-c)(c-b)(a-c+c-b)$$
$$= -(c-a)^3 - (b-c)^3 + 3(c-a)(b-c)(a-b),$$

所以
$$(a-b)^3 + (b-c)^3 + (c-a)^3 = 3(a-b)(b-c)(c-a).$$

评注 $(a+b)^3 = a^3 + b^3 + 3ab(a+b)$ 似乎比 $(a+b)^3 = a^3 + 3a^2b + 3ab^2 + b^3$ 用得更多.本例即是一个示例.

本题在第 10 节例 4 中有另一种解法.

例 6 分解因式 $(x+1)(x+2)(x+3) - 6 \times 7 \times 8$.

解 令 $t = x - 5$,则
$$原式 = (t+6)(t+7)(t+8) - 6 \times 7 \times 8$$
$$= t^3 + 21t^2 + 146t$$
$$= t(t^2 + 21t + 146)$$
$$= (x-5)[(x-5)^2 + 21(x-5) + 146]$$
$$= (x-5)(x^2 + 11x + 66).$$

下面的两道因式分解题均不太容易.

(i) $x^{10} + x^5 + 1$;

(ii) $x^{12} + x^9 + x^6 + x^3 + 1$.

试试看.试不出来的话,可看下面的例 7.

下面一道题曾作为 1978 年全国高中联赛的试题.苏步青先生曾提到他当学生时做过这道题,全班只有他一个人做了出来.

例 7 分解因式 $x^{15} - 1$.

解 有两条路可走.

第一条路:
$$x^{15}-1 = (x^3)^5 - 1$$
$$= (x^3-1)[(x^3)^4 + (x^3)^3 + (x^3)^2 + x^3 + 1]$$
$$= (x-1)(x^2+x+1)(x^{12}+x^9+x^6+x^3+1). \qquad (1)$$

但 $x^{12}+x^9+x^6+x^3+1$ 能否分解呢?

不清楚.如果能分解,大概也不容易.

第二条路:
$$x^{15}-1 = (x^5)^3 - 1$$
$$= (x^5-1)(x^{10}+x^5+1)$$
$$= (x-1)(x^4+x^3+x^2+x+1)(x^{10}+x^5+1). \qquad (2)$$

但 $x^4+x^3+x^2+x+1$ 能否分解? $x^{10}+x^5+1$ 能否分解?

也不清楚,也不容易.

但是如果将两条路合在一起看的话,就知道不仅 $x-1$ 是 $x^{15}-1$ 的因式,x^2+x+1 和 $x^4+x^3+x^2+x+1$ 也是.但 x^2+x+1 不在(2)中出现,它应当是 $x^4+x^3+x^2+x+1$ 或 $x^{10}+x^5+1$ 的因式.但
$$x^4+x^3+x^2+x+1 = x^2(x^2+x+1)+x+1,$$
所以 $x^4+x^3+x^2+x+1$ 除以 x^2+x+1 余 $x+1$.因此 x^2+x+1 不是 $x^4+x^3+x^2+x+1$ 的因式.

```
                        1 - 1 + 0 + 1 - 1 + 1 + 0 - 1 + 1
            1 + 1 + 1 ) 1 + 0 + 0 + 0 + 0 + 1 + 0 + 0 + 0 + 0 + 1
                        1 + 1 + 1
                        ─────────
                          - 1 - 1 + 0
                          - 1 - 1 - 1
                          ─────────
                                1 + 0 + 1
                                1 + 1 + 1
                                ─────────
                                  - 1 + 0 + 0
                                  - 1 - 1 - 1
                                  ─────────
                                        1 + 1 + 0
                                        1 + 1 + 1
                                        ─────────
                                          - 1 + 0 + 0
                                          - 1 - 1 - 1
                                          ─────────
                                                1 + 1 + 1
                                                1 + 1 + 1
                                                ─────────
                                                        0
```

上面的除法算式表明
$$x^{10} + x^5 + 1 = (x^2 + x + 1)(x^8 - x^7 + x^5 - x^4 + x^3 - x + 1). \tag{3}$$
于是,我们得到
$$x^{15} - 1 = (x - 1)(x^2 + x + 1)(x^4 + x^3 + x^2 + x + 1)$$
$$\cdot (x^8 - x^7 + x^5 - x^4 + x^3 - x + 1) \tag{4}$$
及
$$x^{12} + x^9 + x^6 + x^3 + 1 = (x^4 + x^3 + x^2 + x + 1)$$
$$\cdot (x^8 - x^7 + x^5 - x^4 + x^3 - x + 1). \tag{5}$$

(3)、(5)的分解都不容易.

$x^4 + x^3 + x^2 + x + 1$ 与 $x^8 - x^7 + x^5 - x^4 + x^3 - x + 1$ 能不能分解了呢?

通常我们的分解是在有理数域里进行的,即所有多项式的系数都是有理数(乘以一个整数后,系数都可以变成整数).可以证明在有理数域里,上面两个多项式都是不可分解的,参阅拙著《因式分解技巧》(华东师范大学出版社出版).

因此,(3)、(4)、(5)都是(在有理数域里)分解的最后结果.

7. 好 整 以 暇

本节讨论分式的运算.

分式运算与分数运算完全类似,并无太大困难.但切忌莽撞,不分青红皂白,把事情搞得一团糟.应当先冷静观察式子的特点,想好办法,谋定而后动.用一个成语来说,就是"好整以暇".

例 1 化简
$$\frac{\dfrac{b^2}{a^2} + \dfrac{a^2}{b^2} + 2}{\dfrac{b^3}{a^3} - \dfrac{a^3}{b^3} - 3\left(\dfrac{b}{a} - \dfrac{a}{b}\right)} \div \frac{\dfrac{b}{a} + \dfrac{a}{b}}{\dfrac{b^2}{a^2} + \dfrac{a^2}{b^2} - 2},$$

并求出 $a = 1, b = 3$ 时,这个式子的值.

解 原式是两个分式相除.被除式的分子可化简为
$$\frac{b^2}{a^2} + \frac{a^2}{b^2} + 2 = \frac{b^4 + a^4 + 2a^2 b^2}{a^2 b^2} = \frac{(a^2 + b^2)^2}{a^2 b^2}. \tag{1}$$

被除式的分母可化简为
$$\frac{b^3}{a^3} - \frac{a^3}{b^3} - 3\left(\frac{b}{a} - \frac{a}{b}\right) = \left(\frac{b}{a} - \frac{a}{b}\right)^3 = \frac{(b^2 - a^2)^3}{a^3 b^3}. \tag{2}$$

除式的分子可化简为

$$\frac{b}{a}+\frac{a}{b}=\frac{b^2+a^2}{ab}. \tag{3}$$

除式的分母可化简为

$$\frac{b^2}{a^2}+\frac{a^2}{b^2}-2=\frac{a^4+a^4-2a^2b^2}{a^2b^2}=\frac{(b^2-a^2)^2}{a^2b^2}. \tag{4}$$

因此

$$\text{原式}=\frac{(a^2+b^2)^2}{a^2b^2}\times\frac{a^3b^3}{(b^2-a^2)^3}\times\frac{(b^2-a^2)^2}{a^2b^2}\times\frac{ab}{b^2+a^2}$$

$$=\frac{b^2+a^2}{b^2-a^2}.$$

当 $a=1,b=3$ 时,

$$\text{原式}=\frac{3^2+1^2}{3^2-1^2}=\frac{10}{8}=\frac{5}{4}.$$

评注 (2)利用了差的立方公式.

分式的加、减法需要通分.

例 2 计算

$$\frac{1}{a-b}+\frac{1}{a+b}+\frac{2a}{a^2+b^2}+\frac{4a^3}{a^4+b^4}.$$

解 因为 $a-b$、$a+b$ 的最小公倍式是 a^2-b^2,所以

$$\frac{1}{a-b}+\frac{1}{a+b}=\frac{a+b}{a^2-b^2}+\frac{a-b}{a^2-b^2}=\frac{(a+b)+(a-b)}{a^2-b^2}=\frac{2a}{a^2-b^2}.$$

这一过程应逐渐熟练,用心算完成.

同样

$$\frac{2a}{a^2-b^2}+\frac{2a}{a^2+b^2}=\frac{2a(a^2+b^2+a^2-b^2)}{a^4-b^4}=\frac{4a^3}{a^4-b^4},$$

$$\frac{4a^3}{a^4-b^4}+\frac{4a^3}{a^4+b^4}=\frac{8a^7}{a^8-b^8}.$$

所以

$$\frac{1}{a-b}+\frac{1}{a+b}+\frac{2a}{a^2+b^2}+\frac{4a^3}{a^4+b^4}=\frac{2a}{a^2-b^2}+\frac{2a}{a^2+b^2}+\frac{4a^3}{a^4+b^4}$$

$$=\frac{4a^3}{a^4-b^4}+\frac{4a^3}{a^4+b^4}$$

$$=\frac{8a^7}{a^8-b^8}.$$

读者应自觉地用心算简化运算过程,三步并作两步,两步并成一步.当然这需要一些时间,需要多做一些练习.还需要注意不可出错,有错就必须找出原因,加以纠正.

例 3 计算

$$\frac{a}{a^3+a^2b+ab^2+b^3}+\frac{b}{a^3-a^2b+ab^2-b^3}+\frac{1}{a^2-b^2}-\frac{1}{a^2+b^2}-\frac{a^2+3b^2}{a^4-b^4}.$$

解 原式 $=\dfrac{a}{(a^2+b^2)(a+b)}+\dfrac{b}{(a^2+b^2)(a-b)}$

$$+\frac{a^2+b^2-(a^2-b^2)-(a^2+3b^2)}{(a^2-b^2)(a^2+b^2)}$$

$$=\frac{a(a-b)+b(a+b)}{(a^2+b^2)(a+b)(a-b)}+\frac{-(a^2+b^2)}{(a^2-b^2)(a^2+b^2)}$$

$$=\frac{a^2+b^2}{(a^2+b^2)(a+b)(a-b)}-\frac{1}{a^2-b^2}$$

$$=\frac{1}{(a+b)(a-b)}-\frac{1}{a^2-b^2}$$

$$=0.$$

我们先将前两个分式作为一组,加以合并;再将后三个分式作为另一组,加以合并. 而不是从左到右逐步相加. 这里利用了加法结合律,力求简洁. 上述过程还可省去一些步骤. 有人在草稿纸上进行运算,最后只写结果. 填空题当然是这样做的,但作为运算题,还是少用草稿,尽量将过程写完整. 你用了几步就写几步,这可以反映运算的熟练程度与心算能力.

例 4 计算

$$\frac{x+1}{x+2}+\frac{x+6}{x+7}-\frac{x+2}{x+3}-\frac{x+5}{x+6}.$$

解 直接计算也无不可,但稍繁琐,最好先将分子的次数降低,这类似于将假分数化为带分数.

原式 $=1-\dfrac{1}{x+2}+1-\dfrac{1}{x+7}-1+\dfrac{1}{x+3}-1+\dfrac{1}{x+6}$

$$=\frac{1}{x+6}-\frac{1}{x+7}+\frac{1}{x+3}-\frac{1}{x+2}$$

$$=\frac{1}{(x+6)(x+7)}-\frac{1}{(x+2)(x+3)}$$

$$=\frac{(x+2)(x+3)-(x+6)(x+7)}{(x+2)(x+3)(x+6)(x+7)}$$

$$=-\frac{8x+36}{(x+2)(x+3)(x+6)(x+7)}.$$

第一步化"假分式"(指分子次数不低于分母次数的分式)为"带分式". 这里起"带"的作用的是 4 个整数,即两个 $+1$ 和两个 -1,可以互相抵消. 如果熟练的话,可以预见到它们会互相抵消,那么第一步可以省去,直接写出第二步.

为什么将 $\dfrac{1}{x+6}$ 与 $-\dfrac{1}{x+7}$ 写在一起,将 $\dfrac{1}{x+3}$ 与 $-\dfrac{1}{x+2}$ 写在一起? 因为两组合并后,

分式的分子相同,均为1,这给下一步运算带来了便利.

对于最后一步的多项式相减:$(x+2)(x+3)-(x+6)(x+7)$,很多人是先将两个多项式相乘再合并,其实应当按次数逐一心算:二次项 $x^2-x^2=0$,一次项系数是 $2+3-6-7=-8$,常数项是 $6-6\times7=-36$.这些都应当心算完成(或借助草稿纸记一下6与42,然后相减),绝对不要写出很长的式子:
$$x^2+2x+3x+6-(x^2+6x+7x+42),$$
这是给初学者第一次看的慢动作,以后必须一气呵成,尽量快,否则就会像囊驼一样,不可能走远.

运算过程中,特别要当心正与负,不可疏忽.

例 5 计算
$$\frac{2}{x(x+2)}+\frac{2}{(x+2)(x+4)}+\frac{2}{(x+4)(x+6)}+\frac{2}{(x+6)(x+8)}.$$

解 直接通分相加,当然可以,但太繁琐.

仔细观察式子的特点,可以将每一项拆为两项之差,而且前一个的减式正好是后一个的被减式.

$$\text{原式}=\left(\frac{1}{x}-\frac{1}{x+2}\right)+\left(\frac{1}{x+2}-\frac{1}{x+4}\right)+\left(\frac{1}{x+4}-\frac{1}{x+6}\right)+\left(\frac{1}{x+6}-\frac{1}{x+8}\right)$$
$$=\frac{1}{x}-\frac{1}{x+8}$$
$$=\frac{8}{x(x+8)}.$$

这是在数的计算中使用过的技巧.

下面一题,1977年恢复高考时,我曾让那些准备参加高考的"知识青年"做过,而能做对者寥寥无几.这是因为他们离开学校已七八年,很多知识都已经忘记了.

例 6 化简
$$\frac{(x-b)(x-c)}{(a-b)(a-c)}+\frac{(x-c)(x-a)}{(b-c)(b-a)}+\frac{(x-a)(x-b)}{(c-a)(c-b)}.$$

解 这是一个很整齐的轮换式(将 a 换为 b,b 换为 c,c 换为 a,式子不变).

解法很多,最基本(或叫作最原始)的做法就是通分.公分母是 $(a-b)(b-c)(c-a)$.通分后,分子相加,即(注意正负!)
$$(c-b)(x-b)(x-c)+(a-c)(x-c)(x-a)+(b-a)(x-a)(x-b),$$
这个 x 的多项式相加,不要全乘开再合并,而应按照 x 的次数逐一相加.

x^2 的系数之和是
$$(c-b)+(a-c)+(b-a)=0.$$

x 的系数之和是

$$-(c-b)(b+c) - (a-c)(a+c) - (b-a)(a+b)$$
$$= (b^2 - c^2) + (c^2 - a^2) + (a^2 - b^2) = 0.$$

常数项是
$$(c-b)bc + (a-c)ca + (b-a)ab$$
$$= (bc - b^2 + a^2 - ca)c - ab(a-b)$$
$$= (a-b)(a+b-c)c - ab(a-b)$$
$$= (a-b)(ac + bc - c^2 - ab)$$
$$= (a-b)[(b-c)c - a(b-c)]$$
$$= (a-b)(b-c)(c-a).$$

于是，原式 $= \dfrac{(a-b)(b-c)(c-a)}{(a-b)(b-c)(c-a)} = 1.$

本题很多人做不对，原因在于没有注意按 x 的次数排序．没有序，就不能井井有条，有条不紊．

上面处理分子时，已预见到常数项可能与分母相约，而且注意到轮换性，既然有 $a-b$，也应有 $b-c$、$c-a$．

本题的另一种解法，见下节例 4．

8. 定理，定理

本节介绍一些与多项式有关的定理．

设 $f(x)$ 是 x 的多项式，例如
$$f(x) = x^3 + x^2 - 5x + 3, \tag{1}$$
那么对给定的数 a，$f(x) \div (x-a)$ 得到商式 $q(x)$ 与余式 r．例如 $a = 2$，$(x^3 + x^2 - 5x + 3) \div (x-2)$ 得到商式 $q(x) = x^2 + 3x + 1$，余式 $r = 5$．

$$\begin{array}{r}
x^2 + 3x + 1 \\
x-2{\overline{\smash{\big)}\,x^3 + x^2 - 5x + 3}} \\
\underline{x^3 - 2x^2} \\
3x^2 - 5x \\
\underline{3x^2 - 6x} \\
x + 3 \\
\underline{x - 2} \\
5
\end{array}$$

故我们有
$$x^3 + x^2 - 5x + 3 = (x^2 + 3x + 1)(x-2) + 5.$$
一般地,
$$f(x) = q(x)(x-a) + r. \tag{2}$$
由于除式 $x-a$ 是一次式,而余式的次数低于除式,所以余式是一个数,可以称为余数.

方程(2)是恒等式,对所有的 x 均成立.特别地,取 $x=a$,得到
$$f(a) = r. \tag{3}$$
因此(2)可写成
$$f(x) = q(x)(x-a) + f(a). \tag{4}$$
例如,对上面的 $f(x) = x^3 + x^2 - 5x + 3$,我们有
$$f(2) = 5.$$
(实际上,$2^3 + 2^2 - 5 \times 2 + 3 = 5$.)

上面的结论很重要,称为余数定理.

余数定理 $f(x)$ 除以 $x-a$,余数为 $f(a)$.

如果 $f(a) = 0$,那么(4)成为
$$f(x) = q(x)(x-a), \tag{5}$$
即 $x-a$ 是 $f(x)$ 的因式.这种使 $f(x) = 0$ 的 a,称为多项式 $f(x)$ 的根或零点.我们又得到一个重要的定理.

因式定理 如果 a 是 $f(x)$ 的根,那么 $x-a$ 是 $f(x)$ 的因式.

这个定理很有用,可以帮助我们分解因式.

例 1 将(1)中的多项式分解.

解 因为 $f(1) = 0$($x^3 + x^2 - 5x + 3$ 的系数和 $1+1-5+3=0$,这种多项式肯定以 1 为根),所以 $x-1$ 是 $f(x)$ 的因式.
$$\begin{aligned} x^3 + x^2 - 5x + 3 &= (x^3 - x^2) + (2x^2 - 2x) - (3x - 3) \\ &= x^2(x-1) + 2x(x-1) - 3(x-1) \\ &= (x-1)(x^2 + 2x - 3) \\ &= (x-1)(x-1)(x+3). \end{aligned}$$

上面第一步的分组就是为了使每一组都有因式 $x-1$.当然直接用 $x-1$ 去除 $x^3 + x^2 - 5x + 3$ 也可以(请读者自己写出除法竖式).

例 2 分解因式 $x^3 - 3x^2 - 4x + 12$.

解 当 $x=2$ 时,$x^3 - 3x^2 - 4x + 12 = 0$,所以 $x-2$ 是一个因式.
$$\begin{aligned} x^3 - 3x^2 - 4x + 12 &= x^2(x-2) - x(x-2) - 6(x-2) \\ &= (x-2)(x^2 - x - 6) \\ &= (x-2)(x+2)(x-3). \end{aligned}$$

各项系数都是整数的多项式,称为整系数多项式.首项系数为1的多项式,称为首一多项式.

定理 1 如果整系数首一多项式
$$x^n + a_1 x^{n-1} + a_2 x^{n-2} + \cdots + a_{n-1} x + a_n$$
有非零整数根 a,那么 a 一定是 a_n 的约数.

请证明上述定理.

证明 因为 a 为根,所以
$$a^n + a_1 a^{n-1} + \cdots + a_{n-1} a + a_n = 0. \tag{6}$$

因为(6)的右边是 a 的倍数,所以左边也应是 a 的倍数.又左边的项 $a^n, a_1 a^{n-1}, \cdots, a_{n-1} a$ 都是 a 的倍数,所以剩下的一项 a_n 也是 a 的倍数.

更一般地,有下面的定理.

定理 2 如果整系数多项式
$$a_0 x^n + a_1 x^{n-1} + \cdots + a_{n-1} x + a_n \quad (a_0 \neq 0)$$
有非零有理根 $\dfrac{p}{q}$,其中 p、q 为互质的整数,那么 p 是 a_n 的约数,q 是 a_0 的约数.

请证明上述定理.

证明 因为 $\dfrac{p}{q}$ 是根,所以
$$a_0 \left(\frac{p}{q}\right)^n + a_1 \left(\frac{p}{q}\right)^{n-1} + \cdots + a_{n-1} \frac{p}{q} + a_n = 0.$$

两边同时乘以 q^n,得
$$a_0 p^n + a_1 p^{n-1} q + \cdots + a_n p q^{n-1} + a_n q^n = 0.$$

右边能被 q 整除,左边当然也能被 q 整除.左边的第 2 项至第 n 项均有因数 q,因而能被 q 整除,所以首项 $a_0 p^n$ 也应能被 q 整除.但 q 与 p 互质,所以 q 整除 a_0,即 q 是 a_0 的约数.

同样可得 p 是 a_n 的约数.

以上两个定理,在求整系数多项式的根与因式分解时极为有用.

例 3 分解因式 $f(x) = 2x^3 - x^2 - 5x - 2$.

解 $a_0 = 2$ 的正因数为 $1, 2$,因此 q 只可能是 1 或 2(我们保持分母 q 为正,而分子 p 可正可负).

$a_n = -2$ 的因数为 ± 1、± 2,因此 p 只可能是 ± 1、± 2.

所以有理根 $\dfrac{p}{q}$ 只可能是 ± 1、± 2(分母为1)或 $\pm \dfrac{1}{2}$(分母为2).

因为

$$f(1) = 2 - 1 - 5 - 2 = -6,$$
$$f(-1) = -2 - 1 + 5 - 2 = 0,$$

所以 -1 是 $f(x)$ 的一个根,$x+1$ 是 $f(x)$ 的因式. 因此

$$\begin{aligned}2x^3 - x^2 - 5x - 2 &= (2x^3 + 2x^2) - (3x^2 + 3x) - (2x + 2)\\ &= (x+1)(2x^2 - 3x - 2)\\ &= (x+1)(2x+1)(x-2).\end{aligned}$$

当然,也可先试出 $x = 2$ 或 $-\dfrac{1}{2}$ 为根.

设 $f(x)$ 是 x 的多项式(不限定为整系数),如果 a 是它的一个根,那么根据因式定理可知

$$f(x) = (x-a)q(x),$$

其中 $q(x)$ 是 $f(x) \div (x-a)$ 得到的商式,次数应比 $f(x)$ 低 1,即 $q(x)$ 是 $n-1$ 次多项式.

如果 $q(x)$ 又有一个根 b [b 当然也是 $f(x)$ 的根],那么同样有

$$q(x) = (x-b)h(x),$$

即

$$f(x) = (x-a)(x-b)h(x),$$

其中 $h(x)$ 的次数比 $q(x)$ 低 1,即 $h(x)$ 是 $n-2$ 次多项式.

依此类推,$f(x)$ 每有一个根,相应的商式次数就降低 1,但商式的次数至少为 0(即商式为非零常数). 因此 $f(x)$ 至多有 n 个根,于是我们有关于多项式的根的定理.

定理 3 n 次多项式 $f(x)$ 至多有 n 个根.

在目前的知识范围内,有些多项式是没有根的. 例如 $x^2 + 1$ 永远不会为零,它没有根. 但如果将数的范围扩大到复数,那么每一个多项式就都有根. 这称为代数基本定理. 不过,目前我们离学习复数还有不小的距离,留待以后再说吧.

由上面的定理可以推出一个重要的定理.

多项式恒等定理 如果 x 的多项式 $f(x)$ 与 $g(x)$ 的次数都不高于 n,并且对于 x 的 $n+1$ 个不同的值,$f(x) = g(x)$,那么 $f(x)$ 与 $g(x)$ 恒等.

证明 如果 $f(x) - g(x)$ 不是零,那么它一定是一个次数至多为 n 的多项式. 但对于上述 $n+1$ 个 x 值,这个多项式均为 0,与多项式的根的定理矛盾. 该矛盾表明必有 $f(x) - g(x)$ 就是 0,即 $f(x)$ 与 $g(x)$ 恒等.

例 4 化简

$$\frac{(x-b)(x-c)}{(a-b)(a-c)} + \frac{(x-c)(x-a)}{(b-c)(b-a)} + \frac{(x-a)(x-b)}{(c-a)(c-b)}.$$

解 $x = a$ 时,

$$原式 = \frac{(a-b)(a-c)}{(a-b)(a-c)} = 1.$$

同理，$x = b, x = c$ 时，原式的值也都是 1.

原式的次数 ≤ 2，1 的次数为 0，原式与 1 在 x 取 3 个不同值 a、b、c 时都相等，所以原式恒为 1，即

$$\frac{(x-b)(x-c)}{(a-b)(a-c)} + \frac{(x-c)(x-a)}{(b-c)(b-a)} + \frac{(x-a)(x-b)}{(c-a)(c-b)} = 1.$$

可见，利用多项式恒等定理比原先(第 7 节例 6)的解法简单多了.

9. 对称与轮换

两个字母 x、y 的代数式，如 $x+y, xy$，在 x 与 y 对换，即 x 换成 y，y 换成 x 时不变($y+x$ 即 $x+y$，yx 即 xy)，这样的式子称为 x、y 的对称式. $x^3 + y^3$、$a(x^4 + y^4) + bxy + c$ 等都是 x、y 的对称式.

例 1 已知 $x + y = 5, xy = 6$. 求 $x^2 + y^2$、$x^3 + y^3$、$x^2y + y^2x$.

解
$$x^2 + y^2 = (x+y)^2 - 2xy = 5^2 - 2 \times 6 = 13.$$
$$\begin{aligned}x^3 + y^3 &= (x+y)(x^2 - xy + y^2) \\ &= (x+y)[(x+y)^2 - 3xy] \\ &= 5 \times (5^2 - 3 \times 6) \\ &= 35.\end{aligned}$$
$$x^2y + y^2x = xy(x+y) = 6 \times 5 = 30.$$

$x + y$ 与 xy 称为 x、y 的基本对称多项式. 每一个 x、y 的对称多项式都可以表示成基本对称多项式 $x + y$ 与 xy 的多项式. 这一结论不难证明.

形如 $x^k y^h + x^h y^k (k > h)$ 的对称多项式可化为 $(xy)^h (x^{k-h} + y^{k-h})$，所以只需证明形如 $x^m + y^m$ 的对称式可表示为 $x + y$、xy 的多项式.

例 1 表明 $m = 2, m = 3$ 时均是如此. 对于 $m > 3$，
$$x^m + y^m = (x+y)(x^{m-1} + y^{m-1}) - xy(x^{m-2} + y^{m-2}).$$

只要 $x^{m-2} + y^{m-2}$、$x^{m-1} + y^{m-1}$ 都能表示为 $x + y$、xy 的多项式，那么 $x^m + y^m$ 也就能表示为 $x + y$、xy 的多项式.

这样，将 m 次幂和多项式 $x^m + y^m$ 的次数逐步降低(m 变为 $m-1$、$m-2$)，直到降低至 1 次与 2 次幂和多项式 $x + y$ 与 $x^2 + y^2$. 结论显然成立.

例 2 将 $x^4 + y^4$ 与 $x^5 + y^5$ 用 $x+y$、xy 表示.

解
$$x^4 + y^4 = (x+y)(x^3+y^3) - xy(x^2+y^2)$$
$$= (x+y)^2[(x+y)^2 - 3xy] - xy[(x+y)^2 - 2xy]$$
$$= (x+y)^4 - 4xy(x+y)^2 + 2x^2y^2.$$
$$x^5 + y^5 = (x+y)(x^4+y^4) - xy(x^3+y^3) = \cdots.$$

后面的步骤省略了,读者可以自己完成.

其实,化的方法不止一种(谁说"华山一条路"?有人,就有新路).也可以这样做:
$$x^5 + y^5 = (x+y)(x^4 - x^3y + x^2y^2 - xy^3 + y^4)$$
$$= (x+y)[(x^2+y^2)^2 - x^2y^2 - xy(x^2+y^2)]$$
$$= (x+y)\{[(x+y)^2 - 2xy]^2 + (xy)^2 - xy(x+y)^2\}$$
$$= (x+y)[(x+y)^4 - 5xy(x+y)^2 + 5(xy)^2].$$

对于 a、b、c 三个字母的代数式,如果将 a、b、c 中任两个字母交换,这个代数式都不改变,那么就称为 a、b、c 的对称式.

例如 $a+b+c$、$ab+bc+ca$、abc 都是 a、b、c 的对称式,它们称为 a、b、c 的基本对称多项式. a、b、c 的每一个对称多项式都可以表示成 $a+b+c$、$ab+bc+ca$、abc 的多项式.

例3 将 $a^2+b^2+c^2$、$a^3+b^3+c^3$ 表示成基本对称多项式的多项式.

解 $a^2+b^2+c^2 = (a+b+c)^2 - 2(ab+bc+ca).$

在习题 2 第 5 题中,我们得出
$$(a+b+c)(a^2+b^2+c^2 - ab - bc - ca) = a^3+b^3+c^3 - 3abc,$$
所以
$$a^3+b^3+c^3 = 3abc + (a+b+c)(a^2+b^2+c^2 - ab - bc - ca)$$
$$= 3abc + (a+b+c)[(a+b+c)^2 - 3(ab+bc+ca)].$$

评注 公式
$$a^3+b^3+c^3 - 3abc = (a+b+c)(a^2+b^2+c^2 - ab - bc - ca)$$
也是较为常用的,最好能够记住.

令 $p = a+b+c, q = ab+bc+ca, r = abc$ 为三个三元的基本多项式.

例4 将 $a^2b + a^2c + b^2a + b^2c + c^2a + c^2b$ 表示成 p、q、r 的多项式.

解 因为
$$pq = (a+b+c)(ab+bc+ca)$$
$$= a^2b + a^2c + b^2a + b^2c + c^2a + c^2b + 3r,$$
所以
$$a^2b + a^2c + b^2a + b^2c + c^2a + c^2b = pq - 3r.$$

对称多项式的概念可以推广到更多个元(字母),但我们常遇到的是三元多项式.

如果 a、b、c 的代数式在同时将 a 换成 b,b 换成 c,c 换成 a 时保持不变,那么这个代数式就称为 a、b、c 的轮换式. 对称式一定是轮换式,而轮换式不一定是对称式.

例如 $b^2c^2(b-c) + c^2a^2(c-a) + a^2b^2(a-b)$ 是 a、b、c 的轮换式,却不是对称式.

轮换式整齐,往往可以一些项作为代表,将其他项隐藏在轮换符号 "$\sum$" 中. 这里 "$\sum$" 表示将其后的项中的 a 先轮换为 b(b 换为 c,c 换为 a),再轮换为 c(b 换为 a,c 换为 b),然后三项相加,即符号 "$\sum$" 是 "轮换之和" 的意思. 例如 $\sum a$ 是 $a+b+c$ 的简写,$2(ab+bc+ca)$ 可简写为 $2\sum ab$,$a^2+b^2+c^2$ 可简写为 $\sum a^2$. 一些公式可写成更紧凑的形式,如

$$\left(\sum a\right)^2 = \sum a^2 + 2\sum ab,$$
$$\sum a^3 - 3abc = \sum a \cdot \left(\sum a^2 - \sum ab\right),$$

等等.

例 5 求 $\sum a \cdot \sum a^2$.

解 积中有 $a \cdot a^2 = a^3$ 这样的立方项,也有 a^2b、a^2c 这样的项,一共 9 项. 因此

$$\sum a \cdot \sum a^2 = \sum a^3 + \sum a^2 b + \sum a^2 c,$$

右边每个 $\sum$ 都是三项之和.

评注 $\sum a^2 b = a^2 b + b^2 c + c^2 a = \sum b^2 c = \sum c^2 a$,而 $\sum a^2 c = a^2 c + b^2 a + c^2 b = \sum b^2 a = \sum c^2 b$. 这两个 $\sum$ 也可合为一个,即 $\sum a^2(b+c)$.

例 6 求 $\sum a \left(\sum a^2 + 2\sum ab\right)$.

解 $\sum a\left(\sum a^2 + 2\sum ab\right) = \sum a \cdot \sum a^2 + 2\sum a \sum ab$

$$= \sum a^3 + \sum a^2(b+c) + 2\left[\sum a^2(b+c) + \sum abc\right]$$

$$= \sum a^3 + 3\sum a^2(b+c) + 6abc,$$

即公式

$$\left(\sum a\right)^3 = \sum a^3 + 3\sum a^2(b+c) + 6abc.$$

例 7 将 $\sum a^4$ 表示成 p、q、r 的多项式.

解 不妨验证 a、b、c 是三次方程

$$x^3 - px^2 + qx - r = 0$$

的三个根(反过来,对于根为 a、b、c 的三次方程,恒有
$$p = a + b + c, \quad q = ab + bc + ca, \quad r = abc.$$
这是三次方程的韦达定理),即有
$$a^3 - pa^2 + qa - r = 0.$$
两边同时乘以 a,得
$$a^4 - pa^3 + qa^2 - ra = 0.$$

对于 b、c,也有类似的等式,可由轮换得出.因此,相加得
$$\sum a^4 - p\sum a^3 + q\sum a^2 - r\sum a = 0,$$
即
$$\begin{aligned}\sum a^4 &= p\sum a^3 - q\sum a^2 + rp \\ &= p[3r + p(p^2 - 3q)] - q(p^2 - 2q) + rp \quad (\text{利用例 3}) \\ &= p^4 - 4qp^2 + 4rp + 2q^2.\end{aligned}$$

10. 轮换式的分解

本节介绍轮换式的因式分解.

例 1 分解因式
$$b^2c^2(b - c) + c^2a^2(c - a) + a^2b^2(a - b). \tag{1}$$

解 记(1)为 A.

视 A 为 a 的多项式. $a = b$ 时, $A = 0$,所以 $a - b$ 是 A 的因式,即
$$A = (a - b)B.$$

再视 A、B 为 b 的多项式. $b = c$ 时, $A = 0$,即
$$0 = (a - c)B.$$

从而 $b = c$ 时, $B = 0$. $b - c$ 是 B 的因式,也是 A 的因式.

同理可得 $c - a$ 也是 A 的因式.

$(a - b)(b - c)(c - a)$ 是 A 的因式[以后,只要 $a - b$ 是 A 的因式,我们就直接写出:由轮换,$(a - b)(b - c)(c - a)$ 是 A 的因式].因为 A 是 a、b、c 的五次齐次式(乘开后每一项都是五次),所以
$$A = (a - b)(b - c)(c - a)D,$$
其中 D 是 a、b、c 的二次齐次多项式,而且也是轮换式.从而 D 中 a^2、b^2、c^2 的系数相等,ab、bc、ca 的系数也相等,即 $D = k\sum a^2 + h\sum ab$,k、h 是待定常数.故

$$A = (a-b)(b-c)(c-a)(k\sum a^2 + h\sum ab). \quad (2)$$

比较两边 a^4b 的系数,A 中系数为 0(没有这样的项),所以
$$k = 0.$$
再比较 a^3b^2 的系数,A 中系数为 1,(2) 的右边为 $-h$,所以
$$h = -1.$$
因此
$$A = -(a-b)(b-c)(c-a)(ab+bc+ca).$$

例 2 已知 a、b、c 互不相等.求证:
$$a^2(c-b) + b^2(a-c) + c^2(b-a) \quad (3)$$
不等于 0.

解 记 (3) 为 A.

$a = b$ 时,$A = 0$,所以 $(a-b)(b-c)(c-a)$ 是 A 的因式.因为 A 是三次式,所以
$$A = k(a-b)(b-c)(c-a).$$
比较两边 a^2b 的系数,得 $k = 1$,所以
$$A = (a-b)(b-c)(c-a).$$
因为 a、b、c 互不相等,所以 $A \neq 0$.

例 3 分解因式 $a^3 + b^3 + c^3 - 3abc$.

解 当 $a = -(b+c)$ 时,
$$a^3 + b^3 + c^3 - 3abc = -(b+c)^3 + b^3 + c^3 + 3bc(b+c)$$
$$= 0,$$
所以原式有因式 $a+b+c$.

因为原式是 a、b、c 的三次对称多项式,所以商式应为 $m(a^2+b^2+c^2) + n(ab+bc+ca)$,即
$$a^3+b^3+c^3-3abc = (a+b+c)[m(a^2+b^2+c^2)+n(ab+bc+ca)]. \quad (4)$$
比较 (4) 两边 a^3 的系数,得 $m = 1$.

比较 (4) 两边 a^2b 的系数,得 $m+n = 0$,所以 $n = -1$.

因此
$$\sum a^3 - 3abc = \sum a \left(\sum a^2 - \sum ab \right). \quad (5)$$
这一公式之前已出现过,现在用上述方法分解再次导出.

评注 因为
$$2\sum a^2 - 2\sum ab = \sum (a-b)^2 \geq 0,$$
所以 (5) 即

$$\sum a^3 - 3abc = \frac{1}{2}\sum a \sum (a-b)^2.$$

例 4 分解因式 $(a-b)^3 + (b-c)^3 + (c-a)^3$.

解 当 $a+b+c=0$ 时，(5)成为
$$\sum a^3 = 3abc.$$
这也是一个常用的分解公式.

又 $(a-b)+(b-c)+(c-a)=0$，正好可以用这个公式，即
$$(a-b)^3 + (b-c)^3 + (c-a)^3 = 3(a-b)(b-c)(c-a).$$

评注 可与第 6 节例 5 的解法做对比.

例 5 分解因式 $(x+y+z)^3 - x^3 - y^3 - z^3$.

解 $x=-y$ 时，
$$原式 = z^3 - (-y)^3 - y^3 - z^3 = 0,$$
所以 $x+y$ 是原式的因式.

由轮换性可知，$y+z$、$z+x$ 也都是原式的因式.

设
$$(x+y+z)^3 - x^3 - y^3 - z^3 = k(x+y)(y+z)(z+x).$$
令 $x=2, y=1, z=0$，得
$$27 - 8 - 1 = k \times 3 \times 2,$$
所以 $k=3$. 因此
$$(x+y+z)^3 - x^3 - y^3 - z^3 = 3(x+y)(y+z)(z+x).$$

例 6 分解因式 $\sum x \sum yz - (x+y)(y+z)(z+x)$.

解 $x=0$ 时，
$$原式 = (y+z)yz - y(z+y)z = 0,$$
所以 x 是原式的因式.

同理，y、z 也是原式的因式.

设
$$\sum x \sum yz - (x+y)(y+z)(z+x) = kxyz.$$
令 $x=y=z=1$，得
$$k = 3 \times 3 - 2 \times 2 \times 2 = 1.$$
因此
$$\sum x \sum yz - (x+y)(y+z)(z+x) = xyz.$$

11. 五光十色

本节讨论各种与代数式有关的问题,可谓"五光十色".

首先是因式分解.

例1 分解因式:

(ⅰ) $x^4 - 7x^2 + 1$.

(ⅱ) $(x^2 + 2x + 4)(x^2 + x + 1) - (x^2 - x + 1)$.

解 (ⅰ) 原式 $= x^4 + 2x^2 + 1 - 9x^2$
$= (x^2 + 1)^2 - (3x)^2$
$= (x^2 + 3x + 1)(x^2 - 3x + 1)$.

(ⅱ) 原式 $= (x^2 + 2x + 1)(x^2 + x + 1) + 2(x^2 + 2x + 1)$
$= (x + 1)^2(x^2 + x + 3)$.

例2 $x^2 + 3x - 1$ 是 $ax^3 + bx^2 - 2$ 的因式. 求 a、b.

解 因为

$$ax^3 + bx^2 - 2 - 2(x^2 + 3x - 1) = ax^3 + (b-2)x^2 - 6x$$
$$= x[ax^2 + (b-2)x - 6]$$

有因式 $x^2 + 3x - 1$, 而 x 与 $x^2 + 3x - 1$ 互质, 所以 $ax^2 + (b-2)x - 6$ 有因式 $x^2 + 3x - 1$, 从而

$$\frac{a}{1} = \frac{b-2}{3} = \frac{-6}{-1},$$

解得 $a = 6, b = 3 \times 6 + 2 = 20$.

接下来看几道求值的题.

例3 a、b、c 均为正数, 满足

$$a^3 - b^3 - c^3 = 3abc, \tag{1}$$
$$a^2 = 2(b + c).$$

求 $a + b + c$.

解 (1)即

$$a^3 + (-b)^3 + (-c)^3 - 3a(-b)(-c) = 0,$$

所以

$$(a - b - c)(a^2 + b^2 + c^2 - ab + bc - ac) = 0.$$

但

$$2(a^2 + b^2 + c^2 - ab + bc - ac) = (a-b)^2 + (b+c)^2 + (a-c)^2 > 0.$$

所以
$$a - b - c = 0,$$

即
$$a = b + c.$$

又
$$a^2 = 2(b+c),$$

所以
$$a = 2,$$
$$a + b + c = 2 + 2 = 4.$$

例 4 已知 $\sum a = 9, \sum \dfrac{1}{a+b} = \dfrac{10}{9}$. 求 $\sum \dfrac{c}{a+b}$.

解 因为
$$10 = \sum a \cdot \sum \dfrac{1}{a+b} = \sum \dfrac{a+b+c}{a+b}$$
$$= \sum \left(1 + \dfrac{c}{a+b}\right)$$
$$= 3 + \sum \dfrac{c}{a+b},$$

所以
$$\sum \dfrac{c}{a+b} = 7.$$

例 5 设实数 x、y 均非零,并且
$$\dfrac{x}{1+3x} + \dfrac{y}{1+3y} = \dfrac{x+y}{1+3x+3y}.$$

求 $x+y$.

解 原式可变形为
$$\dfrac{x}{1+3x} - \dfrac{x}{1+3x+3y} = \dfrac{y}{1+3x+3y} - \dfrac{y}{1+3y},$$

即
$$\dfrac{3xy}{(1+3x)(1+3x+3y)} = -\dfrac{3xy}{(1+3y)(1+3x+3y)}.$$

因为 $xy \neq 0$,所以
$$\dfrac{1}{1+3x} = -\dfrac{1}{1+3y},$$
$$1 + 3x + 1 + 3y = 0,$$

$$x + y = -\frac{2}{3}.$$

第一步移项是关键,将分子相同的项相减.

又解 将已知等式两边同时乘以 $1+3x+3y$,得

$$x + y = \frac{x(1+3x+3y)}{1+3x} + \frac{y(1+3x+3y)}{1+3y}$$

$$= x + \frac{3xy}{1+3x} + y + \frac{3xy}{1+3y},$$

所以

$$\frac{3xy}{1+3x} + \frac{3xy}{1+3y} = 0,$$

从而同前解得

$$x + y = -\frac{2}{3}.$$

例 6 设 a、x_1、x_2、x_3 为四个整数,满足

$$a = (1+x_1)(1+x_2)(1+x_3) = (1-x_1)(1-x_2)(1-x_3).$$

求 $ax_1x_2x_3$ 的值.

解 本题不仅要利用已知等式,还要注意 a、x_1、x_2、x_3 都是整数.

分情况讨论.

如果 a、x_1、x_2、x_3 中有一个为 0,那么

$$ax_1x_2x_3 = 0.$$

设 a、x_1、x_2、x_3 都不为 0,则 x_1、x_2、x_3 不全为正,否则 $(1+x_1)(1+x_2)(1+x_3)>0$ 而 $(1-x_1)(1-x_2)(1-x_3) \leqslant 0$.同样,$x_1$、$x_2$、$x_3$ 也不全为负.

于是,可设 x_1、x_2、x_3 中一个为负,两个为正(如果一个为正,两个为负,那么用 $-x_1$、$-x_2$、$-x_3$ 代替 x_1、x_2、x_3),并且不妨设

$$x_1 < 0, \quad x_2 > 0, \quad x_3 > 0.$$

从而,由于 $a \neq 0$,因此 $x_2 > 1, x_3 > 1, x_1 < -1$.这时

$$(1+x_1)(1+x_2)(1+x_3) < 0,$$
$$(1-x_1)(1-x_2)(1-x_3) > 0,$$

矛盾.

该矛盾表明 a、x_1、x_2、x_3 中至少有一个为 0,故

$$ax_1x_2x_3 = 0.$$

例 7 已知 $a+b+c=0$,

$$\frac{b-c}{a} + \frac{c-a}{b} + \frac{a-b}{c} = 0.$$

求 $\dfrac{bc+b-c}{b^2c^2}+\dfrac{ca+c-a}{c^2a^2}+\dfrac{ab+a-b}{a^2b^2}.$

解 化为整式,易于处理.

第二个条件(去分母)可写成
$$\sum bc(b-c)=0.$$

因为
$$\sum a^2(bc+b-c)=abc\sum a+\sum a^2b-\sum a^2c$$
$$=\sum a^2b-\sum a^2c$$
$$=\sum b^2c-\sum c^2b$$
$$=\sum bc(b-c)$$
$$=0,$$

所以
$$\sum \dfrac{bc+b-c}{b^2c^2}=0.$$

最后几题,都是代数式的恒等变形.

例 8 已知 $a+b+c=0$. 求证:
$$\left(\dfrac{a^2}{b-c}+\dfrac{b^2}{c-a}+\dfrac{c^2}{a-b}\right)\left(\dfrac{b-c}{a^2}+\dfrac{c-a}{b^2}+\dfrac{a-b}{c^2}\right)=4abc\left(\dfrac{1}{a}+\dfrac{1}{b}+\dfrac{1}{c}\right)^3.$$

解 还是先化为整式处理.

要证明的式子等价于
$$\sum a^2(c-a)(a-b)\sum b^2c^2(b-c)=4(a-b)(b-c)(c-a)\left(\sum ab\right)^3.$$

由上节例 1 可知
$$\sum b^2c^2(b-c)=-(a-b)(b-c)(c-a)\sum ab,$$

所以只需证明
$$-\sum a^2(c-a)(a-b)=4\left(\sum ab\right)^2. \qquad(2)$$

因为
$$-\sum a^2(c-a)(a-b)=\sum a^2[a^2-(b+c)a+bc]$$
$$=\sum a^2(a^2+a^2)+\sum a^2bc$$
$$=2\sum a^4+abc\sum a$$
$$=2\sum a^4, \qquad(3)$$

$$2\left(\sum ab\right)^2 = 2\left(\sum a^2b^2 + 2abc\sum a\right)$$
$$= 2\sum a^2b^2$$
$$= \sum a^2(b^2+c^2)$$
$$= \sum a^2(b^2+2bc+c^2) - 2\sum a^2bc$$
$$= \sum a^2(b+c)^2$$
$$= \sum a^4, \qquad (4)$$

所以由(3)、(4)可知(2)成立.

例 9 已知 α、β、γ 满足
$$\alpha + \beta + \gamma = 0,$$
$$\alpha\beta + \beta\gamma + \gamma\alpha = p,$$
$$\alpha\beta\gamma = -q.$$

试将下列式子用 p、q 表示:

(ⅰ) $\alpha^3 + \beta^3 + \gamma^3$.

(ⅱ) $\alpha^3\beta^3 + \beta^3\gamma^3 + \gamma^3\alpha^3$.

(ⅲ) $(\alpha-\beta)^2(\beta-\gamma)^2(\gamma-\alpha)^2$.

解 (ⅰ) 因为 $\alpha + \beta + \gamma = 0$, 所以
$$\alpha^3 + \beta^3 + \gamma^3 = 3\alpha\beta\gamma = -3q.$$

(ⅱ) 因为
$$p^3 = \left(\sum \alpha\beta\right)^3$$
$$= \sum \alpha^3\beta^3 + 3\sum \alpha^2\beta^2(\beta\gamma + \gamma\alpha) + 6\alpha^2\beta^2\gamma^2$$
$$= \sum \alpha^3\beta^3 - 3\sum \alpha^2\beta^2\gamma^2 + 6\alpha^2\beta^2\gamma^2$$
$$= \sum \alpha^3\beta^3 - 3\alpha^2\beta^2\gamma^2$$
$$= \sum \alpha^3\beta^3 - 3q^2,$$

所以
$$\sum \alpha^3\beta^3 = p^3 + 3q^2.$$

(ⅲ) 因为
$$(\alpha-\beta)^2 = (\alpha+\beta)^2 - 4\alpha\beta$$
$$= \gamma^2 + \frac{4q}{\gamma}$$

$$= \frac{1}{\gamma}(\gamma^3 + 4q),$$

所以

$$(\alpha - \beta)^2(\beta - \gamma)^2(\gamma - \alpha)^2 = \frac{1}{\alpha\beta\gamma}(\alpha^3 + 4q)(\beta^3 + 4q)(\gamma^3 + 4q)$$

$$= \frac{1}{\alpha\beta\gamma}\left[\alpha^3\beta^3\gamma^3 + 4q\sum\alpha^3\beta^3 + 16q^2\sum\alpha^3 + 64q^3\right]$$

$$= \frac{1}{\alpha\beta\gamma}\left[\alpha^3\beta^3\gamma^3 + 4q(p^3 + 3q^2) - 48q^3 + 64q^3\right]$$

$$= q^2 - 4(p^3 + 3q^2) + 48q^2 - 64q^2$$

$$= -4p^3 - 27q^2.$$

评注 $(\alpha - \beta)^2(\beta - \gamma)^2(\gamma - \alpha)^2$ 称为三次方程

$$x^3 + px + q = 0$$

的判别式. 这个三次方程的三个根分别是 α、β、γ.

上面的推导表明这个判别式就是 $-4p^3 - 27q^2$.

例 10 已知 x_1、x_2、x_3 满足

$$x_1 + x_2 + x_3 = a_1,$$
$$x_1x_2 + x_2x_3 + x_3x_1 = a_2,$$
$$x_1x_2x_3 = a_3.$$

试将 $(x_1 - x_2)^2(x_2 - x_3)^2(x_3 - x_1)^2$ 用 a_1、a_2、a_3 表示.

解 可以借助于上一例,沿用上一例的符号.

令 $x_1 - \frac{a_1}{3} = \alpha, x_2 - \frac{a_1}{3} = \beta, x_3 - \frac{a_1}{3} = \gamma$,则 $\alpha + \beta + \gamma = 0$.

因为

$$a_2 = \sum\left(\alpha + \frac{a_1}{3}\right)\left(\beta + \frac{a_1}{3}\right)$$

$$= \sum\alpha\beta + \frac{a_1}{3}\sum(\alpha + \beta) + \frac{a_1^2}{3}$$

$$= p + \frac{2}{3}a_1\sum\alpha + \frac{a_1^2}{3}$$

$$= p + \frac{a_1^2}{3},$$

所以

$$p = a_2 - \frac{a_1^2}{3}.$$

又

$$a_3 = \left(\alpha + \frac{a_1}{3}\right)\left(\beta + \frac{a_1}{3}\right)\left(\gamma + \frac{a_1}{3}\right)$$

$$= -q + \frac{a_1^3}{27} + \frac{a_1^2}{9}\sum\alpha + \frac{a_1}{3}\sum\alpha\beta$$

$$= -q + \frac{a_1^3}{27} + \frac{a_1}{3}p$$

$$= -q + \frac{a_1 a_2}{3} - \frac{2}{27}a_1^3,$$

所以
$$q = -a_3 + \frac{a_1 a_2}{3} - \frac{2}{27}a_1^3.$$

因此
$$(x_1 - x_2)^2 (x_2 - x_3)^2 (x_3 - x_1)^2$$
$$= (\alpha - \beta)^2 (\beta - \gamma)^2 (\gamma - \alpha)^2$$
$$= -4p^3 - 27q^2$$
$$= -4\left(a_2 - \frac{a_1^2}{3}\right)^3 - 27\left(a_3 - \frac{a_1 a_2}{3} + \frac{2a_1^3}{27}\right)^2$$
$$= -4\left(a_2^3 - a_2^2 a_1^2 + \frac{1}{3}a_2 a_1^4 - \frac{1}{27}a_1^6\right)$$
$$\quad -27\left(a_3^2 + \frac{a_1^2 a_2^2}{9} + \frac{4a_1^6}{27^2} - \frac{2}{3}a_1 a_2 a_3 + \frac{4}{27}a_3 a_1^3 - \frac{4}{81}a_1^4 a_2\right)$$
$$= a_1^2 a_2^2 - 4a_2^3 - 4a_1^3 a_3 + 18 a_1 a_2 a_3 - 27 a_3^2.$$

评注 本题是求以 x_1、x_2、x_3 为根的一般三次方程
$$x^3 - a_1 x^2 + a_2 x - a_3 = 0$$
的判别式.

习 题 6

1. 已知 $a + b = 10$, $a^3 + b^3 = 1000$. 求 $a^2 + b^2$、$a^{10} + b^{10}$ 的值.

2. 已知 $\frac{1}{a} + \frac{1}{b} + \frac{1}{c} = \frac{1}{a+b+c}$. 求证: a、b、c 中必有两个数互为相反数.

3. 解方程
$$\frac{1}{x+2} + \frac{4}{6x+1} + \frac{1}{3x-4} = \frac{4}{2x+3}.$$

4. 求 $A = |2x - y - 1| + |x + y| + |y|$ 的最小值.

5. 分解因式 $(a + b + c)(ab + bc + ca) - abc$.

6. 分解因式 $(x+y)^4 + x^4 + y^4$.

7. 已知 z_1、z_2、z_3 互不相等. 求

$$\frac{u-z_1}{z_1-z_2} \cdot \frac{v-z_1}{z_1-z_3} + \frac{u-z_2}{z_2-z_3} \cdot \frac{v-z_2}{z_2-z_1} + \frac{u-z_3}{z_3-z_1} \cdot \frac{v-z_3}{z_3-z_2}$$

的值.

8. 已知 $a+b+c=0$, $a^3+b^3+c^3=0$. 求证：对于任意正奇数 n, $a^n+b^n+c^n=0$.

9. 已知

$$\frac{1}{a^2} + \frac{3}{b^2} = 2019a,$$

$$\frac{3}{a^2} + \frac{1}{b^2} = 1803b.$$

求 $\dfrac{b-a}{ab}$ 的值.

10. x、y、z 互不相同, 且均不为 0, 满足

$$x^2 - xy = y^2 - yz = z^2 - zx.$$

（ⅰ）求 $\dfrac{x}{y} + \dfrac{y}{z} + \dfrac{z}{x}$ 的值.

（ⅱ）求证：$9xyz + (x+y+z)^3 = 0$.

习题 6 解答

1. 因为
$$10^3 = (a+b)^3 = a^3 + b^3 + 3ab(a+b) = 1000 + 30ab,$$
所以 $ab=0$.

不妨设 $a=0$, 则 $b=10$, $a^2+b^2 = 10^2 = 100$, $a^{10}+b^{10} = 10^{10}$.

2. 将原式变形为
$$\frac{1}{a} + \frac{1}{b} = \frac{1}{a+b+c} - \frac{1}{c},$$
即
$$\frac{a+b}{ab} = \frac{-(a+b)}{c(a+b+c)}.$$

如果 $a+b=0$, 结论显然成立.

如果 $a+b \neq 0$, 则两边同时除以 $a+b$, 再去分母得
$$c(a+b+c) + ab = 0,$$
即

$$(a+c)(c+b) = 0.$$

从而 $a+c=0$ 或 $c+b=0$，即 a、b、c 中必有两个数互为相反数.

3. 因为

$$\frac{1}{x+2} + \frac{1}{3x-4} = \frac{4}{2x+3} - \frac{4}{6x+1},$$

即

$$\frac{4x-2}{(x+2)(3x-4)} = \frac{4(4x-2)}{(2x+3)(6x+1)},$$

所以

$$4x - 2 = 0 \quad \text{或} \quad 4(x+2)(3x-4) = (2x+3)(6x+1),$$

即 $x = \frac{1}{2}$ 或 $x = -\frac{35}{12}$.

经检验，它们都是原方程的根.

4. 三个绝对值如果能同时为 0，最小值就是 0. 但现在这三个绝对值不能同时为 0.

当 $|y| = |x+y| = 0$ 时，$y = x = 0, A = 1$.

当 $|2x-y-1| = |y| = 0$ 时，$y = 0, x = \frac{1}{2}, A = \frac{1}{2}$.

当 $|2x-y-1| = |x+y| = 0$ 时，$x = -y = \frac{1}{3}, A = \frac{1}{3}$.

1、$\frac{1}{2}$、$\frac{1}{3}$ 都是 A 可取的值，其中最小的是 $\frac{1}{3}$，它有可能就是最小的值，在 $x = -y = \frac{1}{3}$ 时取得. 于是，分两种情况讨论.

（ⅰ）$x \leqslant \frac{1}{3}$ 时，

$$A \geqslant |(2x-y-1) + y| + |x+y| \geqslant |2x-1| = 1 - 2x \geqslant \frac{1}{3}.$$

（ⅱ）$x > \frac{1}{3}$ 时，

$$A \geqslant |x+y| + |y| \geqslant |x| \geqslant \frac{1}{3}.$$

从而可知 $\frac{1}{3}$ 的确是 A 的最小值.

5. $a = -b$ 时，原式 $= c[ab+c(a+b)] - abc = 0$. 所以 $a+b$ 是原式的因式.

由轮换性可知，$b+c$、$c+a$ 也是原式的因式. 因为原式与 $(a+b)(b+c)(c+a)$ 同为 a、b、c 的三次式，所以

$$(a+b+c)(ab+bc+ca) - abc = k(a+b)(b+c)(c+a),$$

其中 k 为与 a、b、c 无关的常数.

比较两边 a^2b 的系数,得 $k=1$. 所以
$$(a+b+c)(ab+bc+ca)-abc=(a+b)(b+c)(c+a).$$

下面也给出第 6 题的一种解法.

又解
$$\begin{aligned}
原式 &= (a+b+c)c(a+b)+ab(a+b+c)-abc\\
&= (a+b+c)c(a+b)+ab(a+b)\\
&= (a+b)[c(a+b+c)+ab]\\
&= (a+b)[a(b+c)+c(b+c)]\\
&= (a+b)(b+c)(c+a).
\end{aligned}$$

6. $\begin{aligned}[t]
原式 &= (x+y)^4-x^2y^2+x^4+y^4+2x^2y^2-x^2y^2\\
&= [(x+y)^2+xy][(x+y)^2-xy]+(x^2+y^2)^2-x^2y^2\\
&= (x^2+3xy+y^2)(x^2+xy+y^2)+(x^2+y^2+xy)(x^2+y^2-xy)\\
&= (x^2+xy+y^2)(2x^2+2xy+2y^2)\\
&= 2(x^2+xy+y^2)^2.
\end{aligned}$

7. 记原式为 A,A 是 u 的一次多项式或常数.

当 $u=z_1$ 时,
$$A=\frac{z_1-z_2}{z_2-z_3}\cdot\frac{v-z_2}{z_2-z_1}+\frac{z_1-z_3}{z_3-z_1}\cdot\frac{v-z_3}{z_3-z_2}=\frac{z_2-v}{z_2-z_3}+\frac{v-z_3}{z_2-z_3}=1.$$

同样,当 $u=z_2$(或 z_3)时,$A=1$.

因此 A 恒等于 1.

8. 因为 $a+b+c=0$,所以
$$a^3+b^3+c^3=3abc.$$

因为 $a^3+b^3+c^3=0$,所以 $abc=0$,从而 a、b、c 中至少有一个为 0. 不妨设 $a=0$,这时
$$b+c=0,\quad b=-c.$$

所以,对于正奇数 n,有
$$a^n+b^n+c^n=0+(-c)^n+c^n=0.$$

9. 因为
$$\frac{1}{a^3}+\frac{3}{ab^2}=2019,$$
$$\frac{3}{a^2b}+\frac{1}{b^3}=1803,$$

所以

$$\left(\frac{1}{a} - \frac{1}{b}\right)^3 = \frac{1}{a^3} - \frac{3}{a^2b} + \frac{3}{ab^2} - \frac{1}{b^3} = 216 = 6^3,$$

$$\frac{b-a}{ab} = \frac{1}{a} - \frac{1}{b} = 6.$$

10. (ⅰ) 由已知可得

$$x^2 - y^2 = xy - yz,$$

即

$$(x+y)(x-y) = y(x-z).$$

同理

$$(y+z)(y-z) = z(y-x),$$
$$(z+x)(z-x) = x(z-y).$$

以上三式相乘,再约去 $(x-y)(y-z)(z-x)$,得

$$(x+y)(y+z)(z+x) = -xyz, \tag{1}$$

即

$$x^2y + y^2z + z^2x + xy^2 + yz^2 + zx^2 = -3xyz. \tag{2}$$

两边同时除以 xyz,得

$$\frac{x}{z} + \frac{y}{x} + \frac{z}{y} + \frac{y}{z} + \frac{z}{x} + \frac{x}{y} = -3. \tag{3}$$

又由已知可得

$$x^2 + yz = y^2 + xy,$$

所以

$$\frac{x}{y} + \frac{z}{x} = \frac{y}{x} + 1.$$

同理

$$\frac{y}{z} + \frac{x}{y} = \frac{z}{y} + 1,$$
$$\frac{z}{x} + \frac{y}{z} = \frac{x}{z} + 1.$$

三式相加得

$$2\left(\frac{x}{y} + \frac{y}{z} + \frac{z}{x}\right) = \frac{x}{z} + \frac{z}{y} + \frac{y}{x} + 3. \tag{4}$$

由(3)、(4)得

$$\frac{x}{y} + \frac{y}{z} + \frac{z}{x} = 0, \tag{5}$$

$$\frac{x}{z} + \frac{z}{y} + \frac{y}{x} = -3. \tag{6}$$

(ii) 因为

$$\frac{(x+y+z)^3}{xyz} = \frac{\sum x^3 + 3\sum x^2 y + 3\sum x^2 z + 6xyz}{xyz}$$

$$= \sum \frac{x^2}{yz} + 3\sum \frac{x}{z} + 3\sum \frac{x}{y} + 6$$

$$= \sum \frac{x^2}{yz} - 9 + 6$$

$$= \sum \frac{x^2 - xy}{yz} - 12 + 6$$

$$= \sum \frac{y^2 - yz}{yz} - 6$$

$$= \sum \frac{y}{z} - 9 = -9,$$

所以

$$9xyz + (x+y+z)^3 = 0. \tag{7}$$

评注 (1)即(参看第 10 节例 6)

$$(x+y+z)(xy+yz+zx) = 0. \tag{8}$$

两边同时除以 xyz,得

$$(x+y+z)\left(\frac{1}{x} + \frac{1}{y} + \frac{1}{z}\right) = 0, \tag{9}$$

即

$$3 + \sum \frac{x}{y} + \sum \frac{x}{z} = 0. \tag{10}$$

又同前由已知可得出(4)。由(4)、(10)可导出(5)、(6)。

本题一个有趣的结果是由(8)可导出

$$xy + yz + zx = 0, \tag{11}$$

而 $x+y+z \neq 0$。因为若 $x+y+z=0$,则 $x=-(y+z)$,在已知条件中消去 x,得

$$2y^2 + z^2 + 3yz = y^2 - yz = 2z^2 + yz.$$

所以

$$(2y^2 + z^2 + 3yz) + (y^2 - yz) = 2(2z^2 + yz),$$

即

$$3y^2 = 3z^2.$$

因为 $y \neq z$,所以 $y = -z$,这将导致 $x = 0$,与已知条件不符,所以 $x+y+z \neq 0$,只能是(11)成立。

当然得到(7)以后,也可得出 $x+y+z \neq 0$。

第 7 章　发现新天地

1492 年 8 月 3 日,意大利航海家哥伦布(Cristoforo Colombo,约 1451—1506)率领三艘帆船,离开西班牙.他们在大西洋上一直向西航行.茫茫大海,无边无际.直到 10 月 12 日凌晨,才发现了陆地.这就是被称为"新大陆"的美洲.

在数学中,我们也不断发现新天地.以数为例,从自然数开始,接着出现分数、零与负有理数.本章学习无理数(式),特别是形如 $\sqrt{2},\sqrt{3},\cdots$ 的二次方根,以及相应的二次根式.

1. 方 程 的 根

一次方程 $ax + b = 0 (a \neq 0)$ 恰有一个根 $-\dfrac{b}{a}$.

二次方程的情况就比较复杂了.方程
$$x^2 = 9 \tag{1}$$
有两个根,即 3 与 -3,它们都是有理数.方程
$$x^2 = 2 \tag{2}$$
也有两个根,一正一负,正的记为 $\sqrt{2}$,负的是 $-\sqrt{2}$.这里 $\sqrt{2}$ 不易计算.因为
$$1^2 < 2 < 2^2, \quad 1.4^2 < 2 < 1.5^2,$$
所以 $\sqrt{2} = 1.4\cdots$.进一步可算出
$$\sqrt{2} = 1.4142\cdots.$$

一般地,当 $a > 0$ 时,方程
$$x^2 = a \tag{3}$$
有两个根,即 $\sqrt{a}$ 与 $-\sqrt{a}$.这里 $\sqrt{a}$ 表示一个正数,它的平方是 a,即
$$(\sqrt{a})^2 = a. \tag{4}$$

$\sqrt{a}$ 读作"a 的算术平方根",通常也读作"根号 a"或"根号下 a",$\pm\sqrt{a}$ 都是 a 的平方根

(二次方根),但算术平方根 $\sqrt{a}$ 是正的.

方程

$$x^2 = 0 \qquad (5)$$

只有一个根,即 $x=0$(我们也可以写作 $\sqrt{0}=0$).但更确切的说法是(5)有两个相等的根 $0,0$ 作为方程(5)的"二重根".这样方程

$$x = 0 \qquad (6)$$

与方程(5)的差别就可以体现出来了.

当 $a<0$ 时,方程

$$x^2 = a \qquad (7)$$

没有实数根.例如方程

$$x^2 = -1 \qquad (8)$$

没有实数根.需要进一步将数的概念扩展到复数,这样方程(7)才有根(两个不相等的复数根).

对于一般形式的二次方程

$$ax^2 + bx + c = 0 \quad (a \neq 0), \qquad (9)$$

情况也是这样:可能有两个不相等的实数根或两个相等的实数根,也可能没有实数根.下一章将要详细讨论.

2. 无 理 数

平方为 2 的正数 $\sqrt{2}$,不能写成两个正整数 m、n 的比.

为什么?我们用反证法来证明.

如果

$$\sqrt{2} = \frac{m}{n}, \qquad (1)$$

那么两边平方得

$$2 = \frac{m^2}{n^2}, \qquad (2)$$

去分母得

$$2n^2 = m^2. \qquad (3)$$

将(3)两边进行质因数分解.右边因数 2 的幂指数一定是偶数(等于 m 的分解式中,2 的幂指数乘以 2).左边因数 2 的幂指数一定是奇数(等于 n 的分解式中,2 的幂指数乘

以 2,然后再加上 1).

因此(3)的两边 2 的幂指数不相等,从而等式(3)不成立,等式(1)也不成立. $\sqrt{2}$ 不能写成 $\dfrac{m}{n}$ 的形式.

$\sqrt{2}$ 不能写成两个整数的比,所以应当称为"没有比的"数.然而由于最初翻译的不当,"有比的"数被译为"有理数","没有比的"数被译为"无理数".现在中国、日本都这样用了,习以为常,我们也只好称 $\sqrt{2}$ 为无理数了.

同样,$\sqrt{3}$,$\sqrt{5}$ 也都是无理数.

如果 a 是一个整数,$\sqrt{a}$ 是一个有理数,那么它一定是一个整数.为什么?

设 $\sqrt{a} = \dfrac{m}{n}$,m、n 是互质的整数$\left(\text{也就是说 }\dfrac{m}{n}\text{ 是既约分数}\right)$,则与(2)一样,平方得

$$a = \dfrac{m^2}{n^2}.$$

这表明 m^2 被 n^2 整除,n^2 是 m^2 的因数,n 更是 m^2 的因数.但 m、n 互质,故 m 的质因数分解中不出现 n 的质因数,m^2 也是如此,所以必有 $n=1$.从而 $\sqrt{a}=m$ 是一个整数.

注意,$\sqrt{a}$ 是平方为 a 的非负数.所以

$$\sqrt{9} = 3,$$

而不是 -3.一般地,

$$\sqrt{x^2} = |x|, \tag{4}$$

而不一定是 x,除非 $x \geqslant 0$.

$$\sqrt{2} = 1.4142135\cdots,$$
$$\sqrt{3} = 1.7320508\cdots,$$

都是无限不循环小数.

为什么?

因为有限小数、无限循环小数都是有理数.有理数也一定是有限小数或无限循环小数(参见本节习题第 3 题).$\sqrt{2}$,$\sqrt{3}$ 不是有理数,当然也就不是有限小数或无限循环小数.

无理数就是无限不循环小数.

有理数与无理数,统称实数.

实数就是小数,包括有限小数与无限小数.无限小数有无限循环小数与无限不循环小数两种.

评注 整数可看作小数部分为 0 的小数.

3. 广 阔 天 地

欧洲人"发现"新大陆后,一定会将新大陆与欧洲比较一番,看一看有什么相同之处和不同之处.

我们也来比较一下有理数与无理数的异同.

为方便起见,用 **Q** 表示全体有理数,"∈"表示属于,"∉"表示不属于.例如:

$3 \in \mathbf{Q}$(读作 3 属于 **Q**),表示 3 是有理数.

$\sqrt{2} \notin \mathbf{Q}$(读作 $\sqrt{2}$ 不属于 **Q**),表示 $\sqrt{2}$ 不是有理数.

(i)"新大陆很大".

无理数很多,与有理数相比,只多不少.事实上,任一无理数与有理数的和都是无理数.即有:

命题 设 $\alpha \notin \mathbf{Q}, \gamma \in \mathbf{Q}$,则 $\alpha + \gamma \notin \mathbf{Q}$.

证明 用反证法.设

$$\alpha + \gamma = \gamma' \in \mathbf{Q},$$

则

$$\alpha = \gamma' - \gamma.$$

但 $\gamma' - \gamma \in \mathbf{Q}$(两个有理数的差仍是有理数),而 $\alpha \notin \mathbf{Q}$.该矛盾表明假设 $\alpha + \gamma \in \mathbf{Q}$ 是错的,$\alpha + \gamma \notin \mathbf{Q}$.

于是 $\sqrt{2}$ 与任一个有理数 γ 的和都是无理数.而当 γ 不同时,$\sqrt{2} + \gamma$ 也互不相同.所以 $\sqrt{2} + \gamma (\gamma \in \mathbf{Q})$ 与 **Q** 一样多.

任一无理数与有理数的积是否一定是无理数?

不一定.因为 0 是有理数,而 0 乘以任何数都是 0.但我们有:

命题 设 $\alpha \notin \mathbf{Q}, \gamma \in \mathbf{Q}$ 并且 $\gamma \neq 0$,则 $\alpha \gamma \notin \mathbf{Q}$.

证明 仍用反证法.设

$$\alpha \gamma = \gamma' \in \mathbf{Q},$$

则因为 $\gamma \neq 0$,所以

$$\alpha = \frac{\gamma'}{\gamma} \in \mathbf{Q}.$$

但 $\frac{\gamma'}{\gamma} \in \mathbf{Q}, \alpha \notin \mathbf{Q}$.该矛盾表明假设 $\alpha \gamma \in \mathbf{Q}$ 是错的,$\alpha \gamma \notin \mathbf{Q}$.

特别地,取 $\gamma = -1$,我们得到:无理数 α 的相反数 $-\alpha$ 仍是无理数.

无理数的和(差)是无理数,还是有理数?

答案是不一定. 例如, $\sqrt{2}+\sqrt{2}=2\sqrt{2}[=\sqrt{2}-(-\sqrt{2})]$ 是无理数,而 $\sqrt{2}+(-\sqrt{2})=0$ $(=\sqrt{2}-\sqrt{2})$ 是有理数.

无理数的积是无理数,还是有理数?

答案也是不一定. 例如, $\sqrt{2}\times\sqrt{2}=(\sqrt{2})^2=2$ 是有理数,而 $\sqrt{2}\times(2+\sqrt{2})=2\sqrt{2}+2$ 是无理数.

无理数的商也是一样,如 $\sqrt{2}\div\sqrt{2}=1$ 是有理数,而 $(2+\sqrt{2})\div\sqrt{2}=\sqrt{2}+1$ 是无理数.

形如 $a+b\sqrt{2}$ 与 $a-b\sqrt{2}(a、b\in\mathbf{Q},b\neq 0)$ 的两个无理数,称为共轭(的无理数). 它们的和

$$(a+b\sqrt{2})+(a-b\sqrt{2})=2a$$

是有理数. 它们的积

$$(a+b\sqrt{2})(a-b\sqrt{2})=a^2-2b^2$$

也是有理数.

不难验证 $(a+b\sqrt{2})+(c+d\sqrt{2})$ 与 $(a-b\sqrt{2})+(c-d\sqrt{2})$ 共轭, $(a+b\sqrt{2})(c+d\sqrt{2})$ 与 $(a-b\sqrt{2})(c-d\sqrt{2})$ 共轭, $(a+b\sqrt{2})^n$ 与 $(a-b\sqrt{2})^n$ (n 为正整数)共轭.

(ii) 在 $\mathbf{Q}$ 中可以进行加、减、乘、除(除数不为 0),结果仍在 $\mathbf{Q}$ 中. 具有这样性质的一批数称为域, $\mathbf{Q}$ 是域.

形如 $a+b\sqrt{2}(a、b\in\mathbf{Q})$ 的数的全体记为 $\mathbf{Q}(\sqrt{2})$ (由 $\mathbf{Q}$ 添加 $\sqrt{2}$ 而产生的数的全体).

命题 $\mathbf{Q}(\sqrt{2})$ 是域.

证明 对于 $\mathbf{Q}(\sqrt{2})$ 中的任两个数

$$a+b\sqrt{2}, \quad c+d\sqrt{2} \quad (a、b、c、d\in\mathbf{Q}),$$

我们有

$$(a+b\sqrt{2})\pm(c+d\sqrt{2})=(a\pm c)+(b\pm d)\sqrt{2},$$

其中 $a\pm c\in\mathbf{Q},b\pm d\in\mathbf{Q}$,所以 $(a+b\sqrt{2})\pm(c+d\sqrt{2})\in\mathbf{Q}(\sqrt{2})$.

又

$$(a+b\sqrt{2})(c+d\sqrt{2})=(ac+2bd)+(ad+bc)\sqrt{2},$$

其中 $ac+2bd\in\mathbf{Q},ad+bc\in\mathbf{Q}$,所以 $(a+b\sqrt{2})(c+d\sqrt{2})\in\mathbf{Q}(\sqrt{2})$.

在 $c、d$ 不全为 0 时, $c+d\sqrt{2}\neq 0$,

$$\frac{1}{c+d\sqrt{2}}=\frac{c-d\sqrt{2}}{(c+d\sqrt{2})(c-d\sqrt{2})}=\frac{c-d\sqrt{2}}{c^2-2d^2}$$

$$= \frac{c}{c^2 - 2d^2} - \frac{d}{c^2 - 2d^2}\sqrt{2}.$$

因为 $\frac{c}{c^2-2d^2} \in \mathbf{Q}, -\frac{d}{c^2-2d^2} \in \mathbf{Q}$,所以 $\frac{1}{c+d\sqrt{2}} \in Q(\sqrt{2})$.

于是,在 c、d 不全为 0 时,

$$\frac{a+b\sqrt{2}}{c+d\sqrt{2}} = (a+b\sqrt{2})\left(\frac{c}{c^2-2d^2} - \frac{d\sqrt{2}}{c^2-2d^2}\right)$$

$$= \frac{ac-2bd}{c^2-2d^2} + \frac{bc-ad}{c^2-2d^2}\sqrt{2} \in Q(\sqrt{2}).$$

$Q(\sqrt{2})$ 中任两个数 $a+b\sqrt{2}$、$c+d\sqrt{2}$ 的和差积商(作除法时,$c+d\sqrt{2}$ 不为 0)均仍是 $Q(\sqrt{2})$ 中的数,所以 $Q(\sqrt{2})$ 是域.

上面将分母 $c+d\sqrt{2}$ 乘以 $c-d\sqrt{2}$ 化为有理数的方法,称为分母有理化.

评注 c、d 不全为 0 时,$c+d\sqrt{2} \neq 0$. 因为 $d=0$ 时,$c \neq 0$,$c+d\sqrt{2} = c \neq 0$;$d \neq 0$ 时,如果 $c+d\sqrt{2} = 0$,那么 $\sqrt{2} = -\frac{c}{d}$,与 $\sqrt{2}$ 为无理数矛盾.

(iii) 整数的全体记为 $\mathbf{Z}$. 在 $\mathbf{Z}$ 中可以进行加、减、乘,所得结果仍在 $\mathbf{Z}$ 中. 这样的一批数称为环. $\mathbf{Z}$ 是环. 形如 $a+b\sqrt{2}$(a、$b \in \mathbf{Z}$)的数的全体记为 $\mathbf{Z}(\sqrt{2})$. 它也是一个环(证明与上面类似,更为简单).

整数中有质数、合数,可以分解质因数,在 $\mathbf{Z}(\sqrt{2})$ 中也可以讨论类似的问题. 现在暂且"按下不表".

(iv) 每一个无理数都可以用一串有理数逐步逼近,如

$$\sqrt{2} = 1.4142135\cdots$$

可用有理数串(数串正式的说法是数列,但华罗庚先生爱用"数串"这词,挺形象的)

$$1, 1.4, 1.41, 1.414, 1.4142, 1.41421, \cdots$$

(这是 $\sqrt{2}$ 的不足近似值,也可用过剩近似值的数串

$$2, 1.5, 1.42, 1.415, 1.4143, 1.41422, \cdots)$$

逐步逼近,这些有理数都可以写成分数 $\frac{m}{n}$ 的形式(m、n 是互质的整数),例如 $1.4 = \frac{7}{5}$,$1.41 = \frac{141}{100}$,$\cdots$. 如果限定分母 m 的大小,那么 $\frac{m}{n}$ 可以逼近 $\sqrt{2}$ 到什么程度,即 $\left|\frac{m}{n} - \sqrt{2}\right|$ 可以多小,也就是 $\frac{m}{n}$ 与 $\sqrt{2}$ 的差距可以小到多少.

这也是很有趣的问题.

(v) 有了无理数后,数轴上的点与实数可以一一对应. 即每个点都表示一个实数,

每个实数也都可以用一个确定的点表示.这称为实数的连续性.它是极限理论与微积分的基础.

(vi) 有了无理数,对方程的研究就大大推进了一步.有了二次方根与二次根式(即在二次根号里面出现字母的式子),就可能研究二次方程.这正是下一章的内容.

(vii) $\sqrt{2}$,$\sqrt{3}$ 等都是由开平方(求平方根)得到的无理数,似乎无理数都是由开方(开平方或 n 次方)而产生的,其实大谬不然.更多的无理数并不是由求 n 次方根而产生的,以后大家会陆续遇到.

现在有一个大家最熟悉的老朋友,它是无理数,却不是由求方根得到的,猜一猜它是谁.

(viii) 有理数是可数的,即它可以排成一个数串(不一定依照大小顺序),使得每个有理数都在这个数串中出现一次(参见本章习题第 2 题).

无理数比有理数"多",因为我们有:

命题 全体实数是不可数的.

证明 用反证法.假设全体实数排成

$$a_1, a_2, a_3, \cdots, \tag{1}$$

每个实数都或早或迟地在(1)中现身.

我们构造一个不在(1)中现身的实数

$$b = 0.b_1 b_2 b_3 \cdots,$$

其中 $b_1, b_2, b_3, \cdots$ 都是数字.构造方法如下:

若 a_1 的小数第一位是1,则 $b_1 = 2$;若 a_1 的小数第一位不是1,则 $b_1 = 1$.

若 a_2 的小数第二位是1,则 $b_2 = 2$;若 a_2 的小数第一位不是1,则 $b_2 = 1$.

依此类推.

这样构造出的实数 b 不是 a_1,因为 b 的小数第一位与 a_1 不同.b 也不是 a_2,因为 b 的小数第二位与 a_2 不同.依此类推,b 与(1)中任何一个数都不相同,所以 b 不在(1)中出现.这个矛盾表明实数全体是不可数的.

推论 全体无理数是不可数的.

证明 用反证法.假设全体无理数可排成

$$c_1, c_2, c_3, \cdots. \tag{2}$$

因为全体有理数是可数的,可以排成一列

$$r_1, r_2, r_3, \cdots, \tag{3}$$

所以全体实数就可排成一列

$$c_1, r_1, c_2, r_2, c_3, r_3, \cdots, \tag{4}$$

与上面已证全体实数是不可数的互相矛盾.因此全体无理数是不可数的.

发现无理数后,数学中就会出现一片广阔的天地,其中有无数个有趣的问题在迎接我们.

法国大科学家达朗贝尔说得好:

"向前进,你就会产生信心!"

[上面(vii)中的答案是 π.]

4. 根式的性质

二次方根 $\sqrt{2}, \sqrt{3}, \cdots$ 就是平方后等于 $2, 3, \cdots$ 的正数.

$\sqrt{a}$ 就是平方后等于 a 的非负数.

根号下出现字母,这样的式子称为根式.

根式有以下性质:

(ⅰ) $(\sqrt{a})^2 = a (a \geqslant 0)$. (1)

(ⅱ) $\sqrt{a^2} = |a|$. (2)

(ⅲ) $a、b \geqslant 0$ 时,

$$\sqrt{a} \cdot \sqrt{b} = \sqrt{ab}.$$ (3)

证明 由于

$$(\sqrt{a} \cdot \sqrt{b})^2 = (\sqrt{a})^2 (\sqrt{b})^2 = ab,$$

故两边开平方即得(3).

(ⅳ) $a、b \geqslant 0$ 时,

$$\sqrt{\frac{a}{b}} = \frac{\sqrt{a}}{\sqrt{b}},$$ (4)

证明与(ⅲ)类似.

以上所说均为二次根式.还可以讨论 n 次根式 $\sqrt[n]{a}$.例如,$\sqrt[3]{a}$ 就是满足

$$(\sqrt[3]{a})^3 = a$$

的实数.n 次根式的性质与二次根式类似,不过本书一般只讨论二次根式.

5. 与根式有关的问题

有关根式的问题很多,如根式的化简、运算,以及恒等式的证明等.

本节讨论几个问题,以见一斑.

例1 设实数 x、y、z 满足

$$x + y + z = 4(\sqrt{x-5} + \sqrt{y-4} + \sqrt{z-3}), \qquad (1)$$

求 x、y、z 的值.

解 由一个等式(方程)求三个未知数的值,常规的解方程方法肯定是无能为力的,应当通过配方,化成"若干非负数的和为0"来解.

$$\begin{aligned}
0 &= x + y + z - 4(\sqrt{x-5} + \sqrt{y-4} + \sqrt{z-3}) \\
&= (x-5) + (y-4) + (z-3) + 12 \\
&\quad - 4(\sqrt{x-5} + \sqrt{y-4} + \sqrt{z-3}) \\
&= [(x-5) - 4\sqrt{x-5} + 4] + [(y-4) - 4\sqrt{y-4} + 4] \\
&\quad + [(z-3) - 4\sqrt{z-3} + 4] \\
&= (\sqrt{x-5} - 2)^2 + (\sqrt{y-4} - 2)^2 + (\sqrt{z-3} - 2)^2.
\end{aligned}$$

于是 $\sqrt{x-5} - 2 = \sqrt{y-4} - 2 = \sqrt{z-3} - 2 = 0$,即

$$x = 9, \quad y = 8, \quad z = 7.$$

第3节讲过"分母有理化",但有些时候反而需要"分子有理化".请看下例.

例2 若 $a > 1$,$p = \sqrt{2015a} - \sqrt{2015a-1}$,$q = \sqrt{2015a-1} - \sqrt{2015a}$,$r = \sqrt{2015a} - \sqrt{2015a+1}$,$s = \sqrt{2015a+1} - \sqrt{2015a}$,问:$p$、$q$、$r$、$s$ 中最小的一个是谁?

解 显然 s、p 为正,q、r 为负,$q = -p$,$r = -s$.我们来证明 $p > s$.

$$\begin{aligned}
p &= \sqrt{2015a} - \sqrt{2015a-1} \\
&= \frac{(\sqrt{2015a} + \sqrt{2015a-1})(\sqrt{2015a} - \sqrt{2015a-1})}{\sqrt{2015a} + \sqrt{2015a-1}} \\
&= \frac{1}{\sqrt{2015a} + \sqrt{2015a-1}}.
\end{aligned}$$

类似地,有

$$s = \frac{1}{\sqrt{2015a} + \sqrt{2015a+1}}.$$

因为 $\sqrt{2015a} + \sqrt{2015a+1} > \sqrt{2015a-1} + \sqrt{2015a}$,所以 $\dfrac{1}{\sqrt{2015a} + \sqrt{2015a+1}} < \dfrac{1}{\sqrt{2015a-1} + \sqrt{2015a}}$,即 $s < p$,从而 $q < r < 0 < s < p$,即最小的是 q.

又解 记 $A = 2015a$,则

$$(\sqrt{A-1} + \sqrt{A+1})^2 = 2A + 2\sqrt{A^2-1} < 2A + 2A = 4A.$$

所以
$$\sqrt{A-1} + \sqrt{A+1} < 2\sqrt{A},$$
即
$$\sqrt{A-1} - \sqrt{A} < \sqrt{A} - \sqrt{A+1},$$
故
$$q < r.$$

例 3 已知 $x = 3 + 2\sqrt{2}$,求 $\dfrac{x^3+6}{x\sqrt{x^2-6x+2}}(x^4 - 12x^3 + 36x^2 + x - 4)^2$ 的值.

解 因为 $x = 3 + 2\sqrt{2}$,所以这时
$$(x-3)^2 = (2\sqrt{2})^2 = 8, \tag{2}$$
$$x^2 - 6x + 1 = 0. \tag{3}$$
用多项式 $x^2 - 6x + 1$ 分别除 $x^3 + 6$ 与 $x^4 - 12x^3 + 36x^2 + x - 4$,得
$$x^3 + 6 = (x^2 - 6x + 1)(x+6) + 35x, \tag{4}$$
$$x^4 - 12x^3 + 36x^2 + x - 4 = (x^2 - 6x + 1)(x^2 - 6x - 1) + x - 3. \tag{5}$$
由(4)、(5)得
$$\frac{x^3+6}{x\sqrt{x^2-6x+2}}(x^4 - 12x^3 + 36x^2 + x - 4)^2 = \frac{35x}{x\sqrt{1}}(x-3)^2$$
$$= 35 \cdot 8$$
$$= 280.$$

评注 利用(3),x 的次数高于1的多项式均可化为 x 的一次多项式,从而(再利用 $x = 3 + 2\sqrt{2}$)化为常数.

6. $\sqrt{a \pm \sqrt{b}}$

根号里面又有根号,这种形如 $\sqrt{a \pm \sqrt{b}}$ 的式子一般是不能化简的.如果能够化简,那么它一定能表示成
$$\sqrt{x + y \pm 2\sqrt{xy}} \tag{1}$$
的形式,其中 x、y 是正有理数,$x \geqslant y$.

化简(1)很容易,即
$$\sqrt{x + y \pm 2\sqrt{xy}} = \sqrt{(\sqrt{x} \pm \sqrt{y})^2} = \sqrt{x} \pm \sqrt{y}. \tag{2}$$
因此,化简 $\sqrt{a \pm \sqrt{b}}$ 的方法是:

(ⅰ) 先由里面的根式提取因数 4,化为 $\sqrt{a \pm 2\sqrt{\dfrac{b}{4}}}$.

(ⅱ) 再将 $\dfrac{b}{4}$ 写成两个数 x、y 的积,a 写成 x、y 的和.

(ⅲ) 得出结果,如(2)所示.

这些过程不难用心算完成(开始阶段需要详细地写,熟练了之后就可"一气呵成").

例 1 化简 $\sqrt{5+\sqrt{24}}$.

解 $\sqrt{5+\sqrt{24}} = \sqrt{5+2\sqrt{6}} = \sqrt{2+3+2\sqrt{2\times 3}} = \sqrt{3}+\sqrt{2}$.

例 2 化简 $\sqrt{7-2\sqrt{12}}$.

解 $\sqrt{7-2\sqrt{12}} = \sqrt{3+4-2\sqrt{3\times 4}} = \sqrt{4}-\sqrt{3} = 2-\sqrt{3}$.

评注 (ⅰ) 因为 $4>3$,所以化简后,结果是 $\sqrt{4}-\sqrt{3}$,而不是 $\sqrt{3}-\sqrt{4}$.

(ⅱ) $\sqrt{12}$ 前面已经有系数 2,不必将 $\sqrt{12}$ 化为 $2\sqrt{3}$.相反地,如果要化简 $\sqrt{7-4\sqrt{3}}$,应当将 $\sqrt{3}$ 前面的 4 变成 2,即

$$\sqrt{7-4\sqrt{3}} = \sqrt{7-2\sqrt{12}} = \sqrt{4}-\sqrt{3} = 2-\sqrt{3}.$$

例 3 求满足条件

$$\sqrt{a-2\sqrt{6}} = \sqrt{x}-\sqrt{y}$$

的正整数 a、x、y.

解 因为 $6 = 2\times 3 = 6\times 1$,所以 $a = 2+3 = 5$ 或 $a = 6+1 = 7$.相应地,$x=3, y=2$ 或 $x=6, y=1$.

例 4 化简 $\sqrt{9-4\sqrt{5}}$.

解 $\sqrt{9-4\sqrt{5}} = \sqrt{9-2\sqrt{20}} = \sqrt{4+5-2\sqrt{4\times 5}}$
$= \sqrt{5}-\sqrt{4} = \sqrt{5}-2$.

评注 将 20 分解为两个正整数的积,种数有限,不难得出两数和为 9 的分解方法,这比将 9 拆分为两个正整数的和容易处理.

例 5 化简

$$S = \sqrt{x+2\sqrt{x-1}} + \sqrt{x-2\sqrt{x-1}} \quad (x>1).$$

解

$$\sqrt{x+2\sqrt{x-1}} = \sqrt{(x-1)+1+2\sqrt{(x-1)\cdot 1}} = \sqrt{x-1}+1,$$
$$\sqrt{x-2\sqrt{x-1}} = \sqrt{(x-1)+1-2\sqrt{(x-1)\cdot 1}} = |\sqrt{x-1}-1|$$

$$= \begin{cases} \sqrt{x-1}-1, & \text{若 } x \geqslant 2, \\ 1-\sqrt{x-1}, & \text{若 } 1 < x < 2. \end{cases}$$

所以

$$S = \begin{cases} 2\sqrt{x-1}, & \text{若 } x \geqslant 2, \\ 2, & \text{若 } 1 < x < 2. \end{cases}$$

7. 根式的化简

根式里又有根式,有人称为不尽根式.上节已做了讨论,本节再做些延伸.

例 1 化简

$$\sqrt{4-\sqrt{10+2\sqrt{5}}}+\sqrt{4+\sqrt{10+2\sqrt{5}}}. \tag{1}$$

解 (1)内含的不尽根式 $\sqrt{10+2\sqrt{5}}$ 如能化简应先化简,但它无法化简(找不出两个正整数 x、y,满足 $xy=5, x+y=10$).此路不通,只能另觅途径.

$4-\sqrt{10+2\sqrt{5}}$ 与 $4+\sqrt{10+2\sqrt{5}}$ 的无理部分可以抵消.不过(1)中它们都在根号里面,无法抵消.但这启发我们:如果先平方一下,不就能达到抵消的目的了吗?下面来试一试.

$$\left(\sqrt{4-\sqrt{10+2\sqrt{5}}}+\sqrt{4+\sqrt{10+2\sqrt{5}}}\right)^2$$
$$= 4-\sqrt{10+2\sqrt{5}}+2\sqrt{\left(4-\sqrt{10+2\sqrt{5}}\right)\left(4+\sqrt{10+2\sqrt{5}}\right)}+4+\sqrt{10+2\sqrt{5}}$$
$$= 8+2\sqrt{4^2-\left(\sqrt{10+2\sqrt{5}}\right)^2}$$
$$= 8+2\sqrt{6-2\sqrt{5}}$$
$$= 8+2(\sqrt{5}-1)$$
$$= 6+2\sqrt{5}.$$

所以,正数

$$\sqrt{4-\sqrt{10+2\sqrt{5}}}+\sqrt{4+\sqrt{10+2\sqrt{5}}} = \sqrt{6+2\sqrt{5}} = \sqrt{5}+1.$$

例 2 化简

$$\sqrt{9+\sqrt{53+8\sqrt{6}}}+\sqrt{9-\sqrt{53+8\sqrt{6}}}.$$

解 与上题相同，平方得

$$\left(\sqrt{9+\sqrt{53+8\sqrt{6}}}+\sqrt{9-\sqrt{53+8\sqrt{6}}}\right)^2 = 18+2\sqrt{9^2-(53+8\sqrt{6})}$$

$$= 18+2\sqrt{28-8\sqrt{6}}$$

$$= 18+2\sqrt{28-2\sqrt{96}}$$

$$= 18+2\sqrt{24+4-2\sqrt{24\times 4}}$$

$$= 18+2(\sqrt{24}-\sqrt{4})$$

$$= 2\sqrt{24}+14.$$

所以，正数

$$\sqrt{9+\sqrt{53+8\sqrt{6}}}+\sqrt{9-\sqrt{53+8\sqrt{6}}} = \sqrt{14+2\sqrt{24}}$$

$$= \sqrt{12}+\sqrt{2}$$

$$= 2\sqrt{3}+\sqrt{2}.$$

8．含根式的恒等式

含根式的恒等式的证明方法与上一章相同，仍是做恒等变形，尽量化简．

例 1 证明

$$\frac{(\sqrt{5}-1)\sqrt{10+2\sqrt{5}}}{8} = \frac{\sqrt{10-2\sqrt{5}}}{4}. \tag{1}$$

证明 可以将左边经过恒等变形化成右边，也可以将右边化成左边．当然，也可以两边同时变化，化成同一个式子．

现在(1)的左边比右边复杂，按照化繁为简的原则，将左边化成右边比较好．

$$左边 = \frac{\sqrt{(\sqrt{5}-1)^2(10+2\sqrt{5})}}{8}$$

$$= \frac{\sqrt{(\sqrt{5}-1)\cdot 8\sqrt{5}}}{8}$$

$$= \frac{\sqrt{(\sqrt{5}-1)\cdot 2\sqrt{5}}}{4}$$

$$= 右边.$$

所以(1)成立．

评注 $(\sqrt{5}-1)(10+2\sqrt{5})=8\sqrt{5}$应当心算(分为有因子$\sqrt{5}$与无因子$\sqrt{5}$两部分，前者

合并为 $8\sqrt{5}$,后者为 $2\sqrt{5}\cdot\sqrt{5}-10=0$).如果这样简单的运算都需要用草稿纸写出过程,那么复杂一些的运算就无法进行,所以应当逐步提高心算的能力.

例 2 证明
$$\sqrt{5}+\sqrt{22+2\sqrt{5}}=\sqrt{11+2\sqrt{29}}+\sqrt{16-2\sqrt{29}+2\sqrt{55-10\sqrt{29}}}. \quad (2)$$

证明 右边看起来更复杂一些,故应当从右边下手.注意
$$2\sqrt{55-10\sqrt{29}}=2\sqrt{5}\times\sqrt{11-2\sqrt{29}},$$
而
$$(\sqrt{5})^2+(\sqrt{11-2\sqrt{29}})^2=16-2\sqrt{29},$$
所以
$$\sqrt{16-2\sqrt{29}+2\sqrt{55-10\sqrt{29}}}=\sqrt{(\sqrt{5}+\sqrt{11-2\sqrt{29}})^2}=\sqrt{5}+\sqrt{11-2\sqrt{29}}.$$
(以上过程,其实应当心算完成.)

因此,要证明(2)成立,只需证明
$$\sqrt{22+2\sqrt{5}}=\sqrt{11+2\sqrt{29}}+\sqrt{11-2\sqrt{29}}. \quad (3)$$

(3)已经比(2)简单许多.它的证明不难,方法是将两边平方再比较.

右边平方 $=(11+2\sqrt{29})+2\sqrt{(11+2\sqrt{29})(11-2\sqrt{29})}+(11-2\sqrt{29})$
$=22+2\sqrt{5}=$ 左边平方. $\quad (4)$

因为(3)的两边都是正数,所以将(4)的两边开平方,同取算术根,即得(3).

评注 要化繁为简,切忌化简为繁.

例 3 已知 a、b、c 为两两不等的有理数.求证:
$$\sqrt{\frac{1}{(a-b)^2}+\frac{1}{(b-c)^2}+\frac{1}{(c-a)^2}}$$
为有理数.

证明 被开方式应当是一个完全平方式.我们有
$$\left(\frac{1}{a-b}+\frac{1}{b-c}+\frac{1}{c-a}\right)^2$$
$$=\sum\frac{1}{(a-b)^2}+2\sum\frac{1}{(a-b)(b-c)}$$
$$=\sum\frac{1}{(a-b)^2}+\frac{2}{(a-b)(b-c)(c-a)}\sum(c-a)$$
$$=\sum\frac{1}{(a-b)^2}.$$

所以

$$\sqrt{\sum \frac{1}{(a-b)^2}} = \sqrt{\left(\sum \frac{1}{a-b}\right)^2} = \left| \frac{1}{a-b} + \frac{1}{b-c} + \frac{1}{c-a} \right|$$

是有理数.

例 4 已知

$$(x + \sqrt{x^2+1})(y + \sqrt{y^2+1}) = 1. \tag{5}$$

求证:

$$x + y = 0. \tag{6}$$

证明 由已知可得

$$y + \sqrt{y^2+1} = \frac{1}{x + \sqrt{x^2+1}} = \sqrt{x^2+1} - x, \tag{7}$$

所以

$$x + y = \sqrt{x^2+1} - \sqrt{y^2+1}. \tag{8}$$

同理,可得

$$x + \sqrt{x^2+1} = \frac{1}{y + \sqrt{y^2+1}} = \sqrt{y^2+1} - y,$$

所以

$$x + y = \sqrt{y^2+1} - \sqrt{x^2+1}. \tag{9}$$

(8)+(9),得

$$x + y = 0.$$

评注 分母有理化的作用非常明显.

9. 三次根式

本节讨论几个三次根式的问题.

例 1 证明:$\sqrt[3]{20 + 14\sqrt{2}} + \sqrt[3]{20 - 14\sqrt{2}} = 4$.

证明 因为

$$20 + 14\sqrt{2} = (2 + \sqrt{2})^3,$$

所以

$$\sqrt[3]{20 + 14\sqrt{2}} = 2 + \sqrt{2}.$$

同理

$$\sqrt[3]{20 - 14\sqrt{2}} = 2 - \sqrt{2},$$

两式相加即得结论.

例 2 已知 $c \geqslant \dfrac{1}{8}$. 求证:

$$\sqrt[3]{c + \dfrac{c+1}{3}\sqrt{\dfrac{8c-1}{3}}} + \sqrt[3]{c - \dfrac{c+1}{3}\sqrt{\dfrac{8c-1}{3}}} = 1. \tag{1}$$

证明 设(1)的左边为 x, 则 $c = \dfrac{1}{8}$ 时, $x = 2\sqrt[3]{\dfrac{1}{8}} = 1$. 以下设 $c > \dfrac{1}{8}$. 由公式

$$(a+b)^3 = a^3 + b^3 + 3ab(a+b)$$

得

$$\begin{aligned}
x^3 &= \left(c + \dfrac{c+1}{3}\sqrt{\dfrac{8c-1}{3}}\right) + \left(c - \dfrac{c+1}{3}\sqrt{\dfrac{8c-1}{3}}\right) \\
&\quad + 3\sqrt[3]{\left(c + \dfrac{c+1}{3}\sqrt{\dfrac{8c-1}{3}}\right)\left(c - \dfrac{c+1}{3}\sqrt{\dfrac{8c-1}{3}}\right)}\,x \\
&= 2c + 3\sqrt[3]{c^2 - \dfrac{(c+1)^2}{9}\left(\dfrac{8c-1}{3}\right)}\,x \\
&= 2c + \sqrt[3]{27c^2 - (c+1)^2(8c-1)}\,x \\
&= 2c - \sqrt[3]{8c^3 - 12c^2 + 6c - 1}\,x \\
&= 2c - (2c-1)x,
\end{aligned}$$

所以

$$x^3 + (2c-1)x - 2c = 0. \tag{2}$$

因为

$$x^3 + (2c-1)x - 2c = (x-1)(x^2 + x + 2c),$$

且 $c > \dfrac{1}{8}$ 时, 有

$$x^2 + x + 2c > \left(x + \dfrac{1}{2}\right)^2 \geqslant 0,$$

所以由(2)得 $x = 1$.

因此, 总有 $x = 1$.

又证 设 $\sqrt{\dfrac{8c-1}{3}} = a$, 则 $c = \dfrac{3a^2+1}{8}$, $\dfrac{c+1}{3} = \dfrac{a^2+3}{8}$, 故

$$c + \dfrac{c+1}{3}\sqrt{\dfrac{8c-1}{3}} = \dfrac{3a^2+1}{8} + \dfrac{(a^2+3)a}{8} = \dfrac{1}{8}(a+1)^3.$$

同理

$$c - \dfrac{c+1}{3}\sqrt{\dfrac{8c-1}{3}} = \dfrac{1}{8}(1-a)^3.$$

所以

$$\sqrt[3]{c+\frac{c+1}{3}\sqrt{\frac{8c-1}{3}}}+\sqrt[3]{c-\frac{c+1}{3}\sqrt{\frac{8c-1}{3}}}=\frac{1}{2}(a+1)+\frac{1}{2}(1-a)=1.$$

例 3 设 $\alpha=\sqrt{3}, \beta=\sqrt{\sqrt[3]{4}-1}$. 证明:

(i) $\alpha=\alpha\beta^2+(\alpha-\beta)^2\beta$. (3)

(ii) $2\alpha=\alpha\beta(\alpha-\beta)+\dfrac{\alpha}{\beta}(\alpha-\beta)$. (4)

(其中 $\sqrt[3]{4}$ 是立方为 4 的实数;一般地,$\sqrt[n]{a}$ 是 n 次方为 a 的数.)

证明 引入字母 α、β 后,(3)、(4)显得比较简单. 如果用 $\sqrt{3}$、$\sqrt{\sqrt[3]{4}-1}$ 代换 α、β,那么(3)、(4)就会复杂很多.

(i) 首先将要证明的(3)化简一下. 注意

$$\alpha^2=3, \quad \beta^2=\sqrt[3]{4}-1,$$

所以

$$\begin{aligned}
\alpha\beta^2+(\alpha-\beta)^2\beta &= \alpha\beta^2+(3-2\alpha\beta+\beta^2)\beta \\
&= -\alpha\beta^2+(2+\sqrt[3]{4})\beta \\
&= -\alpha(\sqrt[3]{4}-1)+(2+\sqrt[3]{4})\beta.
\end{aligned}$$

因此(3)就是

$$\sqrt[3]{4}\alpha=(2+\sqrt[3]{4})\beta. \tag{5}$$

因为

$$\begin{aligned}
\frac{2+\sqrt[3]{4}}{\sqrt[3]{4}}\beta &= (\sqrt[3]{2}+1)\beta \\
&= \sqrt{(\sqrt[3]{2}+1)^2(\sqrt[3]{4}-1)} \\
&= \sqrt{(\sqrt[3]{4}+2\sqrt[3]{2}+1)(\sqrt[3]{4}-1)} \\
&= \sqrt{(2\sqrt[3]{2}+4+\sqrt[3]{4})-(\sqrt[3]{4}+2\sqrt[3]{2}+1)} \\
&= \sqrt{3}=\alpha,
\end{aligned} \tag{6}$$

所以在(6)的两边同时乘以 $\sqrt[3]{4}$,便可得到(5),从而(3)成立.

(ii) (4)就是

$$2=\beta(\alpha-\beta)+\frac{1}{\beta}(\alpha-\beta), \tag{7}$$

即

$$(\beta^2+1)\alpha=\beta(2+\beta^2+1). \tag{8}$$

(8)就是(5).因此(8)、(7)、(4)均成立.

评注 (4)、(7)、(8)都是需要证明的,并不是已知成立的等式.所以我们先由(5)得出(8),再由(8)得出(7),最后由(7)得到(4),而不是先由(4)得出(7)(前者是否成立正待证明),再由(7)得出(8).这种逻辑关系要搞清楚.

习 题 7

1. 证明:$\sqrt{3}$、$\sqrt[3]{2}$ 都是无理数.

2. 将全体有理数排成一个有首无尾的数列,使得每个有理数都在这个数列中或迟或早地出现一次,并且只出现一次.

3. 证明:形如 $\dfrac{n}{m}$(m、n 都是整数,$m \neq 0$)的有理数都能化成有限小数或无限循环小数.反之,有限小数或无限循环小数也都能化成形如 $\dfrac{n}{m}$(m、n 都是整数,$m \neq 0$)的有理数.

4. 化简 $\dfrac{2\sqrt{10}}{\sqrt{2}+\sqrt{5}-\sqrt{7}}$.

5. 求证:$\sqrt[3]{2-\sqrt{5}}+\sqrt[3]{2+\sqrt{5}}$ 是有理数.

6. 已知 $a^2+b^2=6ab$,且 $a>b>0$.求 $\sqrt{\dfrac{a+b}{a-b}}$ 的值.

7. 实数 x、y 满足
$$4x^2-5xy+4y^2=5,$$
$$S=x^2+y^2.$$
求出 S 的最大值 S_1、最小值 S_2 及 $\sqrt{\dfrac{1}{S_1}+\dfrac{1}{S_2}}$.

8. 已知 x、y 为实数,且
$$(x+\sqrt{x^2+2020})(y+\sqrt{y^2+2020})=2020.$$
求 $x^2-3xy-4y^2-6x-6y+2020$ 的值.

9. 若将 $(5+2\sqrt{6})^3$ 写成无限小数,则它的个位数字是多少?

10. 记 $a_n=(5+2\sqrt{6})^n+(5-2\sqrt{6})^n$.

（ⅰ）求出 a_0、a_1、a_2.

（ⅱ）证明:$a_n=10a_{n-1}-a_{n-2}$($n=2,3,\cdots$).

（ⅲ）证明:a_{2020} 是整数.

(ⅳ) 求出 a_{2020} 的个位数字.

习题7解答

1. (ⅰ) 设 $\sqrt{3} = \dfrac{n}{m}$，m、n 为正整数，则
$$3m^2 = n^2.$$

将 m、n 分解质因数. $3m^2$ 中质因数3的次数为奇数，而 n^2 中质因数3的次数为偶数，矛盾. 因此 $\sqrt{3}$ 不是有理数.

(ⅱ) 设 $\sqrt[3]{2} = \dfrac{n}{m}$，$m$、$n$ 为正整数，则
$$2m^3 = n^3.$$

将 m、n 分解质因数. $2m^3$ 中质因数2的次数是3的倍数加1，而 n^3 中质因数2的次数是3的倍数，矛盾. 因此 $\sqrt[3]{2}$ 不是有理数.

2. 先考虑全体正有理数 $\dfrac{n}{m}$，这里 m、n 是自然数，而且互质. 按照 $m + n$ 的大小，从小到大排列有理数. 当 $m + n$ 相同时，将 m 小的放在前面，即有

$$1\left(=\dfrac{1}{1}, m+n=2\right), 2\left(=\dfrac{2}{1}\right), \dfrac{1}{2}(m+n=3), 3, \dfrac{1}{3}, 4, \dfrac{3}{2}, \dfrac{2}{3}, \dfrac{1}{4}, 5, \dfrac{1}{5}, 6, \dfrac{5}{2}, \dfrac{4}{3}, \dfrac{3}{4},$$
$$\dfrac{2}{5}, \dfrac{1}{6}, \cdots.$$

这样，每个正有理数均在上述数列中恰出现一次.

再将0排在上述数列的首位，并将负数 $-a$ 紧放在 a 的右边，即

$$0, 1, -1, 2, -2, \dfrac{1}{2}, -\dfrac{1}{2}, \cdots.$$

这样，每个有理数均在上述数列中恰出现一次.

3. 设 m、n 都是自然数，并且互质. 作除法 $n \div m$，各次所得余数均为小于 m 的正整数或0. 如果余数为0，那么除法结束，$\dfrac{n}{m}$ 为一个有限小数. 如果余数不为0，由于余数均小于 n，进行至多 n 次后，必有两次余数相同. 以后的商即出现循环，这时 $\dfrac{n}{m}$ 为无限循环小数.

反之，有限小数的小数部分 $0.a_1a_2\cdots a_k = \dfrac{\overline{a_1a_2\cdots a_k}}{10^k}$. 无限循环小数乘以10的某个幂后，可以设小数第一位即是循环的第一位，而 $0.\dot{a_1}a_2\cdots \dot{a_k}$ 可化为分数：

$$(10^k - 1) \times 0.\dot{a_1}a_2\cdots \dot{a_k} = \overline{a_1a_2\cdots a_k},$$

所以
$$0.\dot{a}_1a_2\cdots\dot{a}_k = \frac{\overline{a_1a_2\cdots a_k}}{10^k-1}.$$

从而原来的无限循环小数也能化成 $\frac{n}{m}$ 的形式.

4. 原式 $= \frac{2\sqrt{10}(\sqrt{2}+\sqrt{5}+\sqrt{7})}{(\sqrt{2}+\sqrt{5})^2-7} = \frac{2\sqrt{10}(\sqrt{2}+\sqrt{5}+\sqrt{7})}{2\sqrt{10}} = \sqrt{2}+\sqrt{5}+\sqrt{7}.$

5. 因为
$$(1+\sqrt{5})^3 = 1+3\sqrt{5}+15+5\sqrt{5} = 8(2+\sqrt{5}),$$
所以
$$\sqrt[3]{2+\sqrt{5}} = \frac{1}{2}(1+\sqrt{5}).$$
同理
$$\sqrt[3]{2-\sqrt{5}} = \frac{1-\sqrt{5}}{2}.$$
所以 $\sqrt[3]{2+\sqrt{5}} + \sqrt[3]{2-\sqrt{5}} = 1$ 是有理数.

6. 将 $(a+b)^2$、$(a-b)^2$ 都用 ab 表示,我们有
$$(a+b)^2 = a^2+b^2+2ab = 8ab,$$
$$(a-b)^2 = a^2+b^2-2ab = 4ab.$$
所以
$$\sqrt{\frac{a+b}{a-b}} = \sqrt[4]{\frac{(a+b)^2}{(a-b)^2}} = \sqrt[4]{\frac{8ab}{4ab}} = \sqrt[4]{2}.$$

7. 因为 $2|xy| \leqslant x^2+y^2$,所以由已知可得
$$5 \leqslant 4(x^2+y^2) + \frac{5}{2}(x^2+y^2) = \frac{13}{2}S,$$
$$5 \geqslant 4(x^2+y^2) - \frac{5}{2}(x^2+y^2) = \frac{3}{2}S.$$
故
$$S_1 = \frac{10}{3} \quad (在 x = y = \sqrt{\frac{5}{3}} 时取得),$$
$$S_2 = \frac{10}{13} \quad (在 x = \sqrt{\frac{5}{13}}, y = -\sqrt{\frac{5}{13}} 时取得),$$
$$\sqrt{\frac{1}{S_1}+\frac{1}{S_2}} = \sqrt{\frac{3}{10}+\frac{13}{10}} = \sqrt{\frac{8}{5}} = \frac{2}{5}\sqrt{10}.$$

8. 与第 8 节例 4 类似,由已知可得 $x+y=0$,从而

$$x^2 - 3xy - 4y^2 - 6x - 6y + 2020$$
$$= (x^2 + 3x^2 - 4x^2) - 6(x+y) + 2020$$
$$= 2020.$$

9.
$$(5+2\sqrt{6})^3 + (5-2\sqrt{6})^3 = 2 \times [5^3 + 3 \times 5 \times (2\sqrt{6})^2]$$
$$= 2 \times (5^3 + 3 \times 5 \times 24)$$

的个位数字为 0.

因为 16<24<25,所以 $0<5-2\sqrt{6}<1$,故 $0<(5-2\sqrt{6})^3<1$.

从而
$$2 \times (5^3 + 3 \times 5 \times 24) - 1 < (5+2\sqrt{6})^3 < 2 \times (5^3 + 3 \times 5 \times 24).$$

因此将 $(5+2\sqrt{6})^3$ 写成无限小数时,个位数字为 9.

10. （ⅰ）$a_0 = 2, a_1 = 10, a_2 = 98.$

（ⅱ）由（ⅰ）知 $a_1 = 10$,故
$$10a_{n-1} - a_{n-2} = a_1 a_{n-1} - a_{n-2}$$
$$= \left[(5+2\sqrt{6}) + (5-2\sqrt{6})\right]\left[(5+2\sqrt{6})^{n-1} + (5-2\sqrt{6})^{n-1}\right] - a_{n-2}$$
$$= (5+2\sqrt{6})^n + (5-2\sqrt{6})^n + (5-2\sqrt{6})(5+2\sqrt{6})^{n-1}$$
$$\quad + (5+2\sqrt{6})(5-2\sqrt{6})^{n-1} - a_{n-2}$$
$$= a_n + (5+2\sqrt{6})^{n-2} + (5-2\sqrt{6})^{n-2} - a_{n-2} = a_n.$$

（ⅲ）a_0、a_1、a_2 都是整数,$a_3 = 10a_2 - a_1$ 也是整数.依此类推,a_{2018}、a_{2019} 都是整数,$a_{2020} = 10a_{2019} - a_{2018}$ 也是整数.

（ⅳ）因为 $a_n + a_{n-2} = 10a_{n-1}$,所以 a_n 的个位数字与 a_{n-2} 的个位数字之和为 10. $a_0, a_2, a_4, a_6, \cdots$ 的个位数字依次为 2,8,2,8,$\cdots$.故 a_{2020} 的个位数字为 2.

第8章 有志竟成

本章介绍一元二次方程及其相关内容.

这部分内容可以说是初中代数的核心,也是进一步学习高中数学的基础,与前面的内容相比,有一定的难度.

王安石(1021—1086)曾经说过,"世之奇伟、瑰怪,非常之观,常在于险远","故非有志者不能至也".

"其进愈难,而其见愈奇". 有志者,事竟成.

1. 因式分解法

形如 $ax^2+bx+c=0(a\neq 0)$ 的方程,称为一元二次方程.

如果二次三项式 ax^2+bx+c 可以因式分解成 $(dx-m)(ex-n)$,那么 $\dfrac{m}{d}$、$\dfrac{n}{e}$ 就是所求的根.

第6章的十字相乘法正好用在这里.

例1 解方程
$$x^2-5x+6=0. \tag{1}$$

解 因为
$$x^2-5x+6=(x-2)(x-3),$$
所以方程(1)的解是 $x_1=2, x_2=3$.

上述分解过程常用心算,或用草稿纸写成如右的形式.

例2 解方程
$$2x^2-15x-27=0. \tag{2}$$

解 因为
$$2x^2-15x-27=(2x+3)(x-9),$$

所以方程(2)的解是 $x_1 = -\dfrac{3}{2}, x_2 = 9$.

例 3 解方程
$$3x^2 + 10x - 13 = 0. \tag{3}$$

解 因为
$$(3x + 13)(x - 1) = 0,$$

所以方程(3)的解是 $x_1 = 1, x_2 = -\dfrac{13}{3}$.

例 4 解方程
$$x^2 - 6x + 9 = 0. \tag{4}$$

解 因为
$$(x - 3)^2 = 0,$$

所以方程(4)的解是 $x_1 = x_2 = 3$.

例 5 解下列方程：

(ⅰ) $2x^2 - 3x - 54 = 0$.

(ⅱ) $3x^2 - 5x = 0$.

(ⅲ) $x^2 - 16x + 60 = 0$.

(ⅳ) $5x^2 - 8x + 3 = 0$.

解 (ⅰ) $x_1 = 6, x_2 = -\dfrac{9}{2}$.

(ⅱ) $x_1 = 0, x_2 = \dfrac{5}{3}$.

(ⅲ) $x_1 = 6, x_2 = 10$.

(ⅳ) $x_1 = 1, x_2 = \dfrac{3}{5}$.

能够用因式分解法来解的一元二次方程，尽量用因式分解法来解．丨字相乘法，务须练习得纯熟自如．

2. 求 根 公 式

一元二次方程
$$ax^2 + bx + c = 0 \quad (a \neq 0) \tag{1}$$
有一些特殊情况，很容易求解．

(ⅰ) $c = 0$，这时方程成为

$$x(ax+b)=0,$$

所以

$$x_1=0,\quad x_2=-\frac{b}{a}.$$

评注 常数项为 0 的方程必有一根为 0.

（ⅱ）$b=0$，这时方程成为

$$ax^2+c=0, \tag{2}$$

所以

$$x^2=-\frac{c}{a}. \tag{3}$$

因为 $x^2\geqslant 0$，所以 $\frac{c}{a}>0$ 时，方程(3)无实数解；$\frac{c}{a}\leqslant 0$ 时，解为

$$x=\pm\sqrt{-\frac{c}{a}}.$$

方程(2)的解也是如此.

（ⅲ）$a=1$，这时方程成为

$$x^2+bx+c=0. \tag{4}$$

我们将 x^2 与 bx 放在一起，设法补上一项，配成平方，即

$$(x^2+bx)+c=0.$$

补的项应当是 $\left(\dfrac{b}{2}\right)^2$，这时(4)就化为(2)的形式：

$$\left(x+\frac{b}{2}\right)^2+c-\frac{b^2}{4}=0, \tag{5}$$

即

$$\left(x+\frac{b}{2}\right)^2=\frac{b^2-4c}{4}.$$

$\dfrac{b^2-4c}{4}<0$ 时，无实数解.

$\dfrac{b^2-4c}{4}\geqslant 0$ 时，

$$x+\frac{b}{2}=\pm\frac{\sqrt{b^2-4c}}{2},$$

所以

$$x=\frac{-b\pm\sqrt{b^2-4c}}{2}.$$

其中(4)变为(5)的这一步至为重要，称为**配方**.

一般的方程(1),可以先在方程两边同时除以 a,化为(4)的形式:

$$x^2 + \frac{b}{a}x + \frac{c}{a} = 0. \tag{6}$$

现在的 $\frac{b}{a}$、$\frac{c}{a}$ 相当于(4)中的 b、c,从而

$$\left(x + \frac{b}{2a}\right)^2 + \frac{c}{a} - \frac{b^2}{4a^2} = 0,$$

$$\left(x + \frac{b}{2a}\right)^2 = \frac{b^2 - 4ac}{4a^2}. \tag{7}$$

$b^2 - 4ac < 0$ 时,无实数解.

$b^2 - 4ac \geq 0$ 时,

$$x + \frac{b}{2a} = \pm \frac{\sqrt{b^2 - 4ac}}{2a},$$

所以

$$x = \frac{-b \pm \sqrt{b^2 - 4ac}}{2a}. \tag{8}$$

(8)称为方程(1)的求根公式.

评注 为了得到(8),而又不愿过早地出现分式,也可以在方程(1)的两边同时乘以 $4a$,得

$$4a^2 x^2 + 4abx + 4ac = 0. \tag{9}$$

从而

$$(2ax + b)^2 = b^2 - 4ac.$$

$b^2 < 4ac$ 时,无实数解.

$b^2 \geq 4ac$ 时,

$$2ax + b = \pm \sqrt{b^2 - 4ac},$$

所以

$$x = \frac{-b \pm \sqrt{b^2 - 4ac}}{2a}.$$

3. 迎刃而解

有了求根公式与因式分解法之后,一切一元二次方程都可迎刃而解.

例1 解方程

$$x^2 + x - 1 = 0. \tag{1}$$

解 $a=1, b=1, c=-1$. $b^2-4ac=1^2-4\times1\times(-1)=5>0$.

方程(1)有两个实数根, $x=\dfrac{-1\pm\sqrt{5}}{2}$.

例 2 解方程
$$-2x^2+4\sqrt{3}x-3=0. \tag{2}$$

解 方程两边同时乘以 -1, 得
$$2x^2-4\sqrt{3}x+3=0. \tag{3}$$

$a=2, b=-4\sqrt{3}, c=3$. $b^2-4ac=(-4\sqrt{3})^2-4\times2\times3=24>0$.

方程(3)有两个实数根,
$$x=\dfrac{4\sqrt{3}\pm\sqrt{24}}{4}=\dfrac{2\sqrt{3}\pm\sqrt{6}}{2}.$$

即方程(2)有两个实数根 $\dfrac{2\sqrt{3}+\sqrt{6}}{2}$、$\dfrac{2\sqrt{3}-\sqrt{6}}{2}$.

评注 当首项系数小于 0 时,通常先在方程两边同时乘以 -1,将首项系数化为正数.同样,当系数,特别是首项系数为分数时,也常常先在方程两边同时乘以公分母,将有关系数化为整数.这样做可以使计算简便.

例 3 解方程
$$\dfrac{1}{3}x^2-\dfrac{5}{2}x-\dfrac{9}{2}=0. \tag{4}$$

解 方程两边同时乘以 6, 得
$$2x^2-15x-27=0. \tag{5}$$

(5)即第 1 节例 2,利用因式分解法,得 $x_1=9, x_2=-\dfrac{3}{2}$.

评注 能用因式分解法时,不必用公式.用公式时,也不必每次都写出 a、b、c 是多少,那是刚学公式的 green hand(新手)做的事情.熟练之后,可以直接写出结果.

例 4 解方程
$$2x^2-2x-3=0. \tag{6}$$

解 方程两边同时乘以 2, 得
$$4x^2-4x-6=0.$$

所以
$$(2x-1)^2=7,$$
$$x=\dfrac{1}{2}(1\pm\sqrt{7}).$$

这样配方来解不比代入公式差.

例5 分解因式 $x^2 + 2x - 7$.

解 因为 $x^2 + 2x - 7 = 0$ 的根为 $-1 \pm 2\sqrt{2}$，所以
$$原式 = (x + 1 - 2\sqrt{2})(x + 1 + 2\sqrt{2}).$$
一般地，$ax^2 + bx + c = a(x - x_1)(x - x_2)$，这里 x_1、x_2 是
$$ax^2 + bx + c = 0$$
的两个实数根. 当 x_1、x_2 不是有理数时，用十字相乘法难以分解，需要利用求根公式.

4. 判 别 式

二次方程
$$ax^2 + bx + c = 0 \quad (a \neq 0) \tag{1}$$
的判别式 Δ，即 $b^2 - 4ac$.

根据上节，我们有：

定理 $\Delta > 0$ 时，方程(1)有两个不相等的实数根. $\Delta = 0$ 时，方程(1)有两个相等的实数根. $\Delta < 0$ 时，方程(1)没有实数根.

例1 已知关于 x 的方程
$$x^2 - ax + 3 - b = 0 \tag{2}$$
有两个不相等的实数根；
$$x^2 + (6 - a)x + 6 - b = 0 \tag{3}$$
有两个相等的实数根；
$$x^2 + (4 - a)x + 5 - b = 0 \tag{4}$$
没有实数根. 求 a、b 的取值范围.

解 三个方程(2)、(3)、(4)的判别式依次记为 Δ_1、Δ_2、Δ_3. 由已知可得
$$\Delta_1 = a^2 - 4(3 - b) = a^2 + 4b - 12 > 0, \tag{5}$$
$$\Delta_2 = (6 - a)^2 - 4(6 - b) = a^2 - 12a + 4b + 12 = 0, \tag{6}$$
$$\Delta_3 = (4 - a)^2 - 4(5 - b) = a^2 - 8a + 4b - 4 < 0. \tag{7}$$
(6)即 $a^2 + 4b = 12a - 12$，代入(5)、(7)，得
$$12a - 24 > 0 \tag{8}$$
及
$$4a - 16 < 0, \tag{9}$$
所以
$$2 < a < 4. \tag{10}$$

又
$$4b = -a^2 + 12a - 12 = -(a-6)^2 + 24,$$
所以
$$24 - (2-6)^2 < 4b < 24 - (4-6)^2,$$
即
$$2 < b < 5. \tag{11}$$

例 2 设方程(1)的根为 x_1、x_2. 证明：

（ⅰ） $a^2(x_2 - x_1)^2 = \Delta$.

（ⅱ） $|x_2 - x_1| = \dfrac{\sqrt{\Delta}}{|a|}$.

证明 因为
$$x_{1,2} = \frac{-b \pm \sqrt{\Delta}}{2a},$$
所以
$$(x_2 - x_1)^2 = \left(\frac{-b+\sqrt{\Delta}}{2a} - \frac{-b-\sqrt{\Delta}}{2a}\right)^2 = \left(\frac{\sqrt{\Delta}}{a}\right)^2 = \frac{\Delta}{a^2}.$$
因此
$$a^2(x_2 - x_1)^2 = \Delta,$$
$$|x_2 - x_1| = \frac{\sqrt{\Delta}}{|a|}.$$

5. 有 关 问 题

与二次方程有关的问题很多. 这里先举两个例子.

例 1 已知 a 是方程
$$x^2 - 2014x + 1 = 0 \tag{1}$$
的一个根. 求 $a^2 - 2013a + \dfrac{2014}{a^2+1}$ 的值.

解 因为 a 是方程(1)的根，所以
$$a^2 - 2014a + 1 = 0, \tag{2}$$
从而
$$a^2 + 1 = 2014a. \tag{3}$$
因此

代数的魅力与技巧

$$a^2 - 2013a + \frac{2014}{a^2+1} = a^2 - 2014a + a + \frac{1}{a}$$

$$= -1 + a + \frac{1}{a}$$

$$= \frac{a^2+1}{a} - 1 = 2014 - 1 = 2013.$$

评注 不必由方程(1)解出 a，而要利用条件(2)或(3)将所求式子化简，即尽量降低其中 a 的次数，直至没有高于 1 的幂，这样就能"兵不血刃"地解决问题．

例 2 对一切不小于 2 的整数 n，关于 x 的二次方程

$$x^2 - (n+2)x - 2n^2 = 0 \tag{4}$$

的两个根记作 a_n、b_n．求

$$\frac{1}{(a_2-2)(b_2-2)} + \frac{1}{(a_3-2)(b_3-2)} + \cdots + \frac{1}{(a_{2015}-2)(b_{2015}-2)} \tag{5}$$

的值．

解 因为 a_n、b_n 是方程(4)的两个根，所以

$$(x-a_n)(x-b_n) = x^2 - (n+2)x - 2n^2. \tag{6}$$

令 $x=2$，得

$$(2-a_n)(2-b_n) = 2^2 - 2(n+2) - 2n^2 = -2n(n+1). \tag{7}$$

根据(7)，可得

$$(5) = -\frac{1}{2 \times 2 \times 3} - \frac{1}{2 \times 3 \times 4} - \cdots - \frac{1}{2 \times 2015 \times 2016}$$

$$= -\frac{1}{2}\left[\left(\frac{1}{2} - \frac{1}{3}\right) + \left(\frac{1}{3} - \frac{1}{4}\right) + \cdots + \left(\frac{1}{2015} - \frac{1}{2016}\right)\right]$$

$$= -\frac{1}{2}\left(\frac{1}{2} - \frac{1}{2016}\right)$$

$$= -\frac{1007}{4032}.$$

6. 韦达定理（一）

设二次方程

$$ax^2 + bx + c = 0 \tag{1}$$

的两个根为 x_1、x_2，则

$$ax^2 + bx + c = a(x-x_1)(x-x_2). \tag{2}$$

比较恒等式(2)的两边，由一次项的系数与常数项得

$$b = -a(x_1 + x_2),$$
$$c = ax_1 x_2,$$

即

$$x_1 + x_2 = -\frac{b}{a}, \tag{3}$$

$$x_1 x_2 = \frac{c}{a}. \tag{4}$$

也就是两根之和等于一次项系数除以二次项系数所得商的相反数,两根之积等于常数项除以二次项系数.

这个结论称为韦达定理,也有人称它为根与系数的关系.韦达(Franciscus Vieta, 1540—1603)是法国数学家.

韦达定理的用途甚广,利用它,可以不解方程就能解决许多与方程的根有关的问题.

例1 作一个二次方程,使它的两个根为 2 与 $\frac{2}{3}$.

解 方程

$$x^2 - \left(2 + \frac{2}{3}\right)x + \frac{4}{3} = 0 \tag{5}$$

即为所求.

如果需要整系数的方程,那么在方程(5)的两边同时乘以3,得

$$3x^2 - 8x + 4 = 0.$$

例2 已知方程

$$x^2 - (a+d)x + ad - bc = 0 \tag{6}$$

的根为 x_1、x_2.试作一个以 x_1^3、x_2^3 为根的二次方程.

解 由于

$$x_1^3 x_2^3 = (x_1 x_2)^3 = (ad - bc)^3,$$
$$x_1^3 + x_2^3 = (x_1 + x_2)^3 - 3x_1 x_2 (x_1 + x_2)$$
$$= (a+d)^3 - 3(a+d)(ad - bc)$$
$$= a^3 + d^3 + 3(a+d)bc,$$

故所求方程为

$$x^2 - (a^3 + d^3 + 3abc + 3bcd)x + (ad - bc)^3 = 0.$$

例3 已知 $ab \neq 1$,并且 $5a^2 + 123456789a + 7 = 0, 7b^2 + 123456789b + 5 = 0$,试求 $\frac{a}{b}$ 的值.

解 a、$\frac{1}{b}$ 都是方程

$$5x^2 + 123456789x + 7 = 0 \qquad (7)$$

的根. 因为 $ab \neq 1$, 所以 $a \neq \dfrac{1}{b}$, 即 a、$\dfrac{1}{b}$ 是方程(7)的两个不同的根. 因此

$$\dfrac{a}{b} = a \times \dfrac{1}{b} = \dfrac{7}{5}.$$

评注 如果将已知改为 $7b^2 - 123456789b + 5 = 0$, $\dfrac{a}{b}$ 的值为多少?

7. 一下打死七个

格林童话中有一个勇敢的小裁缝,他剪了一根带子,并在其上面绣了几个大字:"一下打死七个!"

对手以为他一下能打死七个人,实际上他只是一下打死了七只苍蝇.

* * * * *

我曾经教过韦达定理,在黑板上写了十几个二次方程,说:"这十几个方程,我一分钟就能写出它们的根."

这些方程是:

(1) $x^2 - 6x + 5 = 0$;

(2) $3x^2 - 4x + 1 = 0$;

(3) $2x^2 + 5x - 7 = 0$;

(4) $10x^2 - x - 9 = 0$;

(5) $x^2 - 4x + 3 = 0$;

(6) $-2x^2 - 3x + 5 = 0$;

(7) $6x^2 - 5x - 1 = 0$;

(8) $6x^2 + 5x - 11 = 0$;

(9) $4x^2 - 7x + 3 = 0$;

(10) $5x^2 - 4x - 1 = 0$;

(11) $8x^2 + x - 9 = 0$;

(12) $6x^2 - 13x + 7 = 0$;

(13) $7x^2 - 2x - 5 = 0$.

你能一分钟写出它们的根吗?

* * * * *

这些方程的系数和都是 0, 因此均有一个根为 1. 另一个根呢? 根据韦达定理, 应当

是常数项除以二次项系数,所以分别是(1) 5,(2) $\frac{1}{3}$,(3) $-\frac{7}{2}$,(4) $-\frac{9}{10}$,(5) 3, (6) $-\frac{5}{2}$,(7) $-\frac{1}{6}$,(8) $-\frac{11}{6}$,(9) $\frac{3}{4}$,(10) $-\frac{1}{5}$,(11) $-\frac{9}{8}$,(12) $\frac{7}{6}$,(13) $-\frac{5}{7}$.

这比一下打死七只苍蝇还要容易.

8. 韦达定理(二)

例 1 如果关于 x 的方程
$$x^2 + 2(k+3)x + k^2 + 3 = 0 \tag{1}$$
有两个实数根 α、β,求
$$(\alpha - 1)^2 + (\beta - 1)^2 \tag{2}$$
的最小值.

解 首先将(2)用 k 来表示,然后再求最小值.
$$\begin{aligned}
(\alpha-1)^2 + (\beta-1)^2 &= \alpha^2 + \beta^2 - 2\alpha - 2\beta + 2 \\
&= (\alpha+\beta)^2 - 2\alpha\beta - 2(\alpha+\beta) + 2 \\
&= 4(k+3)^2 - 2(k^2+3) + 4(k+3) + 2 \\
&= 2k^2 + 28k + 44 \\
&= 2(k^2 + 14k) + 44 \\
&= 2(k+7)^2 - 54.
\end{aligned} \tag{3}$$

注意方程(1)有两个实数根,所以
$$\frac{1}{4}\Delta = (k+3)^2 - (k^2+3) = 6k + 6 \geq 0, \tag{4}$$
$$k \geq -1. \tag{5}$$

于是,所求最小值为
$$2(-1+7)^2 - 54 = 18.$$

评注 需要注意隐含的条件(4).

例 2 已知关于 x 的方程 $ax^2 + bx + c = 0 (a \neq 0)$ 没有实数根. 甲抄错了二次项系数,求出两根为 2 与 4. 乙抄错了某一项系数的符号,求出两根为 -1 与 4. 问: $\frac{2b+3c}{a}$ 应是多少?

解 原来的方程没有实数根,判别式小于 0;而乙抄错的方程有两个实数根,判别式大于 0. 但判别式 Δ 的值与 b 的符号无关,所以乙看错的应当是 a 或 c 的符号,从而

$$\frac{c}{a} = 4. \tag{6}$$

设甲将 a 看成 d，则

$$\frac{c}{d} = 2 \times 4 = 8, \tag{7}$$

$$\frac{b}{d} = -(2+4) = -6. \tag{8}$$

由(6)、(7)得

$$a = 2d. \tag{9}$$

所以

$$\frac{2b+3c}{a} = \frac{2b}{2d} + \frac{3c}{a} = -6 + 3 \times 4 = 6.$$

评注 可设 $a=1$．由(6)知 $c=4$．由(9)、(8)知 $b=-3$．原方程为 $x^2-3x+4=0$，甲抄成 $\frac{1}{2}x^2-3x+4=0$，乙抄成 $x^2-3x-4=0$．

例3 已知 α、β 是方程

$$x^2 - x - 1 = 0 \tag{10}$$

的两个根．求 $\alpha^4 + 3\beta$．

解 由 α 是方程(10)的根得

$$\alpha^2 = \alpha + 1.$$

所以

$$\alpha^4 = (\alpha+1)^2 = \alpha^2 + 2\alpha + 1 = (\alpha+1) + 2\alpha + 1 = 3\alpha + 2,$$

$$\alpha^4 + 3\beta = 3\alpha + 3\beta + 2 = 3 + 2 = 5.$$

评注 $\alpha+\beta$、$\alpha\beta$ 都是 α、β 的对称式(将 α、β 互换，式子不变)．如果所求的式子 ($\alpha^4+3\beta$) 不是对称式，应尽量化为对称式．原方程降次(降低 α 或 β 的次数)是一种常用方法．(前面已经用过此法．一件事，用过一次，称为技巧；用过多次，就称为方法．降次，就可以称为一种方法．)

9. 对称吗？

如果 x、y 是关于 u 的二次方程

$$au^2 + bu + c = 0 \quad (a \neq 0)$$

的两个根，那么 $x+y$、xy 都可以用这个方程的系数 a、b、c 表示，x、y 的对称多项式也都可以用 a、b、c 表示，因而不必解方程．但如果 x、y 的多项式不是对称多项式，那么就

得解方程,先得出 x、y,再将它们代入多项式.

例1 α、β 是方程
$$x^2 - 3x - 5 = 0 \qquad (1)$$
的两个根,求 $\alpha^2 + 2\beta^2 - 3\beta$.

解 因为 $\beta^2 - 3\beta - 5 = 0$,所以
$$\beta^2 - 3\beta = 5,$$
$$\begin{aligned}\alpha^2 + 2\beta^2 - 3\beta &= \alpha^2 + \beta^2 + 5 \\ &= (\alpha + \beta)^2 - 2\alpha\beta + 5 \\ &= 3^2 - 2 \times (-5) + 5 \\ &= 24.\end{aligned}$$

例2 设 x_1、x_2 是方程
$$x^2 - 4x + 1 = 0 \qquad (2)$$
的两个根. 求 $x_1^3 - 2x_2^2 + x_1 - 1$ 的值.

解 因为 $x_1^2 - 4x_1 + 1 = 0$,所以
$$x_1^3 - 4x_1^2 + x_1 = 0,$$
$$x_1^3 = 4x_1^2 - x_1 = 4(4x_1 - 1) - x_1 = 15x_1 - 4,$$
$$x_1^3 - 2x_2^2 + x_1 - 1 = 15x_1 - 4 - 2(4x_2 - 1) + x_1 - 1 = 16x_1 - 8x_2 - 3.$$
化简后的式子 $16x_1 - 8x_2 - 3$ 并非 x_1、x_2 的对称式,所以我们还是得解方程(2),即
$$(x - 2)^2 = 3,$$
$$x_{1,2} = 2 \pm \sqrt{3}.$$
因此
$$16x_1 - 8x_2 - 3 = 16(2 \pm \sqrt{3}) - 8(2 \mp \sqrt{3}) - 3 = 13 \pm 24\sqrt{3}.$$

评注 （ⅰ）本题化简后的式子不是对称式,所以还得解方程(2).如果不解方程(2)的话,也可由
$$16x_1 - 8x_2 = 4(x_1 + x_2) + 12(x_1 - x_2) = 4 \times 4 + 12 \times (\pm \sqrt{\Delta}) = 16 \pm 24\sqrt{3}$$
得出结果.不过还是解方程直截了当些,不必"为技巧而技巧".

（ⅱ）有解题高手给 $x_1^3 - 2x_2^2 + x_1 - 1$ 配上一个式子 $x_2^3 - 2x_1^2 + x_2 - 1$,这种做法就是典型的"为技巧而技巧",不及"降次"来得实在.

例3 设 a、c 为方程
$$x^2 + mx + n = 0 \qquad (3)$$
的两个根,b、d 为方程
$$x^2 + px + q = 0 \qquad (4)$$
的两个根. 试将

$$(a-b)(a-d)(c-b)(c-d) \qquad (5)$$

用 m、n、p、q 表示.

解 因为 b、d 是(4)的根,所以
$$b+d = -p, \quad bd = q.$$

从而
$$(a-b)(a-d) = a^2 + pa + q,$$
$$(c-b)(c-d) = c^2 + pc + q.$$

又 $a+c = -m, ac = n$,从而
$$(p+a)(p+c) = p^2 - mp + n.$$

所以
$$\begin{aligned}
&(a-b)(a-d)(c-b)(c-d) \\
&= (a^2+pa+q)(c^2+pc+q) \\
&= (a^2+pa)(c^2+pc) + q(a^2+c^2+pa+pc) + q^2 \\
&= ac(a+p)(c+p) + q[(a+c)^2 - 2ac + p(a+c)] + q^2 \\
&= n(p^2 - mp + n) + q(m^2 - 2n - pm) + q^2 \\
&= (n-q)^2 + (p-m)(np - mq).
\end{aligned}$$

10. 双二次方程

有很多方程,通过化简、变形或换元等方法,可以化为一元二次方程.

例1 解方程
$$x^4 - 5x^2 + 6 = 0. \qquad (1)$$

解 设 $x^2 = u$,则 $x^4 = u^2$. 方程(1)即
$$u^2 - 5u + 6 = 0,$$

所以 $u = 2$ 或 3.

由 $x^2 = 2$ 得 $x = \pm\sqrt{2}$;

由 $x^2 = 3$ 得 $x = \pm\sqrt{3}$.

方程(1)有4个实数根,即 $\pm\sqrt{2}$、$\pm\sqrt{3}$.

评注 "设 $x^2 = u$",这种方法称为"换元法".有些时候,不一定非要写出这一步,在心中将 x^2 当作新未知数也可达到换元的效果.

例2 解方程
$$x^4 - 5x^2 - 6 = 0. \qquad (2)$$

解 直接可得

$$x^2 = -1 \quad \text{或} \quad x^2 = 6.$$

$x^2 = -1$ 无实数解，由 $x^2 = 6$ 得 $x = \pm\sqrt{6}$.

本题有两个实数解，即 $\pm\sqrt{6}$.

像(1)、(2)这样的四次方程，只有 x 的偶数次方出现，可以通过换元"设 $x^2 = u$"变为 u 的二次方程来解，这种四次方程通常称为"双二次方程".

例3 解方程

$$(x+1)(x+2)(x+3)(x+4) = 3. \tag{3}$$

解

$$[(x+1)(x+4)][(x+2)(x+3)] = 3,$$
$$(x^2+5x+4)(x^2+5x+6) = 3.$$

令 $u = x^2 + 5x + 4$，则

$$u^2 + 2u - 3 = 0,$$
$$u = 1 \quad \text{或} \quad u = -3.$$

由 $u = 1$ 得

$$x^2 + 5x + 3 = 0,$$
$$x = \frac{-5 \pm \sqrt{13}}{2}.$$

由 $u = -3$ 得

$$x^2 + 5x + 7 = 0. \tag{4}$$

因为 $\Delta = 5^2 - 4 \times 7 < 0$，所以方程(4)无实数根.

方程(3)有两个实数根，即 $\dfrac{-5 \pm \sqrt{13}}{2}$.

评注 本题令 $u = x^2 + 5x$ 或令 $u = x^2 + 5x + 5$ 也都可以，其中以令 $u = x^2 + 5x + 5$ 为最好.

11. 倒 数 方 程

例1 解方程

$$x^4 + 7x^3 + 14x^2 + 7x + 1 = 0. \tag{1}$$

解 $x = 0$ 不是方程(1)的根.

在(1)的两边同时除以 x^2，得

$$x^2 + 7x + 14 + \frac{7}{x} + \frac{1}{x^2} = 0,$$

$$\left(x^2 + \frac{1}{x^2}\right) + 7\left(x + \frac{1}{x}\right) + 14 = 0,$$

$$\left(x + \frac{1}{x}\right)^2 + 7\left(x + \frac{1}{x}\right) + 12 = 0.$$

令 $x + \frac{1}{x} = u$,得

$$u^2 + 7u + 12 = 0,$$
$$u = -3 \quad \text{或} \quad u = -4.$$

由 $u = -3$ 得

$$x + \frac{1}{x} = -3,$$
$$x^2 + 3x + 1 = 0,$$
$$x = \frac{-3 \pm \sqrt{5}}{2}.$$

由 $u = -4$ 得

$$x + \frac{1}{x} = -4,$$
$$x^2 + 4x + 1 = 0,$$
$$x = -2 \pm \sqrt{3}.$$

方程(1)有 4 个根,即 $\frac{-3 \pm \sqrt{5}}{2}$、$-2 \pm \sqrt{3}$.

例 2 解方程

$$x^4 - 7x^3 + 8x^2 + 7x + 1 = 0. \tag{2}$$

解 $x = 0$ 不是方程(2)的根.

在(2)的两边同时除以 x^2,得

$$x^2 - 7x + 8 + \frac{7}{x} + \frac{1}{x^2} = 0,$$

$$\left(x - \frac{1}{x}\right)^2 - 7\left(x - \frac{1}{x}\right) + 10 = 0,$$

$$x - \frac{1}{x} = 2 \text{ 或 } 5.$$

由 $x^2 - 2x - 1 = 0$ 得 $x = 1 \pm \sqrt{2}$;

由 $x^2 - 5x - 1 = 0$ 得 $x = \frac{5 \pm \sqrt{29}}{2}$.

方程(2)有 4 个根,即 $1\pm\sqrt{2}$、$\dfrac{5\pm\sqrt{29}}{2}$.

方程(1)和(2)可以化为关于 $x+\dfrac{1}{x}$(或 $x-\dfrac{1}{x}$)的二次方程.如果 x 是它的根,那么 $\dfrac{1}{x}$(或 $-\dfrac{1}{x}$)也是它的根.这样的方程称为倒数方程.

12. 分 式 方 程

分母中含有未知数的方程,称为分式方程.

例 1 解方程
$$\frac{3x^2+4x-1}{3x^2-4x-1}=\frac{x^2+4x+1}{x^2-4x+1}. \tag{1}$$

解 解分式方程的主要方法是"去分母",即在方程两边同时乘以"公分母",将方程化为整式方程.

但在去分母之前,最好先观察一下各个分式能否化简或变形,使得整个方程变得简单一些.

本题中,两个分式都是分子与分母次数相等的"假分式",可以分别化为
$$\frac{3x^2+4x-1}{3x^2-4x-1}=1+\frac{8x}{3x^2-4x-1}$$

及
$$\frac{x^2+4x+1}{x^2-4x+1}=1+\frac{8x}{x^2-4x+1}.$$

而在方程两边同时出现的 1 正好抵消.所以方程(1)可以化为
$$\frac{8x}{3x^2-4x-1}=\frac{8x}{x^2-4x+1}. \tag{2}$$

两边同时乘以 $(3x^2-4x-1)(x^2-4x+1)$,化简得
$$8x(2x^2-2)=0. \tag{3}$$

所以 $x=0$ 或 $2x^2-2=0$,解得 $x_1=0$,$x_2=1$,$x_3=-1$.

这三个 x 的值(0、± 1)均不会使所乘的公分母 $(3x^2-4x-1)(x^2-4x+1)$ 为 0,因此它们都是方程(1)的根.

评注 如果方程(3)的根使所乘的公分母为 0,那么它就是增根,即它只是方程(3)的根,而不是原方程(1)的根.

如果在(2)的两边约去 $8x$,那么就失去一个根 $x=0$.所以不能在方程的两边随便约

去(即除以)一个整式,除非这个整式不为 0,否则会导致失根. 不过,只要令这个整式为 0,那么失去的根又会被"拾回来".

又解 由比的性质,当 $x \neq 0$ 时,(1)可化为

$$\frac{3x^2+4x-1}{(3x^2+4x-1)-(3x^2-4x-1)} = \frac{x^2+4x+1}{(x^2+4x+1)-(x^2-4x+1)}.$$

再化简为

$$3x^2 + 4x - 1 = x^2 + 4x + 1,$$

即

$$2x^2 - 2 = 0,$$
$$x = \pm 1.$$

而 $x = 0$ 也是原方程的根.

例 2 解方程

$$\frac{1}{x^2+x} + \frac{1}{x^2+3x+2} + \frac{1}{x^2+5x+6} + \frac{1}{x^2+7x+12} = \frac{4}{21}. \tag{4}$$

解 先将各个分母分解因式.

$$x^2 + x = x(x+1),$$
$$x^2 + 3x + 2 = (x+1)(x+2),$$
$$x^2 + 5x + 6 = (x+2)(x+3),$$
$$x^2 + 7x + 12 = (x+3)(x+4).$$

如果用公分母 $x(x+1)(x+2)(x+3)(x+4)$ 去乘方程两边,去分母,化为整式方程,那么所得方程是五次方程,而且非常复杂. 不宜这样做. 好的解法是利用上面因式的特点(每两个因式相差 1),将每个分式拆为两个分式的差,即方程(4)可化为

$$\left(\frac{1}{x} - \frac{1}{x+1}\right) + \left(\frac{1}{x+1} - \frac{1}{x+2}\right) + \left(\frac{1}{x+2} - \frac{1}{x+3}\right) + \left(\frac{1}{x+3} - \frac{1}{x+4}\right) = \frac{4}{21}. \tag{5}$$

很多项正负相消后,(5)成为

$$\frac{1}{x} - \frac{1}{x+4} = \frac{4}{21}. \tag{6}$$

在(6)的两边同时乘以 $x(x+4)$,整理得

$$x^2 + 4x - 21 = 0,$$
$$x_1 = 3, \quad x_2 = -7.$$

它们都不会使方程(4)的分母为 0,所以都不是增根.

例 3 解关于 x 的方程

$$\frac{a^2+2x}{2x+1} - \frac{a^2-2x}{1-2x} = \frac{2(1-a^4)}{1-4x^2}. \tag{7}$$

解 两边同时乘以 $1 - 4x^2$,得

$$(a^2+2x)(1-2x)-(a^2-2x)(1+2x)=2(1-a^4).$$

化简得
$$2(1-a^2)x=1-a^4. \qquad (8)$$

(i) $a\neq\pm 1$ 时,两边同时除以 $1-a^2$,得
$$x=\frac{1+a^2}{2}. \qquad (9)$$

将 x 的值代入公分母 $1-4x^2$,得
$$1-4x^2=(1-2x)(1+2x)=-a^2(2+a^2).$$

于是,$a\neq 0$ 时,$1-4x^2\neq 0$,(9)是方程(7)的根;$a=0$ 时,$1-4x^2=0$,这时 $x=\frac{1}{2}$ 是增根,方程(7)没有根.

(ii) $a=\pm 1$ 时,方程(7)成为 $0=0$. x 可为不等于 $\pm\frac{1}{2}$(不使分母 $1-4x^2$ 为0)的任意数.

13. 方程 $x+\frac{1}{x}=a+\frac{1}{a}$

例1 解关于 x 的方程
$$x+\frac{1}{x}=a+\frac{1}{a}, \qquad (1)$$
其中 a 是非零常数.

解 显然 $x=a$ 是方程(1)的一个根. $x=\frac{1}{a}$ 也是方程(1)的一个根.

$a\neq\pm 1$ 时,$a\neq\frac{1}{a}$. 因此,$x=a$、$\frac{1}{a}$ 是方程(1)的两个不同的根.

方程(1)去分母后(两边同时乘以 x 或 ax)是关于 x 的二次方程,至多有两个根. 因此 $x=a$、$\frac{1}{a}$ 就是方程(1)的全部根.

$a=\pm 1$ 时,方程(1)即
$$x+\frac{1}{x}=\pm 2. \qquad (2)$$

去分母后成为
$$x^2\mp 2x+1=0,$$
即
$$(x\mp 1)^2=0, \qquad (3)$$

这时方程(1)的根是 $x = 1$(如果 $a = 1$)或 $x = -1$(如果 $a = -1$).

例 2 解方程
$$x + \frac{1}{x} = 5\frac{1}{5}.\tag{4}$$

解 根据例 1,方程(4)的根是 $x = 5、\frac{1}{5}$.

例 3 解关于 x 的方程
$$x - \frac{1}{x} = a - \frac{1}{a} \quad (a \neq 0).\tag{5}$$

解 与方程(1)类似,方程(5)有两个根,即
$$x_1 = a, \quad x_2 = -\frac{1}{a}.\tag{6}$$

14. 实 数 解

例 求两个未知数 $x、y$ 的二元二次方程
$$5x^2 + 5y^2 + 8xy + 2y - 2x + 2 = 0 \tag{1}$$
的实数解.

解 未知数有两个,方程却只有一个.一般来说,应当有无穷多个解.如果仅有有限组解,甚至只有唯一的一组解,那么多半方程(1)的左边是若干个平方的和(或若干个非负数的和).因此,应当将方程(1)的左边配成平方和,再令各个平方为 0.我们有

$$\begin{aligned}
& 5x^2 + 5y^2 + 8xy + 2y - 2x + 2 \\
&= (4x^2 + 4y^2 + 8xy) + (x^2 - 2x + 1) + (y^2 + 2y + 1) \\
&= 4(x + y)^2 + (x - 1)^2 + (y + 1)^2.
\end{aligned}\tag{2}$$

因此
$$4(x + y)^2 + (x - 1)^2 + (y + 1)^2 = 0,$$
$$x + y = 0, \quad x - 1 = 0, \quad y + 1 = 0.$$
$$x = 1, \quad y = -1.$$

评注 $8xy$ 提示我们将 $5x^2 + 5y^2$ 拆成 $4x^2 + 4y^2 + x^2 + y^2$.

15．"不妨设"

设 a、b、c 是不全相等且都不为 0 的实数．求证：三个二次方程
$$ax^2 + 2bx + c = 0, \qquad (1)$$
$$bx^2 + 2cx + a = 0, \qquad (2)$$
$$cx^2 + 2ax + b = 0 \qquad (3)$$
中，至少有一个方程有两个不相等的实数根．

证明 只需要证明方程(1)、(2)、(3)中，至少有一个方程的判别式大于 0．

如果 a、c 异号，那么方程(1)的判别式
$$4b^2 - 4ac > 4b^2 \geq 0. \qquad (4)$$
因此，可设 a、c 同号．

同理，可设 a、b 同号[否则方程(2)的判别式大于 0]．于是 a、b、c 三个数同号．

不妨设 a、b、c 都是正数（否则将每个方程都乘以 -1，用 $-a$、$-b$、$-c$ 代替 a、b、c）．

不妨设 a、b、c 中 a 为最大，即
$$a \geq b, \quad a \geq c. \qquad (5)$$
由于 a、b、c 不全相等，因此(5)中至少有一个是严格的不等式．这时
$$a^2 > bc,$$
即方程(3)的判别式大于 0．

评注 (ⅰ)"不妨设 a、b、c 中 a 为最大"，即 b 为最大（或 c 为最大）可以用同样的方法证明．读者可以自己试一试．

(ⅱ) 将 a 换成 b，b 换成 c，c 换成 a，这时方程(1)换成(2)，(2)换成(3)，(3)换成(1)，仍然是原来的三个方程．这种在 a、b、c 三个数轮换（即 a 换成 b，b 换成 c，c 换成 a）时不变的问题，总可以"不妨设"a、b、c 中任一个为最大．

16．无理方程（一）

根号中含有未知数的方程，称为无理方程．

解无理方程的主要方法是多次将方程两边乘方（特别是平方），逐步将它化为有理方程．

例 1 解方程

$$\sqrt{x-1}+\sqrt{x+3}=\sqrt{3x+1}. \qquad (1)$$

解 将方程(1)的两边平方,整理得

$$2\sqrt{(x-1)(x+3)}=x-1. \qquad (2)$$

再平方,得

$$4(x-1)(x+3)=(x-1)^2. \qquad (3)$$

移项,提取公因式,得

$$(x-1)(3x+13)=0,$$

从而

$$x_1=1, \quad x_2=-\frac{13}{3}.$$

经检验,$x_1=1$ 是原方程的根,$x_2=-\frac{13}{3}$ 不是原方程的根.

评注 (i) 方程(3)已经是有理方程.

(ii) 在方程(2)的两边约去 $\sqrt{x-1}$ 或者在方程(3)的两边约去 $x-1$,就失去根 $x=1$. 但可令 $\sqrt{x-1}=0$ 或 $x-1=0$,将这个根"拾"回来.

(iii) 平方可能扩大 x 的取值范围,如方程(1)中必有 $x\geqslant 1$,而方程(2)中根式允许 $x\leqslant -3$;平方也可能将相反数变成相等的数,如 $x=-\frac{13}{3}$ 时,方程(2)的左边为 $\frac{16}{3}$,右边为 $-\frac{16}{3}$,互为相反数,但平方后却均成为 $\left(\frac{16}{3}\right)^2$. 因此,无理方程极可能产生增根,必须检验.

例 2 解方程

$$\sqrt{x+\sqrt{2x-1}}+\sqrt{x-\sqrt{2x-1}}=\sqrt{a} \quad (a>0). \qquad (4)$$

解 本题 x 的取值范围较上题复杂,先加以讨论为好.

显然 $x\geqslant \frac{1}{2}$,还需要

$$x\geqslant \sqrt{2x-1}. \qquad (5)$$

而在 x 为正的前提下,(5)即

$$x^2 \geqslant 2x-1. \qquad (6)$$

因为 $x^2-2x+1=(x-1)^2\geqslant 0$,所以(6)显然成立. 因此方程(4)的左边 x 的取值范围为 $x\geqslant \frac{1}{2}$.

将方程(4)的两边平方,整理得

$$2x+2\sqrt{x^2-2x+1}=a, \qquad (7)$$

即
$$2x + 2|x-1| = a. \tag{8}$$

$x \geq 1$ 时,(8)即
$$4x = a+2, \tag{9}$$
$$x = \frac{a+2}{4}. \tag{10}$$

由于 $x \geq 1$,故必须 $\frac{a+2}{4} \geq 1$,即 $a \geq 2$.

$x < 1$ 时,(8)即 $a = 2$.

因此,$a = 2$ 时,方程(4)的解为 $\frac{1}{2} \leq x \leq 1$;$a > 2$ 时,方程(4)的解为 $x = \frac{a+2}{4}$;$a < 2$ 时,方程(4)无解.

例 3 解方程
$$\sqrt{6+\sqrt{6+\sqrt{6+\sqrt{6+x}}}} = x. \tag{11}$$

解 如果多次平方,显然相当麻烦,而且会产生一个次数很高的方程. 我们先考虑只有一个根号的方程
$$\sqrt{6+x} = x. \tag{12}$$
平方后易得 $x = 3$(负值不取).

3 不仅是方程(12)的根,显然也是方程(11)的根. 而且 $x > 3$ 时,$x^2 - (x+6) = (x+2)(x-3) > 0$,$x > \sqrt{6+x}$,从而
$$x > \sqrt{6+x} > \sqrt{6+\sqrt{6+x}} > \sqrt{6+\sqrt{6+\sqrt{6+x}}} > \sqrt{6+\sqrt{6+\sqrt{6+\sqrt{6+x}}}}.$$

同样,$x < 3$ 时,
$$x < \sqrt{6+x} < \sqrt{6+\sqrt{6+x}} < \sqrt{6+\sqrt{6+\sqrt{6+x}}} < \sqrt{6+\sqrt{6+\sqrt{6+\sqrt{6+x}}}}.$$

因此方程(11)只有一个根 $x = 3$.

例 4 解方程
$$\sqrt{x^2+9} + \sqrt{x^2-9} = \sqrt{7}+5. \tag{13}$$

解 若直接平方,则左边仍有根号,而且根号下是四次式,非常麻烦!因此,应先将一个根式移至右边,然后两边平方得
$$x^2+9 = (\sqrt{7}+5)^2 - 2(\sqrt{7}+5)\sqrt{x^2-9} + x^2-9.$$
整理为
$$2(\sqrt{7}+5)\sqrt{x^2-9} = 14+10\sqrt{7},$$

$$\sqrt{x^2-9} = \sqrt{7}. \tag{14}$$

再平方,整理得

$$x^2 = 16,$$
$$x = \pm 4.$$

经检验,$x = \pm 4$ 都是原方程的根.

又解 因为

$$(x^2+9) - (x^2-9) = 18, \tag{15}$$

所以(15)÷(13),得

$$\sqrt{x^2+9} - \sqrt{x^2-9} = \frac{18}{\sqrt{7}+5} = 5 - \sqrt{7}. \tag{16}$$

(13)-(16),得到(14).以下同上,不必写出.

评注 我喜欢先猜一猜.(13)中,$x=4$ 时,方程显然成立($\sqrt{16-9}=\sqrt{7}$,$\sqrt{16+9}=5$). 例 1 也可猜出 $x=1$.例 3 也可猜出 $x=3$.通过猜可以培养观察能力,而且在解题时心中有数.

17. 无理方程(二)

例 1 解方程

$$2x^2 - 15x - \sqrt{2x^2 - 15x + 1998} = -18. \tag{1}$$

解 本题可用"换元法".设 $y = \sqrt{2x^2-15x+1998}$,则

$$y^2 - y - 1980 = 0, \tag{2}$$

解得 $y_1 = 45, y_2 = -44$.

因为 $y \geq 0$,所以 -44 应当舍去.将

$$\sqrt{2x^2-15x+1998} = 45 \tag{3}$$

两边平方,整理得

$$2x^2 - 15x - 27 = 0, \tag{4}$$

解得 $x_1 = 9, x_2 = -\frac{3}{2}$.

经检验,$x_1 = 9, x_2 = -\frac{3}{2}$ 都是原方程的根.

例 2 解方程

$$\sqrt[3]{3x+2} + \sqrt[3]{5-3x} = 1. \tag{5}$$

解 记 $A = \sqrt[3]{3x+2}, B = \sqrt[3]{5-3x}$,则

$$A^3 + B^3 = 7, \qquad (6)$$

$$A + B = 1. \qquad (7)$$

(6)÷(7),得

$$A^2 - AB + B^2 = 7,$$

即

$$(A + B)^2 - 3AB = 7. \qquad (8)$$

将(7)代入(8),得

$$AB = -2, \qquad (9)$$

由(7)得 $B = 1 - A$,代入(9),得

$$A^2 - A - 2 = 0,$$

解得 $A = 2$ 或 -1. 从而

$$\begin{cases} A = 2, \\ B = -1, \end{cases} \begin{cases} A = -1, \\ B = 2. \end{cases}$$

由 $\sqrt[3]{3x+2} = 2$ 两边立方,得 $x = 2$.

由 $\sqrt[3]{3x+2} = -1$ 两边立方,得 $x = -1$.

$x = 2, -1$ 都是方程(5)的根.

如果用 $(A + B)^3 = A^3 + B^3 + 3AB(A + B)$,由(6)、(7)导出(9)则更好一些.

评注 这两个根也能猜到吧?

18. 两个数的和与积

已知两个数的和是 b,积是 c. 求这两个数.

设这两个数是 $u、v$,则

$$\begin{cases} u + v = b, \qquad (1) \\ uv = c. \qquad (2) \end{cases}$$

利用韦达定理,$u、v$ 是方程

$$x^2 - bx + c = 0 \qquad (3)$$

的两个根,所以 $b^2 - 4c \geq 0$ 时有实数解,即

$$\begin{cases} u = \dfrac{b + \sqrt{b^2 - 4c}}{2}, \\ v = \dfrac{b - \sqrt{b^2 - 4c}}{2}, \end{cases} \begin{cases} u = \dfrac{b - \sqrt{b^2 - 4c}}{2}, \\ v = \dfrac{b + \sqrt{b^2 - 4c}}{2}. \end{cases} \qquad (4)$$

前面说过,两个共轭根式的和与积为有理数.反之,如果两个数的和与积均为有理数,那么它们应当由(4)表示出,因而是共轭根式.

方程(3)的根为整数时,所求的两个数往往可由观察得出答案.通俗地说,就是猜出答案,文雅一点可称为"观察法".

例1 已知两个数的和是5,积是6.求这两个数.

解 上面的推导表明如果不计这两个数的顺序,答案是唯一的.当答案为有理数时,最好的方法就是把它猜出来.由积的分解入手,易知这两个数是2与3.

例2 解下列方程组:

(ⅰ) $\begin{cases} x+y=7, \\ xy=6. \end{cases}$

(ⅱ) $\begin{cases} x+y=8, \\ xy=15. \end{cases}$

解 (ⅰ)解是

$$\begin{cases} x=1, \\ y=6, \end{cases} \begin{cases} x=6, \\ y=1. \end{cases}$$

(ⅱ)解是

$$\begin{cases} x=3, \\ y=5, \end{cases} \begin{cases} x=5, \\ y=3. \end{cases}$$

例3 解方程组

$$\begin{cases} x+2y=5, & (5) \\ xy=3. & (6) \end{cases}$$

解 由方程(6)得

$$x \cdot (2y) = 6.$$

所以本题实际上就是例1,故

$$\begin{cases} x=2, \\ 2y=3, \end{cases} \begin{cases} x=3, \\ 2y=2. \end{cases}$$

即

$$\begin{cases} x=2, \\ y=\dfrac{3}{2}, \end{cases} \begin{cases} x=3, \\ y=1. \end{cases}$$

例4 解方程组

$$\begin{cases} x-y=1, \\ xy=12. \end{cases}$$

解 可看成 x 与 $-y$ 的和为 1,积为 -12,所以有两组解.直接可看出 $x=4, y=3$ 是其中一组解,另一组解是 $x=-3, y=-4$.

19. 对称方程组

解 x、y 对称的方程(即将字母 x、y 交换,方程不变)组成的方程组,往往可以先求出 $x+y$ 与 xy.

例 1 解方程组

$$\begin{cases} x^2 + xy + y^2 = 19, & (1) \\ x^2 - xy + y^2 = 7. & (2) \end{cases}$$

解 (1)-(2),两边再同时除以 2,得

$$xy = 6. \tag{3}$$

(1)+(3),得

$$(x+y)^2 = 25, \tag{4}$$

$$x + y = \pm 5. \tag{5}$$

由方程(3)、(5)得

$$\begin{cases} x=2, \\ y=3, \end{cases} \begin{cases} x=3, \\ y=2, \end{cases} \begin{cases} x=-2, \\ y=-3, \end{cases} \begin{cases} x=-3, \\ y=-2. \end{cases}$$

经检验,它们都是原方程组的解.

例 2 解方程组

$$\begin{cases} x+y+\sqrt{x^2+y^2} = 30, & (6) \\ xy = 60. & (7) \end{cases}$$

解 先化简方程(6),将 $x+y$ 移至右边,再平方,得

$$x^2 + y^2 = 900 - 60(x+y) + (x+y)^2. \tag{8}$$

加上 $2 \times$(7),整理得

$$x + y = 17. \tag{9}$$

由(7)、(9)得

$$\begin{cases} x=12, \\ y=5, \end{cases} \begin{cases} x=5, \\ y=12. \end{cases}$$

经检验,它们都是原方程组的解.

例 3 解方程组

$$\begin{cases} \sqrt{\dfrac{x}{y}} + \sqrt{\dfrac{y}{x}} = \dfrac{13}{6}, & (10) \\ x + y = 13. & (11) \end{cases}$$

解 因为 $\dfrac{13}{6} = \dfrac{3}{2} + \dfrac{2}{3}$，所以(参见第 13 节)由方程(10)得

$$\sqrt{\dfrac{x}{y}} = \dfrac{3}{2} \text{ 或 } \dfrac{2}{3},$$

即

$$4x = 9y \quad \text{或} \quad 9x = 4y. \tag{12}$$

结合方程(11)得

$$\begin{cases} x = 9, \\ y = 4, \end{cases} \begin{cases} x = 4, \\ y = 9. \end{cases}$$

经检验，它们都是原方程组的解．

例 4 解方程组

$$\begin{cases} 7\sqrt{x+y} - (x+y) = 12, & (13) \\ x^2 + y^2 = 136. & (14) \end{cases}$$

解 方程(13)即

$$(x+y) - 7\sqrt{x+y} + 12 = 0,$$

所以

$$\sqrt{x+y} = 3 \text{ 或 } 4.$$

因此

$$x + y = 9 \tag{15}$$

或

$$x + y = 16. \tag{16}$$

(15)平方后减去(14)，得

$$2xy = -55. \tag{17}$$

由(15)、(17)可知 x、y 是方程

$$u^2 - 9u - \dfrac{55}{2} = 0 \tag{18}$$

的两个根，即

$$\begin{cases} x = \dfrac{9 + \sqrt{191}}{2}, \\ y = \dfrac{9 - \sqrt{191}}{2}, \end{cases} \begin{cases} x = \dfrac{9 - \sqrt{191}}{2}, \\ y = \dfrac{9 + \sqrt{191}}{2}. \end{cases}$$

(16)平方后减去(14),得
$$xy = 60. \tag{19}$$

由(16)、(19)得
$$\begin{cases} x = 10, \\ y = 6, \end{cases} \begin{cases} x = 6, \\ y = 10. \end{cases}$$

经检验,以上四组解都是原方程组的解.

例5 解下列方程组:

(ⅰ) $\begin{cases} \sqrt{x} + \sqrt{y} = 5, \\ 6\left(\dfrac{1}{\sqrt{x}} + \dfrac{1}{\sqrt{y}}\right) = 5. \end{cases}$

(ⅱ) $\begin{cases} x + y - 2\sqrt{xy} = 4, \\ x + y = 10. \end{cases}$

(ⅲ) $\begin{cases} x^2 + xy + y^2 = 84, \\ x + \sqrt{xy} + y = 14. \end{cases}$

(ⅳ) $\begin{cases} \left(\dfrac{a+1}{x}\right)^2 + \left(\dfrac{a-1}{y}\right)^2 = 2, \\ \dfrac{a^2 - 1}{xy} = 1. \end{cases}$

解 (ⅰ) $\begin{cases} x = 4, \\ y = 9, \end{cases} \begin{cases} x = 9, \\ y = 4. \end{cases}$

(ⅱ) $\begin{cases} x = 1, \\ y = 9, \end{cases} \begin{cases} x = 9, \\ y = 1. \end{cases}$

(ⅲ) 用第 1 个方程除以第 2 个,得
$$x - \sqrt{xy} + y = 6.$$
故
$$\begin{cases} x = 2, \\ y = 8, \end{cases} \begin{cases} x = 8, \\ y = 2. \end{cases}$$

(ⅳ) 可看成 $\dfrac{a+1}{x}$、$\dfrac{a-1}{y}$ 的方程组,有
$$\left(\dfrac{a+1}{x} - \dfrac{a-1}{y}\right)^2 = 0,$$
所以
$$\dfrac{a+1}{x} = \dfrac{a-1}{y} = \pm 1.$$

故
$$\begin{cases} x = a+1, \\ y = a-1, \end{cases} \begin{cases} x = -(a+1), \\ y = 1-a. \end{cases}$$

20. 分式方程组

例1 x、y、z 满足

$$\begin{cases} x + \dfrac{1}{y} = 3, & (1) \\ y + \dfrac{1}{z} = \dfrac{3}{4}, & (2) \\ z + \dfrac{1}{x} = 5. & (3) \end{cases}$$

求 xyz 的值.

解 由方程(2)、(3)消去 z,得

$$\left(\dfrac{3}{4} - y\right)\left(5 - \dfrac{1}{x}\right) = 1. \qquad (4)$$

由方程(1)、(4)消去 y,得

$$\left(\dfrac{3}{4} - \dfrac{1}{3-x}\right)\left(5 - \dfrac{1}{x}\right) = 1. \qquad (5)$$

两边同时乘以 $4x(3-x)$,得

$$[3(3-x) - 4](5x - 1) = 4x(3-x).$$

整理得

$$11x^2 - 16x + 5 = 0. \qquad (6)$$

所以 $x_1 = 1, x_2 = \dfrac{5}{11}$.

代入(1)、(3),得

$$\begin{cases} x = 1, \\ y = \dfrac{1}{2}, \\ z = 4, \end{cases} \begin{cases} x = \dfrac{5}{11}, \\ y = \dfrac{11}{28}, \\ z = \dfrac{14}{5}. \end{cases}$$

经检验,它们都是原方程组的解,从而 $xyz = 2$ 或 $\dfrac{1}{2}$.

评注 形如 $x+\frac{1}{y}=a, y+\frac{1}{z}=b, z+\frac{1}{x}=c$ 的方程组(a、b、c 中任两个不互为倒数),消元后可得形如(6)的二次方程,一般有两个根 x_1, x_2.相应地,可得出 y_1, y_2 及 z_1、z_2.这时一定有 $x_1 y_1 z_1$ 与 $x_2 y_2 z_2$ 互为倒数.如果形如(6)的二次方程有相等的根,那么 $xyz = 1$ 或 -1.

例 2 解方程组

$$\begin{cases} \dfrac{x+y+1}{xy+x} = \dfrac{1}{2}, & (7) \\ \dfrac{x+z+2}{xz+2x} = \dfrac{1}{3}, & (8) \\ \dfrac{y+z+3}{(y+1)(z+2)} = \dfrac{1}{4}. & (9) \end{cases}$$

解 方程(9)显然可改写成

$$\frac{1}{y+1} + \frac{1}{z+2} = \frac{1}{4}. \qquad (10)$$

这就启示我们对方程(7)、(8)做类似的处理,得到

$$\frac{1}{x} + \frac{1}{y+1} = \frac{1}{2}, \qquad (11)$$

$$\frac{1}{x} + \frac{1}{z+2} = \frac{1}{3}. \qquad (12)$$

视 $\frac{1}{x}$、$\frac{1}{y+1}$、$\frac{1}{z+2}$ 为新的未知数,即设

$$u = \frac{1}{x}, \quad v = \frac{1}{y+1}, \quad w = \frac{1}{z+2}, \qquad (13)$$

则有

$$\begin{cases} u + v = \dfrac{1}{2}, & (14) \\ u + w = \dfrac{1}{3}, & (15) \\ v + w = \dfrac{1}{4}. & (16) \end{cases}$$

以上三个方程相加,再除以 2,得

$$u + v + w = \frac{13}{24}. \qquad (17)$$

用(17)分别减去(16)、(15)、(14),得

$$u = \frac{7}{24}, \quad v = \frac{5}{24}, \quad w = \frac{1}{24},$$

即

$$x = \frac{24}{7}, \quad y+1 = \frac{24}{5}, \quad z+2 = 24.$$

所以 $x = \frac{24}{7}, y = \frac{19}{5}, z = 22$. 它们都不会使原方程组的分母为 0, 因而是原方程组的解.

上面的"换元法"在解分式方程时比较常用. 其实将 $\frac{1}{x}$、$\frac{1}{y+1}$、$\frac{1}{z+2}$ 看作新未知数即可, 不一定非要写成 u、v、w.

例3 解方程组

$$\begin{cases} \dfrac{xy+x}{x+y+1} = 2, \\ \dfrac{xz+2x}{x+z+2} = 3, \\ \dfrac{(y+1)(z+2)}{y+z+3} = 4. \end{cases}$$

解 本题实际上就是上一题.

$$x = \frac{24}{7}, \quad y = \frac{19}{5}, \quad z = 22.$$

21. 更多方程组

除了上面两节所说的对称方程组、分式方程组, 还有很多的二元方程组. 本节再举一些例子.

例1 解方程组

$$\begin{cases} x^3 - y^3 = -3(x+1), & (1) \\ x^2 + xy + y^2 = x+1. & (2) \end{cases}$$

解 易知 x、y 不同时为 0, 所以 $x^2 + xy + y^2 = \left(x + \frac{1}{2}y\right)^2 + \frac{3}{4}y^2 \neq 0$.

$(1) \div (2)$, 得

$$x - y = -3. \tag{3}$$

所以 $y = x + 3$, 代入 (2), 得

$$x^2 + x(x+3) + (x+3)^2 = x+1,$$

整理得

$$3x^2 + 8x + 8 = 0. \tag{4}$$

因为 $\Delta = 8^2 - 4 \times 3 \times 8 < 0$, 所以方程 (4) 没有实数解. 故原方程组没有实数解.

例2 解方程组

$$\begin{cases} \dfrac{1}{\sqrt{x}} + \dfrac{1}{\sqrt{y}} = 5, & (5) \\ \dfrac{1}{x} - \dfrac{1}{y} = 1. & (6) \end{cases}$$

解 (6)÷(5),得

$$\dfrac{1}{\sqrt{x}} - \dfrac{1}{\sqrt{y}} = \dfrac{1}{5}. \tag{7}$$

由(5)、(7)得

$$\dfrac{1}{\sqrt{x}} = \dfrac{1}{2}\left(5 + \dfrac{1}{5}\right) = \dfrac{13}{5},$$

$$\dfrac{1}{\sqrt{y}} = \dfrac{1}{2}\left(5 - \dfrac{1}{5}\right) = \dfrac{12}{5},$$

解得

$$\begin{cases} x = \left(\dfrac{5}{13}\right)^2 = \dfrac{25}{169}, \\ y = \left(\dfrac{5}{12}\right)^2 = \dfrac{25}{144}. \end{cases}$$

经检验,它们都是原方程组的解.

例3 解方程组

$$\begin{cases} \sqrt{\dfrac{3x}{x+y}} - 2 + \sqrt{\dfrac{x+y}{3x}} = 0, & (8) \\ xy - 54 = x + y. & (9) \end{cases}$$

解 由 $A^2 - 2 + \dfrac{1}{A^2} = 0$ 可得 $\left(A - \dfrac{1}{A}\right)^2 = 0$,从而 $A = \dfrac{1}{A}$,即 $A = \pm 1$.

取 $A = \sqrt[4]{\dfrac{3x}{x+y}}$,则 $A \geqslant 0$. 根据(8)及上述结果,$A = 1$,即 $\sqrt[4]{\dfrac{3x}{x+y}} = 1$,从而

$$y = 2x. \tag{10}$$

代入(9),得

$$2x^2 - 3x - 54 = 0, \tag{11}$$

解得

$$x = 6, \quad x = -\dfrac{9}{2}.$$

相应地,有

$$y = 12, \quad y = -9.$$

经检验,它们都是原方程组的解.

例 4 解下列方程组:

(ⅰ) $\begin{cases} y = \sqrt{2x}, \\ y = \dfrac{x^2}{2}. \end{cases}$

(ⅱ) $\begin{cases} x^2 - y^2 + x - y = 14, \\ (x^2 - y^2)(x - y) = 24. \end{cases}$

(ⅲ) $\begin{cases} x^2 - y = 23, \\ x^2 y = 50. \end{cases}$

解 (ⅰ) 解为

$$\begin{cases} x = 2, \\ y = 2, \end{cases} \begin{cases} x = 0, \\ y = 0. \end{cases}$$

(ⅱ) 解为

$$\begin{cases} x = 4, \\ y = 2, \end{cases} \begin{cases} x = 6\dfrac{1}{12}, \\ y = -5\dfrac{11}{12}. \end{cases}$$

(ⅲ) 解为

$$\begin{cases} x = 5, \\ y = 2, \end{cases} \begin{cases} x = -5, \\ y = 2. \end{cases}$$

22. 消去常数项

例 解方程组

$$\begin{cases} x + \sqrt{x} \cdot \sqrt{y} + y = 1, & (1) \\ 7x + 4\sqrt{x} \cdot \sqrt{y} - y = 2. & (2) \end{cases}$$

解 这是两个无理方程的方程组,通过简单的换元就可以化为有理方程.令

$$u = \sqrt{x}, \quad v = \sqrt{y}, \tag{3}$$

则方程(1)、(2)即

$$\begin{cases} u^2 + uv + v^2 = 1, & (4) \\ 7u^2 + 4uv - v^2 = 2. & (5) \end{cases}$$

(5)−(4)×2(消去常数项),得
$$5u^2 + 2uv - 3v^2 = 0. \quad (6)$$
利用十字相乘法,得
$$(5u - 3v)(u + v) = 0, \quad (7)$$
所以
$$5u = 3v \quad (8)$$
或
$$u = -v. \quad (9)$$

因为方程(3)中 u、v 都是非负的,如果(9)成立,那么 $u = v = 0$,但这与(4)不符,所以必有(8)成立.

(4)×9,得
$$9u^2 + 9uv + 9v^2 = 9. \quad (10)$$
将 $3v$ 换成 $5u$,得
$$9u^2 + 15u^2 + 25u^2 = 9.$$
$$u^2 = \frac{9}{49},$$
$$u = \frac{3}{7} \quad (只取正值).$$
代入(8),得
$$v = \frac{5}{7}.$$
故本题的解为
$$\begin{cases} x = \frac{9}{49}, \\ y = \frac{25}{49}. \end{cases}$$

评注 (ⅰ)消去常数项可产生一个二元二次的齐次(各项都是二次)方程(6),其实质就是二元一次方程,从而得出 u 与 v 的比.

(ⅱ)用方程(4)乘以9,再将(8)代入,避免了分数运算.

23. 三次方程

实系数的三次方程(更一般地,奇次方程)必有一个实数根. 但一般三次方程的求根公式比较复杂,高于四次的方程更无求根公式. 我们遇到的三次方程大多可以通过观察,猜出它的一个根.

例 1 解方程
$$2x^3 - 11x^2 + 4x + 5 = 0. \tag{1}$$

解 因为方程(1)的系数和为 0,所以 $x=1$ 是它的一个根.又
$$\begin{aligned}
2x^3 - 11x^2 + 4x + 5 &= 2x^3 - 2x^2 - 9x^2 + 9x - 5x + 5 \\
&= (x-1)(2x^2 - 9x - 5) \\
&= (x-1)(2x+1)(x-5),
\end{aligned}$$
所以方程(1)有三个根 $1, 5, -\dfrac{1}{2}$.

例 2 求使 x 的三次方程
$$x^3 - ax^2 - 2ax + a^2 - 1 = 0 \tag{2}$$
恰有一个实数根的所有实数 a.

解 方程(2)的根当然与 a 有关,而且由二次方程的韦达定理类似公式(一般的韦达定理),这个根是常数项(不含 x 的项)的因式.现在常数项
$$a^2 - 1 = 1 \times (a^2 - 1) = (a+1)(a-1).$$
1 不是方程(2)的根(系数和不是零),-1 也不是$(-1 - a + 2a + a^2 - 1 \neq 0)$.试试 $x = a + 1$,将其代入(2),得
$$\begin{aligned}
(a+1)^3 &- a(a+1)^2 - 2a(a+1) + a^2 - 1 \\
&= (a+1)^2 - 2a(a+1) + a^2 - 1 \\
&= (a+1)(1-a) + a^2 - 1 \\
&= 0.
\end{aligned}$$

运气很好!$a + 1$ 就是方程(2)的一个根[如果运气差点,先试 $a-1$,它不是方程(2)的根.但还可以再试 $a+1$],并且
$$\begin{aligned}
x^3 &- ax^2 - 2ax + a^2 - 1 \\
&= x^3 - ax^2 - x^2 + x^2 - ax - x + x - ax + a^2 - 1 \\
&= (x - a - 1)(x^2 + x + 1 - a) \quad \text{(或直接用除法得出这一结果)}.
\end{aligned}$$

因为已知方程(2)只有一个实数根,所以
$$x^2 + x + 1 - a = 0$$
没有实数根,它的判别式
$$\Delta = 1^2 - 4(1-a) < 0,$$
即
$$a < \dfrac{3}{4}.$$

24. 高 次 方 程

因式分解仍然是一个重要的方法.

例1 解方程 $x^4 - 10x^3 + 120x + 144 = 0$.

解 左边是一个首一的整系数多项式.它的有理根都是整数,而且都是144的约数,即只可能为

$$\pm 1, \pm 2, \pm 3, \pm 4, \pm 6, \pm 8, \pm 9, \cdots.$$

逐一检验虽然有些麻烦,但通常运气不会太坏.因为

$$(-2)^4 - 10 \times (-2)^3 + 120 \times (-2) + 144 = 0,$$

所以 $x = -2$ 是其中的一个根.故

$$(x^4 - 10x^3 + 120x + 144) \div (x + 2) = x^3 - 12x^2 + 24x + 72.$$

同样,

$$x^3 - 12x^2 + 24x + 72 = 0$$

有整数根 $x = 6$.故

$$x^3 - 12x^2 + 24x + 72 = (x - 6)(x^2 - 6x - 12).$$

最后,由求根公式或配方可得

$$x^2 - 6x - 12 = 0$$

有两个根

$$x = 3 \pm \sqrt{21}.$$

因此,原方程的根为 $x = -2, 6, 3 \pm \sqrt{21}$.

例2 解方程 $(x^2 - 6)^2 - 6 = x$.

解 如果运气好,一眼就能看到 $x = 3$ 是其中的一个根.如果运气再好一些,还会看到 -2 也是其中的一个根.

如果全未看到,那么只有先展开,再整理为

$$x^4 - 12x^2 - x + 30 = 0.$$

它的整数根可能为 $\pm 1, \pm 2, \pm 3, \pm 5, \pm 6, \pm 10, \pm 15, \pm 30$.

通过试一试,可得 -2 与 3 两个根.故

$$x^4 - 12x^2 - x + 30 = (x + 2)(x^3 - 2x^2 - 8x + 15)$$
$$= (x + 2)(x - 3)(x^2 + x - 5).$$

因此,原方程的根为 $-2, 3, \dfrac{-1 \pm \sqrt{21}}{2}$.

评注 其实检验 -2 与 3 是否为根时,还是代入原方程简便.

25. 常用不等式

设 a、b 为实数,则
$$(a-b)^2 \geqslant 0, \tag{1}$$
即
$$a^2 + b^2 \geqslant 2ab. \tag{2}$$
方程(2)是一个极常用的不等式.

如果在(2)的两边同时加上 $2ab$,就得到
$$(a+b)^2 \geqslant 4ab. \tag{3}$$
(3)也是常用的不等式.

例1 设实数 a、b、c 满足
$$\begin{cases} a^2 - a - bc + 1 = 0, & \tag{4} \\ 2a^2 - 2bc - b - c + 2 = 0. & \tag{5} \end{cases}$$
求证:$a \geqslant 1$.

证明 (5)-(4)×2,得
$$2a = b + c. \tag{6}$$
因此,由(6)、(4)及(3)得
$$a - 1 = a^2 - bc = \left(\frac{b+c}{2}\right)^2 - bc \geqslant 0, \tag{7}$$
即
$$a \geqslant 1. \tag{8}$$

例2 设实数 a、b、c 满足
$$\begin{cases} a + b + c = 0, & \tag{9} \\ abc = 1. & \tag{10} \end{cases}$$
求证:a、b、c 中一定有一个大于 $\frac{3}{2}$.

证明 由(10)可知 a、b、c 中必有一个大于 0,不妨设
$$c > 0. \tag{11}$$
根据(10)、(9),并注意到(3),有
$$\frac{1}{c} = ab \leqslant \frac{1}{4}(a+b)^2 = \frac{1}{4}c^2,$$

所以
$$c^3 \geq 4,$$
$$c \geq \sqrt[3]{4} > \frac{3}{2}.$$

例3 实数 a、b、c 满足
$$a + b + c = 2, \tag{12}$$
并且对任何实数 t,都有不等式
$$-t^2 + 2t \leq ab + bc + ca \leq 9t^2 - 18t + 10. \tag{13}$$
求证:$0 \leq a$、b、$c \leq \dfrac{4}{3}$.

证明 由 $-t^2 + 2t = 9t^2 - 18t + 10$(即 $10t^2 - 20t + 10 = 0$)得 $t = 1$.所以取 $t = 1$,得
$$1 \leq ab + bc + ca \leq 1,$$
即
$$ab + bc + ca = 1. \tag{14}$$
(12)即
$$a + b = 2 - c,$$
所以
$$(2 - c)^2 = (a + b)^2 \geq 4ab = 4(1 - ca - cb) = 4 - 4c(2 - c),$$
整理得
$$3c^2 - 4c \leq 0,$$
$$c\left(c - \frac{4}{3}\right) \leq 0,$$
$$0 \leq c \leq \frac{4}{3}.$$

同理可证 $0 \leq a$、$b \leq \dfrac{4}{3}$.

例4 已知实数 a、b、c 满足
$$\begin{cases} a + b + c = 10, & (15) \\ abc - 23a = 40, & (16) \end{cases}$$
并且 $a \geq b \geq c$.求 $|a| + |b| + |c|$ 的最小值.

解 (15)表明 a、b、c 中有正数.由于 $a \geq b \geq c$,故 a 为正数.
$$4abc \leq a(b + c)^2 = a(10 - a)^2,$$
即
$$4(40 + 23a) \leq a(10 - a)^2,$$
整理得

$$a^3 - 20a^2 + 8a - 160 \geqslant 0,$$

即
$$(a-20)(a^2+8) \geqslant 0.$$

因为 $a^2+8 \geqslant 0$，所以 $a-20 \geqslant 0$，即
$$a \geqslant 20.$$

因为 $b+c = 10-a \leqslant -10$，所以
$$|b+c| \geqslant 10.$$

因此
$$|a|+|b|+|c| = a+|b|+|c| \geqslant a+|b+c| \geqslant 20+10 = 30.$$

当 $a=20, b=c=\frac{1}{2}(10-20)=-5$ 时，$|a|+|b|+|c|$ 取得最小值 30.

评注 例 1、例 2 中均有三个变量（x、y、z 或 a、b、c），但只有两个约束条件，所以它们仍可在一定范围里变化.利用不等式 $4ab \leqslant (a+b)^2$ 可以消去两个字母，从而得到限制剩下的一个字母的不等式，求出这个字母（变量）的极值.

习 题 8

1. 已知 $x = \dfrac{\sqrt{5}+1}{2}$，求 $\dfrac{x^3+x+1}{x^5}$ 的值.

2. 已知 $x = \dfrac{1}{\sqrt{3}+\sqrt{2}}$，求 $x^5+x^4-10x^3-10x^2+2x+1$ 的值.

3. 设 x_1、x_2 是方程
$$x^2-4x+1=0$$
的两个根.求 $x_1^3-2x_2^2+x_1-1$ 的值.

4. 解方程
$$x^2-x+1=(x^2+2x+4)(x^2+x+1).$$

5. 若正数 x 的整数部分的平方等于 x 与它的小数部分的积，求 $x-\dfrac{1}{x}$.

6. 已知实数 x、y、z 满足
$$x-y=8,$$
$$xy+z^2=-16.$$
求 $\sqrt{x+y+z}$ 的值.

7. 解方程
$$(x-4.5)^4+(x-5.5)^4=1.$$

8. 解分式方程

$$\frac{x+1}{x+2} + \frac{x+4}{x+5} = \frac{x+2}{x+3} + \frac{x+3}{x+4}.$$

9. 解方程

$$\sqrt{x^2+4x+13} + \sqrt{x^2-2x+2} = 5.$$

10. 解方程组

$$\begin{cases} |x-1| + |y-5| = 1, \\ y = 5 + |x-1|. \end{cases}$$

>> 习题8解答 >>

1. $\frac{\sqrt{5}+1}{2}$ 是方程 $x^2 - x - 1 = 0$ 的一个根,另一个根是 $-\frac{1}{x} = \frac{1-\sqrt{5}}{2}$. 所以

$$x^2 = x + 1,$$
$$x^3 = x(x+1),$$
$$x^5 = x^3(x+1) = x(x+1)^2.$$

又

$$x^3 + (x+1) = x(x+1) + (x+1) = (x+1)^2,$$

故

$$\frac{x^3+x+1}{x^5} = \frac{(x+1)^2}{x(x+1)^2} = \frac{1}{x} = \frac{\sqrt{5}-1}{2}.$$

2. 因为

$$x = \sqrt{3} - \sqrt{2},$$

所以

$$x^2 = 5 - 2\sqrt{6},$$
$$(x^2-5)^2 = 24,$$
$$x^4 - 10x^2 + 1 = 0.$$

于是

$$x^5 + x^4 - 10x^3 - 10x^2 + 2x + 1$$
$$= x(x^4 - 10x^2 + 1) + (x^4 - 10x^2 + 1) + x$$
$$= x$$
$$= \sqrt{3} - \sqrt{2}.$$

3. 方程 $x^2 - 4x + 1 = 0$ 的两个根是 $2 \pm \sqrt{3}$. 直接代入所求表达式较麻烦,应当先降次.

因为
$$x^2 = 4x - 1,$$
所以
$$x^3 = x(4x-1) = 4x^2 - x = 4(4x-1) - x = 15x - 4.$$
于是
$$x_1^3 - 2x_2^2 + x_1 - 1 = 15x_1 - 4 - 2(4x_2 - 1) + x_1 - 1$$
$$= 16x_1 - 8x_2 - 3.$$

$x_1 = 2+\sqrt{3}, x_2 = 2-\sqrt{3}$ 时,
$$16x_1 - 8x_2 - 3 = 13 + 24\sqrt{3}.$$
$x_1 = 2-\sqrt{3}, x_2 = 2+\sqrt{3}$ 时,
$$16x_1 - 8x_2 - 3 = 13 - 24\sqrt{3}.$$

4. 将方程化简为
$$x^2 - x + 1 = (x+1)^2(x^2+x+1) + 3(x^2+x+1),$$
$$(x+1)^2(x^2+x+1) + 2(x^2+2x+1) = 0,$$
$$(x+1)^2(x^2+x+3) = 0.$$
由于 $x^2+x+3=0$ 无实根,$(x+1)^2=0$ 有重根 $x=-1$,故原方程有二重根 $x=-1$.

5. 设 $[x]=n$,则小数部分 $\{x\} = x-n$,
$$n^2 = x(x-n), \tag{1}$$
即
$$x^2 - nx - n^2 = 0.$$
从而
$$x = \frac{\sqrt{5}+1}{2}n \quad (只取正值).$$

因为 $x - n = \frac{\sqrt{5}-1}{2}n < 1$,所以
$$n < \frac{2}{\sqrt{5}-1} = \frac{\sqrt{5}+1}{2} < 2.$$
从而 $n=1$ 或 0.

但 $x>0$,而将 $n=0$ 代入(1)得出 $x=0$,矛盾. 所以 $n=1, x=\frac{\sqrt{5}+1}{2}$. 因此
$$x - \frac{1}{x} = \frac{\sqrt{5}+1}{2} - \frac{\sqrt{5}-1}{2} = 1.$$

6. 如果能由已知条件得出 x、y、z 的值,那么问题便可迎刃而解.
仅有两个条件(方程),要求三个未知数的值,多半要先进行配方.
由第1个方程得 $x=y+8$,代入第2个方程,得

$$y(y+8) + z^2 = -16,$$

即

$$(y+4)^2 + z^2 = 0.$$

所以

$$y = -4, \quad z = 0,$$
$$x = y + 8 = 4,$$
$$\sqrt{x+y+z} = \sqrt{4-4+0} = 0.$$

7. $x = 4.5$、5.5 均是方程的根.

$x > 5.5$ 时,

$$(x-4.5)^4 + (x-5.5)^4 > 1 + (x-5.5)^4 > 1.$$

$x < 4.5$ 时,

$$(x-4.5)^4 + (x-5.5)^4 > (x-4.5)^4 + 1 > 1.$$

$4.5 < x < 5.5$ 时,$0 < x - 4.5 < 1$,$0 < 5.5 - x < 1$,故

$$(x-4.5)^4 + (x-5.5)^4 < (x-4.5) + (5.5-x) = 1.$$

所以,方程仅有 $x = 4.5$、5.5 这两个根.

8. 观察式子的特点,尽量化简.

方程中有 4 个分式,每个分式的分子都比分母少 1,从而两边同时减去 2(两个 1) 变为

$$-\frac{1}{x+2} - \frac{1}{x+5} = -\frac{1}{x+3} - \frac{1}{x+4}.$$

这时每个分式的分子均为 -1. 但同一边的两个分式相加,分子不为常数,不简单!于是移项,使每一边都成为两个分式的差,即

$$\frac{1}{x+4} - \frac{1}{x+5} = \frac{1}{x+2} - \frac{1}{x+3}.$$

从而

$$\frac{1}{(x+5)(x+4)} = \frac{1}{(x+2)(x+3)} \quad (两边分子均为1),$$

解得

$$(x+2)(x+3) = (x+4)(x+5),$$
$$4x = -14,$$
$$x = -\frac{7}{2}.$$

经检验,$x = -\frac{7}{2}$ 是原方程的根.

9. 移项得

$$\sqrt{x^2+4x+13} = 5 - \sqrt{x^2-2x+2}.$$

两边平方得

$$x^2 + 4x + 13 = 25 - 10\sqrt{x^2 - 2x + 2} + x^2 - 2x + 2,$$

整理得

$$5\sqrt{x^2 - 2x + 2} = 7 - 3x.$$

再平方,并合并得

$$16x^2 - 8x + 1 = 0,$$

所以 $x = \dfrac{1}{4}$.

经检验,$x = \dfrac{1}{4}$ 是原方程的根.

10. 第 2 个方程即 $y - 5 = |x - 1|$,可见 $y \geqslant 5$.

第 1 个方程即 $2(y - 5) = 1$,所以 $y = \dfrac{11}{2}$.

而 $|x - 1| = \dfrac{1}{2}$,所以 $x = \dfrac{1}{2}$ 或 $\dfrac{3}{2}$. 即 $(x, y) = \left(\dfrac{1}{2}, \dfrac{11}{2}\right), \left(\dfrac{3}{2}, \dfrac{11}{2}\right)$.

第9章 方程大战

这一章汇集了许多方程与方程组.

解这些方程与方程组,从理论上来说并无多大困难,但要达到熟练化,还得花工夫去做.

华罗庚先生说有一次正要出差,图书馆的管理员突然问他一个问题.虽然可以说没有时间做,但华先生觉得不应放弃任何一个练习的机会,便很快把问题解决了.

我们也应该不放弃任何一个练习的机会.

1. 方　　程

这一节解一些分式方程与无理方程,是对上一章的补充与延续.

例 1 解方程
$$\frac{x^2}{3} + \frac{48}{x^2} = 10\left(\frac{x}{3} - \frac{4}{x}\right).$$

解　两边同时乘以 3,得
$$x^2 + \frac{144}{x^2} = 10\left(x - \frac{12}{x}\right),$$

即
$$\left(x - \frac{12}{x}\right)^2 - 10\left(x - \frac{12}{x}\right) + 24 = 0.$$

所以
$$x - \frac{12}{x} = 4 \text{ 或 } 6,$$

即
$$x^2 - 4x - 12 = 0$$

或

$$x^2 - 6x - 12 = 0.$$

从而

$$x = 6、-2、3 + \sqrt{21}、3 - \sqrt{21}.$$

评注 实际上这里用的是换元法,化成 $x - \dfrac{12}{x}$ 的二次方程,一开始不要轻易地将分母中的 x、x^2 去掉,而要注意发现其特点. 实际上, 如果化为整式方程

$$x^4 - 10x^3 + 120x + 144 = 0,$$

反而增加困难(可参考第 8 章第 24 节例 1).

例 2 解方程

$$\left(\frac{x+a}{x+b}\right)^2 + \left(\frac{x-a}{x-b}\right)^2 - \left(\frac{a}{b} + \frac{b}{a}\right)\frac{x^2 - a^2}{x^2 - b^2} = 0. \tag{1}$$

解 视 $\dfrac{x+a}{x+b}$、$\dfrac{x-a}{x-b}$ 分别为 u、v,则(1)就是

$$u^2 - \left(\frac{a}{b} + \frac{b}{a}\right)uv + v^2 = 0,$$

从而分解成

$$\left[\frac{x+a}{x+b} - \frac{a(x-a)}{b(x-b)}\right]\left[\frac{x+a}{x+b} - \frac{b(x-a)}{a(x-a)}\right] = 0.$$

两边同时乘以 $ab(x+b)^2(x-b)^2$, 整理得

$$[(b-a)x^2 + (a^2 - b^2)x - ab(b-a)][(a-b)x^2 + (a^2 - b^2)x - ab(a-b)] = 0.$$

所以, $a = b$ 时,一切绝对值不为 $|a|$ 的实数都是原方程的解. $a \neq b$ 时,约去 $(b-a)(a-b)$, 得

$$[x^2 - (a+b)x - ab][x^2 + (a+b)x - ab] = 0,$$

从而原方程的解为

$$\frac{a + b \pm \sqrt{(a+b)^2 + 4ab}}{2} \quad \text{或} \quad \frac{-(a+b) \pm \sqrt{(a+b)^2 + 4ab}}{2}.$$

评注 好整以暇. 看清楚了再动手,切忌鲁莽从事,搞成一团乱麻.

以下是含二次根式的无理方程, 同样需要观察方程的特点并注意检验有无增根.

例 3 解方程

$$\sqrt{x + \sqrt{x}} - \sqrt{x - \sqrt{x}} = \frac{3}{2}\sqrt{\frac{x}{x + \sqrt{x}}}.$$

解 两边同时乘以 $\sqrt{x + \sqrt{x}}$, 得

$$x + \sqrt{x} - \sqrt{x^2 - x} = \frac{3}{2}\sqrt{x},$$

即
$$x - \frac{1}{2}\sqrt{x} = \sqrt{x^2 - x}. \tag{2}$$

因为原方程中的分母不能为 0,所以 $x \neq 0$. 在(2)的两边同时除以 $\sqrt{x}$,得
$$\sqrt{x} - \frac{1}{2} = \sqrt{x-1}. \tag{3}$$

平方并整理得
$$\sqrt{x} = \frac{5}{4},$$
$$x = \frac{25}{16}.$$

因为 $\frac{25}{16} > 1$,所以 $x = \frac{25}{16}$ 是(3)的根,也是原方程的根.

评注 我们常写"经检验, $x = \frac{25}{16}$ 是原方程的根". 如何检验的呢? 其实不必代入原方程去计算,只要看可能产生增根的地方. 本题有两处:一是乘以 $x + \sqrt{x}$,二是将(3)两边平方. 因为 $\frac{25}{16} > 1$,所以 $x + \sqrt{x} \neq 0$,而且(3)的两边均大于 0,故上述操作不会产生增根.

例 4 已知方程
$$\sqrt{x - 4a + 16} = 2\sqrt{x - 2a + 4} - \sqrt{x}. \tag{4}$$
当 a 为何值时,方程没有实数解?

解 移项得
$$\sqrt{x - 4a + 16} + \sqrt{x} = 2\sqrt{x - 2a + 4}.$$
两边平方,整理得
$$\sqrt{x(x - 4a + 16)} = x - 2a. \tag{5}$$
再两边平方,整理得
$$x = \frac{a^2}{4}.$$

$a \leqslant 0$ 时,显然 $\frac{a^2}{4} \geqslant 2a$, $\frac{a^2}{4} - 4a + 16$ 与 $\frac{a^2}{4} - 2a + 4$ 均大于或等于 0. 这时 $x = \frac{a^2}{4}$ 是方程(4)的根.

$a \geqslant 8$ 时,情况相同.

$0 < a < 8$ 时, $\frac{a^2}{4} - 2a < 0$. 所以 $x = \frac{a^2}{4}$ 不是方程(5)的根,也不是原方程的根,即

$0<a<8$ 时,原方程没有实数根.在其他情况下,原方程的根为 $x=\dfrac{a^2}{4}$.

下面再看含三次根式的无理方程.

例5 解方程
$$\sqrt[3]{10-2x}+\sqrt[3]{2x-1}=3. \tag{6}$$

解 两边立方,得
$$3\sqrt[3]{(10-2x)(2x-1)}\left(\sqrt[3]{10-2x}+\sqrt[3]{2x-1}\right)=18. \tag{7}$$

将(6)代入(7),整理得
$$\sqrt[3]{(10-2x)(2x-1)}=2.$$

再两边立方,得
$$(10-2x)(2x-1)=8. \tag{8}$$

所以 $x_1=1, x_2=\dfrac{9}{2}$.

评注 （ⅰ）其实一开始,通过观察我们就知道 $x=1$ 是其中的一个根,但可能还有其他的根.(8)是一个二次方程,有两个根,一个是1,另一个由韦达定理易知为 $\dfrac{18}{4}$,即 $\dfrac{9}{2}$.

（ⅱ）三次方不会产生增根(指实根),所以无需检验.

例6 解方程
$$\sqrt[3]{(a+x)^2}+4\sqrt[3]{(a-x)^2}=5\sqrt[3]{a^2-x^2}.$$

解 若 $a=0$,则方程即
$$5\sqrt[3]{x^2}=-5\sqrt[3]{x^2},$$

所以 $x=0$.

若 $a\neq 0$,则 $x=a$ 时,方程两边不相等,所以 $x\neq a$.令 $u=\sqrt[3]{\dfrac{a+x}{a-x}}$,则原方程成为
$$u^2-5u+4=0,$$

所以 $u=1$ 或 4.

从而 $x=0$ 或 $\dfrac{63}{65}a$.

又解 令 $u=\sqrt[3]{a+x}, v=\sqrt[3]{a-x}$,则
$$u^2+4v^2=5uv, \tag{9}$$
$$u^3+v^3=2a. \tag{10}$$

由(9)得 $u=v$ 或 $4v$,再分别代入(10).

$u=v$ 时,$2v^3=2a$,即
$$a-x=a,$$

$$x = 0.$$

$u = 4v$ 时,$65v^3 = 2a$,即

$$65(a-x) = 2a,$$

$$x = \frac{63}{65}a.$$

评注 又解中不必求出 u、v,只需求出 x.

2. 二元方程组

本节解二元的整式方程组.

例1 求方程组

$$\begin{cases} x^4 + y^4 - x^2y^2 = 13, & (1) \\ x^2 - y^2 + 2xy = 1 & (2) \end{cases}$$

的满足 $xy \geq 0$ 的解.

解 (1)可写成

$$(x^2 - y^2)^2 + x^2y^2 = 13. \qquad (3)$$

令 $u = x^2 - y^2$,$v = xy$,则(2)、(3)即

$$u + 2v = 1,$$
$$u^2 + v^2 = 13.$$

所以消去 u,得

$$5v^2 - 4v - 12 = 0.$$

从而

$$v = 2、-\frac{6}{5}.$$

因为 $xy \geq 0$,所以

$$xy = 2.$$

代入(2),整理得

$$x^4 + 3x^2 - 4 = 0.$$

从而

$$x^2 = 1 \quad (舍去负值),$$
$$x = \pm 1, \quad y = \pm 2.$$

评注 本题解法是常用的换元法.

例2 解方程组

$$\begin{cases} (x^2+1)(y^2+1) = 10, & (4) \\ (x+y)(xy-1) = 3. & (5) \end{cases}$$

解 (4)可写成
$$x^2 y^2 + (x+y)^2 - 2xy + 1 = 10.$$

令 $u = xy - 1, v = x + y$,则
$$u^2 + v^2 = 10,$$
$$uv = 3.$$

所以
$$\begin{cases} u = 3, \\ v = 1, \end{cases} \begin{cases} u = 1, \\ v = 3, \end{cases} \begin{cases} u = -3, \\ v = -1, \end{cases} \begin{cases} u = -1, \\ v = -3. \end{cases}$$

即
$$\begin{cases} xy = 4, \\ x+y = 1, \end{cases} \begin{cases} xy = 2, \\ x+y = 3, \end{cases} \begin{cases} xy = -2, \\ x+y = -1, \end{cases} \begin{cases} xy = 0, \\ x+y = -3. \end{cases}$$

只有第1个方程组无实数解,其他方程组均有实数解.原方程组的解为
$$(x, y) = (2, 1), (1, 2), (1, -2), (-2, 1), (0, -3), (-3, 0).$$

评注 本题的换元方法比例1少见,或许是受方程(5)的启发.

例3 解方程组
$$\begin{cases} x^2 + y^2 = axy, & (6) \\ x^4 + y^4 = bx^2 y^2. & (7) \end{cases}$$

解 (7)即
$$(x^2 + y^2)^2 - 2x^2 y^2 = bx^2 y^2.$$

将(6)代入,得
$$(a^2 - 2 - b) x^2 y^2 = 0.$$

若 $a^2 - 2 - b \neq 0$,则 $xy = 0$,由(1)可得 $x = 0, y = 0$.

若 $a^2 - 2 - b = 0$,则 $b = a^2 - 2$.这时只需解一个方程
$$x^2 - axy + y^2 = 0.$$

$|a| \geqslant 2$ 时,有无穷多组解,即
$$x = \frac{a \pm \sqrt{a^2 - 4}}{2} y \quad (y \text{ 可取任意值}).$$

$|a| < 2$ 时,无实数解.

评注 出现参数(即字母 a、b 等)时,往往需要分情况讨论.

例4 解方程组

$$\begin{cases} x^3 - y^3 = 19(x-y), & (8) \\ x^3 + y^3 = 7(x+y). & (9) \end{cases}$$

解 (8)即
$$(x-y)(x^2+xy+y^2) = 19(x-y).$$

所以
$$x - y = 0 \tag{10}$$

或
$$x^2 + xy + y^2 = 19. \tag{11}$$

同样,由(9)得
$$x + y = 0 \tag{12}$$

或
$$x^2 - xy + y^2 = 7. \tag{13}$$

由(10)、(12)得 $x = y = 0$.

由(10)、(13)得 $x = y = \pm\sqrt{7}$.

由(11)、(12)得 $x = \pm\sqrt{19}, y = \mp\sqrt{19}$.

由(11)、(13)得 $x^2 + y^2 = 13, xy = 6$. 所以 $x = \pm 3, y = \pm 2; x = \pm 2, y = \pm 3$(应当心算得出).

原方程组的解为
$$(x,y) = (0,0), (\pm\sqrt{7}, \pm\sqrt{7}), (\pm\sqrt{19}, \mp\sqrt{19}), (\pm 2, \pm 3), (\pm 3, \pm 2).$$

例5 解方程组
$$\begin{cases} x + y = 1, & (14) \\ x^4 + y^4 = 7. & (15) \end{cases}$$

解 $x^4 + y^4$ 是 x、y 的对称多项式,可用 $x+y$ 与 xy 表示,即
$$x^4 + y^4 = (x+y)^4 - 4xy(x+y)^2 + 2x^2y^2. \tag{16}$$

令 $v = xy$,结合(14)、(15)、(16)得
$$2v^2 - 4v + 1 = 7,$$
$$v = -1、3.$$

由韦达定理可知,x、y 是方程
$$z^2 - z - 1 = 0$$

或
$$z^2 - z + 3 = 0$$

的根,后者无实数根,由前者可得 $z = \dfrac{1 \pm \sqrt{5}}{2}$.

原方程组的解为
$$(x,y) = \left(\frac{1+\sqrt{5}}{2},\frac{1-\sqrt{5}}{2}\right),\left(\frac{1-\sqrt{5}}{2},\frac{1+\sqrt{5}}{2}\right).$$

例 6 解方程组
$$\begin{cases} 2(x+y) = 5xy, & (17) \\ 8(x^3+y^3) = 65. & (18) \end{cases}$$

解 (18)即
$$8(x+y)[(x+y)^2 - 3xy] = 65.$$
将(17)代入并消去 $x+y$,得
$$25(xy)^3 - 12(xy)^2 - 13 = 0. \tag{19}$$
(19)的系数和为 0,它可分解为
$$xy = 1$$
或
$$25(xy)^2 + 13(xy) + 13 = 0,$$
后者无实数根.由 $xy=1$ 与(17)得原方程组的解为
$$(x,y) = \left(2,\frac{1}{2}\right),\left(\frac{1}{2},2\right).$$

例 7 解方程组
$$\begin{cases} (x+y)(x^2-y^2) = 9, & (20) \\ (x-y)(x^2+y^2) = 5. & (21) \end{cases}$$

解 (20)-(21),整理得
$$(x-y)xy = 2. \tag{22}$$
显然 $x \neq y$.

(20)÷(21),整理得
$$5xy = 2(x^2+y^2),$$
即
$$xy = 2(x-y)^2. \tag{23}$$
由(22)、(23)得 $(x-y)^3 = 1, x-y = 1$.结合(22)得
$$\begin{cases} x-y = 1, \\ xy = 2. \end{cases}$$
所以,原方程组的解为
$$(x,y) = (2,1),(-1,-2).$$

评注 本题解法很多,应力求简洁.

3. 含无理方程的方程组

本节的方程组中至少有一个方程是无理方程.

例1 解方程组

$$\begin{cases} \sqrt{1-16y^2} - \sqrt{1-16x^2} = 2(x+y), & (1) \\ x^2 + y^2 + 4xy = \dfrac{1}{5}. & (2) \end{cases}$$

解 (1)是无理方程,且较繁琐,当然应先化简.注意到

$$(1-16y^2) - (1-16x^2) = 16(x^2-y^2), \qquad (3)$$

且 $x+y \neq 0$[若 $x=-y$,代入(2),得 $-2y^2 = \dfrac{1}{5}$,显然不可能].(3)÷(1),得

$$\sqrt{1-16y^2} + \sqrt{1-16x^2} = 8(x-y). \qquad (4)$$

由(1)、(4)得

$$\sqrt{1-16y^2} = 5x - 3y. \qquad (5)$$

两边平方,(5)成为

$$25y^2 - 30xy + 25x^2 = 1.$$

结合(2)得

$$130xy = 4,$$

即

$$xy = \dfrac{2}{65}.$$

代入(2),得

$$(x+y)^2 = \dfrac{9}{65},$$

$$x + y = \pm \dfrac{3}{\sqrt{65}}.$$

同理

$$x - y = \pm \dfrac{1}{\sqrt{65}}.$$

于是

$$(x,y) = \left(\dfrac{2}{\sqrt{65}}, \dfrac{1}{\sqrt{65}}\right), \left(\dfrac{1}{\sqrt{65}}, \dfrac{2}{\sqrt{65}}\right), \left(-\dfrac{2}{\sqrt{65}}, -\dfrac{1}{\sqrt{65}}\right), \left(-\dfrac{1}{\sqrt{65}}, -\dfrac{2}{\sqrt{65}}\right).$$

又解 将(1)两边平方,整理,并利用(2)得

$$36xy - 1 = \sqrt{-\frac{11}{5} + 64xy + 256x^2y^2}.$$

再两边平方,整理得

$$650(xy)^2 - 85(xy) + 2 = 0.$$

所以

$$xy = \frac{2}{65} \text{ 或 } \frac{1}{10}.$$

若 $xy = \frac{2}{65}$,同上法得出四组解.

若 $xy = \frac{1}{10}$,代入(2),得

$$x^2 + y^2 = -\frac{1}{5},$$

无实数解.

例 2 解方程组

$$\begin{cases} x - y = \frac{7}{2}(\sqrt[3]{x^2y} - \sqrt[3]{xy^2}), \\ \sqrt[3]{x} - \sqrt[3]{y} = 3. \end{cases}$$

解 采用换元法. 令 $\sqrt[3]{x} = u, \sqrt[3]{y} = v$,则

$$u^3 - v^3 = \frac{7}{2}uv(u - v), \tag{6}$$

$$u - v = 3. \tag{7}$$

在(6)的两边约去 $u - v$,得

$$u^2 + uv + v^2 = \frac{7}{2}uv,$$

即

$$2(u - v)^2 = uv.$$

将(7)代入,得

$$uv = 18. \tag{8}$$

由(7)、(8)得

$$\begin{cases} u = 6, \\ v = 3, \end{cases} \begin{cases} u = -3, \\ v = -6. \end{cases}$$

从而

$$(x, y) = (216, 27), (-27, -216).$$

例 3 解方程组

$$\begin{cases} y + \dfrac{2\sqrt{x^2-12y+1}}{3} = \dfrac{x^2+17}{12}, & (9) \\ \dfrac{x}{8y} + \dfrac{2}{3} = \sqrt{\dfrac{x}{3y}+\dfrac{1}{4}} - \dfrac{y}{2x}. & (10) \end{cases}$$

解 设 $\sqrt{x^2-12y+1} = t$. (9)可化为

$$12y + 8t = x^2 + 17,$$

即

$$t^2 - 8t + 16 = 0.$$

从而

$$t = 4,$$

即

$$x^2 - 12y = 15. \tag{11}$$

将(10)的两边同时乘以 $\dfrac{2x}{y}$,整理得

$$\left(\dfrac{x}{2y}\right)^2 - \dfrac{x}{y}\sqrt{1+\dfrac{4x}{3y}} + \left(1+\dfrac{4x}{3y}\right) = 0.$$

所以

$$\dfrac{x}{2y} = \sqrt{1+\dfrac{4x}{3y}}. \tag{12}$$

两边平方,整理得

$$3\left(\dfrac{x}{y}\right)^2 - 16\left(\dfrac{x}{y}\right) - 12 = 0.$$

所以

$$\dfrac{x}{y} = 6 \text{ 或} -\dfrac{2}{3}.$$

但(12)中 $\dfrac{x}{y} \geqslant 0$,所以 $\dfrac{x}{y} = 6$,即 $x = 6y$. 将其代入(11),得

$$x^2 - 2x - 15 = 0,$$
$$x = 5 \text{ 或} -3.$$

因此,原方程组的解为

$$(x,y) = \left(5, \dfrac{5}{6}\right), \left(-3, -\dfrac{1}{2}\right).$$

评注 (9)可以化简,(10)也可以化简.看到繁杂的式子不必慌张,先把它化简,再求解.

例 4 解方程组

$$\begin{cases} (x-y)\sqrt{y} = \dfrac{\sqrt{x}}{2}, & (13) \\ (x+y)\sqrt{x} = 3\sqrt{y}. & (14) \end{cases}$$

解 $x=0$ 时,由 (14) 知 $y=0$. 同理,$y=0$ 时,$x=0$. 以下设 x、y 均非零.

(13)×(14),并约去 $\sqrt{x}$、$\sqrt{y}$,得

$$x^2 - y^2 = \frac{3}{2}. \tag{15}$$

(13)×$\sqrt{y}$ + (14)×$\sqrt{x}$,得

$$x^2 - y^2 + 2xy = \frac{7}{2}\sqrt{xy}. \tag{16}$$

由 (15)、(16) 得

$$2xy - \frac{7}{2}\sqrt{xy} + \frac{3}{2} = 0.$$

所以

$$\sqrt{xy} = 1 \ \text{或} \ \frac{3}{4}.$$

$\sqrt{xy} = 1$ 时,$xy = 1$,$y = \dfrac{1}{x}$,代入 (15),得

$$x^4 - \frac{3}{2}x^2 - 1 = 0,$$

解得

$$x^2 = 2(\text{只取正值}), \quad x = \sqrt{2}(\text{只取正值}),$$

$$y = \frac{1}{\sqrt{2}} = \frac{\sqrt{2}}{2}.$$

$\sqrt{xy} = \dfrac{3}{4}$ 时,$xy = \dfrac{9}{16}$,$x = \dfrac{9}{16y}$,代入 (15),得

$$16^2 y^4 + 3 \times 128 y^2 - 81 = 0,$$

解得

$$y^2 = \frac{3}{16}(\text{只取正值}), \quad y = \frac{\sqrt{3}}{4}(\text{只取正值}),$$

$$x = \frac{3\sqrt{3}}{4}.$$

因此,原方程组的解为

$$(x, y) = (0, 0), \left(\sqrt{2}, \frac{\sqrt{2}}{2}\right), \left(\frac{3\sqrt{3}}{4}, \frac{\sqrt{3}}{4}\right).$$

例 5 解方程组

$$\begin{cases} \sqrt{x+y} - \sqrt{x-y} = a, & (17) \\ \sqrt{x^2+y^2} + \sqrt{x^2-y^2} = a^2 & (18) \end{cases} \quad (a>0).$$

解 (17)两边平方,得

$$\sqrt{x^2-y^2} = x - \frac{a^2}{2}. \tag{19}$$

代入(18),得

$$\sqrt{x^2+y^2} = \frac{3a^2}{2} - x. \tag{20}$$

又(18)两边平方,得

$$\sqrt{x^2+y^2}\sqrt{x^2-y^2} = \frac{a^4}{2} - x^2. \tag{21}$$

由(19)、(20)、(21)(消去根式)可得

$$\left(x - \frac{a^2}{2}\right)\left(\frac{3a^2}{2} - x\right) = \frac{a^4}{2} - x^2,$$

化简得

$$x = \frac{5}{8}a^2.$$

代入(19),得

$$y^2 = \frac{3}{8}a^4.$$

(17)表明 $x+y > x-y$,即 $y>0$,所以 $y = \frac{\sqrt{6}}{4}a^2$.

因此,原方程组的解为 $\left(\frac{5}{8}a^2, \frac{\sqrt{6}}{4}a^2\right)$.

例 6 解方程组

$$\begin{cases} x\sqrt{x} - y\sqrt{y} = a(\sqrt{x} - \sqrt{y}), & (22) \\ x^2 + xy + y^2 = b^2 & (23) \end{cases} \quad (a>0, b>0).$$

解 如果 $x=y$,那么 $x = \frac{b}{\sqrt{3}}, y = \frac{b}{\sqrt{3}}$(只取正值).

如果 $x \neq y$,那么由(22)可得

$$x + \sqrt{xy} + y = a. \tag{24}$$

(23)÷(24),得

$$x - \sqrt{xy} + y = \frac{b^2}{a}. \tag{25}$$

所以由(24)、(25)可得

$$x + y = \frac{1}{2}\left(a + \frac{b^2}{a}\right),$$

$$\sqrt{xy} = \frac{1}{2}\left(a - \frac{b^2}{a}\right).$$

因此，$a < b$ 时，$\sqrt{xy} = \frac{a^2 - b^2}{2a} < 0$，方程无实数解.

$a \geq b$ 时，x 与 y 是方程

$$z^2 - \frac{1}{2}\left(a + \frac{b^2}{a}\right)z + \frac{1}{4}\left(a - \frac{b^2}{a}\right)^2 = 0 \tag{26}$$

的两个根.

(26)的判别式为

$$\Delta = \frac{1}{4}\left(a + \frac{b^2}{a}\right)^2 - \left(a - \frac{b^2}{a}\right)^2$$

$$= \frac{1}{4a^2}(10a^2b^2 - 3a^4 - 3b^4)$$

$$= \frac{1}{4a^2}(3a^2 - b^2)(3b^2 - a^2).$$

$a > \sqrt{3}b$ 时，$\Delta < 0$，(26)无实数解.

$\sqrt{3}b \geq a \geq b$ 时，

$$z = \frac{1}{2}\left[\frac{1}{2}\left(a + \frac{b^2}{a}\right) \pm \sqrt{\frac{1}{4}\left(a + \frac{b^2}{a}\right)^2 - \left(a - \frac{b^2}{a}\right)^2}\right]$$

$$= \frac{1}{4a}(a^2 + b^2 \pm \sqrt{10a^2b^2 - 3a^4 - 3b^4}).$$

而由韦达定理可知(26)在有实数解时，两根同号(常数项大于或等于0)，且均非负(一次项小于或等于0)，所以它们也是原方程组的解.

因此，原方程组的解为

$$(x, y) = \left(\frac{b}{\sqrt{3}}, \frac{b}{\sqrt{3}}\right).$$

$\sqrt{3}b \geq a \geq b$ 时，还有

$$(x, y) = \left(\frac{a^2 + b^2 \pm \sqrt{10a^2b^2 - 3a^4 - 3b^4}}{4a}, \frac{a^2 + b^2 \mp \sqrt{10a^2b^2 - 3a^4 - 3b^4}}{4a}\right).$$

评注 本题中 $x \geq 0$，$y \geq 0$，$\sqrt{xy} \geq 0$，需要注意这些限制，以排除增根.

4. 多元方程组（一）

元数多于2的方程组也是非常之多，我们分为两节讨论.

例1 解方程组

$$\begin{cases} x^2 + xy + xz - x = 2, & (1) \\ y^2 + yz + yx - y = 4, & (2) \\ z^2 + zx + zy - z = 6. & (3) \end{cases}$$

解 (1)+(2)+(3)，得

$$(x+y+z)^2 - (x+y+z) = 12,$$

所以

$$x+y+z = 4 \text{ 或 } -3. \tag{4}$$

若 $x+y+z=4$，则原方程组变为

$$\begin{cases} 4x - x = 2, \\ 4y - y = 4, \\ 4z - z = 6. \end{cases}$$

所以

$$(x,y,z) = \left(\frac{2}{3}, \frac{4}{3}, 2\right).$$

若 $x+y+z=-3$，同理可得

$$(x,y,z) = \left(-\frac{1}{2}, -1, -\frac{3}{2}\right).$$

评注 第一步很重要，走对了，下面便可迎刃而解，所以务必仔细观察各个方程的特点.

又解 (1)+(2)-(3)，得

$$(x+y)^2 - z^2 = x+y-z,$$

所以

$$x+y-z = 0 \quad \text{或} \quad x+y+z = 1.$$

但将 $x+y+z=1$ 代入(1)，得 $0=2$，矛盾，所以只有

$$x+y-z = 0. \tag{5}$$

结合(3)得

$$2z^2 - z = 6,$$

所以 $z = 2$ 或 $-\dfrac{3}{2}$.

(1)即
$$2xz - x = 2,$$

所以 $x = \dfrac{2}{3}$ 或 $-\dfrac{1}{2}$,代入(5),得 $y = \dfrac{4}{3}$ 或 -1.

因此,原方程组的解为
$$(x,y,z) = \left(\dfrac{2}{3}, \dfrac{4}{3}, 2\right), \left(-\dfrac{1}{2}, -1, -\dfrac{3}{2}\right).$$

评注 解法可以有很多种,越简单越好.

亦可将(5)与(4)结合起来,试试看.

例 2 解方程组
$$\begin{cases} u^2 + v^2 + w = 2, & (6) \\ v^2 + w^2 + u = 2, & (7) \\ w^2 + u^2 + v = 2. & (8) \end{cases}$$

解 (6)-(7),得
$$u^2 - w^2 = u - w,$$

所以
$$u = w$$

或
$$u + w = 1.$$

同理
$$u = v$$

或
$$u + v = 1.$$

于是有
$$\begin{cases} u = v, \\ u = w, \end{cases} \begin{cases} u = v, \\ u + w = 1, \end{cases} \begin{cases} u + w = 1, \\ u + v = 1, \end{cases} \begin{cases} u = w, \\ u + v = 1. \end{cases}$$

第3个方程组即 $\begin{cases} u + v = 1, \\ v = w, \end{cases}$ 从而 u、v、w 中至少有两个相等.

由 $u = v = w$ 及(6)得
$$2u^2 + u - 2 = 0,$$
$$u = \dfrac{-1 \pm \sqrt{17}}{4} = v = w.$$

由 $u=v, u+w=1$ 及(6)得
$$2u^2 - u - 1 = 0,$$
$$u = 1 \text{ 或 } -\frac{1}{2}.$$

由 $u+v=1, v=w$ 及(6)得
$$2u^2 - 3u = 0,$$
$$u = 0 \text{ 或 } \frac{3}{2}.$$

由 $u=w, u+v=1$ 及(6)得
$$3u^2 - 2u - 1 = 0,$$
$$u = 1 \text{ 或 } -\frac{1}{3}.$$

因此,原方程组的解为
$$(u,v,w) = (1,1,0), \left(-\frac{1}{2}, -\frac{1}{2}, \frac{3}{2}\right), (1,0,1), \left(-\frac{1}{3}, \frac{4}{3}, -\frac{1}{3}\right), (0,1,1), \left(\frac{3}{2}, -\frac{1}{2}, -\frac{1}{2}\right),$$
$$\left(\frac{-1+\sqrt{17}}{4}, \frac{-1+\sqrt{17}}{4}, \frac{-1+\sqrt{17}}{4}\right), \left(\frac{-1-\sqrt{17}}{4}, \frac{-1-\sqrt{17}}{4}, \frac{-1-\sqrt{17}}{4}\right).$$

例3 解方程组
$$\begin{cases} xy + yz + zx = 47, & (9) \\ x^2 + y^2 = z^2, & (10) \\ (z-x)(z-y) = 2. & (11) \end{cases}$$

解 (11)即
$$z^2 - (x+y)z + xy = 2. \tag{12}$$

(9)+(12),得
$$z^2 + 2xy = 49. \tag{13}$$

由(10)、(13)得
$$(x+y)^2 = 49,$$
所以
$$x + y = \pm 7.$$

(12)-(9),得
$$z^2 - 2(x+y)z + 45 = 0,$$
即
$$z^2 \mp 14z + 45 = 0,$$
$$z = 5、9 \text{ 或 } -5、-9.$$

$z = \pm 5$ 时,由(13)得

$$xy = 12.$$

由 $\begin{cases} xy = 12, \\ x + y = 7 \end{cases}$ 得

$$(x, y) = (3, 4), (4, 3).$$

由 $\begin{cases} xy = 12, \\ x + y = -7 \end{cases}$ 得

$$(x, y) = (-3, -4), (-4, -3).$$

$z = \pm 9$ 时,由(13)得

$$xy = -16.$$

由 $\begin{cases} xy = -16, \\ x + y = 7 \end{cases}$ 得

$$(x, y) = \left(\frac{7 + \sqrt{113}}{2}, \frac{7 - \sqrt{113}}{2}\right), \left(\frac{7 - \sqrt{113}}{2}, \frac{7 + \sqrt{113}}{2}\right).$$

由 $\begin{cases} xy = -16, \\ x + y = -7 \end{cases}$ 得

$$(x, y) = \left(\frac{-7 + \sqrt{113}}{2}, \frac{-7 - \sqrt{113}}{2}\right), \left(\frac{-7 - \sqrt{113}}{2}, \frac{-7 + \sqrt{113}}{2}\right).$$

于是,原方程组的解为

$(x, y, z) = (3, 4, 5), (4, 3, 5), (-3, -4, -5), (-4, -3, -5),$

$\left(\frac{7 + \sqrt{113}}{2}, \frac{7 - \sqrt{113}}{2}, 9\right), \left(\frac{7 - \sqrt{113}}{2}, \frac{7 + \sqrt{113}}{2}, 9\right),$

$\left(\frac{-7 + \sqrt{113}}{2}, \frac{-7 - \sqrt{113}}{2}, -9\right), \left(\frac{-7 - \sqrt{113}}{2}, \frac{-7 + \sqrt{113}}{2}, -9\right).$

方程组中,有的方程可能是分式方程,不一定要先化为整式方程,而是要根据其特点进行处理.

例 4 解方程组

$$\begin{cases} x^2 - y^2 = \dfrac{1}{xy} + z, & (14) \\ y^2 - z^2 = \dfrac{1}{yz} + x, & (15) \\ z^2 - x^2 = \dfrac{1}{zx} + y. & (16) \end{cases}$$

解 (14) + (15) + (16),得

$$0 = x + y + z + \frac{x + y + z}{xyz}.$$

所以
$$x + y + z = 0$$
或
$$xyz = -1. \tag{17}$$

若 $xyz = -1$,则(14)、(15)、(16)变为
$$x^2 - y^2 = 0, \quad y^2 - z^2 = 0, \quad z^2 - x^2 = 0.$$
从而 $x^2 = y^2 = z^2$,结合(17)得
$$(x, y, z) = (1, 1, -1), (1, -1, 1), (-1, 1, 1), (-1, -1, -1).$$
若 $x + y + z = 0$,则 $x + y = -z$,(14)即
$$-z(x - y) = \frac{1}{xy} + z.$$
从而
$$-xyz(x - y) = xyz + 1. \tag{18}$$
同理,由(15)、(16)得
$$-xyz(y - z) = xyz + 1, \tag{19}$$
$$-xyz(z - x) = xyz + 1. \tag{20}$$
(18) + (19) + (20),得
$$xyz + 1 = 0,$$
即又出现(17),并不产生新解.

因此,原方程组的解为
$$(x, y, z) = (1, 1, -1), (1, -1, 1), (-1, 1, 1), (-1, -1, -1).$$

例 5 解方程组
$$\begin{cases} yz + x^2 = xz + y^2 = xy + z^2, \\ \dfrac{2x}{yz + x^2} + \dfrac{2y}{xz + y^2} + \dfrac{2z}{xy + z^2} = x^3 + y^3 + z^3. \end{cases}$$

解 由 $yz + x^2 = xz + y^2$ 得
$$(x - y)(x + y) = z(x - y),$$
所以
$$x = y \tag{21}$$
或
$$x + y = z.$$
同理,由 $xz + y^2 = xy + z^2$ 得
$$y = z \tag{22}$$
或

$$y + z = x. \tag{23}$$

由(21)、(22)得 $x = y = z$,代入原方程组第 2 个方程,得
$$x = y = z = \pm 1.$$

由(21)、(23)得 $z = 0$,代入原方程组第 2 个方程,得
$$x = y = \pm \sqrt[4]{2}.$$

其他组合产生类似的(轮换)结果.

因此,原方程组的解为
$$(x, y, z) = (\pm 1, \pm 1, \pm 1), (\pm \sqrt[4]{2}, \pm \sqrt[4]{2}, 0), (\pm \sqrt[4]{2}, 0, \pm \sqrt[4]{2}), (0, \pm \sqrt[4]{2}, \pm \sqrt[4]{2}).$$

例 6 证明:方程组
$$\begin{cases} 2x + y + z = 0, & (24) \\ xy + z^2 = 0, & (25) \\ yz + zx + xy - y^2 = 0 & (26) \end{cases}$$

仅有解 $x = y = z = 0$.

证明 由(24)得 $2x = -(y + z)$,代入(26),整理得
$$3y^2 + z^2 = 0. \tag{27}$$

从而
$$y = z = 0, \quad x = -\frac{1}{2}(y + z) = 0.$$

有趣的是方程(25)竟无需利用,解法异常简单.

当然,如果将 $2x = -(y + z)$ 先代入(25),就没有这么简单了.

那么,为何要加一个方程(25),是故意将水搞浑,还是别有深意?

原来,在初中阶段只涉及实数,由若干个平方和为零可立即得出每个平方均为零. 但数域扩大后,(27)还可能有虚数解,不能直接得出 $y = z = 0$.这时,需要由(25)、(27)得出 $3y^2 = xy$,从而 $y = 0$ 或 $x = 3y$.

由 $y = 0$ 及(25)得 $z = 0$,再得出 $x = 0$.

将 $x = 3y$ 代入(24)得 $z = -7y$,再代入(27)得 $y = 0$.从而 $x = y = z = 0$.

所以(25)是为高中同学设置的.

5. 多元方程组(二)

本节的方程组,有的含有参数,有的可能需要讨论.

例 1 解方程组

$$\begin{cases} x^2 + (y-z)^2 = a, & (1) \\ y^2 + (z-x)^2 = b, & (2) \\ z^2 + (x-y)^2 = c, & (3) \end{cases}$$

其中 a、b、c 是一个三角形的三条边长.

解 (1)−(2)+(3),得

$$(x-y+z)^2 = a-b+c. \tag{4}$$

所以

$$x-y+z = \pm b_1, \tag{5}$$

其中 $b_1 = \sqrt{a-b+c}$ 是一实数(因为 a、b、c 是三角形的三条边长,所以 $a+c>b$). 同理,定义 $a_1 = \sqrt{-a+b+c}$, $c_1 = \sqrt{a+b-c}$,都是实数.

类似地,有

$$x+y-z = \pm c_1, \tag{6}$$

$$-x+y+z = \pm a_1. \tag{7}$$

由(5)、(6)、(7)得原方程组的解为

$$(x,y,z) = \left(\frac{b_1+c_1}{2}, \frac{c_1+a_1}{2}, \frac{a_1+b_1}{2}\right), \left(\frac{-b_1+c_1}{2}, \frac{c_1+a_1}{2}, \frac{a_1-b_1}{2}\right),$$

$$\left(\frac{b_1-c_1}{2}, \frac{-c_1+a_1}{2}, \frac{a_1+b_1}{2}\right), \left(\frac{b_1+c_1}{2}, \frac{c_1-a_1}{2}, \frac{-a_1+b_1}{2}\right),$$

$$\left(\frac{-b_1-c_1}{2}, \frac{-c_1+a_1}{2}, \frac{a_1-b_1}{2}\right), \left(\frac{-b_1+c_1}{2}, \frac{c_1-a_1}{2}, \frac{-a_1-b_1}{2}\right),$$

$$\left(\frac{b_1-c_1}{2}, \frac{-c_1-a_1}{2}, \frac{-a_1+b_1}{2}\right), \left(\frac{-b_1-c_1}{2}, \frac{-c_1-a_1}{2}, \frac{-a_1-b_1}{2}\right).$$

例 2 已知 $abc \neq 0$,解方程组

$$\begin{cases} x(y+z) = a^2, & (8) \\ y(z+x) = b^2, & (9) \\ z(x+y) = c^2, & (10) \end{cases}$$

并讨论何时有解.

解 记 $\alpha = b^2+c^2-a^2$, $\beta = c^2+a^2-b^2$, $\gamma = a^2+b^2-c^2$.

(8)+(9)−(10),得

$$xy = \frac{1}{2}(a^2+b^2-c^2) = \frac{\gamma}{2}. \tag{11}$$

因为 $a \neq 0$, $b \neq 0$,所以 $x \neq 0$,$y \neq 0$,$\gamma \neq 0$.

同理

$$yz = \frac{\alpha}{2}, \tag{12}$$

$$zx = \frac{\beta}{2}, \qquad (13)$$

并且 $\alpha \neq 0, \beta \neq 0$.

由(11)、(12)、(13)得

$$x^2 y^2 z^2 = \frac{1}{8}\alpha\beta\gamma, \qquad (14)$$

所以 $\alpha\beta\gamma > 0$.

$\alpha < 0$ 时,$b^2 + c^2 < a^2$,从而 $\beta > 0, \gamma > 0, \alpha\beta\gamma < 0$,矛盾. 因此,$\alpha > 0, \beta > 0, \gamma > 0$.

$\alpha > 0, \beta > 0, \gamma > 0$ 时,由(14)得

$$xyz = \pm \frac{1}{2\sqrt{2}}\sqrt{\alpha\beta\gamma},$$

从而

$$x = \pm\frac{\sqrt{\alpha\beta\gamma}}{\sqrt{2}\alpha}, \quad y = \pm\frac{\sqrt{\alpha\beta\gamma}}{\sqrt{2}\beta}, \quad z = \pm\frac{\sqrt{\alpha\beta\gamma}}{\sqrt{2}\gamma}.$$

即当且仅当 a^2、b^2、c^2 能作为一个三角形的三条边长时,原方程组有解,解为

$$(x, y, z) = \left(\frac{\sqrt{\alpha\beta\gamma}}{\sqrt{2}\alpha}, \frac{\sqrt{\alpha\beta\gamma}}{\sqrt{2}\beta}, \frac{\sqrt{\alpha\beta\gamma}}{\sqrt{2}\gamma}\right), \left(\frac{-\sqrt{\alpha\beta\gamma}}{\sqrt{2}\alpha}, \frac{-\sqrt{\alpha\beta\gamma}}{\sqrt{2}\beta}, \frac{-\sqrt{\alpha\beta\gamma}}{\sqrt{2}\gamma}\right).$$

例3 解方程组

$$\begin{cases} y + 2x + z = a(x+y)(z+x), \\ z + 2y + x = b(y+z)(x+y), \\ x + 2z + y = c(z+x)(y+z). \end{cases}$$

解 设 $x + y = w, z + x = v, y + z = u$,则

$$w + v = awv,$$
$$u + w = buw,$$
$$v + u = cvu.$$

若 $u、v、w$ 中有一个为 0,则由以上三个方程可知其余两个也为 0,$x = y = z = 0$.

设 $u、v、w$ 均不为 0,则

$$\frac{1}{v} + \frac{1}{w} = a,$$
$$\frac{1}{w} + \frac{1}{u} = b,$$
$$\frac{1}{u} + \frac{1}{v} = c.$$

所以

$$\frac{1}{u} = \frac{b+c-a}{2} = \frac{\alpha}{2},$$

$$\frac{1}{v} = \frac{c+a-b}{2} = \frac{\beta}{2},$$

$$\frac{1}{w} = \frac{a+b-c}{2} = \frac{\gamma}{2},$$

即

$$y+z = \frac{2}{\alpha},$$

$$z+x = \frac{2}{\beta},$$

$$x+y = \frac{2}{\gamma}.$$

于是

$$x = \frac{1}{\beta} + \frac{1}{\gamma} - \frac{1}{\alpha},$$

$$y = \frac{1}{\gamma} + \frac{1}{\alpha} - \frac{1}{\beta},$$

$$z = \frac{1}{\alpha} + \frac{1}{\beta} - \frac{1}{\gamma}.$$

因此，原方程组的解为

$$(x,y,z) = (0,0,0), \left(\frac{1}{\beta} + \frac{1}{\gamma} - \frac{1}{\alpha}, \frac{1}{\gamma} + \frac{1}{\alpha} - \frac{1}{\beta}, \frac{1}{\alpha} + \frac{1}{\beta} - \frac{1}{\gamma}\right),$$

其中 $\alpha = b+c-a, \beta = c+a-b, \gamma = a+b-c$ 均不为 0，否则仅有 $(0,0,0)$ 这一组解.

三元线性方程组也可以用矩阵与行列式来解. 下面的例 4，我们就这样来做.

例 4 已知 a、b、c、d 是互不相等的实数，x、y、z 是方程组

$$\begin{cases} 1 + x + y + z = 0, & (15) \\ a + bx + cy + dz = 0, & (16) \\ a^2 + b^2 x + c^2 y + d^2 z = 0 & (17) \end{cases}$$

的解. 求证：$xyz > 0$.

证明 因为

$$\begin{pmatrix} 1 & 1 & 1 & -1 \\ b & c & d & -a \\ b^2 & c^2 & d^2 & -a^2 \end{pmatrix} \to \begin{pmatrix} 1 & 1 & 1 & -1 \\ b & c & d & -a \\ 0 & c(c-b) & d(d-b) & -a(a-b) \end{pmatrix}$$

$$\to \begin{pmatrix} 1 & 1 & 1 & -1 \\ & c-b & d-b & -(a-b) \\ & c(c-b) & d(d-b) & -a(a-b) \end{pmatrix}$$

$$\rightarrow \begin{pmatrix} 1 & 1 & 1 & -1 \\ & c-b & d-b & -(a-b) \\ & & (d-c)(d-b) & -(a-c)(a-b) \end{pmatrix}$$

$$\rightarrow \begin{pmatrix} 1 & 1 & 1 & -1 \\ & 1 & \dfrac{d-b}{c-b} & -\dfrac{a-b}{c-b} \\ & & 1 & -\dfrac{(a-c)(a-b)}{(d-c)(d-b)} \end{pmatrix}$$

$$\rightarrow \begin{pmatrix} 1 & \dfrac{c-d}{c-b} & -\dfrac{c-a}{c-b} \\ & 1 & \dfrac{d-b}{c-b} & -\dfrac{a-b}{c-b} \\ & & 1 & -\dfrac{(a-c)(a-b)}{(d-c)(d-b)} \end{pmatrix}$$

$$\rightarrow \begin{pmatrix} 1 & \dfrac{c-d}{c-b} & -\dfrac{c-a}{c-b} \\ & 1 & & -\dfrac{(a-b)(d-a)}{(c-b)(d-c)} \\ & & 1 & -\dfrac{(a-c)(a-b)}{(d-c)(d-b)} \end{pmatrix}$$

$$\rightarrow \begin{pmatrix} 1 & & -\dfrac{(c-a)(d-a)}{(c-b)(d-b)} \\ & 1 & -\dfrac{(a-b)(d-a)}{(c-b)(d-c)} \\ & & 1 & -\dfrac{(a-c)(a-b)}{(d-c)(d-b)} \end{pmatrix},$$

所以

$$xyz = \dfrac{-(c-a)(d-a)}{(c-b)(d-b)} \cdot \dfrac{-(a-b)(d-a)}{(c-b)(d-c)} \cdot \dfrac{-(a-c)(a-b)}{(d-c)(d-b)}$$

$$= \dfrac{(a-b)^2(a-c)^2(a-d)^2}{(b-c)^2(c-d)^2(d-b)^2} > 0.$$

评注 其实, 由 b、c、d 的轮换性得出 $z = -\dfrac{(a-b)(a-c)}{(d-b)(d-c)}$ 后, 已经可以得出 $x = -\dfrac{(a-c)(a-d)}{(b-c)(b-d)}, y = -\dfrac{(a-d)(a-b)}{(c-d)(c-b)}$ (即将 b 换为 c, c 换为 d, d 换为 b).

又证 不用矩阵, 改用行列式.

(17) $-$ (16) $\times b$, 得

$$a(a-b) + c(c-b)y + d(d-b)z = 0. \qquad (18)$$

(16)−(15)×b,得
$$a - b + (c-b)y + (d-b)z = 0. \tag{19}$$

由(18)、(19)及第 5 章第 2 节公式(6)可得

$$y = \frac{\begin{vmatrix} d(d-b) & a(a-b) \\ d-b & a-b \end{vmatrix}}{\begin{vmatrix} c(c-b) & d(d-b) \\ c-b & d-b \end{vmatrix}} = \frac{\begin{vmatrix} d & a \\ 1 & 1 \end{vmatrix} \times (a-b)}{\begin{vmatrix} c & d \\ 1 & 1 \end{vmatrix} \times (c-b)}$$

$$= -\frac{(a-b)(a-d)}{(c-b)(c-d)}.$$

于是,由 b、c、d 的轮换性可知

$$z = -\frac{(a-c)(a-b)}{(d-c)(d-b)},$$

$$x = -\frac{(a-d)(a-c)}{(b-d)(b-c)}.$$

因此

$$xyz = \frac{(a-b)^2(a-c)^2(a-d)^2}{(b-c)^2(c-d)^2(d-b)^2} > 0.$$

评注 将来用三阶行列式更简单.

下面的例 5、例 6 是 n 元方程组.

例 5 证明:如果

$$\begin{cases} x_1 + x_2 + x_3 = 0, \\ x_2 + x_3 + x_4 = 0, \\ \cdots, \\ x_{99} + x_{100} + x_1 = 0, \\ x_{100} + x_1 + x_2 = 0, \end{cases}$$

那么

$$x_1 = x_2 = \cdots = x_{100} = 0.$$

证明 由第 1 和第 2 个方程可得

$$x_1 = x_4.$$

同理

$$x_4 = x_7 = x_{10} = \cdots = x_{100}.$$

由第 100 和第 1 个方程可得

$$x_{100} = x_3.$$

同理

$$x_3 = x_6 = \cdots = x_{99}.$$

由第 99 和第 100 个方程可得
$$x_{99} = x_2.$$
同理
$$x_2 = x_5 = \cdots = x_{98}.$$
于是
$$x_1 = x_2 = x_3 = \cdots = x_{100}.$$
代入第 1 个方程,得
$$3x_1 = 0,$$
$$x_1 = 0.$$
所以
$$x_1 = x_2 = \cdots = x_{100} = 0.$$

例 6 解方程组
$$\begin{cases} 2x_2 = x_1 + \dfrac{2}{x_1}, \\ 2x_3 = x_2 + \dfrac{2}{x_2}, \\ \cdots, \\ 2x_n = x_{n-1} + \dfrac{2}{x_{n-1}}, \\ 2x_1 = x_n + \dfrac{2}{x_n}. \end{cases}$$

解 先设 $x_1>0$,由第 1 个方程可得 $x_2>0$,由第 2 个方程可得 $x_3>0$,…,由第 $n-1$ 个方程可得 $x_n>0$. 由轮换性可知只要 $x_1, x_2, \cdots, x_n$ 中有一个为正,则其余的均为正.

因为
$$x_1 + \frac{2}{x_1} = \left(\sqrt{x_1} - \sqrt{\frac{2}{x_1}}\right)^2 + 2\sqrt{2} \geqslant 2\sqrt{2},$$
所以由第 1 个方程可得
$$x_2 \geqslant \sqrt{2}.$$
同理可得 $x_3, x_4, \cdots, x_n, x_1 \geqslant \sqrt{2}$.

又 n 个方程相加可得
$$x_1 + x_2 + \cdots + x_n = 2\left(\frac{1}{x_1} + \frac{1}{x_2} + \cdots + \frac{1}{x_n}\right),$$
左边 $\geqslant n\sqrt{2}$,右边 $\leqslant 2 \times \dfrac{n}{\sqrt{2}} = n\sqrt{2}$. 因此
$$x_1 = x_2 = \cdots = x_n = \sqrt{2}.$$

如果 $x_1 < 0$,用 $-x_1, -x_2, \cdots, -x_n$ 代替 $x_1, x_2, \cdots, x_n$,同样得出

$$-x_1 = -x_2 = \cdots = -x_n = \sqrt{2},$$

即

$$x_1 = x_2 = \cdots = x_n = -\sqrt{2}.$$

因此,原方程组的解为

$$(x_1, x_2, \cdots, x_n) = (\sqrt{2}, \sqrt{2}, \cdots, \sqrt{2}), (-\sqrt{2}, -\sqrt{2}, \cdots, -\sqrt{2}).$$

<< 习　题　9 >>

1. 解方程

$$\sqrt{y - 2 + \sqrt{2y - 5}} + \sqrt{y + 2 + 3\sqrt{2y - 5}} = 7\sqrt{2}.$$

2. 解方程

$$\sqrt[3]{(2+x)^2} + 3\sqrt[3]{(2-x)^2} = 4\sqrt[3]{4-x^2}.$$

3. 解方程组

$$\begin{cases} \dfrac{x^2}{y} + \dfrac{y^2}{x} = 12, \\ \dfrac{1}{x} + \dfrac{1}{y} = \dfrac{1}{3}. \end{cases}$$

4. 解方程组

$$\begin{cases} \dfrac{x+y}{xy} + \dfrac{xy}{x+y} = a + \dfrac{1}{a}, \\ \dfrac{x-y}{xy} + \dfrac{xy}{x-y} = b + \dfrac{1}{b}. \end{cases}$$

5. 解方程组

$$\begin{cases} x + y + z = 9, \\ \dfrac{1}{x} + \dfrac{1}{y} + \dfrac{1}{z} = 1, \\ xy + yz + zx = 27. \end{cases}$$

6. 解方程组

$$\begin{cases} y^3 + z^3 = 2a(yz + zx + xy), \\ z^3 + x^3 = 2b(yz + zx + xy), \\ x^3 + y^3 = 2c(yz + zx + xy). \end{cases}$$

7. 解方程组

$$\begin{cases} xy + z^2 = 2, \\ yz + x^2 = 2, \\ zx + y^2 = 2. \end{cases}$$

8. 解方程组

$$\begin{cases} 3xy - \dfrac{16}{xz} = -5, \\ xz + \dfrac{8}{yz} = 4, \\ yz - \dfrac{3}{xy} = 1. \end{cases}$$

9. 解方程组

$$\begin{cases} x^3 + y^3 = 19xy + 7xz + 11yz, \\ x^3 + z^3 = 26(xy + xz + yz), \\ y^3 + z^3 = 47xy + 35xz + 39yz. \end{cases}$$

10. 解方程组

$$\begin{cases} y^2 + xy + x^2 = z, \\ x^2 + zx + z^2 = y, \\ z^3 - y^3 = x^2 + 2zx + zy. \end{cases}$$

11. 解方程组

$$\begin{cases} y + z = 2x, \\ y^2 + 3z^2 = 28x^2, \\ y^3 + 8z^3 = (y - 4x)(1 - 4z + 7xy). \end{cases}$$

12. 解方程组

$$\begin{cases} x + y - z = 7, \\ x^2 + y^2 - z^2 = 37, \\ x^3 + y^3 - z^3 = 1. \end{cases}$$

13. 解方程组

$$\begin{cases} xy = 5x + 6y - 4z, \\ y^2 = 3x + 5y - z, \\ yz = x + 4y + 2z. \end{cases}$$

14. 解方程组

$$\begin{cases} x + y + z = 2, \\ (x+y)(y+z) + (y+z)(z+x) + (z+x)(x+y) = 1, \\ x^2(y+z) + y^2(z+x) + z^2(x+y) = -6. \end{cases}$$

15. 解方程组

$$\begin{cases} \dfrac{xyz}{x+y} = 2, \\ \dfrac{xyz}{y+z} = \dfrac{6}{5}, \\ \dfrac{xyz}{z+x} = \dfrac{3}{2}. \end{cases}$$

16. 已知 $x \geq 0, y \geq 0, z \geq 0$. 解方程组

$$\begin{cases} yz - x^2 - xz - xy = 2, \\ y^2 + xy + zy - zx = 3, \\ z^2 + zy + xz - xy = 6. \end{cases}$$

17. 解方程组

$$\begin{cases} x_1 + 2x_2 + 3x_3 + 4x_4 + \cdots + nx_n = a_1, \\ nx_1 + x_2 + 2x_3 + 3x_4 + \cdots + (n-1)x_n = a_2, \\ (n-1)x_1 + nx_2 + x_3 + 2x_4 + \cdots + (n-2)x_n = a_3, \\ \cdots, \\ 2x_1 + 3x_2 + 4x_3 + 5x_4 + \cdots + x_n = a_n. \end{cases}$$

18. 设 $abc > 0$. 解方程组

$$\begin{cases} x^2 + xy + xz + yz = a, \\ y^2 + xy + xz + yz = b, \\ z^2 + xy + xz + yz = c. \end{cases}$$

19. 设 (x, y, z) 为方程组

$$\begin{cases} x + y + z = a, \\ x^2 + y^2 + z^2 = b^2, \\ \dfrac{1}{x} + \dfrac{1}{y} + \dfrac{1}{z} = \dfrac{1}{c} \end{cases}$$

的解. 求 $x^3 + y^3 + z^3$.

20. a_1、a_2、a_3 满足什么条件时,方程组

$$\begin{cases} (1 + a_1)x + y + z = 1, \\ x + (1 + a_2)y + z = 1, \\ x + y + (1 + a_3)z = 1 \end{cases}$$

有唯一解?

习题 9 解答

1. 令 $t = \sqrt{2y-5}$，则

$$y = \frac{1}{2}(t^2 + 5),$$

$$y - 2 = \frac{1}{2}(t^2 + 1),$$

$$y + 2 = \frac{1}{2}(t^2 + 9).$$

所以原方程化为

$$\sqrt{t^2 + 1 + 2t} + \sqrt{t^2 + 9 + 6t} = 14,$$

即（因为 $t > 0$）

$$t + 1 + t + 3 = 14,$$
$$t = 5,$$

故

$$y = 15.$$

2. 令 $u^3 = 2 + x$，$v^3 = 2 - x$，则

$$u^2 + 3v^2 = 4uv.$$

从而

$$(u - v)(u - 3v) = 0,$$
$$u = v \quad \text{或} \quad u = 3v.$$

$u = v$ 时，

$$2 + x = 2 - x,$$
$$x = 0.$$

$u = 3v$ 时，

$$27v^3 + v^3 = 4,$$
$$v^3 = \frac{1}{7},$$
$$x = 2 - \frac{1}{7} = \frac{13}{7}.$$

经检验，$x = 0$、$\frac{13}{7}$ 都是原方程的根.

3. 设 $u = x + y$，$v = xy$，则

$$u(u^2 - 3v) = 12v, \tag{1}$$

$$3u = v. \qquad (2)$$

将(2)代入(1),得

$$u(u^2 - 9u) = 36u. \qquad (3)$$

因为 x、y 均不能为 0,所以 $v \neq 0, u \neq 0$. 由(3)得

$$u^2 - 9u - 36 = 0,$$
$$u = -3 \text{ 或 } 12.$$

$u = -3$ 时,$v = -9$. x、y 是方程 $z^2 + 3z - 9 = 0$ 的根,即

$$x = \frac{3}{2}(\pm\sqrt{5} - 1), \quad y = \frac{3}{2}(\mp\sqrt{5} - 1).$$

$u = 12$ 时,$v = 36$. x、y 是方程 $z^2 - 12z + 36 = 0$ 的根,即

$$x = y = 6.$$

因此,原方程组的解为

$$\begin{cases} x = 6, \\ y = 6, \end{cases} \begin{cases} x = \frac{3}{2}(\sqrt{5} - 1), \\ y = \frac{3}{2}(-\sqrt{5} - 1), \end{cases} \begin{cases} x = \frac{3}{2}(-\sqrt{5} - 1), \\ y = \frac{3}{2}(\sqrt{5} - 1). \end{cases}$$

4. 由第 1 个方程可得

$$\frac{x + y}{xy} = a \text{ 或 } \frac{1}{a}.$$

由第 2 个方程可得

$$\frac{x - y}{xy} = b \text{ 或 } \frac{1}{b}.$$

于是有

$$\begin{cases} \frac{1}{x} + \frac{1}{y} = a, \\ \frac{1}{y} - \frac{1}{x} = b, \end{cases} \begin{cases} \frac{1}{x} + \frac{1}{y} = a, \\ \frac{1}{y} - \frac{1}{x} = \frac{1}{b}, \end{cases} \begin{cases} \frac{1}{x} + \frac{1}{y} = \frac{1}{a}, \\ \frac{1}{y} - \frac{1}{x} = b, \end{cases} \begin{cases} \frac{1}{x} + \frac{1}{y} = \frac{1}{a}, \\ \frac{1}{y} - \frac{1}{x} = \frac{1}{b}. \end{cases}$$

对第 1 个方程组,有

$$\frac{1}{y} = \frac{a + b}{2},$$
$$y = \frac{2}{a + b},$$
$$x = \frac{2}{a - b}.$$

同样可得其他几个方程组的解$\left(\text{只需将 } a \text{ 与 } \frac{1}{a}, b \text{ 与 } \frac{1}{b} \text{ 适当更换}\right)$. 所以

$$(x,y) = \left(\frac{2}{a-b}, \frac{2}{a+b}\right), \left(\frac{2b}{ab-1}, \frac{2b}{ab+1}\right), \left(\frac{2a}{1-ab}, \frac{2a}{1+ab}\right), \left(\frac{2ab}{b-a}, \frac{2ab}{a+b}\right).$$

但 $|a|=|b|$ 时,没有前两组解. $|ab|=1$ 时,没有后两组解. $|a|=|b|=1$ 时,无解.

5. 将方程组中的三个方程分别记为(1)、(2)、(3). 将(2)去分母,化为
$$xy + yz + zx = xyz. \tag{4}$$
结合(3)得
$$xyz = 27. \tag{5}$$
由(1)、(3)得
$$xy + z(9-z) = 27. \tag{6}$$
两边同时乘以 z,并将(5)代入,得
$$27 + z^2(9-z) = 27z,$$
即
$$z^3 - 9z^2 + 27z - 27 = 0,$$
亦即
$$(z-3)^3 = 0,$$
从而
$$z = 3.$$
代入(1)、(5),得
$$x + y = 6, \quad xy = 9.$$
从而
$$x = y = 3.$$
因此,原方程组的解为
$$x = y = z = 3.$$

评注 其实由(3)、(5)即可得出 $x=y=z=3$.

6. 设 $yz + zx + xy = t^3$,则
$$y^3 + z^3 = 2at^3,$$
$$z^3 + x^3 = 2bt^3,$$
$$x^3 + y^3 = 2ct^3.$$
所以
$$x^3 = (b+c-a)t^3,$$
$$y^3 = (c+a-b)t^3,$$
$$z^3 = (a+b-c)t^3.$$
从而
$$x = \sqrt[3]{b+c-a}\,t, \quad y = \sqrt[3]{c+a-b}\,t, \quad z = \sqrt[3]{a+b-c}\,t.$$

代入 $yz+zx+xy=t^3$,得
$$t=0$$
或
$$t=\sqrt[3]{(b+c-a)(c+a-b)}+\sqrt[3]{(c+a-b)(a+b-c)}$$
$$+\sqrt[3]{(a+b-c)(b+c-a)}. \qquad(1)$$

因此,原方程组的解为
$$(x,y,z)=(0,0,0),(\sqrt[3]{b+c-a}t,\sqrt[3]{c+a-b}t,\sqrt[3]{a+b-c}t),$$
其中 t 由(1)给出.

7. 将方程组中的三个方程分别记为(1)、(2)、(3).

(1)-(2),得
$$y(x-z)=(x-z)(x+z).$$
所以
$$x=z \qquad(4)$$
或
$$y=x+z. \qquad(5)$$

同样,(2)-(3),得
$$y=x \qquad(6)$$
或
$$z=y+x. \qquad(7)$$

由(4)、(6)得
$$x=y=z=\pm 1.$$
由(4)、(7)得
$$y=0,\quad x=z=\pm\sqrt{2}.$$
由(5)、(6)得
$$z=0,\quad x=y=\pm\sqrt{2}.$$
由(5)、(7)得
$$x=0,\quad y=z=\pm\sqrt{2}.$$

因此,原方程组的解为
$$(x,y,z)=(\pm 1,\pm 1,\pm 1),(0,\pm\sqrt{2},\pm\sqrt{2}),(\pm\sqrt{2},0,\pm\sqrt{2}),(\pm\sqrt{2},\pm\sqrt{2},0).$$

8. 令 $w=xy,v=xz,u=yz$,则
$$3w-\frac{16}{v}=-5, \qquad(1)$$
$$v+\frac{8}{u}=4, \qquad(2)$$

$$u - \frac{3}{w} = 1. \tag{3}$$

由(2)、(3)消去 u 得

$$(4-v)\left(1+\frac{3}{w}\right) = 8,$$

即

$$\frac{3}{w} = \frac{4+v}{4-v}.$$

结合(1)得

$$9 = \frac{4+v}{4-v}\left(\frac{16}{v} - 5\right),$$

整理得

$$v^2 - 10v + 16 = 0,$$
$$v = 2 \text{ 或 } 8.$$

相应地，$w = 1$ 或 -1，$u = 4$ 或 -2. 故

$$x^2 = \frac{vw}{u} = \frac{1}{2} \text{ 或 } 4,$$
$$y^2 = \frac{wu}{v} = 2 \text{ 或 } \frac{1}{4},$$
$$z^2 = \frac{uv}{w} = 8 \text{ 或 } 16.$$

注意 $(u,v,w) = (4,2,1)$ 时，$x、y、z$ 同号；$(u,v,w) = (-2,8,-1)$ 时，$x、z$ 同号，y 与它们异号. 因此，原方程组的解为

$$(x,y,z) = \left(\frac{\sqrt{2}}{2}, \sqrt{2}, 2\sqrt{2}\right), \left(-\frac{\sqrt{2}}{2}, -\sqrt{2}, -2\sqrt{2}\right), \left(2, -\frac{1}{2}, 4\right), \left(-2, \frac{1}{2}, -4\right).$$

评注　本题只需要老老实实地消元.

9. 将方程组中的三个方程分别记为(1)、(2)、(3).
(3) - (1)，得

$$z^3 - x^3 = 28(xy + xz + yz). \tag{4}$$

由(2)、(4)得

$$z^3 = 27(xy + xz + yz),$$
$$x^3 = -(xy + xz + yz). \tag{5}$$

从而

$$z^3 = -27x^3,$$
$$z = -3x. \tag{6}$$

代入(1)、(5)，得

$$x^3 + y^3 = -14xy - 21x^2,$$
$$x^3 = 3x^2 + 2xy.$$

从而
$$y^3 = -24x^2 - 16xy = -8x(3x+2y) = -8x^3,$$
$$y = -2x. \tag{7}$$

将(6)、(7)代入(2),得
$$x^3 = -x^2.$$

从而 $x = 0、-1$.

因此,原方程组的解为
$$(x,y,z) = (0,0,0),(-1,2,3).$$

10. 将方程组中的三个方程分别记为(1)、(2)、(3).

(1)-(2),得
$$(y-z)(y+z+x) = z - y. \tag{4}$$

所以
$$y = z \tag{5}$$

或
$$x + y + z = -1. \tag{6}$$

若 $y = z$,代入(3),得
$$x^2 + 2xy + y^2 = 0, \tag{7}$$

所以
$$x = -y. \tag{8}$$

将(5)、(8)代入(1),得
$$y = 0 \text{ 或 } 1.$$

于是有解 $(x,y,z) = (0,0,0),(-1,1,1)$.

若 $x+y+z = -1$,(1)·y-(2)·z,得
$$y^3 - z^3 + x^2(y-z) + x(y^2 - z^2) = 0,$$
即
$$(y-z)(x^2 + y^2 + z^2 + yz + xy + xz) = 0.$$

因为 $x^2 + y^2 + z^2 + yz + xy + xz = \frac{1}{2}[(x+y)^2 + (y+z)^2 + (z+x)^2] \geq 0$,等号仅在 $x+y = y+z = z+x = 0$,即 $x = y = z = 0$ 时成立,所以 $y = z$ 或 $x = y = z = 0$.

因此,原方程组的解为
$$(x,y,z) = (0,0,0),(-1,1,1).$$

11. 将方程组中的三个方程分别记为(1)、(2)、(3).

$(1)^2 \times 7 - (2)$,得
$$6y^2 + 14yz + 4z^2 = 0.$$
所以
$$y = -2z$$
或
$$z = -3y.$$
若 $y = -2z$,代入(1),得 $z = -2x$, $y = 4x$. 它们不仅适合(1)、(2),还适合(3). 于是有解 $(x, y, z) = (a, 4a, -2a)$,其中 a 可为任意实数.

若 $z = -3y$,代入(1),得 $x = -y$. 再代入(3),得
$$-215y^3 = 5y(1 + 12y - 7y^2).$$
所以 $y = 0$ 或 $-43y^2 = 1 + 12y - 7y^2$.

前者得出 $x = y = z = 0$,已包含在上面的解中,后者即
$$36y^2 + 12y + 1 = 0,$$
$$y = -\frac{1}{6}.$$
所以
$$x = \frac{1}{6}, \quad z = \frac{1}{2}.$$
因此,原方程组的解为
$$(x, y, z) = \left(\frac{1}{6}, -\frac{1}{6}, \frac{1}{2}\right), (a, 4a, -2a),$$
其中 a 可为任意实数.

12. 将方程组中的三个方程分别记为(1)、(2)、(3).

由(3)可得
$$(x+y)(x^2 - xy + y^2) = z^3 + 1. \tag{4}$$
由(1)、(2)可得
$$2xy = (z+7)^2 - (z^2 + 37) = 14z + 12, \tag{5}$$
即
$$xy = 7z + 6. \tag{6}$$
将(1)、(2)、(6)代入(4),得
$$(z+7)(z^2 + 37 - 7z - 6) = z^3 + 1,$$
即
$$18z = 216,$$
$$z = 12.$$

于是(1)、(6)分别成为
$$x + y = 19,$$
$$xy = 90.$$
故
$$(x,y) = (10,9), (9,10).$$
因此,原方程组的解为
$$(x,y,z) = (10,9,12), (9,10,12).$$

13. 将方程组中的三个方程分别记为(1)、(2)、(3).注意三个方程右边每个未知数的系数都成等差数列.

(1)+(3)−2×(2),得
$$y(x + z - 2y) = 0.$$
所以
$$y = 0$$
或
$$x + z = 2y.$$

若 $y = 0$,则
$$5x - 4z = 0,$$
$$3x - z = 0.$$
所以
$$x = z = 0.$$

若 $x + z = 2y$,则
$$x = 2y - z.$$
代入(2),得
$$y^2 = 11y - 4z. \qquad (4)$$
再代入(1),得
$$2y^2 - 16y = z(y - 9). \qquad (5)$$
由(4)、(5)消去 z 得
$$8y^2 - 64y = (11y - y^2)(y - 9),$$
整理得
$$y^3 - 12y^2 + 35y = 0.$$
所以
$$y = 0、5、7.$$
相应地

$$z = 0、\frac{15}{2}、7,$$

$$x = 0、\frac{5}{2}、7.$$

因此,原方程组的解为

$$(x,y,z) = (0,0,0),\left(\frac{5}{2},5,\frac{15}{2}\right),(7,7,7).$$

14. 将方程组中的三个方程分别记为(1)、(2)、(3).

(2)即

$$\sum x^2 + 3\sum xy = 1,$$

再化为

$$(x+y+z)^2 + \sum xy = 1. \tag{4}$$

由(1)、(4)得

$$\sum xy = -3. \tag{5}$$

(3)即

$$\sum x^2(2-x) = -6,$$

再化为

$$2\sum x^2 - \sum x^3 = -6. \tag{6}$$

由(1)、(5)得

$$\sum x^3 = 3xyz + (x+y+z)\left(\sum x^2 - \sum xy\right) = 3xyz + 2\left(\sum x^2 + 3\right). \tag{7}$$

所以由(6)、(7)得

$$xyz = 0.$$

若 $x = 0$,则由(1)、(5)得

$$y + z = 2,$$
$$yz = -3,$$

所以

$$(y,z) = (3,-1),(-1,3).$$

$y = 0$ 或 $z = 0$ 的情况类似.

因此,原方程组的解为

$$(x,y,z) = (0,3,-1),(0,-1,3),(3,0,-1),(-1,0,3),(3,-1,0),(-1,3,0).$$

15. 将方程组中的三个方程分别记为(1)、(2)、(3).

(1)即

$$x + y = \frac{xyz}{2}. \tag{4}$$

同样有

$$y + z = \frac{5xyz}{6}, \tag{5}$$

$$z + x = \frac{2xyz}{3}. \tag{6}$$

(4) + (5) + (6), 得

$$x + y + z = xyz. \tag{7}$$

从而用(7)分别减去(4)、(5)、(6), 得

$$z = \frac{1}{2}xyz, \tag{8}$$

$$x = \frac{1}{6}xyz, \tag{9}$$

$$y = \frac{1}{3}xyz. \tag{10}$$

以上三式相乘得

$$xyz = \frac{1}{36}(xyz)^3. \tag{11}$$

由(1)知 $xyz \neq 0$,所以由(11)得

$$(xyz)^2 = 36,$$

$$xyz = \pm 6.$$

因此,原方程组的解为

$$(x, y, z) = (1, 2, 3), (-1, -2, -3).$$

本题做法很多.

16. 将方程组中的三个方程分别记为(1)、(2)、(3).

(2) - (1)(消去 z),得

$$x^2 + y^2 + 2xy = 1,$$

所以

$$x + y = 1 \quad (只取正值). \tag{4}$$

同样,由(2)、(3)得

$$(y + z)^2 = 9,$$

所以

$$y + z = 3 \quad (只取正值). \tag{5}$$

由(1)、(3)得

$$(x + z)^2 = 4,$$

所以
$$x + z = 2 \quad (只取正值). \tag{6}$$
由(4)、(5)、(6)易得
$$(x,y,z) = (0,1,2).$$

17. n 个方程相加得
$$\frac{n(n+1)}{2}(x_1 + x_2 + \cdots + x_n) = a_1 + a_2 + \cdots + a_n,$$
所以
$$x_1 + x_2 + \cdots + x_n = \frac{2(a_1 + a_2 + \cdots + a_n)}{n(n+1)}. \tag{1}$$
用原题第1个方程减去第2个方程得
$$(x_1 + x_2 + \cdots + x_n) - nx_1 = a_1 - a_2. \tag{2}$$
记 $A = \dfrac{2(a_1 + a_2 + \cdots + a_n)}{n(n+1)}$. 由(1)、(2)得
$$x_1 = \frac{A - (a_1 - a_2)}{n}.$$
同理可得
$$x_k = \frac{A - (a_k - a_{k+1})}{n} \quad (k = 1, 2, \cdots, n; a_{n+1} = a_1).$$
上面的过程也可以用矩阵表示.

18. 设 $x + y = w, y + z = u, z + x = v$, 则原方程组即
$$vw = a,$$
$$wu = b,$$
$$uv = c.$$
所以
$$(uvw)^2 = abc,$$
$$uvw = \pm \sqrt{abc}.$$
从而
$$u = \frac{\pm \sqrt{abc}}{a}, \quad v = \frac{\pm \sqrt{abc}}{b}, \quad w = \frac{\pm \sqrt{abc}}{c}.$$
因此,原方程组的解为
$$x = \frac{w + v - u}{2} = \frac{\pm \sqrt{abc}}{2}\left(\frac{1}{c} + \frac{1}{b} - \frac{1}{a}\right),$$
$$y = \frac{u + w - v}{2} = \frac{\pm \sqrt{abc}}{2}\left(\frac{1}{a} + \frac{1}{c} - \frac{1}{b}\right),$$

$$z = \frac{v+u-w}{2} = \frac{\pm\sqrt{abc}}{2}\left(\frac{1}{b}+\frac{1}{a}-\frac{1}{c}\right).$$

19. 将方程组中的三个方程分别记为(1)、(2)、(3).
(1)的平方减去(2),得
$$xy+yz+zx = \frac{a^2-b^2}{2}.$$
又由(3)得
$$c(xy+yz+zx) = xyz.$$
因此
$$\begin{aligned}x^3+y^3+z^3 &= 3xyz+(x+y+z)(x^2+y^2+z^2-xy-yz-zx)\\ &= 3c(xy+yz+zx)+a\left(b^2-\frac{a^2-b^2}{2}\right)\\ &= \frac{3c}{2}(a^2-b^2)+\frac{1}{2}(3ab^2-a^3)\\ &= \frac{1}{2}(3a^2c+3ab^2-a^3-3b^2c).\end{aligned}$$

20. 将方程组中的三个方程分别记为(1)、(2)、(3). 如果 $a_1=a_2=a_3=0$,那么方程组显然有无数多组解,$x=1-y-z$,其中 y,z 取任意值.

如果 $a_1、a_2、a_3$ 中恰有两个为 0,例如 $a_2=a_3=0$,那么(1)-(2),得
$$a_1 x = 0.$$
而 $a_1\neq 0$,所以
$$x=0.$$
这时也有无数多组解,$x=0, y=1-z$,其中 z 取任意值.

如果 $a_1、a_2、a_3$ 中至少有两个不为 0,设 $a_2、a_3$ 非零,那么由(1)、(2)得
$$a_1 x = a_2 y,\quad y=\frac{a_1}{a_2}x.$$
由(1)、(3)得
$$a_1 x = a_3 z,\quad z=\frac{a_1}{a_3}x.$$
代入(1),得
$$\left(1+a_1+\frac{a_1}{a_2}+\frac{a_1}{a_3}\right)x=1,$$
当且仅当 $a_1 a_2+a_2 a_3+a_3 a_1+a_1 a_2 a_3\neq 0$ 时有解,而且解是唯一的,即
$$x=\frac{a_2 a_3}{D},\quad y=\frac{a_1 a_3}{D},\quad z=\frac{a_1 a_2}{D},$$
其中 $D=a_1 a_2+a_2 a_3+a_3 a_1+a_1 a_2 a_3$.

第 10 章 珠 联 璧 合

函数与它的图像关系密切,是数形结合的又一典范,称得上是"珠联璧合".

1. 郢 书 燕 说

东周时,楚国郢都(在今湖北荆州西北)有个人给燕国的相国写信.晚上写,光线不够亮,他就喊仆人将蜡烛举高一些,一分心竟在信上写了"举烛"两字.

燕国相国收到信后,看到"举烛"两字,揣摩好久,认为"举烛"是崇尚光明的意思.崇尚光明,就应当推举贤人,加以任用.

第二天,他就把自己的理解告诉燕王.燕王大喜,选用了一些贤才,将国家治理好了.

燕国治理好了,但"举烛"的解释与原意大相径庭.

魔术师取出一个魔术信封.你在纸上写一个数 x,将它放进信封里封好.过一会,魔术师将信封打开,取出纸,上面写的数已变成另一个数 y.

我们称 x 为自变量,它可以在一定范围内任意取值. y 称为 x 的函数,它的值根据 x 的值而定.假如上面的魔术信封是将 x 加 5,那么 $y = x + 5$.

这里的"函"就是信函,即上面的魔术信封.

形如 $x + 5$ 的函数,称为一次函数.一般地,如果 a、b 是常数,$a \neq 0$,那么 $ax + b$ 称为 x 的一次函数.

任一个 x 的代数式都是 x 的函数.形如
$$ax^2 + bx + c$$
(a、b、c 为常数,$a \neq 0$)的函数,称为 x 的二次函数.

前面已经说过,常用 $f(x)$ 表示 x 的多项式.同样也可用它表示这里说的函数,例如令
$$f(x) = ax^2 + bx + c,$$
则 $f(k)$ 就是函数 $ax^2 + bx + c$ 在 $x = k$ 时的值.

这里的 f( ) 好像魔术信封,你写的是 k,对方收到时已经变成了 f(k).

习惯上,还用一个字母 y 来表示 x 的函数.例如令
$$y = ax^2 + bx + c \quad (a \neq 0),$$
则 y 是 x 的二次函数.

2. 直角坐标系

两条数轴互相垂直,相交于原点,构成了直角坐标系.其中横的一条数轴,称为横轴或 x 轴;纵的一条数轴,称为纵轴或 y 轴.坐标轴将平面分成四个部分,每个部分都是一个直角的内部,称为一个象限.依逆时针方向,逐个称为第一、第二、第三、第四象限.

平面上任一点 A 可以用一对数表示:自 A 向 x 轴引垂线,垂足为 A_1. A_1 称为 A 在 x 轴上的射影.A_1 在 x 轴上所表示的数称为点 A 的横坐标.同样,设 A 在 y 轴上的射影为 A_2,A_2 在 y 轴上所表示的数称为点 A 的纵坐标.图 10-1 中,A 的横坐标为 2,纵坐标为 1. A 点的坐标记为(2,1)(横坐标在前,纵坐标在后).

图中 B 点的坐标是(-4,-2).

x 轴上的点的纵坐标为 0.例如 A_1 的坐标是(2,0).

y 轴上的点的横坐标为 0.例如 A_2 的坐标是(0,1).

原点 O 的坐标当然是(0,0).

每一个点都有一对坐标.反之,每一个有序的数对都表示一个点.例如(-3,2)表示图 10-1 中的 C 点.

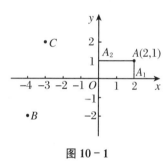

图 10-1

"太极生两仪,两仪生四象."四象就是东、南、西、北四个方向.两个相邻的象之间的部分就是象限.

3. 心 电 图

心肌在收缩与舒张时,会产生微小的生物电,它的电压随时间的变化可以用心电图机测定出来.图 10-2 就是一个人的心电图.

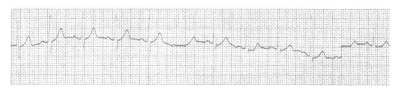

图 10-2

这里时间 t 是自变量,电压 V 随时间 t 变化,是时间的函数.上面的图就是函数 V 的图像.如果画出横轴与纵轴,那么横轴上的点就表示时间,纵轴上的点就表示电压.

在实际生活与科学实验中,有很多与心电图类似的图,可见函数图像有广泛的应用.而现在的计算器也大多具备了绘制图像的功能.

4. 一次函数的图像

$2x-1$ 是 x 的一次函数,将它记为 y.对 x 所取的每个值,函数 $y=2x-1$ 都有一个确定的值与它对应.可以列表(表 10-1)如下:

表 10-1

x	-2	-1	0	1	2	3	$\cdots$
y	-5	-3	-1	1	3	5	$\cdots$

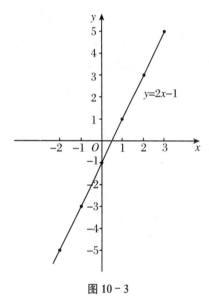

图 10-3

表中的每对数 (x,y) 都是直角坐标系中的点.在图 10-3 中定出点 $(-2,-5)$,$(-1,-3)$,$(0,-1)$,$(1,1)$,$(2,3)$,$(3,5)$,$\cdots$,然后将它们连接起来.不难看出,它们在一条直线上.

一般地,x 的一次函数 $y=kx+b(k\neq 0)$ 的图像是一条直线,我们也称它为直线 $y=kx+b$.只要找出两个点,就可以用直尺画出过这两点的直线.通常找的两个点是 $(0,b)$,以及 $(1,k+b)$ 或 $\left(-\dfrac{b}{k},0\right)$.

$b=0$ 时,函数 $y=ax(a\neq 0)$ 也称为正比例函数.它的图像是通过原点的直线.

b 称为直线 $y=kx+b$ 在 y 轴上的截距,简称截距.它是直线 $y=kx+b$ 与 y 轴的交点的纵坐标.

系数 k 称为直线 $y=kx+b$ 的斜率,它也有很好的几何意义.如图 10-4,设直线 $y=kx+b$ 交 y 轴于 A,交 x 轴于 B,则 A、B 的坐标分别为 $(0,b)$,$\left(-\dfrac{b}{k},0\right)$.

$$\frac{OA}{BO}=\frac{b}{\dfrac{b}{k}}=k.$$

而且对直线上任一点 C,设 C 在 x 轴上的射影为 C_1,则由 $\mathrm{Rt}\triangle CBC_1\backsim\mathrm{Rt}\triangle ABO$ 可得

$$\frac{C_1C}{BC_1} = \frac{OA}{BO} = k.$$

设直线 $y = kx + b$ 的倾斜角为 α(即 $\angle ABO = \alpha$),则由三角函数知识可知

$$k = \tan\alpha.$$

当 $k > 0$ 时,α 为锐角(图 10-4).

当 $k < 0$ 时,α 为钝角(图 10-5).

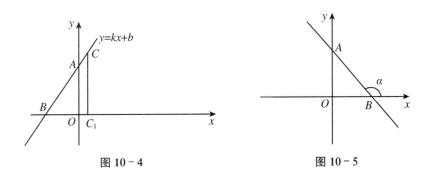

图 10-4　　　　　　　　图 10-5

5. 反比例函数的图像

形如 $y = \dfrac{a}{x}(a \neq 0)$ 的函数,称为反比例函数.其中自变量 x 当然不能为 0,其他的值都可以取.

自变量 x 的取值范围称为定义域.反比例函数的定义域是 $x \neq 0$,也可以写成 $(-\infty, 0) \cup (0, +\infty)$.其中 $(-\infty, 0)$ 表示所有的负实数,$(0, +\infty)$ 表示所有的正实数,$(-\infty, 0) \cup (0, \infty)$ 中的"$\cup$"表示 $(-\infty, 0)$ 与 $(0, +\infty)$ 的并,即将 $(-\infty, 0)$ 与 $(0, +\infty)$ 并在一起.

用描点法不难作出 $y = \dfrac{1}{x}$ 与 $y = -\dfrac{1}{x}$ 的图像,如图 10-6.

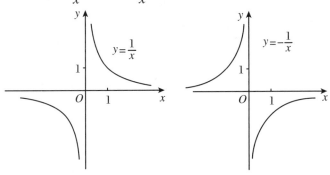

图 10-6

图像分为不相连的两支(两个部分),所以称为双曲线.一般地,当 $a>0$ 时,$y=\dfrac{a}{x}$ 的两支分别在第一、第三象限;当 $a<0$ 时,$y=\dfrac{a}{x}$ 的两支分别在第二、第四象限.

6. 距 离 公 式

设 $A(x_1,y_1)$,$B(x_2,y_2)$ 为两个点.求线段 AB 的长.

A 在 x 轴上的射影为 A_1,坐标为 $(x_1,0)$,B 在 x 轴上的射影为 B_1,坐标为 $(x_2,0)$. 线段 A_1B_1 的长是

$$|x_1-x_2|. \qquad(1)$$

同理,线段 A_2B_2 的长是

$$|y_1-y_2|, \qquad(2)$$

其中 A_2、B_2 分别为 A、B 在 y 轴上的射影.

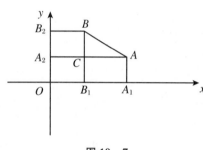

图 10-7

将线段 A_1B_1 沿 y 轴方向平移(上或下),线段 A_2B_2 沿 x 轴方向平移(左或右),组成一个直角三角形 ABC(如图 10-7).

由勾股定理可得

$$AB=\sqrt{(x_1-x_2)^2+(y_1-y_2)^2}. \qquad(3)$$

这称为 A、B 两点间的距离公式,很有用途.

例 1 $\triangle ABC$ 中,顶点坐标 $A(0,5)$,$B(3,0)$,$C(8,3)$.求 $\angle ACB$.

解 由距离公式可得

$$AB^2=(0-3)^2+(5-0)^2=34,$$
$$BC^2=(3-8)^2+(0-3)^2=34,$$
$$AC^2=(0-8)^2+(5-3)^2=68.$$

因为 $AB^2+BC^2=AC^2$,所以 $\triangle ABC$ 是直角三角形,AC 是斜边.

因为 $AB=BC$,所以 $\triangle ABC$ 是等腰直角三角形.$\angle ACB=45°$.

例 2 已知四边形 $OPQR$ 的顶点 $O(0,0)$,$P(15,0)$,$Q(11,4\sqrt{3})$,$R(4,4\sqrt{3})$.求各边与对角线的长,并指出四边形 $OPQR$ 是什么样的四边形.

解 由已知可得

$$OP=15,$$

$$PQ = \sqrt{(11-15)^2 + (4\sqrt{3}-0)^2} = \sqrt{4^2 + 3 \times 4^2} = 8,$$
$$QR = 11 - 4 = 7,$$
$$RO = \sqrt{(4-0)^2 + (4\sqrt{3}-0)^2} = 8,$$
$$OQ = \sqrt{11^2 + (4\sqrt{3})^2} = \sqrt{121 + 48} = 13,$$
$$PR = \sqrt{(15-4)^2 + (0-4\sqrt{3})^2} = 13.$$

因为 Q、R 的纵坐标相同，QR 平行于 x 轴，即 $QR \parallel OP$，$QR \neq OP$，所以四边形 $OPQR$ 是梯形．又 $RO = PQ$，所以四边形 $OPQR$ 是等腰梯形．

7. 中 点 公 式

将点 $A(x_1, y_1)$，$B(x_2, y_2)$ 连接成线段 AB，M 为 AB 的中点．求点 M 的坐标．

如图 10-8，设 A、B、M 在 x 轴上的射影分别为 A_1、B_1、M_1，则四边形 AA_1B_1B 是梯形，MM_1 是中位线，所以
$$M_1M = \frac{1}{2}(A_1A + B_1B),$$
即 M 点的纵坐标为
$$M_y = \frac{1}{2}(y_1 + y_2). \tag{1}$$

同理，考虑其在 y 轴上各点的射影，得 M 点的横坐标为
$$M_x = \frac{1}{2}(x_1 + x_2). \tag{2}$$

如果 A、B 的位置情况如图 10-9 呢？

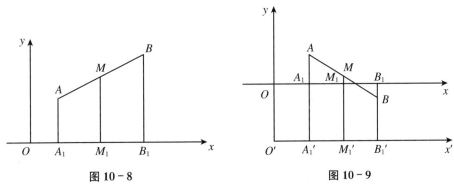

图 10-8   图 10-9

图 10-9 中，B 在 x 轴下方，所以 y_2 是负值．这时公式(1)仍然成立．我们可以有各种解释方法．比如说将 x 轴下移 c 个单位，成为新轴 x'，使得 A、B 都在新轴 x' 的上方．

这时 y_1、y_2、M_y 都增加了 c,设 A、M、B 在 x' 轴上的射影分别为 A_1'、M_1'、B_1',则
$$A_1'A = A_1A + A_1'A_1 = y_1 + c,$$
$$B_1'B = B_1B + B_1'B_1 = y_2 + c \quad (B_1B = y_2 \text{ 是负值}),$$
$$M_1'M = M_1M + M_1'M_1 = M_y + c.$$

根据上面结果可得
$$M_1'M = \frac{1}{2}(A_1'A + B_1'B),$$
即
$$M_y + c = \frac{1}{2}(y_1 + c + y_2 + c),$$
所以
$$M_y = \frac{1}{2}(y_1 + y_2),$$
故(1)仍成立.

同样(2)也对各种情况均成立.

例1 已知平行四边形 $ABCD$ 的顶点坐标 $A(0,0),B(3,-5),C(5,7)$,求点 D 的坐标.

解 设对角线的交点为 M,则 M 是 AC 的中点,所以
$$x_M = \frac{1}{2}(x_A + x_C). \tag{3}$$

(我们常用 A_x 或 x_A 表示 A 的横坐标,A_y 或 y_A 表示 A 的纵坐标.今后不再一一说明.)

M 也是 BD 的中点,所以
$$x_M = \frac{1}{2}(x_B + x_D). \tag{4}$$

由(3)、(4)得
$$x_A + x_C = x_B + x_D.$$
同理可得
$$y_A + y_C = y_B + y_D.$$
于是
$$x_D = x_A + x_C - x_B = 0 + 5 - 3 = 2,$$
$$y_D = y_A + y_C - y_B = 0 + 7 - (-5) = 12.$$

因此,点 D 的坐标为 $(2,12)$.

例2 $\triangle ABC$ 的顶点坐标为 $(x_A,y_A),(x_B,y_B),(x_C,y_C)$,$M$ 为 BC 的中点,求中线 AM 的长.

解 因为 M 的坐标为

$$x_M = \frac{x_B + x_C}{2}, \quad y_M = \frac{y_B + y_C}{2},$$

所以
$$AM^2 = (x_M - x_A)^2 + (y_M - y_A)^2$$
$$= \left(\frac{x_B + x_C}{2} - x_A\right)^2 + \left(\frac{y_B + y_C}{2} - y_A\right)^2.$$

例 3 证明:对上题的中线 AM,有
$$4AM^2 + BC^2 = 2AB^2 + 2AC^2. \tag{5}$$

证明
$$4AM^2 = (x_B + x_C - 2x_A)^2 + (y_B + y_C - 2y_A)^2$$
$$= (x_B - x_A)^2 + (x_C - x_A)^2 + 2(x_B - x_A)(x_C - x_A)$$
$$+ (y_B - y_A)^2 + (y_C - y_A)^2 + 2(y_B - y_A)(y_C - y_A). \tag{6}$$
$$BC^2 = (x_B - x_C)^2 + (y_B - y_C)^2$$
$$= (x_B - x_A + x_A - x_C)^2 + (y_B - y_A + y_A - y_C)^2$$
$$= (x_B - x_A)^2 + (x_A - x_C)^2 - 2(x_B - x_A)(x_C - x_A)$$
$$+ (y_B - y_A)^2 + (y_A - y_C)^2 - 2(y_B - y_A)(y_C - y_A). \tag{7}$$

(6) + (7) 即得(5).

8. 分点公式

设点 C 在直线 AB 上,并且 $\dfrac{AC}{CB} = \dfrac{m}{n}$,则 C 点的坐标满足

$$x_C = \frac{nx_A + mx_B}{m + n}, \tag{1}$$

$$y_C = \frac{ny_A + my_B}{m + n}, \tag{2}$$

其中 (x_A, y_A),(x_B, y_B),(x_C, y_C) 分别为 A、B、C 的坐标.

上节公式是 $m = n$ 时的特殊情况.

证明 如图 10-10,设 A、B、C 在 x 轴上的射影分别为 A_1、B_1、C_1.

先设 A、B、C 都在 x 轴上方.

作 AC_2、CB_2 与 x 轴平行,分别交 CC_1 于 C_2,交 BB_1 于 B_2.
$$C_2C = y_C - y_A, \quad B_2B = y_B - y_C.$$
因为 $\triangle AC_2C \sim \triangle CB_2B$,所以

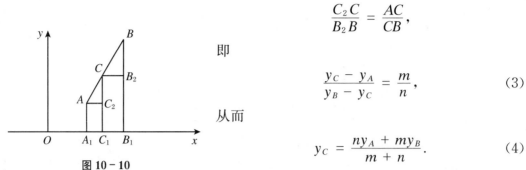

图 10-10

$$\frac{C_2C}{B_2B} = \frac{AC}{CB},$$

即

$$\frac{y_C - y_A}{y_B - y_C} = \frac{m}{n}, \qquad (3)$$

从而

$$y_C = \frac{ny_A + my_B}{m+n}. \qquad (4)$$

如果 A、B、C 不全在 x 轴上方,可将 x 轴向下平移,直到它们都在 x 轴上方. 设平移的距离为 b,则 y_A、y_B、y_C 分别变为 $y_A + b$、$y_B + b$、$y_C + b$,从而(3)、(4)仍成立.

同样可证(1)成立.

例 1 已知 $A(1,3)$,$B(2,7)$,C 在直线 AB 上,分线段 AB 的比为 $3:4$. 求 C 点坐标.

解 由已知可得

$$x_C = \frac{4\times 1 + 3\times 2}{3+4} = \frac{10}{7},$$

$$y_C = \frac{4\times 3 + 3\times 7}{3+4} = \frac{33}{7},$$

即 C 点坐标为 $\left(\dfrac{10}{7}, \dfrac{33}{7}\right)$.

当 C 在线段 AB 的延长线上时,(3)依然成立,只需注意这时有向线段 CB 是负值,n 也是负值. 这样的点 C 称为外分点.

例 2 A、B 同例 1. 点 D 在 AB 的延长线上,分 AB 的比为 $3:(-4)$. 求 D 点坐标.

解 由(3)、(4)得

$$x_D = \frac{(-4)\times 1 + 3\times 2}{3-4} = -2,$$

$$y_D = \frac{(-4)\times 3 + 3\times 7}{3-4} = -9,$$

即 D 点坐标为 $(-2,-9)$.

例 3 如图 10-11,点 M 在四边形 $ABCD$ 的边 BC 上,并且 $\dfrac{BM}{MC} = \dfrac{m}{n}$,点 B、C、M 到直线 AD 的距离分别为 h_B、h_C、h_M. 求证:$h_M = \dfrac{nh_B + mh_C}{m+n}$.

证明 以直线 AD 为 x 轴建立直角坐标系,则 h_B、h_C、h_M 分别为 B、C、M 的纵坐标.

由公式(2)可得

$$h_M = \frac{nh_B + mh_C}{m+n}.$$

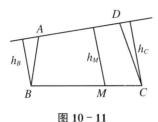

图 10-11

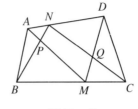

图 10-12

例 4 如图 10-12,在四边形 $ABCD$ 中,M、N 分别在 BC、AD 上,并且

$$\frac{BM}{MC} = \frac{ND}{AN},$$

AM、BN 相交于 P,DM、CN 相交于 Q. 求证:$S_{\triangle ABP} + S_{\triangle DQC} = S_{NPMQ}$.

证明 设 B、C、M 到 AD 的距离分别为 h_B, h_C, h_M,且 $\frac{BM}{MC} = \frac{m}{n}$,$AD = a$,则

$$AN = \frac{na}{m+n}, \quad ND = \frac{ma}{m+n}.$$

$$S_{\triangle ABN} + S_{\triangle DNC} = \frac{1}{2} \times h_B \times \frac{na}{m+n} + \frac{1}{2} \times h_C \times \frac{ma}{m+n}$$

$$= \frac{a}{2} \times \frac{nh_B + mh_C}{m+n} = \frac{a}{2} \times h_M = S_{\triangle AMD}.$$

将上式两边同时减去 $S_{\triangle APN} + S_{\triangle NQD}$ 即得结果.

9. 三角形的面积

设 O 为原点,点 $A(x_1, y_1)$,$B(x_2, y_2)$,则

$$S_{\triangle ABO} = \frac{1}{2}\begin{vmatrix} x_1 & y_1 \\ x_2 & y_2 \end{vmatrix}. \tag{1}$$

证明 如图 10-13,设 A、B 在 x 轴上的射影分别为 A_1、B_1,则

$$S_{\triangle A_1 AO} = \frac{1}{2} x_1 y_1,$$

$$S_{\triangle B_1 BO} = \frac{1}{2} x_2 y_2,$$

$$S_{BB_1 A_1 A} = \frac{1}{2}(y_1 + y_2)(x_1 - x_2).$$

所以
$$S_{\triangle ABO} = S_{\triangle B_1 BO} + S_{BB_1A_1A} - S_{\triangle A_1 AO}$$
$$= \frac{1}{2}x_2 y_2 + \frac{1}{2}(y_1 + y_2)(x_1 - x_2) - \frac{1}{2}x_1 y_1$$
$$= \frac{1}{2}(x_1 y_2 - x_2 y_1)$$
$$= \frac{1}{2}\begin{vmatrix} x_1 & y_1 \\ x_2 & y_2 \end{vmatrix}.$$

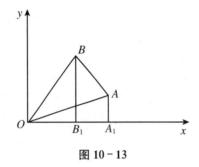

图 10-13

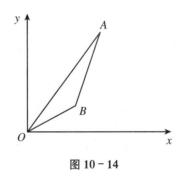

图 10-14

例1 求 $S_{\triangle ABO}$.

(1) 已知 $A(3,1), B(2,4)$.

(2) 已知 $A(3,4), B(2,1)$.

解 (1) $S_{\triangle ABO} = \frac{1}{2}\begin{vmatrix} 3 & 1 \\ 2 & 4 \end{vmatrix} = 5.$

(2) $S_{\triangle ABO} = \frac{1}{2}\begin{vmatrix} 3 & 4 \\ 2 & 1 \end{vmatrix} = -\frac{5}{2}.$

这里 $S_{\triangle ABO}$ 为正,表明 $A \to B \to O \to A$ 是逆时针方向,如图 10-13.

$S_{\triangle ABO}$ 为负,表明 $A \to B \to O \to A$ 是顺时针方向,如图 10-14.

更一般地,若 $\triangle ABC$ 的顶点坐标为 $A(x_1, y_1), B(x_2, y_2), C(x_3, y_3)$,则

$$S_{\triangle ABC} = \frac{1}{2}\left(\begin{vmatrix} x_1 & y_1 \\ x_2 & y_2 \end{vmatrix} + \begin{vmatrix} x_2 & y_2 \\ x_3 & y_3 \end{vmatrix} + \begin{vmatrix} x_3 & y_3 \\ x_1 & y_1 \end{vmatrix}\right). \tag{2}$$

证明 如图 10-15(其他情况的图,同样可证),

$$S_{\triangle ABC} = S_{\triangle ABO} + S_{\triangle BCO} - S_{\triangle ACO}$$
$$= \frac{1}{2}\begin{vmatrix} x_1 & y_1 \\ x_2 & y_2 \end{vmatrix} + \frac{1}{2}\begin{vmatrix} x_2 & y_2 \\ x_3 & y_3 \end{vmatrix} - \frac{1}{2}\begin{vmatrix} x_1 & y_1 \\ x_3 & y_3 \end{vmatrix}$$
$$= \frac{1}{2}\left(\begin{vmatrix} x_1 & y_1 \\ x_2 & y_2 \end{vmatrix} + \begin{vmatrix} x_2 & y_2 \\ x_3 & y_3 \end{vmatrix} + \begin{vmatrix} x_3 & y_3 \\ x_1 & y_1 \end{vmatrix}\right).$$

评注 (2)实际上是一个三阶行列式 $\begin{vmatrix} 1 & x_1 & y_1 \\ 1 & x_2 & y_2 \\ 1 & x_3 & y_3 \end{vmatrix}$ 的 $\dfrac{1}{2}$.

有了公式(1),我们也可以求多边形的面积.

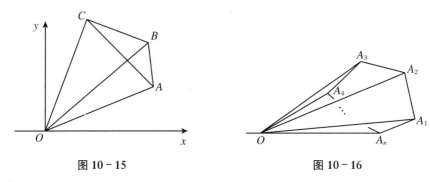

图 10-15　　　　　　　图 10-16

如图 10-16,多边形 $A_1A_2\cdots A_n$ 的顶点坐标为 $A_i(x_i,y_i)(i=1,2,\cdots,n)$. 求 $S_{A_1A_2\cdots A_n}$.

设 O 为原点,则

$$S_{A_1A_2\cdots A_n} = S_{\triangle A_1A_2O} + S_{\triangle A_2A_3O} + S_{\triangle A_3A_4O} + \cdots + S_{\triangle A_nA_1O}\text{（图中的 }S_{\triangle A_1A_2O}\text{、}S_{\triangle A_2A_3O}\text{、}$$

$$S_{\triangle A_nA_1O} \text{ 为正}, S_{\triangle A_3A_4O} \text{ 等为负. 它们的代数和正好为 } S_{A_1A_2\cdots A_n})$$

$$= \frac{1}{2}(x_1y_2 - x_2y_1) + \frac{1}{2}(x_2y_3 - x_3y_2) + \cdots + \frac{1}{2}(x_ny_1 - x_1y_n)$$

$$= \frac{1}{2}(x_1y_2 + x_2y_3 + \cdots + x_ny_1 - x_2y_1 - x_3y_2 - \cdots - x_1y_n). \tag{3}$$

即将横纵坐标排成两列(但第一行又作为最下面一行,重写一次)

$$\begin{matrix} x_1 & y_1 \\ x_2 & y_2 \\ \vdots & \vdots \\ x_n & y_n \\ x_1 & y_1 \end{matrix}$$

然后交叉相乘. $x_1y_2, x_2y_3, \cdots, x_ny_1$ 相加, $x_2y_1, x_3y_2, \cdots, x_1y_n$ 也相加.再将两和相减后除以 2,就可得到多边形 $A_1A_2\cdots A_n$ 的面积.

特别地,对于 $\triangle ABC$,有

$$S_{\triangle ABC} = \frac{1}{2}(x_1y_2 + x_2y_3 + x_3y_1 - x_2y_1 - x_3y_2 - x_1y_3). \tag{4}$$

(4)就是(2).

例 2 求 $\triangle ABC$ 的面积.

(1) 已知 $A(a,b+c), B(a,b-c), C(-a,c)$.

(2) 已知 $A(m_1 m_2, m_1 + m_2)$, $B(m_2 m_3, m_2 + m_3)$, $C(m_3 m_1, m_3 + m_1)$.

解 (1) $S_{\triangle ABC} = \dfrac{1}{2}[a(b-c) + ac - a(b+c) - a(b+c) + a(b-c) - ac]$

$= -2ac$.

(2) $S_{\triangle ABC} = \dfrac{1}{2}\left[\sum m_1 m_2 (m_2 + m_3) - \sum m_2 m_3 (m_1 + m_2)\right]$

$= \dfrac{1}{2}\sum (m_1 m_2^2 - m_3 m_2^2)$

$= \dfrac{1}{2}(m_1 - m_2)(m_2 - m_3)(m_3 - m_1)$.

10. 直线方程

前面已经说过一次函数

$$y = kx + b \quad (k \neq 0)$$

的图像是直线.

反过来,在坐标系中,直线是不是一定是一次函数的图像?

不一定.

如图 10-17,与 x 轴平行的直线,如果与 y 轴相交于 $B(0, b)$,那么这条直线上每一点的纵坐标均为 b,所以它是函数

$$y = b \tag{1}$$

的图像. 这个函数称为常数函数(不论自变量 x 如何变化,函数值始终为 b). 它的图像是直线 $y = b$.

与 y 轴平行的直线,如果与 x 轴相交于 $A(a, 0)$,那么这条直线上每一点的横坐标均相同,即这条直线上的点的横坐标均为

$$x = a, \tag{2}$$

这不是 x 的函数(x 从未变化,永远为 a),但我们可称它为直线 $x = a$.

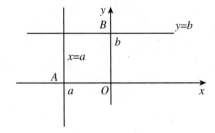

图 10-17

其他的直线,设它在 y 轴上的截距为 b,(与 x 轴的)倾斜角为 α,即斜率为 $k = \tan\alpha$,则它是一次函数

$$y = kx + b \tag{3}$$

的图像.(3)称为直线方程的斜截式.

x、y 的一次方程

$$ax + by = c \tag{4}$$

(a、b 不全为 0)在 $b \neq 0$ 时表示直线:

$a \neq 0$ 时,$y = -\dfrac{a}{b}x + \dfrac{c}{b}$ 是斜率为 $-\dfrac{a}{b}$,截距为 $\dfrac{c}{b}$ 的直线.

$a = 0$ 时,$y = \dfrac{c}{b}$ 是与 x 轴平行的直线.

$b = 0$ 时,$x = \dfrac{c}{a}$ 是与 y 轴平行的直线.

因此(4)总表示直线,反之直线也都可以用(4)表示.直线与方程互相对应.

(4)称为直线方程的一般式.

如果一条直线的斜率为 k,且通过一个点 $A(x_1, y_1)$,那么由(3)得

$$y_1 = kx_1 + b,$$

即

$$b = y_1 - kx_1.$$

从而(3)变为

$$y = kx + y_1 - kx_1,$$

即

$$y - y_1 = k(x - x_1). \tag{5}$$

这种形式的直线方程,称为点斜式[前面的斜截式(3)是 $y_1 = b$,$x_1 = 0$ 的特殊情况].

如果直线过两个点 $A(x_1, y_1)$,$B(x_2, y_2)$,那么由(5)得

$$y_2 - y_1 = k(x_2 - x_1),$$

所以

$$k = \dfrac{y_2 - y_1}{x_2 - x_1}. \tag{6}$$

(5)变为

$$y - y_1 = \dfrac{y_2 - y_1}{x_2 - x_1}(x - x_1). \tag{7}$$

(7)称为直线方程的两点式.

如果直线交 x 轴于 $(a, 0)$,交 y 轴于 $(0, b)$,那么 $(x_1, y_1) = (a, 0)$,$(x_2, y_2) = (0, b)$,代入(7),得

$$y = \frac{b}{-a}(x-a),$$

整理得

$$\frac{x}{a} + \frac{y}{b} = 1. \tag{8}$$

这称为截距式. a、b 分别为直线在 x 轴与 y 轴上的截距.

直线方程有多种形式,可根据问题的情况选用.

例 已知一条直线(在 y 轴上)的截距为 -5,通过点 $(2,3)$.求它的方程.

解 $(x_1, y_1) = (0, -5)$,$(x_2, y_2) = (2, 3)$.由(6)得斜率为

$$k = \frac{3-(-5)}{2-0} = 4,$$

所以由斜截式可知直线方程为

$$y = 4x - 5.$$

11. 直线的平行与垂直

与 x 轴平行的直线 $y = c_1, y = c_2$ 互相平行.

与 y 轴平行的直线 $x = c_1, x = c_2$ 互相平行.

斜率相同(与 x 轴的倾斜角相同)的直线 $y = kx + b_1, y = kx + b_2$ 互相平行.

因此,当 a_1、a_2、b_1、b_2 都不为 0 时,如果两条直线 $a_1 x + b_1 y = c_1, a_2 x + b_2 y = c_2$ 互相平行,那么

$$\frac{b_1}{a_1} = \frac{b_2}{a_2}, \tag{1}$$

即

$$\frac{a_1}{a_2} = \frac{b_1}{b_2}. \tag{2}$$

反之,如果 $\frac{a_1}{a_2} = \frac{b_1}{b_2} \neq \frac{c_1}{c_2}$,那么两条直线 $a_1 x + b_1 y = c_1$ 与 $a_2 x + b_2 y = c_2$ 互相平行.

如果 $\frac{a_1}{a_2} = \frac{b_1}{b_2} = \frac{c_1}{c_2}$,那么这两条直线重合,实际上是一条直线.

例1 已知直线 $4x + 6y = 5$ 与 $6x + ky = 3$ 平行.求 k.

解 因为

$$\frac{6}{4} = \frac{k}{6},$$

所以
$$k = \frac{6 \times 6}{4} = 9.$$

例2 已知一条直线过点 $A(x_0, y_0)$，并且与直线 $ax + by = c$ 平行．求这条直线的方程．

解 这条直线的"前半部分"与 $ax + by$ 相同．

将 (x_0, y_0) 代入可得"后半部分"，即它的方程为
$$ax + by = ax_0 + by_0.$$

平行于 x 轴的直线 $y = c_1$ 与平行于 y 轴的直线 $x = c_2$ 互相垂直．

斜率分别为 k_1、k_2（k_1、k_2 不为 0）的直线 $y = k_1 x + b_1$，$y = k_2 x + b_2$ 互相垂直的条件是
$$k_1 k_2 = -1. \tag{3}$$

证明如下：

不妨设 $b_1 = b_2 = 1$，或者过点 $C(0,1)$ 分别作两条直线的平行线，得直线 $y = k_1 x + 1$，$y = k_2 x + 1$．设这两条直线分别交 x 轴于 A、B，则 A、B 坐标分别为 $\left(-\frac{1}{k_1}, 0\right)$，$\left(-\frac{1}{k_2}, 0\right)$．

如图 10-18，如果 $AC \perp BC$，那么 $\text{Rt}\triangle AOC \backsim \text{Rt}\triangle COB$，所以
$$CO^2 = AO \times OB,$$
即
$$1 = \frac{1}{k_1} \times \left(-\frac{1}{k_2}\right),$$

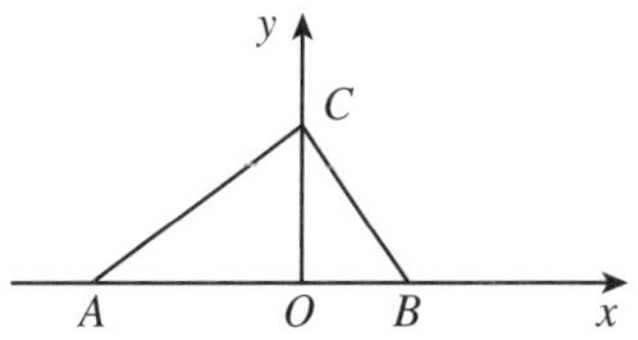

所以(3)成立．

图 10-18

反之，若(3)成立，则逆推上述过程可得
$$\text{Rt}\triangle AOC \backsim \text{Rt}\triangle COB.$$

从而
$$\angle ACO = \angle CBO,$$
$$\angle ACB = \angle ACO + \angle OCB = \angle CBO + \angle OCB = 90°.$$

由(3)易得：一般地，与 $ax + by + c = 0$ 垂直的直线为 $bx - ay + c_1 = 0$．

例3 已知直线 l 过点 $(3, -2)$，并且与直线 $4x - 3y - 18 = 0$ 垂直．求 l 的方程．

解 直线 l 的"前半部分"应为 $3x + 4y$，而
$$3 \times 3 + 4 \times (-2) = 1,$$
所以直线 l 的方程为
$$3x + 4y - 1 = 0.$$

例4 求原点 O 到直线 $ax + by = c$ 的距离．

解 如图 10-19，直线 $ax+by=c$ 交 x 轴于 $A\left(\dfrac{c}{a},0\right)$，交 y 轴于 $B\left(0,\dfrac{c}{b}\right)$，则

$$AB = \sqrt{\left(\dfrac{c}{a}\right)^2 + \left(\dfrac{c}{b}\right)^2}.$$

由面积相等可知点 O 到直线 $ax+by=c$ 的距离为

$$\left|\dfrac{c}{a}\right| \times \left|\dfrac{c}{b}\right| \div \sqrt{\left(\dfrac{c}{a}\right)^2 + \left(\dfrac{c}{b}\right)^2} = \dfrac{|c|}{\sqrt{a^2+b^2}}.$$

点 O 到另一条直线 $ax+by=-c$ 的距离也是 $\dfrac{|c|}{\sqrt{a^2+b^2}}$.

为了区别起见，我们约定点 O 到 $ax+by=c$ 的距离为 $\dfrac{+c}{\sqrt{a^2+b^2}}$，而到 $ax+by=-c$ 的距离为 $\dfrac{-c}{\sqrt{a^2+b^2}}$，即由起点 O 向上的线段为正，向下的线段为负.

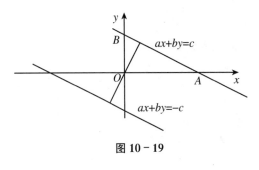

图 10-19

方程

$$\dfrac{ax+by-c}{\sqrt{a^2+b^2}} = 0 \qquad (4)$$

称为直线 $ax+by=c$ 的法线式.

为什么一个好端端的方程 $ax+by=c$ 要写成 (4)？多出一个分母 $\sqrt{a^2+b^2}$，不是自找麻烦吗？

下面的例 5 可以说明法线式的作用.

例 5 求点 $P(x_0,y_0)$ 到直线 $ax+by=c$ 的距离.

解 如图 10-20，过点 P 作 $ax+by=c$ 的平行线，方程为

$$ax+by = ax_0+by_0.$$

点 O 到它的距离为

$$OD = \dfrac{ax_0+by_0}{\sqrt{a^2+b^2}}.$$

点 O 到 $ax+by=c$ 的距离为

$$OD_1 = \dfrac{c}{\sqrt{a^2+b^2}}.$$

因此，$ax+by=ax_0+by_0$ 与 $ax+by=c$ 之间的距离为

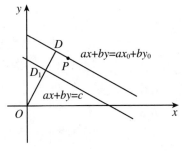

图 10-20

$$D_1D = \frac{ax_0 + by_0 - c}{\sqrt{a^2 + b^2}}. \tag{5}$$

(5)的右边即将(x_0, y_0)代入$ax + by = c$的法线式(4)的左边而得出的结果. 由此可见法线式的作用.

12. 例题选讲

前几节介绍了不少公式,这些公式必须运用于问题中,才能被真正掌握.本节将介绍一些例题,大家一同讨论.

例1 一次函数$y = \frac{\sqrt{2}}{3}x + \sqrt{2}$的图像交$x$轴于$A$,交$y$轴于$B$. C点坐标为$(1,0)$,D在线段AC上,并且$\angle BCD = \angle ABD$.求直线BD的方程.

解 如图10-21,在方程$y = \frac{\sqrt{2}}{3}x + \sqrt{2}$中,令$y = 0$,得$x = -3$;令$x = 0$,得$y = \sqrt{2}$.所以$A$、$B$两点的坐标分别为$(-3, 0)$,$(0, \sqrt{2})$.

因为$\angle BCD = \angle ABD$,所以$\triangle BAC \sim \triangle DAB$,
$$AB^2 = AD \times AC.$$

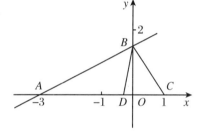

图10-21

因为$AC = 3 + 1 = 4$,$AB^2 = 3^2 + (\sqrt{2})^2 = 11$,所以
$$AD = \frac{11}{4},$$
$$DO = AO - AD = 3 - \frac{11}{4} = \frac{1}{4},$$

即D点的坐标为$\left(-\frac{1}{4}, 0\right)$.

由截距式可知BD的方程为

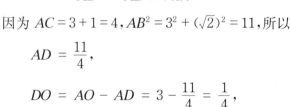

$$\frac{x}{-\frac{1}{4}} + \frac{y}{\sqrt{2}} = 1,$$

即$y = 4\sqrt{2}x + \sqrt{2}$.

例2 点A、B、C的坐标分别为$\left(\frac{26}{5}, -\frac{17}{5}\right)$,$(2, -1)$,$(10, 3)$.点$D$在$y$轴上,并且以$O$、$B$、$D$为顶点的三角形与$\triangle ABC$相似.求$D$点坐标.

解 用方格纸作图10-22.

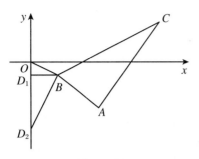

图 10-22

先看一看 △ABC 是什么三角形. 从图上看似乎为直角三角形. 这需要证实.

由距离公式可知

$$AC^2 = \left(\frac{24}{5}\right)^2 + \left(\frac{32}{5}\right)^2,$$

$$AB^2 = \left(\frac{16}{5}\right)^2 + \left(-\frac{12}{5}\right)^2,$$

$$BC^2 = 8^2 + 4^2.$$

所以

$$AC^2 + AB^2 = \frac{1}{5^2}(24^2 + 32^2 + 16^2 + 12^2)$$

$$= \frac{1}{5}(12^2 + 16^2) = \frac{4^2}{5}(3^2 + 4^2) = 5 \times 4^2 = BC^2.$$

△ABC 的确是一个直角三角形.

因此, △OBD 也应当是一个直角三角形.

如果 ∠ODB = 90°, 那么 D 的纵坐标与 B 相同, 即 D 为 (0, -1)(图中 D_1).

如果 ∠OBD = 90°, 那么直线 BD⊥OB.

OB 的斜率为 $\frac{y_B}{x_B} = -\frac{1}{2}$, 方程为

$$x + 2y = \cdots. \tag{1}$$

所以 BD 的方程为

$$2x - y = 2 \times 2 - (-1) = 5,$$

$$y = 2x - 5.$$

即 D 为 (0, -5)(图中 D_2).

因此, D 为 (0, -1) 或 (0, -5).

评注 (1) 的右边不必算出, 因为我们只要它的"头", 即左边.

例 3 以 A(0, 2), B(2, 0), O(0, 0) 为顶点的三角形被直线 $l: y = ax - a$ 分成两部分. 设靠近原点部分的面积为 S. 写出用 a 表示 S 的函数式.

解 AB 的方程是

$$x + y = 2.$$

△AOB 的面积是 $\frac{1}{2} \times 2 \times 2 = 2.$

分下列三种情况讨论.

(ⅰ) $a > 0$.

如图 10-23, 由 $y = ax - a$ 及 $x + y = 2$ 消去 x 得

$$y = a(2-y) - a,$$

所以 l 与 AB 的交点的纵坐标为

$$y = \frac{a}{1+a}.$$

又 l 与 x 轴的交点为 $(1,0)$，所以 l、AB、x 轴围成的三角形面积为 $\dfrac{a}{2(1+a)}$，因此

$$S = 2 - \frac{a}{2(1+a)} = \frac{4+3a}{2(1+a)}.$$

（ⅱ）$-2 < a < 0$.

如图 10-24，l 与 x 轴的交点仍为 $(1,0)$，与 y 轴的交点为 $(0,-a)$，故 $S = -\dfrac{a}{2}$.

（ⅲ）$a \leqslant -2$.

如图 10-25，情况基本同（ⅰ），l 与线段 AB 的交点的纵坐标仍为 $y = \dfrac{a}{1+a}$.

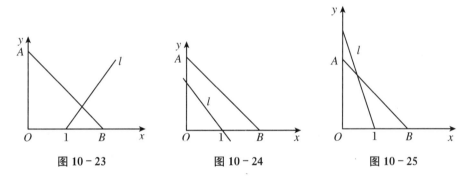

图 10-23　　　　　图 10-24　　　　　图 10-25

因此

$$S = \begin{cases} -\dfrac{a}{2}, & -2 < a < 0, \\ \dfrac{4+3a}{2(1+a)}, & a > 0 \text{ 或 } a \leqslant -2. \end{cases}$$

评注　$a = 0$ 时，直线 l 成为 $y = 0$，即 x 轴，它不能将 $\triangle OAB$ 分为两部分.

例 4　已知一次函数 $y = -\dfrac{\sqrt{3}}{3}x + 2$ 的图像分别与 x 轴、y 轴相交于点 A、B. 等腰三角形 ABC 以 AB 为一边，底角为 $30°$. 求点 C 的坐标.

解　由 $x = 0$ 得 $y = 2$，即 B 的坐标为 $(0,2)$.

由 $y = 0$ 得 $x = 2\sqrt{3}$，即 A 的坐标为 $(2\sqrt{3}, 0)$.

需要注意谁是等腰三角形 ABC 的底边. 这里有多种情况.

(1) AC 是底边.

这时 $\angle CAB = 30°$. 又分两种情况.

(i) C 与 O 在 AB 同侧.

这时因为 $\angle OAB = 30°$,所以 C 在射线 AO 上. 又 $BO \perp OA$,所以 C 与 A 关于 O 对称,如图 10-26(a). 因此点 C 的坐标为 $(-2\sqrt{3}, 0)$.

(ii) C 与 O 在 AB 异侧.

因为 $\angle OBA = 60°$,所以 C 在 OB 的延长线上,并且 $BC = BA = 4$,如图 10-26(b),因此点 C 的坐标为 $(0, 6)$.

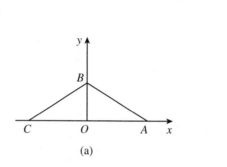

图 10-26

(2) BC 是底边.

(i) C 与 O 在 AB 同侧.

这时 $\angle CAB = 120°$,所以 $\angle CAO = 120° - \angle OAB = 90°$,即 C 的横坐标与 A 的相同,如图 10-27(a). 又 $CA = AB = 4$,所以点 C 的坐标为 $(2\sqrt{3}, -4)$.

(ii) C 与 O 在 AB 异侧.

因为 $\angle ABC = 30° = \angle OAB$,所以 $BC \parallel OA$,如图 10-27(b). 故 C 的纵坐标与 B 的相同,横坐标为 A 的 2 倍,即点 C 的坐标为 $(4\sqrt{3}, 2)$.

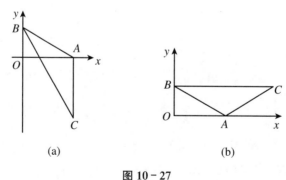

图 10-27

(3) AB 是底边.

(i) C 与 O 在 AB 同侧.

与情况(1)(i)相同,因为 $\angle CAB = \angle OAB = 30°$, C 在直线 OA 即 x 轴上,

$$\angle OBC = \angle OBA - \angle CBA = 60° - 30° = 30°,$$

所以
$$OC = \frac{OB}{\sqrt{3}} = \frac{2}{\sqrt{3}}.$$

因此点 C 的坐标为 $\left(\frac{2}{\sqrt{3}}, 0\right)$.

(ⅱ) C 与 O 在 AB 异侧.

图 10-28 中记这 C 为 C'.

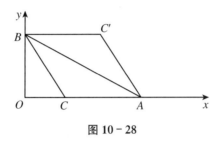

图 10-28

这时因为 $\angle C'BA = 30° = \angle BAO$, $BC' \parallel OA$, 所以 C' 的纵坐标与 B 的相同.

因为 $\triangle C'BA$ 与 (ⅰ) 中的 $\triangle CBA$ 构成菱形, 所以
$$BC' = CA = 2\sqrt{3} - \frac{2}{\sqrt{3}} = \frac{4}{\sqrt{3}},$$

因此点 C' 的坐标为 $\left(\frac{4}{\sqrt{3}}, 2\right)$.

评注 在情况(1)中, C 在以 B 为圆心、4 为半径的圆上. 过 A 作射线与 AB 成 $30°$ 角, 射线与圆的交点就是 C. 这正是图 10-26 中的两种情况.

在情况(2)中, C 在以 A 为圆心、4 为半径的圆上. 过 B 作射线与 BA 成 $30°$ 角, 射线与圆的交点就是 C. 这正是图 10-27 中的两种情况.

在情况(3)中, C 在线段 AB 的垂直平分线上, 且在前述过 B 的射线上. 这正是图 10-28 中的两种情况.

例5 已知双曲线 $y = \frac{k}{x}(k>0)$ 与 $y = x + b$ 交于 A、B 两点, C 点的坐标为 $(1, -1)$, 并且 AC 平行于 y 轴.

(ⅰ) 求证: $\triangle ABC$ 为等腰直角三角形.

(ⅱ) 若 $AB = 3\sqrt{2}$, 求 k、b 的值.

(ⅲ) 在条件(ⅱ)下, 有坐标轴上的点 P 满足 $\angle APB = 45°$. 求 P 点的坐标.

解 (ⅰ) 如图 10-29, 因为 AC 平行于 y 轴, 所以 A 的横坐标与 C 的相同, 也是 1, 纵坐标为 $y = k$.

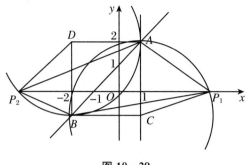

图 10-29

直线 $y = x + k - 1$ 过 $A(1, k)$.

$y = x + k - 1$ 与双曲线 $y = \dfrac{k}{x}$ 的另一个交点是 $(-k, -1)$, 即 B 点的坐标为 $(-k, -1)$.

因为 $B(-k, -1)$ 与 C 的纵坐标相同, 所以 BC 与 x 轴平行, $\angle BCA = 90°$, 并且
$$BC = 1 - (-k) = k + 1 = CA,$$
因此 $\triangle ABC$ 是等腰直角三角形.

(ⅱ) 由 $k + 1 = BC = 3\sqrt{2} \cdot \dfrac{\sqrt{2}}{2} = 3$ 得 $k = 2$.

因为点 $A(1, 2)$ 在直线 $y = x + b$ 上, 所以
$$b = 2 - 1 = 1.$$

(ⅲ) 先设 P 点的坐标为 $(p, 0)$, 如果 P 与 C 在 AB 同侧, 记 P 为 P_1, 那么由
$$\angle APB = 45° = \dfrac{1}{2} \angle BCA$$
及 $CA = CB$ 可知点 P 在以 C 为圆心、CA 为半径的圆上, 所以
$$CP_1^2 = (p - 1)^2 + (-1)^2 = (k + 1)^2,$$
即
$$(p - 1)^2 = 8,$$
$$p = 2\sqrt{2} + 1 \quad (-2\sqrt{2} + 1 < -1, 即 P 在 AB 的另一侧, 舍去).$$

如果 P 与 C 在 AB 异侧, 记 P 为 P_2. 这时点 $D(2, 2)$ 与 A、B 构成等腰直角三角形 ($DA = BD = 2 + 1 = 3$, $\angle BDA = 90°$), 而
$$\angle AP_2B = 45° = \dfrac{1}{2} \angle BDA,$$
点 P_2 在以 D 为圆心、DA 为半径的圆上, 所以
$$(2 + p)^2 + 2^2 = 3^2,$$
$$p = -2 - \sqrt{5} \quad (-2 + \sqrt{5} > 0, 即 P 在 AB 的另一侧, 舍去).$$

再设 P 的坐标为 $(0, p)$, 记它为 P_3、P_4, 如图 10-30.

如果 P_3 在 AB 上方, 那么 $\angle BP_3A = 45° = \dfrac{1}{2} \angle BDA$, P_3 在以 D 为圆心、$DA = DB = 3$ 为半径的圆上, 所以
$$(p - 2)^2 + (-2)^2 = 3^2,$$
$$p = 2 + \sqrt{5} \quad (根号前只取正号).$$

如果 P_4 在 AB 下方,那么 P_4 在以 C 为圆心、$CB=3$ 为半径的圆上,所以
$$[p-(-1)]^2+1^2=3^2,$$
$$p=-2\sqrt{2}-1 \quad (根号前只取负号).$$
因此,本题的 P 有四个,即 $(2\sqrt{2}+1,0)$,$(-2-\sqrt{5},0)$,$(0,2+\sqrt{5})$,$(0,-2\sqrt{2}-1)$.
评注 两条直线间的夹角公式尚未学到,所以目前只能处理 $90°$、$45°$ 这样特殊的角.

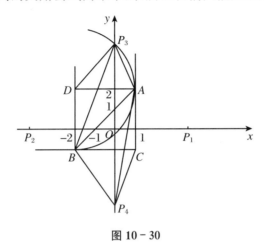

图 10-30

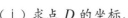

习 题 10

1. 已知点 $A(k,3)$,$B(3,1)$,$C(6,k)$ 构成等腰三角形,且 $\angle ABC=\angle ACB$. 求 k.
2. 直线 $y=2x$ 交线段 CD 于 E,C、D 的坐标分别为 $(0,60)$,$(30,0)$. 求 E 点坐标.
3. $\triangle ABC$ 的顶点为 $A(0,5)$,$B(3,0)$,$C(8,3)$. 求 $\angle ACB$.
4. 点 $A(4,3)$,$B(3,1)$,$C(6,8)$ 是否共线?
5. 如图,在直角坐标系中,A 在 y 轴的负半轴上,B、C 在 x 轴的负半轴上. 长度 OA、OC 均大于 OB,$AB=10$,并且 OA、OB 的长是 x 的二次方程
$$x^2+kx+48=0$$
的两个根. 以 AC 为直径的圆交 AB 的延长线于 D,$\overset{\frown}{CD}=\overset{\frown}{AO}$.

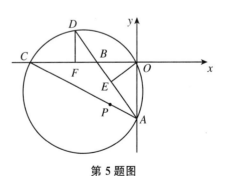

第5题图

（ⅰ）求点 D 的坐标.

（ⅱ）点 P 在直径 AC 上,并且 $AP=\dfrac{1}{4}AC$. 试判断点 $Q(-2,-10)$ 是否在直线 DP 上.

6. 直线 $y=x-4k$ 与双曲线 $y=\dfrac{16k}{x}$ 在第一象限内的交点为 A，$OA=4\sqrt{3}$．

（ⅰ）求直线与双曲线的表达式．

（ⅱ）过 A 分别作 x 轴、y 轴的垂线，垂足分别为 B、C．过原点作与 $y=x-4k$ 平行的直线，交 BC 于 E．过 E 任作一直线，分别交 x 轴、y 轴于 M、N．$\dfrac{1}{OM}+\dfrac{1}{ON}$ 是否为定值？

（ⅲ）点 D 在这双曲线的第一象限部分上，D 到直线 $y=x-4k$ 的距离为 $5\sqrt{2}$．求点 D 的坐标．

7. 直角三角形 OAB 的顶点为 $A(-6,4)$，$B(-6,0)$，双曲线 $y=\dfrac{k}{x}$ 过斜边 AO 的中点 M，且交直角边 AB 于 C．求 △OAC 的面积．

8. 如图，A 是第一象限内横坐标为 $2\sqrt{3}$ 的定点．$AC\perp x$ 轴，垂足为 M，AC 交直线 $y=-x$ 于点 N．点 P 在线段 ON 上运动．$BA\perp AP$ 并且 $\angle APB=30°$．当点 P 从点 O 运动到点 N 时，点 B 运动的路径有多长？

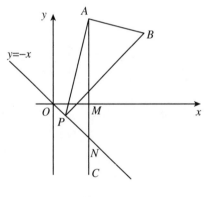

第 8 题图

9. 如图，正方形 $PQRS$ 的边长为 25，Q 点的坐标为 $(0,7)$，R 在 x 轴上．将正方形绕 R 做逆时针旋转，直至顶点 S 落在直线 $x=39$ 上，这时 P 点的坐标是多少？

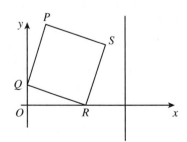

第 9 题图

10. 如图,正方形 $ABCD$ 的边长为 2, P、Q 在正方形内,并且 $DP \parallel BQ$, $DP = PQ = QB$. 求 DP 的最小值,并说明何时取得.

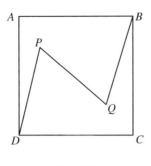

第 10 题图

习题 10 解答

1. 如图,因为 $AB = AC$,所以
$$(k-3)^2 + (3-1)^2 = (k-6)^2 + (3-k)^2,$$
故
$$k - 6 = \pm 2,$$
$$k = 8 \text{ 或 } 4.$$

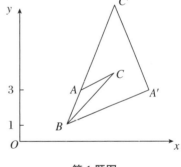

第 1 题图

2. 由截距式可知 CD 的方程为 $\dfrac{x}{30} + \dfrac{y}{60} = 1$,与 $y = 2x$ 的交点满足
$$\frac{x}{30} + \frac{y}{60} = 1.$$
所以 $x = 15, y = 2x = 30$,即 $E(15, 30)$.

3. 因为
$$CB^2 = (8-3)^2 + 3^2 = 5^2 + 3^2 = 34,$$
$$CA^2 = 8^2 + (3-5)^2 = 8^2 + 2^2 = 68,$$
$$AB^2 = 3^2 + 5^2 = CB^2,$$
$$CA^2 = AB^2 + CB^2,$$
所以 $\triangle ABC$ 是等腰直角三角形, $\angle ACB = 45°$.

4. 因为
$$\frac{8-1}{6-3} = \frac{7}{3},$$

$$\frac{3-1}{4-3} = 2,$$

$$\frac{7}{3} \neq 2,$$

所以三点不共线.

5.（ⅰ）因为

$$OA^2 + OB^2 = AB^2 = 100,$$
$$OA \cdot OB = 48,$$

所以

$$OA = 8, \quad OB = 6.$$

在 Rt△OAB 中，由面积相等可知 O 到 AB 的距离为

$$OE = \frac{OA \times OB}{AB} = \frac{48}{10} = \frac{24}{5}.$$

因为 AC 是圆的直径，$\overset{\frown}{CD} = \overset{\frown}{AO}$，所以 D 与 O 关于 AC 的垂直平分线对称，故 D 到 OC 的距离 $DF = OE = \frac{24}{5}$.

又

$$AE = \frac{OA^2}{AB} = \frac{8^2}{10} = \frac{32}{5},$$

所以

$$CF = AE = \frac{32}{5}.$$

从而

$$FO = CO - CF = CB + BO - CF = AB + BO - CF$$
$$= 10 + 6 - \frac{32}{5} = \frac{48}{5}.$$

因此点 D 的坐标为 $\left(-\frac{48}{5}, \frac{24}{5}\right)$.

（ⅱ）因为 $AP = \frac{1}{4}AC$，所以点 P 的横坐标为

$$\frac{1}{4} \times (-16) = -4,$$

点 P 的纵坐标为

$$\frac{3}{4} \times (-8) = -6,$$

PQ 的斜率为

$$\frac{-6-(-10)}{-4-(-2)} = -\frac{4}{2} = -2,$$

DP 的斜率为

$$\frac{-6-\frac{24}{5}}{-4-\left(-\frac{48}{5}\right)} = -\frac{54}{28} = -\frac{27}{14}.$$

又 $-\frac{27}{14} \neq -2$,所以点 Q 不在直线 DP 上.

6.（ⅰ）A 点的坐标满足

$$xy = 16k,$$
$$x - y = 4k,$$
$$x^2 + y^2 = (4\sqrt{3})^2 = 48.$$

所以

$$48 = x^2 + y^2 = (x-y)^2 + 2xy = (4k)^2 + 32k,$$

即

$$k^2 + 2k - 3 = 0,$$
$$k = 1 \text{ 或} -3.$$

因为双曲线 $y = \frac{16k}{x}$ 有一部分在第一象限内,所以 $k = 1$.

故直线方程为 $x - y = 4$,双曲线方程为 $xy = 16$.

（ⅱ）设 B、C 的坐标分别为 $(b,0)$,$(0,c)$,则由截距式可知 BC 的方程为

$$\frac{x}{b} + \frac{y}{c} = 1.$$

因为 OE 与直线 $x - y = 4$ 平行,所以方程为 $x - y = 0$,即 $x = y$. 从而 E 的坐标 (x_E, y_E) 满足

$$\frac{x_E}{b} + \frac{x_E}{c} = 1,$$

即

$$x_E = 1 \div \left(\frac{1}{b} + \frac{1}{c}\right), \quad y_E = x_E.$$

设 $OM = m$, $ON = n$,则由截距式可知

$$\frac{x}{m} + \frac{y}{n} = 1.$$

所以

$$x_E\left(\frac{1}{m} + \frac{1}{n}\right) = 1,$$

$$\frac{1}{m}+\frac{1}{n}=\frac{1}{x_E}=\frac{1}{b}+\frac{1}{c}.$$

而 A 的坐标为 (b,c)，适合方程
$$bc = 16,$$
$$b - c = 4.$$

所以
$$(b+c)^2 = 4^2 + 4 \times 16 = 80,$$
$$b + c = 4\sqrt{5} \quad (\text{只取正值}),$$
$$\frac{1}{b}+\frac{1}{c}=\frac{b+c}{bc}=\frac{4\sqrt{5}}{16}=\frac{\sqrt{5}}{4},$$
$$\frac{1}{m}+\frac{1}{n}=\frac{\sqrt{5}}{4}.$$

(iii) $y = x - 4$ 的法线式是 $\frac{x-y-4}{\sqrt{2}}=0$，所以
$$\frac{|x-y-4|}{\sqrt{2}}=5\sqrt{2},$$
$$x - y = 14 \quad \text{或} \quad y - x = 6.$$

由 $\begin{cases} x - y = 14, \\ xy = 16 \end{cases}$ 得
$$x^2 - 14x - 16 = 0,$$
$$x = \frac{14+\sqrt{14^2+4\times 16}}{2} = 7 + \sqrt{65},$$
$$y = 7 + \sqrt{65} - 14 = -7 + \sqrt{65}.$$

(因为 y 为正值，所以根号前面只取正号.)

由 $\begin{cases} y - x = 6, \\ xy = 16 \end{cases}$ 得
$$y = 8, \quad x = 2 \quad (\text{只取正值}).$$

因此点 D 的坐标为 $(7+\sqrt{65}, -7+\sqrt{65})$, $(2,8)$.

7. M 点的坐标为 $(-3,2)$, $k = xy = (-3)\times 2 = -6$. C 点的横坐标为 -6，纵坐标为 $y = \frac{k}{x} = \frac{-6}{-6} = 1$. 因此
$$S_{\triangle OCB} = \frac{1}{2} \times 1 \times 6 = 3,$$
$$S_{\triangle OAC} = S_{\triangle OAB} - S_{\triangle OCB} = \frac{1}{2} \times 4 \times 6 - 3 = 9.$$

8. 如图,绕 A 点逆时针旋转 $90°$,使 O、P、N 分别成为 O_1、P_1、N_1,这三点共线,并且 $O_1N_1 = ON = \sqrt{2}OM = \sqrt{2} \times 2\sqrt{3}$.

因为 $BA \perp PA$,所以 B 在 AP_1 上,并且

$$\frac{AB}{AP_1} = \frac{AB}{AP} = \frac{1}{\sqrt{3}}.$$

当 P 由 O 运动到 N 时,B 由 O_2 运动到 N_2,这里 O_2N_2 是过 B 的直线,与 O_1N_1 平行,分别交 AO_1、AN_1 于 O_2、N_2. 故 B 运动的长度为

$$O_2N_2 = \frac{1}{\sqrt{3}}O_1N_1 = \frac{1}{\sqrt{3}} \times \sqrt{2} \times 2\sqrt{3} = 2\sqrt{2}.$$

观点很重要. 本题如有运动(旋转)的观点,问题便迎刃而解.

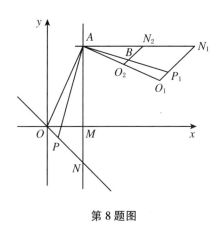

第8题图

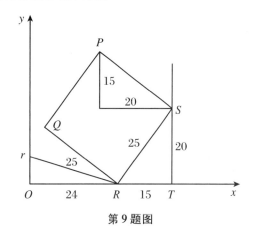

第9题图

9. $OR = \sqrt{25^2 - 7^2} = 24$.

设点 $T(39,0)$,则 $RT = 39 - 24 = 15$.

S 旋转到直线 $x = 39$ 上时,纵坐标为

$$\sqrt{25^2 - 15^2} = 20.$$

如图,这时 P 点的纵坐标为 $15 + 20 = 35$,P 点的横坐标为 $39 - 20 = 19$,即 P 点的坐标为 $(19, 35)$.

10. 以 D 为原点,直线 DC、DA 分别为 x 轴、y 轴建立直角坐标系,B 的坐标为 $(2,2)$.

设 P 的坐标为 (a,b). 因为 $DP \underline{\underline{\parallel}} BQ$,所以 Q 点的坐标为 $(2-a, 2-b)$,线段 PQ 的中点 O 的坐标为

$$\left(\frac{a+2-a}{2}, \frac{b+2-b}{2}\right) = (1,1),$$

即 O 是正方形的中心.

因为 $DP = PQ$，所以由距离公式可得
$$a^2 + b^2 = (2-2a)^2 + (2-2b)^2,$$
即
$$3a^2 + 3b^2 = 8a + 8b - 8.$$
令 $x = 3a + 3b$，则
$$x^2 = (3a+3b)^2 \leqslant 2[(3a)^2 + (3b)^2]$$
$$= 6(8a+8b-8) = 16x - 48.$$
由 $x^2 - 16x + 48 \leqslant 0$ 得
$$4 \leqslant x \leqslant 12.$$
因此
$$a^2 + b^2 = \frac{8}{3}(a+b-1) = \frac{8}{9}(x-3) \geqslant \frac{8}{9}(4-3) = \frac{8}{9},$$
$$DP = \sqrt{a^2+b^2} \geqslant \frac{2}{3}\sqrt{2}.$$

当 P、Q 为对角线 DB 的三等分点时，DP 最小，最小值为 $\frac{2}{3}\sqrt{2}$。

第 11 章　二次函数及其图像

抛出一个粉笔头,它将划过一条抛物线.
这条抛物线就是二次函数的图像.
抛物线都是相似的,你相信吗?

1. 二次函数

形如 $y=ax^2+bx+c(a\neq 0)$ 的函数,称为 x 的二次函数.

二次函数的图像也可以通过列表、找点、描图得到.

例如,$y=2x^2$ 是一个二次函数($a=2,b=c=0$).

自变量 x 可取任意实数值. y 与 x 的关系可以列表(表 11-1)如下:

表 11-1

x	-2	-1	$-\frac{1}{2}$	0	$\frac{1}{2}$	1	2
$y=2x^2$	8	2	$\frac{1}{2}$	0	$\frac{1}{2}$	2	8

在平面直角坐标系中,找出坐标为 $(-2,8),(-1,2)$,$\left(-\frac{1}{2},\frac{1}{2}\right),(0,0),\left(\frac{1}{2},\frac{1}{2}\right),(1,2),(2,8)$ 的点. 将这些点用曲线连接起来,得出图 11-1.

$y=2x^2$ 的图像是一条抛物线,其开口向上,以原点 $(0,0)$ 为顶点,关于 y 轴对称.

同样地,可以画出 $y=-2x^2$ 的图像. 它是开口向下的抛物线,也以原点为顶点,关于 y 轴对称.

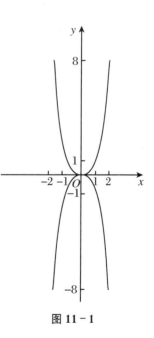

图 11-1

$y=2x^2$ 的图像与 $y=-2x^2$ 的图像关于 x 轴对称.

一般地,当 $a>0$ 时,二次函数 $y=ax^2$ 的图像是一条抛物线,开口向上,以原点为顶点,关于 y 轴对称.当 $a<0$ 时,二次函数 $y=ax^2$ 的图像是一条抛物线,开口向下,以原点为顶点,关于 y 轴对称.

因为当 $a\neq 0$ 时,
$$ax^2+bx+c=a\left(x+\frac{b}{2a}\right)^2+\frac{4ac-b^2}{4a},$$
所以当 $a>0$ 时,二次函数 $y=ax^2+bx+c$ 的图像是一条开口向上的抛物线,它可由抛物线 $y=ax^2$ 先向左移 $\frac{b}{2a}$ 再向上移 $\frac{4ac-b^2}{4a}$ 得到.它的顶点是 $\left(-\frac{b}{2a},\frac{4ac-b^2}{4a}\right)$,对称轴是直线 $x=-\frac{b}{2a}$.

当 $a<0$ 时,情况同上,只是抛物线开口向下.

2. 二次函数的性质

从二次函数 $y=ax^2+bx+c$ 的图像可以得出函数的性质(参看图 11-2).

先设 $a>0$. 函数 $y=ax^2+bx+c=a\left(x+\frac{b}{2a}\right)^2+\frac{4ac-b^2}{4a}$ 有最小值,$x=-\frac{b}{2a}$ 时,y 取得最小值 $\frac{4ac-b^2}{4a}$. $x<-\frac{b}{2a}$ 时,函数递减(即随着 x 的增加,y 减少). $x>-\frac{b}{2a}$ 时,函数递增(即随着 x 的增加,y 增加).

如果 $\Delta=b^2-4ac>0$ (这时 $\frac{4ac-b^2}{4a}<0$,图像的顶点在 x 轴下方),那么函数的图像与 x 轴有两个交点,关于直线 $x=-\frac{b}{2a}$ 对称,函数 $y=ax^2+bx+c$ 有两个不相同的零点(即方程 $ax^2+bx+c=0$ 有两个不相等的实根).

如果 $\Delta=b^2-4ac=0$(这时图像的顶点在 x 轴上),那么函数的图像与 x 轴相切(两个公共点重合),函数 $y=ax^2+bx+c$ 有一个二重零点,即两个零点重合为一个(也即方程 $ax^2+bx+c=0$ 有两个相等的实根).

如果 $\Delta=b^2-4ac<0$ (这时 $\frac{4ac-b^2}{4a}>0$,图像的顶点在 x 轴上方),那么函数的图像与 x 轴没有公共点,函数 $y=ax^2+bx+c$ 没有实零点(即方程 $ax^2+bx+c=0$ 没有实数根).

$a<0$ 的情况类似. 函数 $y=ax^2+bx+c=a\left(x+\dfrac{b}{2a}\right)^2+\dfrac{4ac-b^2}{4a}$ 有最大值, $x=-\dfrac{b}{2a}$ 时, y 取得最大值 $\dfrac{4ac-b^2}{4a}$. $x<-\dfrac{b}{2a}$ 时, 函数递增. $x>-\dfrac{b}{2a}$ 时, 函数递减.

如果 $\Delta=b^2-4ac>0$（这时 $\dfrac{4ac-b^2}{4a}>0$, 图像的顶点在 x 轴上方）, 那么函数的图像与 x 轴有两个交点, 关于直线 $x=-\dfrac{b}{2a}$ 对称, 函数 $y=ax^2+bx+c$ 有两个不相同的零点（即方程 $ax^2+bx+c=0$ 有两个不相等的实根）.

如果 $\Delta=b^2-4ac=0$（这时图像的顶点在 x 轴上）, 那么函数的图像与 x 轴相切（两个公共点重合）, 函数 $y=ax^2+bx+c$ 有一个二重零点（即方程 $ax^2+bx+c=0$ 有两个相等的实根）.

如果 $\Delta=b^2-4ac<0$（这时 $\dfrac{4ac-b^2}{4a}<0$, 图像的顶点在 x 轴下方）, 那么函数图像与 x 轴没有公共点, 函数 $y=ax^2+bx+c$ 没有实零点（即方程 $ax^2+bx+c=0$ 没有实数根）.

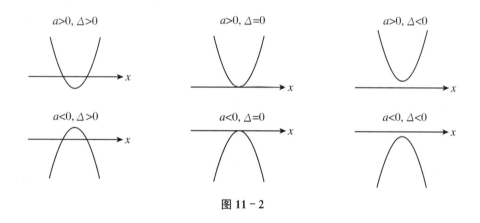

图 11-2

3. 抛物线都是相似的

图 11-3 中绘有三条抛物线, 分别是函数 $y=2x^2$, $y=x^2$, $y=\dfrac{1}{2}x^2$ 的图像. 似乎 $y=2x^2$ 的图像最"瘦", $y=\dfrac{1}{2}x^2$ 的图像最"胖". 其实它们都是相似的.

事实上, 所有抛物线都是相似的. 证明如下:

如图 11-4，设 $a>0$。作直线 $y=kx$，这条直线过原点 O，又分别交抛物线 $y=x^2$ 于 A，交抛物线 $y=ax^2$ 于 A_1。由
$$kx = ax^2$$
得 $x=0, x=\dfrac{k}{a}$。前者是原点 O 的横坐标，后者是 A_1 的横坐标。所以点 A_1 的坐标是 $\left(\dfrac{k}{a}, a\left(\dfrac{k}{a}\right)^2\right)$，即 $\left(\dfrac{k}{a}, \dfrac{k^2}{a}\right)$。

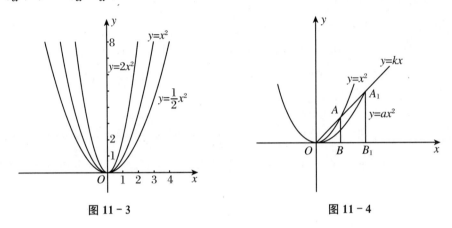

图 11-3   图 11-4

同样，A 的坐标是 (k, k^2)（也可以由 A_1 的坐标取 $a=1$ 得出）。

设 A、A_1 在 x 轴上的射影分别为 B、B_1，则两个直角三角形 OAB、OA_1B_1 的直角边成比例，即
$$k : \dfrac{k}{a} = k^2 : \dfrac{k^2}{a} (= a : 1).$$
因此 $\triangle OAB \sim \triangle OA_1B_1$，
$$\dfrac{OA}{OA_1} = \dfrac{a}{1} = a.$$
对任意的 k 均是如此，即对任一条过 O 的直线，$\dfrac{OA}{OA_1}$ 的比值不变。所以两个抛物线是以 O 为位似中心的位似形，相似比为 a（即 $a:1$）。

评注 将来可以知道离心率相同的二次曲线都是相似的，这是因为所有抛物线的离心率都是 1。椭圆、双曲线具有不同的离心率，因而不都是相似的。

4. 求二次函数

所谓求二次函数 $y=ax^2+bx+c$，即求出参数 a、b、c。

例 1 已知 $y=ax^2+bx+c$ 的图像经过点 $(0,3),(5,1),(4,3)$。求这个二次函数。

解 由已知,将点的坐标代入函数表达式中,得

$$\begin{cases} c = 3, & (1) \\ 25a + 5b + c = 1, & (2) \\ 16a + 4b + c = 3. & (3) \end{cases}$$

将(1)代入(2),整理得

$$5a + b = -\frac{2}{5}. \quad (4)$$

将(1)代入(3),整理得

$$4a + b = 0. \quad (5)$$

(4)−(5),得

$$a = -\frac{2}{5}.$$

代入(5),得

$$b = \frac{8}{5}.$$

所求函数为 $y = -\frac{2}{5}x^2 + \frac{8}{5}x + 3$.

例 2 已知抛物线 $y = ax^2 + bx + c$ 的顶点的横坐标为 1,并且经过点 $A(1,5)$,$B(3,1)$. 求这条抛物线的方程.

解 点 $A(1,5)$ 实际上就是抛物线的顶点,可设抛物线的方程为

$$y = a(x-1)^2 + 5. \quad (6)$$

因为抛物线过 $B(3,1)$,所以

$$1 = 4a + 5,$$
$$a = -1.$$

故抛物线为 $y = -(x-1)^2 + 5$,即 $y = -x^2 + 2x + 4$.

评注 利用已知条件及顶点的特点,可设抛物线为(6).

例 3 已知二次函数的图像与 x 轴的交点的横坐标分别为 -2 与 4,且与 y 轴交于点 $(0,-4)$. 求这个函数.

解 -2 与 4 就是函数的两个零点,因此可设函数为

$$y = a(x+2)(x-4).$$

又

$$-4 = a(0+2)(0-4),$$

故

$$a = \frac{1}{2}.$$

所求函数为 $y = \frac{1}{2}(x+2)(x-4) = \frac{1}{2}x^2 - x - 4$.

例 4 已知 α、β 是方程
$$x^2 - x - 1 = 0 \tag{7}$$
的两个实根,抛物线 $y = ax^2 + bx + c$ 经过三个点 $A(\alpha, \beta), B(\beta, \alpha), C(1,1)$. 求 a、b、c.

解 方程(7)的判别式 $\Delta = (-1)^2 + 4 > 0$,所以 $\alpha \neq \beta$.

由已知可得
$$\begin{cases} \beta = a\alpha^2 + b\alpha + c, & (8) \\ \alpha = a\beta^2 + b\beta + c, & (9) \\ 1 = a + b + c. & (10) \end{cases}$$

因为 α 是方程(7)的根,所以 $\alpha^2 = \alpha + 1$. 代入(8),得
$$\beta = a(\alpha + 1) + b\alpha + c = (a+b)\alpha + (a+c). \tag{11}$$

同理,可得
$$\alpha = (a+b)\beta + (a+c). \tag{12}$$

(11) - (12),得
$$\beta - \alpha = (a+b)(\alpha - \beta). \tag{13}$$

因为 $\alpha \neq \beta$,所以由(13)约去 $\alpha - \beta$ 得
$$a + b = -1. \tag{14}$$

代入(10),得
$$c = 2. \tag{15}$$

将(14)代入(11),得
$$\alpha + \beta = a + c. \tag{16}$$

因为 α、β 是方程(7)的两个不同的根,所以由韦达定理可得 $\alpha + \beta = 1$,(16)即
$$a + c = 1.$$

结合(15)得
$$a = -1.$$

代入(14),得
$$b = 0.$$

5. 解 不 等 式

利用图像可能得到二次不等式的解.

$a>0$ 时,二次函数 $y=ax^2+bx+c$ 的图像是开口向上的抛物线.

如果判别式 $\Delta=b^2-4ac>0$(也就是顶点在 x 轴下方),那么抛物线与 x 轴有两个交点 $(x_1,0),(x_2,0),x_1<x_2$,如图 11-5.这时二次不等式

$$ax^2+bx+c>0 \qquad (1)$$

的解为

$$x<x_1 \quad \text{或} \quad x>x_2,$$

而

$$ax^2+bx+c<0 \qquad (2)$$

的解为

$$x_1<x<x_2.$$

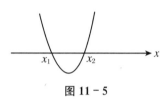

图 11-5

如果判别式 $\Delta=0$(也就是顶点在 x 轴上),那么抛物线与 x 轴恰有一个公共点 $(x_0,0)$(抛物线与 x 轴相切于顶点),$x_0=-\dfrac{b}{2a}$,如图 11-6.这时不等式(1)的解为

$$x\neq -\dfrac{b}{2a},$$

而不等式(2)无解.

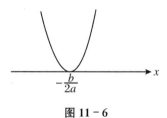

图 11-6

如果判别式 $\Delta<0$(也就是顶点在 x 轴上方),那么抛物线在 x 轴上方,与 x 轴没有公共点,如图 11-7.这时不等式(1)的解为所有实数,而不等式(2)无解.

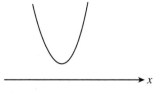

图 11-7

当 $a<0$ 时,二次函数 $y=ax^2+bx+c$ 的图像是开口向下的抛物线.

如果判别式 $\Delta=b^2-4ac>0$(也就是顶点在 x 轴上方),那么抛物线与 x 轴有两个交点 $(x_1,0),(x_2,0),x_1<x_2$,如图 11-8.这时不等式(1)的解为
$$x_1<x<x_2,$$
不等式(2)的解为
$$x<x_1 \quad \text{或} \quad x>x_2$$

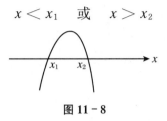

图 11-8

如果判别式 $\Delta=0$,那么抛物线与 x 轴恰有一个公共点 $(x_0,0)$,$x_0=-\dfrac{b}{2a}$,如图 11-9.这时不等式(1)无解,不等式(2)的解为 $x\neq-\dfrac{b}{2a}$.

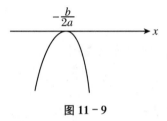

图 11-9

如果判别式 $\Delta<0$,那么抛物线在 x 轴下方,与 x 轴没有公共点,如图 11-10.这时不等式(1)无解,不等式(2)的解为所有实数.

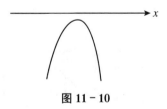

图 11-10

例 1 解不等式
$$x^2-2x-3>0. \tag{3}$$

解 因为
$$x^2-2x-3=(x+1)(x-3),$$
所以不等式(3)的解是
$$x<-1 \quad \text{或} \quad x>3.$$

例 2 解不等式

$$-3x^2 + 5x + 2 > 0. \tag{4}$$

解 因为

$$-3x^2 + 5x + 2 = (-3x-1)(x-2),$$

所以不等式(4)的解是

$$-\frac{1}{3} < x < 2.$$

例 3 解不等式

$$\frac{x-2}{x+1} > 0. \tag{5}$$

解 (5)即不等式

$$(x-2)(x+1) > 0,$$

所以

$$x > 2 \quad 或 \quad x < -1.$$

6. 参　　数

二次函数的表达式中,除自变量 x 外,还常常出现其他表示常数的字母,通常称为参数.确定参数的值域范围,也是常常出现的问题.

例 1 二次方程

$$x^2 - (2-a)x + (5-a) = 0 \tag{1}$$

的两个根都大于2.求 a 的取值范围.

解 问题即二次函数

$$y = x^2 - (2-a)x + (5-a)$$

的图像与 x 轴有两个交点,且都在 $A(2,0)$ 的右侧,如图 11-11,求 a 的取值范围.

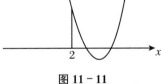

图 11-11

首先,判别式

$$\Delta = (2-a)^2 - 4(5-a) = a^2 - 16 \geqslant 0,$$

所以

$$|a| \geqslant 4. \tag{2}$$

其次,交点都在 A 的右侧,所以函数在 $x=2$ 时的值为正,即
$$2^2 - (2-a) \cdot 2 + (5-a) > 0,$$
所以
$$a > -5. \tag{3}$$

但(3)只保证两个根在 A 的同一侧. 要保证两个根都在 A 的右侧,还需用韦达定理(当然也可将根求出),即
$$2 - a = x_1 + x_2 > 2 + 2 = 4,$$
所以
$$a < -2. \tag{4}$$

由(2)、(4)得
$$a \leqslant -4. \tag{5}$$

由(5)可推出(1)有两个实数根(可能相等),由(3)可推出两根在 A 的同侧,再结合(4)知两根均大于 2.

所求范围为
$$-5 < a \leqslant -4.$$

评注 不仅要由已知条件推出范围,还应由 a 在所述范围内推出已知条件,至于 $a \leqslant -4$ 的等号是否需要,并不重要.

例 2 关于 x 的方程
$$7x^2 - (k+13)x + k^2 - k - 2 = 0$$
有两个实根 α、β,且
$$0 < \alpha < 1 < \beta < 2. \tag{6}$$
求参数 k 的取值范围.

解 如图 11-12,令 $f(x) = 7x^2 - (k+13)x + k^2 - k - 2$,则由(6)可得
$$0 < f(0) = k^2 - k - 2 = (k+1)(k-2),$$
$$0 > f(1) = k^2 - 2k - 8 = (k+2)(k-4),$$
$$0 < f(2) = k^2 - 3k = k(k-3).$$

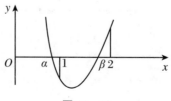

图 11-12

所以
$$k<-1 \text{ 或 } k>2,$$
$$-2<k<4,$$
$$k>3 \text{ 或 } k<0.$$
从而
$$3<k<4 \text{ 或 } -2<k<-1.$$

例 3 方程
$$ax^2+(a+2)x+9a=0 \tag{7}$$
有两个不相等的实数根 x_1、x_2,满足
$$x_1<1<x_2. \tag{8}$$
求 a 的取值范围.

解 因为方程(7)有两个不相等的实数根,所以 $a\neq 0$($a=0$ 时,只有一个根 $x=0$). 方程(7)即
$$x^2+\left(1+\frac{2}{a}\right)x+9=0.$$

二次函数 $y=x^2+\left(1+\frac{2}{a}\right)x+9$ 的图像是开口向上的抛物线. 由(8)知函数在 $x=1$ 时的值为负,即
$$1+\left(1+\frac{2}{a}\right)+9<0,$$
整理得
$$-\frac{2}{a}>11, \tag{9}$$
所以 $a<0$. 在(9)的两边同时乘以 $\frac{a}{11}$,不等号改变方向,所求范围为
$$-\frac{2}{11}<a<0.$$

例 4 已知 x 的二次方程
$$x^2+ax+b=0$$
有两个实数根 α、β,并且 $|\alpha|<2$,$|\beta|<2$. 求证:
$$2|a|<4+b. \tag{10}$$

解 (10)即
$$4\pm 2a+b>0. \tag{11}$$
由已知 $|\alpha|<2$,$|\beta|<2$ 得出二次函数 $y=x^2+ax+b$ 与 x 轴的交点均在区间 $(-2,2)$ 内,所以函数在 $x=\pm 2$ 时的值均为正. 这也就是(11). 从而(10)成立.

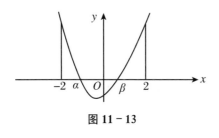

图 11-13

我们常常画出图 11-13 这样的草图以帮助思考. 草图不要求十分准确, 但能够表达出问题中的要点(如本题即是 $|\alpha|<2$, $|\beta|<2$, 函数 $y = x^2 + ax + b$ 在 $x = \pm 2$ 时取值均为正).

例 5 已知二次方程 $x^2 + mx + n = 0$ 与 $x^2 + px + q = 0$ 各有两个不相等的实根, 并且任一个方程的两个根都被另一方程的根分开. 系数 m、n、p、q 应满足什么条件?

解 两个函数 $y = x^2 + mx + n$ 与 $y = x^2 + px + q$ 的图像如图 11-14.

设它们的根分别为 a、c、b、d, 并且 $a < b < c < d$, 则第二个函数的图像必与第一个相交, 交点的横坐标在 b、d 之间, 因而纵坐标必为负. 由

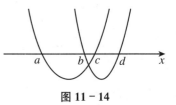

图 11-14

$$x^2 + mx + n = x^2 + px + q$$

得交点的横坐标为

$$x = \frac{q - n}{m - p}$$

($m \neq p$, 否则 $n = q$, 从而两个已知的二次方程变成一个, 与题意不符). 于是

$$\left(\frac{q-n}{m-p}\right)^2 + m\left(\frac{q-n}{m-p}\right) + n < 0,$$

即

$$(q - n)^2 + (m - p)(mq - np) < 0.$$

这就是所求的条件.

评注 参见第 8 章第 9 节例 3.

7. 最大值与最小值

二次函数 $y = f(x) = ax^2 + bx + c$ ($a \neq 0$) 的图像是抛物线.

当 $a > 0$ 时, 抛物线开口向上. $x \in \left(-\infty, -\frac{b}{2a}\right)$ 时, 函数递减. $x \in \left(-\frac{b}{2a}, +\infty\right)$ 时, 函数递增. $x = -\frac{b}{2a}$ 时, 函数有最小值 $\frac{4ac - b^2}{4a}$.

如果限制函数的定义域为一个区间 $[g, h]$, 那么有如下两种情况:

(i) $-\dfrac{b}{2a} \in [g, h]$.

这时函数的最小值仍在 $x = -\dfrac{b}{2a}$ 时取得,最小值仍为 $\dfrac{4ac - b^2}{4a}$.

而函数在此区间上有最大值,最大值为
$$\max\{f(g), f(h)\}, \tag{1}$$
在 $x = g$ 或 $x = h$ 时取得[视 $f(g)$ 与 $f(h)$ 的大小而定].

(ii) $-\dfrac{b}{2a} \notin [g, h]$.

这时函数的最小值为
$$\min\{f(g), f(h)\}, \tag{2}$$
最大值仍为(1). 而且当 $h < -\dfrac{b}{2a}$ 时,最小值为 $f(h)$,最大值为 $f(g)$. 当 $g > -\dfrac{b}{2a}$ 时,最小值为 $f(g)$,最大值为 $f(h)$. 如图 11-15.

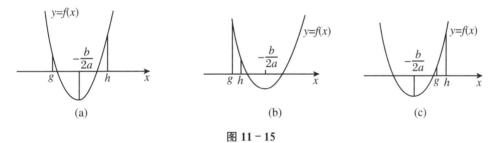

图 11-15

这些结论不必死记硬背,画出草图自然会明白.

当 $a < 0$ 时,情况类似. $x \in \left(-\infty, -\dfrac{b}{2a}\right)$ 时,函数递增. $x \in \left(-\dfrac{b}{2a}, +\infty\right)$ 时,函数递减. $x = -\dfrac{b}{2a}$ 时,函数有最大值 $\dfrac{4ac - b^2}{4a}$.

如果限定函数的定义域为一个区间 $[g, h]$,那么有如下两种情况:

(i) $-\dfrac{b}{2a} \in [g, h]$.

这时函数仍在 $x = -\dfrac{b}{2a}$ 时取得最大值 $\dfrac{4ac - b^2}{4a}$,而最小值为 $\min\{f(g), f(h)\}$,在 $x = g$ 或 $x = h$ 时取得.

(ii) $-\dfrac{b}{2a} \notin [g, h]$.

这时函数的最大值为 $\max\{f(g), f(h)\}$,最小值为 $\min\{f(g), f(h)\}$,均在区间端点 g、h 处取得.

请读者自己画草图说明.

例1 求函数 $f(x) = \dfrac{1}{4}x^2 - x - \dfrac{1}{4}$ 的最小值.

解 因为
$$f(x) = \dfrac{1}{4}x^2 - x - \dfrac{1}{4} = \dfrac{1}{4}(x-2)^2 - \dfrac{5}{4},$$
所以函数在 $x=2$ 时取得最小值 $-\dfrac{5}{4}$.

评注 直接配方,有时比套公式还好.特别注意提取分数系数 $\dfrac{1}{4}$,这样可使得配方变为整数的计算,减少了麻烦.

例2 证明:两个正数的和一定时,它们的积在这两个数相等时最大.

证明 设一个数为 x,和为定值 m,则另一个数为 $m-x$. x 的二次函数
$$y = x(m-x) = -x^2 + mx = -\left(x - \dfrac{m}{2}\right)^2 + \dfrac{m^2}{4}$$
在 $x = \dfrac{m}{2}$ 时取得最大值 $\dfrac{m^2}{4}$.

又证 设这两个数为 a、b,$a+b=m$,则
$$ab = \dfrac{1}{4}[(a+b)^2 - (a-b)^2] = \dfrac{m^2}{4} - \dfrac{(a-b)^2}{4} \leqslant \dfrac{m^2}{4},$$
在 $a=b$ 时取得最大值.

例3 用20米长的材料围一长方形猪圈.有一面墙可以用作长方形的长边.问:如何搭建可使猪圈面积最大?

解 设长方形的宽为 x 米,则长为 $(20-2x)$ 米,面积 $S = x(20-2x) = 2x(10-x)$ (平方米).

因为 x 与 $10-x$ 之和为定值10,所以当 $x=5$ 时,有
$$S = 2x(10-x) = 2 \times 5^2 = 50,$$
即宽为5米、长为10米时,猪圈面积为50平方米,是猪圈的最大面积.

有人认为"正方形的面积最大"这句话不准确,应当是"周长一定的长方形中,正方形的面积最大".在本题中,如果围成正方形(一条边利用墙),面积只有
$$\left(\dfrac{20}{3}\right)^2 = \dfrac{400}{9} < 50.$$

如图 11-16(a),假如墙是镜面的,反射过去,与镜前部分合成一个边长为10米的正方形.在周长为 $40(=20 \times 2)$ 米的长方形中,它的面积最大.所以,如果材料只有40米的一半,那么上述 5×10 的长方形面积最大(它是正方形面积的一半).

类似地,如果知道"在周长一定的平面图形中,圆的面积最大",那么用20米的材料,一

面利用墙,应当围一个半圆,半圆的直径是那面墙,而半圆的周长为20米$\left(\text{直径为}\dfrac{40}{\pi}\text{米}\right)$,如图11-16(b).

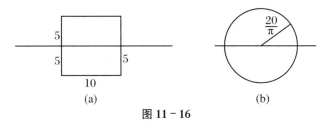

图 11-16

例 4 二次函数 $f(x)=ax^2+bx+c$ 满足以下条件:

(ⅰ) $a>0$.

(ⅱ) $-\dfrac{b}{2a}\in[-2,2]$.

(ⅲ) 在区间 $[-1,1]$ 上, $|f(x)|\leqslant 1$.

求证: $f(x)\geqslant -\dfrac{5}{4}$,并求出满足上述条件并且最小值为 $-\dfrac{5}{4}$ 的函数 $f(x)$.

解 不妨设 $b\geqslant 0$,否则改为讨论满足同样条件的函数 $f(-x)=ax^2-bx+c$(由于$[-2,2]$,$[-1,1]$ 都是关于原点对称的区间,我们可以这样做).

如果 $-\dfrac{b}{2a}\in[-1,1]$,那么由(ⅲ)可知 $f(x)$ 的最小值 $\geqslant -1$,更有 $f(x)\geqslant -\dfrac{5}{4}$.

因此可设 $-\dfrac{b}{2a}\notin[-1,1]$,从而由(ⅱ)及 $b\geqslant 0$ 可得

$$-2\leqslant -\dfrac{b}{2a}<-1,$$

即

$$4a\geqslant b>2a. \tag{3}$$

由(ⅲ)可得

$$a+b+c=f(1)\leqslant 1, \tag{4}$$

$$a-b+c=f(-1)\geqslant -1. \tag{5}$$

(4)-(5),得

$$b\leqslant 1. \tag{6}$$

函数的最小值为

$$\dfrac{4ac-b^2}{4a}=c-\dfrac{b^2}{4a}=c-b+a-\dfrac{4a^2-4ab+b^2}{4a}$$

$$\geqslant -1-\dfrac{4a^2-4ab+b^2}{4a}. \tag{7}$$

因此要证 $f(x)\geqslant -\dfrac{5}{4}$,只需证

$$\frac{4a^2 - 4ab + b^2}{a} \leqslant 1. \tag{8}$$

注意已有(6),我们证明比(8)更强的

$$4a^2 - 4ab + b^2 \leqslant ab. \tag{9}$$

这个齐次不等式即

$$(4a - b)(a - b) \leqslant 0. \tag{10}$$

而由(3)可得

$$4a - b \geqslant 0, \quad a - b \leqslant 0.$$

所以(10)与(8)成立. 从而 $f(x) \geqslant -\frac{5}{4}$.

$f(x)$ 的最小值为 $-\frac{5}{4}$ 时,(6)中等号成立,$b = 1$;(10)中等号成立,$a = \frac{b}{4} = \frac{1}{4}$ [由(3)不可能有 $a = b$];(5)中等号成立,$c = -a = -\frac{1}{4}$. 所以

$$f(x) = \frac{1}{4}x^2 + x - \frac{1}{4}.$$

当然

$$f(x) = \frac{1}{4}x^2 - x - \frac{1}{4}$$

也满足要求. 而且只有这两个函数满足要求.

本题较难,其中(10)或 $(4a - b)(2a - b) \leqslant 0$ 这类不等式的作用值得注意.

8. 讨论一个极值问题

师:今天讨论一个极值问题(最大值、最小值都属于极值问题):
已知 a、b 为实数,并且

$$a^2 - b^2 + 2b + 3 = 0. \tag{1}$$

求 $a^2 + b^2$ 的最小值.

甲:这道题我会做. 先由(1)得

$$a^2 = b^2 - 2b - 3. \tag{2}$$

代入 $a^2 + b^2$,消去 a,得

$$a^2 + b^2 = 2b^2 - 2b - 3. \tag{3}$$

再配方,得

$$2b^2 - 2b - 3 = 2(b^2 - b) - 3 = 2\left(b - \frac{1}{2}\right)^2 - \frac{7}{2}. \tag{4}$$

乙:配方时,也可提取 $\frac{1}{2}$,或者先乘以 2,即
$$2(2b^2 - 2b - 3) = 4b^2 - 4b - 6 = (2b-1)^2 - 7. \qquad (5)$$
这样可以避免较多的分数计算.

甲:令 $b = \frac{1}{2}$,得 $2b^2 - 2b - 3$ 的最小值为 $-\frac{7}{2}$.

乙:但是 $a^2 + b^2$ 总是非负的,怎么可能等于 $-\frac{7}{2}$?

甲:哪里错了?

师:(2)对 b 的取值有限制.

乙:$b^2 - 2b - 3 = a^2 \geqslant 0$,即
$$(b+1)(b-3) \geqslant 0, \qquad (6)$$
所以 $b \geqslant 3$ 或 $b \leqslant -1$.

甲:哦,那么 $b \leqslant -1$ 时,
$$(2b-1)^2 - 7 \geqslant [2 \times (-1) - 1]^2 - 7 = 2.$$
$b \geqslant 3$ 时,
$$(2b-1)^2 - 7 \geqslant (2 \times 3 - 1)^2 - 7 = 18.$$
所以 $b = -1$ 时,$a^2 + b^2$ 取得最小值 $\frac{2}{2} = 1$.

师:其实配方是多余的.

乙:该怎么做?

师:由(1)或(2)得出 $b \geqslant 3$ 或 $b \leqslant -1$ 后,
$$a^2 + b^2 \geqslant b^2 \geqslant \min\{(-1)^2, 3^2\} = 1.$$

甲:原来如此!那么题目若改为"已知
$$2019a^2 - b^2 + 2b + 3 = 0,$$
求 $a^2 + b^2$ 的最小值",也可以这样做,而且最小值仍然是 1.

乙:如果配方,运算就太麻烦了.

甲:那是自找麻烦.

9. 分式的极值

已知 x 为实数. 求分式函数 $\dfrac{2x}{x^2 + x + 1}$ 的最大值与最小值.

解 令 $y = \dfrac{2x}{x^2+x+1}$,则

$$y(x^2+x+1) = 2x.$$

依 x 的降幂排列得

$$yx^2 + (y-2)x + y = 0. \tag{1}$$

(1)是 x 的二次方程.实数 x 及相应的 $y = \dfrac{2x}{x^2+x+1}$ 满足(1),即对这样的 y,(1)有实数解.所以判别式

$$\Delta = (y-2)^2 - 4y^2 \geqslant 0.$$

分解因式得

$$(y-2+2y)(y-2-2y) \geqslant 0,$$

即

$$(3y-2)(y+2) \leqslant 0,$$

$$-2 \leqslant y \leqslant \dfrac{2}{3}.$$

$y = -2$ 时,方程(1)即

$$x^2 + 2x + 1 = 0,$$

$$x = -1.$$

$y = \dfrac{2}{3}$ 时,方程(1)即

$$x^2 - 2x + 1 = 0,$$

$$x = 1.$$

因此,当 $x = 1$ 时,$\dfrac{2x}{x^2+x+1}$ 取得最大值 $\dfrac{2}{3}$;当 $x = -1$ 时,$\dfrac{2x}{x^2+x+1}$ 取得最小值 -2.

评注 确定分式的极值,是判别式的一种应用.将来还会学到求极值的一般方法,即用导数求极值.

10. 例题举隅

本节再举一些与二次函数有关的问题.

例1 已知抛物线 $Q_1: y = ax^2 - 2amx + am^2 + 2m + 1 (a > 0, m > 0)$ 的顶点为 A,抛物线 Q_2 的顶点 B 在 y 轴上,并且 Q_2 与 Q_1 关于点 $P(1,3)$ 成中心对称.

（ⅰ）求出 m 的值与 Q_2 的表达式.

（ⅱ）设 Q_2 与 x 轴的正半轴相交于 C,且 $\triangle ABC$ 是等腰三角形.求 a.

解 （ⅰ）Q_1 的表达式是
$$y = a(x-m)^2 + 2m + 1,$$
所以 A 的坐标为 $(m, 2m+1)$.

设 B 的坐标为 $(0, b)$，则由于 B、A 关于 $P(1,3)$ 对称，故
$$0 + m = 2 \times 1,$$
$$b + (2m+1) = 2 \times 3,$$
所以
$$m = 2, \quad b = 1.$$

因为 Q_2 与 Q_1 成中心对称，所以开口方向相反. 顶点 $B(0,1)$，所以 Q_2 的方程是
$$y = -ax^2 + 1.$$

（ⅱ）设 C 点的坐标为 $(c, 0)$ $(c > 0)$，则
$$-ac^2 + 1 = 0,$$
所以 $a = \dfrac{1}{c^2}$，而
$$AB^2 = 2^2 + 4^2 = 20,$$
$$AC^2 = (2-c)^2 + 5^2 > AB^2,$$
$$BC^2 = c^2 + 1.$$

由 $BC = AB$ 得 $c^2 = 19, a = \dfrac{1}{19}$.

由 $BC = AC$ 得 $c^2 + 1 = (2-c)^2 + 5^2, c = 7, a = \dfrac{1}{c^2} = \dfrac{1}{49}$.

所以 $a = \dfrac{1}{19}$ 或 $\dfrac{1}{49}$.

例 2 已知实数 a、b、c 满足 $a > b > 0, a+b+c = 0$. 函数 $y = ax^2 + bx + c$ 的图像与 x 轴交于两点. 两个交点之间的距离为 d. 求 d 的取值范围.

解 因为 $a + b + c = 0$，所以 $(1, 0)$ 是函数 $y = ax^2 + bx + c$ 的图像与 x 轴的一个交点.

由韦达定理知 $\left(\dfrac{c}{a}, 0\right)$ 是另一个交点.

因为 $a > b > 0, a + b + c = 0$，所以
$$c = -a - b < 0,$$
$$d = 1 - \dfrac{c}{a} = 1 + \dfrac{a+b}{a} = 2 + \dfrac{b}{a}.$$

因为 $0 < \dfrac{b}{a} < 1$，所以

$$2 < d < 3.$$

评注 某书解答如下：

设 $y = ax^2 + bx + c$ 与 x 轴交于 $(x_1,0),(x_2,0)$，则 $x_1+x_2=-\dfrac{b}{a}, x_1 x_2 = \dfrac{c}{a}$. 又 $c = -a-b$，故

$$d = |x_2 - x_1| = \sqrt{(x_2-x_1)^2} = \sqrt{(x_2+x_1)^2 - 4x_1 x_2}$$

$$= \sqrt{\left(-\dfrac{b}{a}\right)^2 - 4 \cdot \dfrac{-a-b}{a}} = \dfrac{b+2a}{a} = \dfrac{b}{a} + 2.$$

由于 $a > b > 0$，故 $0 < \dfrac{b}{a} < 1, 2 < d < 3$.

缺点是未看出 1 是函数的零点.

例 3 如图 11-17，已知抛物线 $y = ax^2 + bx + c$ 与 x 轴交于 A、B 两点（A 在 B 的左边），与 y 轴交于 $C(0,-3)$. 对称轴是直线 $x=1$，直线 BC 与抛物线的对称轴交于点 D.

(1) 求这条抛物线的表达式.

(2) 求直线 BC 的方程.

(3) 点 E 为 y 轴上的一个动点，线段 CE 的垂直平分线交 CE 于 F，交抛物线于 P、Q，P 在第三象限.

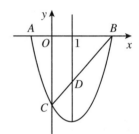

图 11-17

(i) 若线段 $PQ = \dfrac{3}{4} AB$，求 DE 的斜率.

(ii) 若 C、D、E 构成直角三角形，求 P 点坐标.

解 (1) 因为 $C(0,-3)$ 在抛物线上，所以 $c = -3$.

因为 $x = 1$ 是抛物线的对称轴，所以

$$y = x^2 + bx - 3 = (x-1)^2 - 4 = x^2 - 2x - 3.$$

(2) 因为 $x^2 - 2x - 3 = 0$ 的根为 $-1、3$，所以 A、B 的坐标分别为 $(-1,0),(3,0)$.

由截距式可知 BC 的方程为 $\dfrac{x}{3} + \dfrac{y}{-3} = 1$，即

$$x - y = 3.$$

(3)(i) 如图 11-18(a)，设 F 为 $(0,k)$，则 P、Q 的纵坐标为 k，横坐标满足

$$(x-1)^2 - 4 = k.$$

PQ 的长为 $(1+\sqrt{k+4}) - (1-\sqrt{k+4}) = 2\sqrt{k+4}$.

$$AB = 3 - (-1) = 4.$$

由 $2\sqrt{k+4} = \dfrac{3}{4} AB$ 得

$$k = \left(\frac{3}{2}\right)^2 - 4 = -\frac{7}{4}.$$

因为 F、C 的坐标分别为 $(0, k)$,$(0, -3)$,F 是 CE 的中点,所以 E 的纵坐标为

$$2k - (-3) = 2k + 3 = 2 \times \left(-\frac{7}{4}\right) + 3 = -\frac{1}{2}.$$

D 的横坐标为 1,代入 $x - y = 3$,得 D 的纵坐标为 $y = -2$.

因为直线 DE 过点 $D(1, -2)$,$E\left(0, -\frac{1}{2}\right)$,所以它的斜率为

$$\frac{-\frac{1}{2} - (-2)}{0 - 1} = -\frac{3}{2}.$$

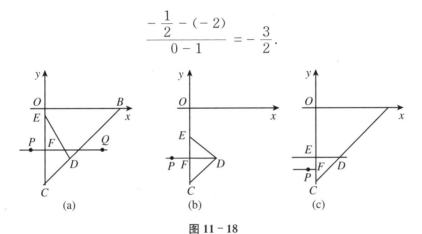

图 11-18

(ⅱ) 若 $\angle CDE = 90°$ [图 11-18(b)],则 $DE \perp BC$,BC 的方程为 $x - y = 3$,D 点的坐标为 $(1, -2)$,所以 DE 的方程为 $x + y = -1$,E 点的坐标为 $(0, -1)$,F 点的坐标为 $(0, -2)$. CE 的垂直平分线就是直线 $y = -2$,也就是 DF. P 是 $y = -2$ 与抛物线 $y = (x-1)^2 - 4$ 在第三象限的交点,所以 P 点的横坐标是 $1 - \sqrt{2}$. 因此 P 点的坐标为 $(1 - \sqrt{2}, -2)$.

若 $\angle DEC = 90°$ [图 11-18(c)],则 E 点的坐标为 $(0, -2)$,F 点的坐标为 $\left(0, -\frac{5}{2}\right)$ $\left[\frac{1}{2} \times (-2-3) = -\frac{5}{2}\right]$.

由 $(x-1)^2 - 4 = -\frac{5}{2}$ 得 P 点的横坐标为

$$x = 1 - \sqrt{\frac{3}{2}} = 1 - \frac{1}{2}\sqrt{6}.$$

故 P 点的坐标为 $\left(1 - \frac{1}{2}\sqrt{6}, -\frac{5}{2}\right)$.

于是 P 点的坐标有两种可能,即 $(1 - \sqrt{2}, -2)$,$\left(1 - \frac{1}{2}\sqrt{6}, -\frac{5}{2}\right)$.

例 4 如图 11-19,直线 $y = \frac{3x}{4k} + 3$ ($k > 0$) 与 x 轴、y 轴分别交于 A、B 两点. 点 P

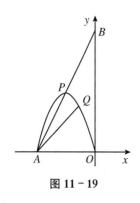

图 11-19

是线段 AB 的中点,抛物线 Ω:

$$y = -\frac{3}{8}x^2 + bx + c$$

经过点 A、P、O(原点).

(ⅰ)求抛物线 Ω 的解析式.

(ⅱ)在 x 轴上方、抛物线 Ω 上,是否有一点 Q,使 $\angle QAO = 45°$?如果有,求出 Q 的坐标.如果没有,请说明理由.

解 (ⅰ)直线 $y = \frac{3x}{4k} + 3$ 可变形为

$$\frac{x}{-4k} + \frac{y}{3} = 1,$$

所以它在 x 轴、y 轴上的截距分别为 $-4k$、3. A 点为 $(-4k, 0)$,B 点为 $(0, 3)$.

AB 的中点 P 的坐标为 $\left(-2k, \frac{3}{2}\right)$. 因为 Ω 过 $A(-4k, 0)$,$O(0, 0)$,所以

$$-\frac{3}{8}x^2 + bx + c = 0$$

的两根为 $-4k$、0,Ω 的方程为

$$y = -\frac{3}{8}x(x + 4k).$$

又 Ω 过点 P,所以

$$\frac{3}{2} = -\frac{3}{8} \cdot (-2k)(-2k + 4k),$$

$$k = 1.$$

因此 Ω 的方程为

$$y = -\frac{3}{8}x(x + 4) = -\frac{3}{8}x^2 - \frac{3}{2}x. \qquad (1)$$

(ⅱ)若 Q 在 x 轴上方、抛物线 Ω 上,并且 $\angle QAO = 45°$,则 Q 的坐标满足(1)与 AQ 的方程

$$y = x + 4. \qquad (2)$$

将(2)代入(1),得

$$-\frac{3}{8}x^2 - \frac{3}{2}x = x + 4,$$

整理得

$$3x^2 + 20x + 32 = 0.$$

从而 $x = -\frac{8}{3}$ 或 -4. 相应地,$y = \frac{4}{3}$ 或 0,后者舍去.

反之,点 $Q\left(-\frac{8}{3}, \frac{4}{3}\right)$ 在 x 轴上方、抛物线 Ω 上时,满足方程(1)与(2).因此 Q 在抛物线 Ω 与直线(2)上.从而 $\angle QAO = 45°$.

即点 $Q\left(-\frac{8}{3}, \frac{4}{3}\right)$ 合乎要求.

下面的例 5 与前面几例不同,有点"另类",需要自己想办法解决.

例 5 设实数 a、b、c、m 满足条件

$$\frac{a}{m+2} + \frac{b}{m+1} + \frac{c}{m} = 0, \tag{3}$$

并且 $a > 0, m > 0$.求证:方程

$$ax^2 + bx + c = 0$$

有一根 x_0,满足

$$0 < x_0 < 1.$$

证明 $f(x) = ax^2 + bx + c$ 在 0、1 上的值分别为

$$f(0) = c,$$
$$f(1) = a + b + c.$$

如果 $f(0)$、$f(1)$ 异号,那么结论成立.

$c < 0$ 时,$f(0) < 0$,并且

$$\frac{a+b+c}{m+1} > \frac{a}{m+2} + \frac{b}{m+1} + \frac{c}{m} = 0,$$

即 $f(1) > 0$.所以结论成立.

$c \geq 0$ 时,需要在区间 $(0,1)$ 中再找一个值 x_1,希望 $f(x_1)$ 与 $f(0)$ 或 $f(1)$ 异号.这个 x_1 应当与 m 有点关系,即与(3)有点关系. $\frac{m}{m+1}$ 与 $\frac{m+1}{m+2}$ 均可充当 x_1.

以 $x_1 = \frac{m+1}{m+2}$ 为例,当 $c \geq 0$ 时,

$$\frac{m+2}{(m+1)^2} f\left(\frac{m+1}{m+2}\right) = \frac{a}{m+2} + \frac{b}{m+1} + \frac{c(m+2)}{(m+1)^2}$$

$$\leq \frac{a}{m+2} + \frac{b}{m+1} + \frac{c}{m} = 0,$$

即 $f(x_1) \leq 0$,因此方程(3)有一根 x_0,满足 $0 < x_0 \leq x_1 < 1$.

习题 11

1. 抛物线 $y = 10(x+2)(x-5)$ 交 x 轴于 P、Q.求线段 PQ 的长.

2. 抛物线 $y = -x^2 + 4x + 1$ 的顶点为 V,交直线 $y = -x + 1$ 于 A、B 两点.求

$AV^2 + BV^2 - AB^2$.

3. 直线 $y = k$ 交抛物线 $y = 2(x-3)(x-5)$ 于 A、B. 已知线段 AB 的长为 6. 求 k.

4. 抛物线 $y = x^2$ 平移后,位置如图. 证明: $de = f$.

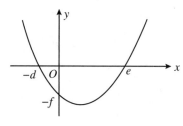

第4题图

5. 抛物线 $y = ax^2 (a > 0)$ 上任一点 P 到点 $F\left(0, \dfrac{1}{4a}\right)$ 的距离与 P 到直线 $y = -\dfrac{1}{4a} - 1$ 的距离,哪个大? 大多少?

6. 一个二次函数的图像与 x 轴交于两点,两点间距离为 2. 若将图像沿 y 轴方向向上平移 3,则图像恰过原点,且与 x 轴两交点间的距离为 4. 求原二次函数的解析式.

7. 二次函数 $y = ax^2 + bx + c(a > 0)$ 的图像与 x 轴只有一个交点 A,与 y 轴交于 B, 且 $|AB| = 2\sqrt{2}$. 若 $b + 2ac = 0$,求这个二次函数的表达式.

8. 设 m 为不小于 0 的整数. 二次函数 $y = x^2 - (2m+2)x + (m^2 + 4m - 3)$ 的图像与 x 轴交于 A、B 两点,A 在原点左侧,B 在原点右侧.

（ⅰ）求这个二次函数的解析式.

（ⅱ）一次函数 $y = kx + b$ 的图像经过点 A,又交二次函数的图像于 C,$S_{\triangle ABC} = 10$. 求这个一次函数的解析式.

9. 抛物线 $y = ax^2 + bx + c$ 过点 $A(1,0)$,$B(4,0)$,$C(0,-2)$.

（ⅰ）求它的方程.

（ⅱ）P 为抛物线上一点,$PM \perp x$ 轴,垂足为 M. P、A 与 M 组成的三角形,能否与 $\triangle OAC$ 相似? 若能,求出 P 点的坐标.

10. 二次方程
$$ax^2 + bx + c = 0$$
的系数 a、b、c 都是奇数,它有两个实根 x_1、x_2,且满足
$$-1 < x_1 < 0, \quad 1 < x_2.$$
若判别式 $b^2 - 4ac = 5$,求 x_1、x_2 的值.

第11章 二次函数及其图像

《习题11解答》

1. 因为 P、Q 的坐标分别为 $(-2,0),(5,0)$,所以
$$PQ = 5-(-2)=7.$$

2. 抛物线 $y=-(x-2)^2+5$,V 为 $(2,5)$.交点 A、B 的横坐标满足 $-x^2+4x+1= -x+1$,解得 $x=0$、5.相应地,$y=1$、-4.A、B 分别为 $(0,1),(5,-4)$.
$$AV^2+BV^2-AB^2=(2^2+4^2)+(5-2)^2+(5+4)^2-[5^2+(1+4)^2]$$
$$=20+90-50=60.$$

3. 抛物线与 x 轴的交点,横坐标为 3、5,距离为 2.抛物线与 $y=k$ 的交点 A、B 距离为 6,它们关于抛物线的对称轴 $x=4$ 对称,所以 B 的横坐标为
$$5+\frac{6-2}{2}=7.$$
它是 $k=2(x-3)(x-5)$ 的根,所以 $k=2\times(7-3)(7-2)=16.$

4. 抛物线平移后的表达式为 $y=(x-e)(x+d)$,交 y 轴于 $-ed$,所以 $f=de.$

5. 点 $P(x,y)$ 到 $F\left(0,\frac{1}{4a}\right)$ 的距离为
$$d=\sqrt{x^2+\left(y-\frac{1}{4a}\right)^2}=\sqrt{\frac{y}{a}+\left(y-\frac{1}{4a}\right)^2}=\sqrt{\left(y+\frac{1}{4a}\right)^2}$$
$$=y+\frac{1}{4a}\quad(y=ax^2\geqslant 0),$$

即与 P 到直线 $y=-\frac{1}{4a}$ 的距离相等.

所以 P 到直线 $y=-\frac{1}{4a}-1$ 的距离大,大 1.

6. 新的二次函数图像过原点,又过点 $(4,0)$ 或 $(-4,0)$,它的解析式应为
$$y=ax(x-4)\quad \text{或}\quad y=ax(x+4).$$
如果是 $y=ax(x-4)$,那么原二次函数应为
$$y=ax(x-4)-3.$$
因为对称轴是 $x=2$,所以现在 $ax(x-4)-3$ 的两个相差为 2 的根是 1 与 3,
$$ax(x-4)-3=a(x-1)(x-3).$$
令 $x=4$,得 $a=-1$,即原来的函数为
$$y=-(x-1)(x-3)=-x^2+4x-3.$$
如果是 $y=ax(x+4)$,同样可得 $a=-1$,原来的函数为
$$y=-x^2-4x-3.$$

7. 因为与 x 轴只有一个交点,所以
$$b^2 = 4ac. \tag{1}$$

B 的坐标为 $(0,c)$,A 的坐标为 $\left(-\dfrac{b}{2a}, 0\right)$. 因为 $|AB| = 2\sqrt{2}$,所以
$$\left(-\dfrac{b}{2a}\right)^2 + c^2 = 8,$$

即
$$b^2 + 4a^2c^2 = 8 \times 4a^2. \tag{2}$$

又 $b + 2ac = 0$,即
$$b = -2ac. \tag{3}$$

将 (3) 代入 (2),消去 b,得
$$8a^2c^2 = 8 \times 4a^2. \tag{4}$$

由 (1) 得 $c \geq 0$. 所以由 (4) 得 $c = 2$.

由 (1)、(3) 得 $b = -2$.

将 b、c 代入 (3),得 $a = \dfrac{1}{2}$.

二次函数的表达式为 $y = \dfrac{1}{2}x^2 - 2x + 2$.

8. (ⅰ) 因为 $x^2 - (2m+2)x + (m^2 + 4m - 3) = 0$ 的两根异号,所以
$$m^2 + 4m - 3 < 0.$$

因为 m 为正整数时,
$$m^2 + 4m - 3 \geq 1^2 + 4 - 3 > 0,$$

所以 $m = 0$. 二次函数的解析式为
$$y = x^2 - 2x - 3.$$

(ⅱ) A、B 两点分别为 $(-1, 0)$,$(3, 0)$.

因为 $y = kx + b$ 经过 A,所以 $0 = -k + b$,$b = k$. 这个一次函数为 $y = k(x+1)$.

因为 $|AB| = 4$,$S_{\triangle ABC} = 10$,所以 C 到 AB 的距离为 5,即 C 的纵坐标为 5 或 -5.

但二次函数 $x^2 - 2x - 3 = (x-1)^2 - 4$ 的最小值为 -4,所以 C 的纵坐标只能是 5.

由 $x^2 - 2x - 3 = 5$ 得 $x = 4$ 或 -2,即 C 点为 $(4, 5)$ 或 $(-2, 5)$.

将 $x = 4$,$y = 5$ 代入 $y = k(x+1)$,得
$$k = 1.$$

将 $x = -2$,$y = 5$ 代入 $y = k(x+1)$,得
$$k = -5.$$

因此,这个一次函数为

或
$$y = x + 1$$
或
$$y = -5x - 5.$$

9. （ⅰ）因为抛物线 $y = a(x-1)(x-4)$ 过点 $C(0,-2)$，所以 $4a = -2, a = -\dfrac{1}{2}$. 抛物线的方程为
$$y = -\frac{1}{2}(x-1)(x-4).$$

（ⅱ）P 点坐标 (x,y) 满足 $y = -\dfrac{1}{2}(x-1)(x-4)$.

若 M、A、P 组成的三角形与 Rt△OAC 相似，则 M 与 O 对应，P 与 A 或 C 对应. 因为 $\dfrac{|OC|}{|OA|} = 2$，所以
$$\frac{|PM|}{|AM|} = \frac{1}{2} \text{ 或 } 2,$$
即
$$\frac{|y|}{|x-1|} = \frac{1}{2} \text{ 或 } 2.$$

因为 $y = -\dfrac{1}{2}(x-1)(x-4)$，所以上式即
$$|x-4| = 1 \text{ 或 } 4,$$
从而 $x = 3, 5$ 或 $0, 8$.

但 $x = 0$ 时，P 与 C 重合，M 与 O 重合，△PMA 即 △COA.

所以 P 点的坐标为 $(3,1), (5,-2), (8,-14)$.

10. 不妨设 $a > 0$（否则将 a、b、c 换为 $-a$、$-b$、$-c$）. 这时 $y = ax^2 + bx + c$ 开口向上. 由韦达定理可得 $c = x_1 x_2 < 0$.

由 $b^2 - 4ac = 5$ 得 $b^2 = 5 + 4ac < 5$. 因为 b 为奇数，所以 $b^2 = 1$. $ac = -1$，从而 $a = 1$，$c = -1$，$b = \pm 1$. 又 $-b = x_1 + x_2 > 1 + (-1) = 0$，所以 $b = -1$. 方程为
$$x^2 - x - 1 = 0,$$
根为
$$x_1 = \frac{1-\sqrt{5}}{2}, \quad x_2 = \frac{1+\sqrt{5}}{2}.$$

第12章 不亦说乎

子曰:"学而时习之,不亦说乎?"

本章由 130 道习题组成,供读者练习.可以用来复习和巩固前面所学的内容,也涉及一些新的知识.做习题应当是一件很愉快的事情.

习题中有一些题稍难,一时做不出,可以暂时放下,心情好而且又有闲暇时再做.若实在做不出,还可以看后面的解答.

当然,不要急于看解答.自己还没有仔细想就看解答,思路就被束缚了.发展思维能力,让思想长上翅膀自由翱翔,才是学习数学的目的.

可以比较你的思路与书中的解答有何异同.比较,是一种好的学习方法.

130 道题分为两部分,第一部分的 30 道题是之前已经出版过的,这次新增了第二部分的 100 道题.

1. 30 道题

本节有 30 道习题.

1. 一位魔术师说:"你随便想一个数,将它加上 2,再乘上你所想的数,所得的积加上 198,再减去所想的数的平方,最后乘以 $\frac{1}{2}$.只要将结果告诉我,我立即可以说出你所想的数."

江小毛告诉魔术师结果是 163,魔术师立即说出江小毛所想的数是 64.为什么魔术师能够一口报出答案?

2. 计算
$$\frac{48}{52}+\frac{48\times 47}{52\times 51}+\frac{48\times 47\times 46}{52\times 51\times 50}+\cdots+\frac{48\times 47\times \cdots \times 1}{52\times 51\times \cdots \times 5}.$$

3. 计算

$$\frac{(7^4+64)(15^4+64)(23^4+64)(31^4+64)(39^4+64)}{(3^4+64)(11^4+64)(19^4+64)(27^4+64)(35^4+64)}.$$

4. 已知 x、y 都不为 0,并且

$$\frac{x}{1+3x}+\frac{y}{1+3y}=\frac{x+y}{1+3x+3y}.$$

求 $x+y$ 的值.

5. 解下列方程:

（ⅰ）$\dfrac{5x-0.3}{0.4}=\dfrac{3x-1.2}{0.6}-\dfrac{1.8-8x}{1.2}.$

（ⅱ）$\dfrac{1}{9}\left\{\dfrac{1}{7}\left[\dfrac{1}{5}\left(\dfrac{x+2}{3}+4\right)+6\right]+8\right\}=1.$

（ⅲ）$\dfrac{2}{3}\left[\dfrac{3}{2}\left(\dfrac{1}{4}x-\dfrac{1}{2}\right)-3\right]-2=x.$

6. 已知 $x:y:z=2:3:5$,且 $3x+2y-4z=-16$. 求 $x-3y+2z$ 的值.

7. 甲、乙两地公路全长 36 千米,一部分上坡,另一部分下坡. 自行车每小时下坡比上坡多行 6 千米. 骑自行车从甲地到乙地用 $2\dfrac{2}{3}$ 小时,返回时少用 20 分钟. 求自行车上坡的速度.

8. 国际刑警接到举报电话,告知某艘即将起航的货轮上有一箱毒品,并提供一个奇怪的数字 $50\dfrac{9}{11}$,然后就匆忙挂了电话. 警察赶到码头,发现那艘船上有 100 箱货物,分别标有号码 1～100. 他们认为 $50\dfrac{9}{11}$ 应是不装毒的 99 只箱子号码的平均数. 问:装毒的箱子号码是多少?

9. 已知 $a+b+c=0,abc\neq 0$,求

$$\frac{1}{b^2+c^2-a^2}+\frac{1}{c^2+a^2-b^2}+\frac{1}{a^2+b^2-c^2}.$$

10. 已知 $\dfrac{(a-b)(c-d)}{(b-c)(d-a)}=3$,求 $\dfrac{(a-c)(b-d)}{(a-b)(c-d)}$ 的值.

11. 学校军训的队伍长 l 米,保持匀速前进. 队尾的通讯员奉命到队伍的最前面送一队旗,然后立即返回队尾. 这段时间里,队伍正好又前行了 l 米. 通讯员走的路程是多少?

12. A、B 两镇分别在一条河的上、下游. 甲、乙两船同时从 A 出发. 甲行到 B 后立即返回,在返程中遇到乙. 乙到 B 后也立即返回,遇到再次从 A 开出的甲(假定甲在 A 停留的时间为零). 如果甲、乙在静水中的速度分别为每小时 v_1 千米与 v_2 千米,水速为每小时 v 千米. 问:两船从出发到第二次相遇,所用时间是甲船从 A 到 B 所用时间的几

倍？（结果用 v_1、v_2 与 v 表示）

13. 解方程
$$\frac{1}{x^2+3x+2}+\frac{1}{x^2+5x+6}+\frac{1}{x^2+7x+12}+\frac{1}{x^2+9x+20}=\frac{1}{8}.$$

14. 已知 $(x+\sqrt{x^2+2014})(y+\sqrt{y^2+2014})=2014$，求 $x^2-3xy-4y^2-6x-6y+58$ 的值．

15. 已知 a 是方程
$$x^2+x-\frac{1}{4}=0$$
的根．求 $\dfrac{a^3-1}{a^5+a^4-a^3-a^2}$ 的值．

16. 已知 $a=\dfrac{1}{2}\sqrt{\sqrt{2}+\dfrac{1}{8}}-\dfrac{1}{8}\sqrt{2}$，求 $a^2+\sqrt{a^4+a+1}$ 的值．

17. 已知 b 是正整数，并且 $a+b=c, b+c=d, c+d=a$．求 $a+b+c+d$ 的最大值．

18. 已知 a、b 两数不等，并且
$$a^2=a+1,$$
$$b^2=b+1.$$
求 a^5+b^5 的值．

19. 已知 $x=\dfrac{1+\sqrt{2001}}{2}$，求 $(4x^3-2004x-2001)^{2014}$ 的值．

20. 有两个港口 A、B，A 港在 B 港的上游 s 千米．甲、乙两船分别从 A、B 两港同时出发，向上游航行．甲船出发时，有一物品掉落，浮在水面，随水漂往下游．甲船航行一段时间后发现物品掉落，立刻调头去追．甲船追上物品时，恰好与乙船相遇．已知甲、乙两船在静水中速度相同，都是水速的 n 倍．甲船调头时，已经航行了多少千米？（结果用 s、n 的代数式表示）

21. 河水是流动的，在 B 点流入一个静止的湖中．游泳者在河中顺流从 A 到 B，再穿过湖游到 C，共用 3 小时．而由 C 到 B 再到 A，共用 6 小时．如果湖水也是流动的，从 B 流向 C，速度与河水速度相同，那么这名游泳者从 A 到 B 再到 C，共用 2.5 小时．这时，他从 C 到 B 再到 A，共用多少小时？

22. 解方程组
$$\begin{cases} x(x+1)(3x+5y)=144, \\ x^2+4x+5y=24. \end{cases}$$

23. 试确定一切有理数 r，使得 x 的方程

$$rx^2 + (r+2)x + r - 1 = 0$$

有根且只有整数根.

24. 已知 a、b、c 三个实数满足方程组

$$\begin{cases} a + b = 8, \\ ab - c^2 + 8\sqrt{2}c = 48. \end{cases}$$

求方程

$$bx^2 + cx - a = 0$$

的根.

25. 设 m 是整数,方程

$$3x^2 + mx - 2 = 0$$

的两个根都大于 $-\dfrac{9}{5}$ 且小于 $\dfrac{3}{7}$. 求 m 的值.

26. 已知二次函数 $f(x) = x^2 + px + q$,方程 $f(x) = 0$ 与方程 $f(2x) = 0$ 有相同的非零实根.

(ⅰ) 求 $\dfrac{q}{p^2}$ 的值.

(ⅱ) 若 $f(1) = 28$,解方程 $f(x) = 0$.

27. 设 m、n 为正整数,且 $m \neq 2$. 如果对一切实数 t,二次函数 $y = x^2 + (3 - mt)x - 3mt$ 的图像与 x 轴的两个交点间的距离不小于 $|2t + n|$. 求 m、n 的值.

28. 已知 a、b、c 为实数,$ac < 0$,并且

$$\sqrt{2}a + \sqrt{3}b + \sqrt{5}c = 0. \tag{1}$$

证明:x 的二次方程

$$ax^2 + bx + c = 0 \tag{2}$$

有大于 $\dfrac{3}{4}$ 且小于 1 的根.

29. 已知 $a_1 = 0$,$|a_2| = |a_1 + 1|$,$|a_3| = |a_2 + 1|$,$\cdots$,$|a_{100}| = |a_{99} + 1|$. 求 $a_1 + a_2 + \cdots + a_{100}$ 的最小值.

30. 已知实数 a、b、c、d 互不相等,并且

$$a + \dfrac{1}{b} = b + \dfrac{1}{c} = c + \dfrac{1}{d} = d + \dfrac{1}{a} = x. \tag{1}$$

求出 x 的值,并证明这个值是与 a、b、c、d 无关的常数.

2. 30 道题的解答

本节给出上节 30 道习题的解答.

30 道题中,应当有不少题读者可以自己解出,也应当努力自己解出.只有少数题比较难,实在解不出时,可以看解答.

看解答,至少应当看两遍.第二遍着重领悟解答所用的方法.不但要知道怎样解,更要想清楚为什么要这样解.

"鸳鸯绣了凭君看,要把金针度与人."不但要看到绣好了的鸳鸯,更要看出针法,想到自己如何去绣这只鸳鸯,能不能绣得更好一些.

1. 一位魔术师说:"你随便想一个数,将它加上 2,再乘上你所想的数,所得的积加上 198,再减去所想的数的平方,最后乘以 $\frac{1}{2}$. 只要将结果告诉我,我立即可以说出你所想的数."

江小毛告诉魔术师结果是 163,魔术师立即说出江小毛所想的数是 64. 为什么魔术师能够一口报出答案?

解 设所想的数为 x,则计算结果应是

$$\frac{1}{2}[(x+2)x + 198 - x^2] \tag{1}$$

的值.

显然(1)可化简为 $x+99$. 所以当结果为 163 时,所想的数为

$$x = 163 - 100 + 1 = 64.$$

即魔术师只要将结果减去 100 后再加上 1,便可得出观众江小毛所想的数.

2. 计算

$$\frac{48}{52} + \frac{48 \times 47}{52 \times 51} + \frac{48 \times 47 \times 46}{52 \times 51 \times 50} + \cdots + \frac{48 \times 47 \times \cdots \times 1}{52 \times 51 \times \cdots \times 5}.$$

解 如果依顺序相加,则

$$\frac{48}{52} + \frac{48 \times 47}{52 \times 51} = \frac{48 \times 98}{52 \times 51},$$

似乎并无可以利用的规律.

换一下思路,倒过来,从后往前加,如何?

$$\frac{48 \times 47 \times \cdots \times 2 \times 1}{52 \times 51 \times \cdots \times 6 \times 5} + \frac{48 \times 47 \times \cdots \times 2}{52 \times 51 \times \cdots \times 6}$$

$$= \frac{48 \times 47 \times \cdots \times 2}{52 \times 51 \times \cdots \times 6} \times \left(\frac{1}{5} + 1\right)$$

$$= \frac{48 \times 47 \times \cdots \times 3}{52 \times 51 \times \cdots \times 7} \times \frac{2}{5},$$

$$\frac{48 \times 47 \times \cdots \times 3}{52 \times 51 \times \cdots \times 7} \times \frac{2}{5} + \frac{48 \times 47 \times \cdots \times 3}{52 \times 51 \times \cdots \times 7}$$

$$= \frac{48 \times 47 \times \cdots \times 3}{52 \times 51 \times \cdots \times 7} \times \left(\frac{2}{5} + 1\right)$$

$$= \frac{48 \times 47 \times \cdots \times 4}{52 \times 51 \times \cdots \times 8} \times \frac{3}{5}.$$

依此类推,每次的结果比前一项多一个因子 $\frac{b-1}{5}$,b 是前一项分子的最后一个乘数,直至

$$\frac{48 \times 47}{52 \times 51} \times \frac{46}{5} + \frac{48 \times 47}{52 \times 51} = \frac{48 \times 47}{52 \times 51} \times \left(\frac{46}{5} + 1\right) = \frac{48}{52} \times \frac{47}{5},$$

$$\frac{48}{52} \times \frac{47}{5} + \frac{48}{52} = \frac{48}{52} \times \left(\frac{47}{5} + 1\right) = \frac{48}{5}.$$

3. 计算

$$\frac{(7^4+64)(15^4+64)(23^4+64)(31^4+64)(39^4+64)}{(3^4+64)(11^4+64)(19^4+64)(27^4+64)(35^4+64)}.$$

解 这道题当然不能一味硬算,需要分析它的特点.

记 $2 = b$. 因为

$$a^4 + 64 = a^4 + 4b^4$$
$$= a^4 + 4a^2b^2 + 4b^4 - 4a^2b^2$$
$$= (a^2 + 2b^2)^2 - (2ab)^2$$
$$= (a^2 + 2b^2 + 2ab)(a^2 + 2b^2 - 2ab)$$
$$= [a(a+4)+8][a(a-4)+8],$$

所以原式分子、分母中各项都可分解. 从而

原式 $= \frac{(7 \times 3 + 8)(7 \times 11 + 8)(15 \times 11 + 8)(15 \times 19 + 8)\cdots(39 \times 35 + 8)(39 \times 43 + 8)}{[3 \times (-1) + 8](3 \times 7 + 8)(11 \times 7 + 8)(11 \times 15 + 8)\cdots(35 \times 31 + 8)(35 \times 39 + 8)}$

$$= \frac{39 \times 43 + 8}{3 \times (-1) + 8} = \frac{41^2 - 2^2 + 8}{5} = \frac{41^2 + 4}{5} = \frac{1685}{5} = 337.$$

4. 已知 x、y 都不为 0,并且

$$\frac{x}{1+3x} + \frac{y}{1+3y} = \frac{x+y}{1+3x+3y}. \tag{1}$$

求 $x+y$ 的值.

解 由(1)得

$$\frac{x}{1+3x} - \frac{x}{1+3x+3y} = \frac{y}{1+3x+3y} - \frac{y}{1+3y},$$

即

$$\frac{3xy}{(1+3x)(1+3x+3y)} = \frac{-3xy}{(1+3y)(1+3x+3y)}.$$

因为 x、y 都不为 0，所以

$$1 + 3y = -(1+3x),$$

$$x + y = -\frac{2}{3}.$$

5. 解下列方程：

（ⅰ）$\dfrac{5x-0.3}{0.4} = \dfrac{3x-1.2}{0.6} - \dfrac{1.8-8x}{1.2}$.

（ⅱ）$\dfrac{1}{9}\left\{\dfrac{1}{7}\left[\dfrac{1}{5}\left(\dfrac{x+2}{3}+4\right)+6\right]+8\right\} = 1$.

（ⅲ）$\dfrac{2}{3}\left[\dfrac{3}{2}\left(\dfrac{1}{4}x-\dfrac{1}{2}\right)-3\right]-2 = x$.

解 （ⅰ）分母各扩大 10 倍，将小数点去掉，然后两边同时乘以 12，得

$$3(5x-0.3) = 2(3x-1.2) - (1.8-8x),$$

所以

$$x = -2.4 - 1.8 + 0.9 = -3.3.$$

（ⅱ）去大括号，再整理得

$$\frac{1}{7}\left[\frac{1}{5}\left(\frac{x+2}{3}+4\right)+6\right] = 1.$$

去中括号，整理后再去小括号，得（请心算）

$$x = 1.$$

（ⅲ）化简得

$$\left(\frac{1}{4}x - \frac{1}{2}\right) - 4 = x,$$

$$\frac{3}{4}x = -\frac{9}{2},$$

$$x = -6.$$

6. 已知 $x:y:z = 2:3:5$，且 $3x+2y-4z = -16$. 求 $x-3y+2z$ 的值.

解 设 $x=2t, y=3t, z=5t$，代入 $3x+2y-4z=-16$，得

$$-8t = -16,$$

$$t = 2.$$

因此

$$x - 3y + 2z = 2t - 9t + 10t = 3t = 6.$$

评注 这样设比较简便.

7. 甲、乙两地公路全长 36 千米,一部分上坡,另一部分下坡.自行车每小时下坡比上坡多行 6 千米.骑自行车从甲地到乙地用 $2\frac{2}{3}$ 小时,返回时少用 20 分钟.求自行车上坡的速度.

解 设自行车上坡的速度为每小时 x 千米,则下坡的速度为每小时 $(x+6)$ 千米.

自行车往返一次,共行 36 千米上坡与 36 千米下坡,共用 $2\frac{2}{3} + \left(2\frac{2}{3} - \frac{1}{3}\right) = 5$ 小时.因此

$$\frac{36}{x} + \frac{36}{x+6} = 5. \tag{1}$$

去分母,整理得

$$5x^2 - 42x - 36 \times 6 = 0,$$
$$(5x + 3 \times 6)(x - 2 \times 6) = 0,$$

所以

$$x = 12 \quad (\text{只取正值}).$$

答:自行车上坡的速度为每小时 12 千米.

评注 $3+2=5$,从 (1) 可以猜出 $\frac{36}{x} = 3, x = 12$.而且 x 增大,则 $\frac{36}{x} + \frac{36}{x+6}$ 减小;x 减小(但保持为正),则 $\frac{36}{x} + \frac{36}{x+6}$ 增大.所以 $x = 12$ 是方程 (1) 的唯一解.

8. 国际刑警接到举报电话,告知某艘即将起航的货轮上有一箱毒品,并提供一个奇怪的数字 $50\frac{9}{11}$,然后就匆忙挂了电话.警察赶到码头,发现那艘船上有 100 箱货物,分别标有号码 1~100.他们认为 $50\frac{9}{11}$ 应是不装毒的 99 只箱子号码的平均数.问:装毒的箱子号码是多少?

解 这个问题很容易.不装毒的 99 只箱子的号码和是

$$50\frac{9}{11} \times 99 = 50 \times 99 + 81,$$

而

$$1 + 2 + \cdots + 100 = (1 + 98) + (2 + 97) + \cdots + (49 + 50) + 99 + 100$$
$$= 99 \times 50 + 100.$$

故所求号码是

$$(99 \times 50 + 100) - (50 \times 99 + 81) = 19.$$

评注 本题虽然不难,但计算应力求简单.其中和 $50\times 99+81$ 不必算出,而 $1+2+\cdots+100$ 表示为 $99\times 50+100$ 比较好,不要用 $(1+100)+(2+99)+\cdots+(50+51)$ 或 5050 表示.

本题还可改为:在 $1,2,\cdots,n$ 中去掉 1 个数后,平均数为 $50\frac{9}{11}$.问:去掉的数是哪一个?

解 如果 $n\geqslant 102$,那么去掉一个数后,平均数至少为
$$(1+2+\cdots+101)\div 101=51>50\frac{9}{11}.$$
如果 $n<100$,那么去掉一个数后,平均数至多为
$$(2+3+\cdots+99)\div 98=50.5<50\frac{9}{11}.$$
因此
$$100\leqslant n\leqslant 101.$$
分母 11 应当是 $n-1$ 的约数,所以 $n=100$.以下同前,答案为 19.

9. 已知 $a+b+c=0, abc\neq 0$,求
$$\frac{1}{b^2+c^2-a^2}+\frac{1}{c^2+a^2-b^2}+\frac{1}{a^2+b^2-c^2}.$$

解 因为 $a+b+c=0$,所以 $a=-(b+c)$,故
$$b^2+c^2-a^2=b^2+c^2-(b+c)^2=-2bc.$$
因此
$$\text{原式}=\frac{1}{-2bc}+\frac{1}{-2ca}+\frac{1}{-2ab}$$
$$=-\frac{1}{2abc}(a+b+c)$$
$$=0.$$

10. 已知 $\dfrac{(a-b)(c-d)}{(b-c)(d-a)}=3$,求 $\dfrac{(a-c)(b-d)}{(a-b)(c-d)}$ 的值.

解 因为
$$(a-c)(b-d)+(b-c)(d-a)$$
$$=(ab-ad-bc+cd)+(bd-ab-cd+ac)$$
$$=bd+ac-ad-bc$$
$$=(c-d)(a-b),$$
所以
$$\frac{(a-c)(b-d)}{(a-b)(c-d)}=1-\frac{(b-c)(d-a)}{(a-b)(c-d)}=1-\frac{1}{3}=\frac{2}{3}.$$

11. 学校军训的队伍长 l 米,保持匀速前进.队尾的通讯员奉命到队伍的最前面送一面旗,然后立即返回队尾.这段时间里,队伍正好又前行了 l 米.通讯员走的路程是多少?

这道题中,未知的量太多.当然我们可以多用几个未知数表示.未知数的设法不同,解法也不同.这里介绍两种解法.

解法 1 设队伍的速度为每分钟 y 米,通讯员的速度为每分钟 x 米.通讯员从队尾追到队头用了 t 分钟,从队头回到队尾用了 s 分钟.前者是追及问题,后者是相遇问题,所以

$$t(x-y) = l, \tag{1}$$

$$s(x+y) = l. \tag{2}$$

又这段时间队伍前进了 l 米,所以

$$(t+s)y = l. \tag{3}$$

并不需要将 x、y、s、t 都求出来(也不可能都求出来).因为题目只问

$$(t+s)x = ?,$$

所以只要求出 $\dfrac{x}{y}$ 是多少就可以了.

由(1)、(2)得

$$t = \frac{l}{x-y}, \tag{4}$$

$$s = \frac{l}{x+y}. \tag{5}$$

由(3)得

$$t+s = \frac{l}{y}.$$

将(4)、(5)代入(3),消去 t、s,得

$$\frac{l}{x-y} + \frac{l}{x+y} = \frac{l}{y}.$$

约去 l,去分母,整理得

$$x^2 - 2xy - y^2 = 0,$$

即

$$(x-y)^2 = 2y^2.$$

x 显然大于 y,故取算术根得

$$x-y = \sqrt{2}\,y,$$

即

$$x = (\sqrt{2}+1)y.$$

结合(3)得
$$(t+s)x = (\sqrt{2}+1)(t+s)y = (\sqrt{2}+1)l.$$
即通讯员走了$(\sqrt{2}+1)l$米.

解法 2 可以将队伍行进速度看作 1,设通讯员行进速度为队伍速度的 x 倍.又设通讯员到队头时,队伍已前进了 y 米.

因为队伍前进 y 米时,通讯员走了 $l+y$ 米,二者所用时间相同,所以
$$\frac{y}{1} = \frac{l+y}{x}. \tag{6}$$

通讯员从队头返回队尾.这时队伍又向前走了 $l-y$ 米,通讯员向后走了 y 米,二者所用时间仍然相同,所以
$$\frac{l-y}{1} = \frac{y}{x}. \tag{7}$$

(6)即
$$l = y(x-1). \tag{8}$$

(7)即
$$xl = y(x+1). \tag{9}$$

(9)÷(8),消去 y,得
$$x = \frac{x+1}{x-1},$$
即
$$x^2 - 2x = 1,$$
所以
$$x = 1+\sqrt{2} \quad (只取正值),$$
从而通讯员共走了 $(1+\sqrt{2})l$ 米.

评注 未知数 y 可以求出,但不必求出.

12. A、B 两镇分别在一条河的上、下游.甲、乙两船同时从 A 出发.甲行到 B 后立即返回,在返程中遇到乙.乙到 B 后也立即返回,遇到再次从 A 开出的甲(假定甲在 A 停留的时间为零).如果甲、乙在静水中的速度分别为每小时 v_1 千米与 v_2 千米,水速为每小时 v 千米.问:两船从出发到第二次相遇,所用时间是甲船从 A 到 B 所用时间的几倍?(结果用 v_1、v_2 与 v 表示)

解 设两船在 C 处第二次相遇,$AB = s$ 千米,$AC = s_1$ 千米,则所求时间比是
$$\left(\frac{s}{v_1+v} + \frac{s}{v_1-v} + \frac{s_1}{v_1+v}\right) \div \frac{s}{v_1+v} = 1 + \frac{v_1+v}{v_1-v} + \frac{s_1}{s}. \tag{1}$$

而甲、乙第二次相遇时,两船所用时间相同,所以

$$\frac{s}{v_1+v} + \frac{s}{v_1-v} + \frac{s_1}{v_1+v} = \frac{s}{v_2+v} + \frac{s-s_1}{v_2-v},$$

即

$$s_1\left(\frac{1}{v_1+v} + \frac{1}{v_2-v}\right) = s\left(\frac{1}{v_2+v} + \frac{1}{v_2-v} - \frac{1}{v_1+v} - \frac{1}{v_1-v}\right),$$

$$\frac{s_1}{s} = \frac{2(v_1-v_2)(v^2+v_1v_2)}{(v_1-v)(v_2+v)(v_1+v_2)}. \tag{2}$$

由(1)、(2)可得所求的比是

$$\frac{2v_1}{v_1-v} + \frac{2(v_1-v_2)(v^2+v_1v_2)}{(v_1-v)(v_2+v)(v_1+v_2)} = \frac{2(v_1^2v + 2v_1^2v_2 + v_1v_2v + v_1v^2 - v_2v^2)}{(v_1-v)(v_2+v)(v_1+v_2)}.$$

13. 解方程

$$\frac{1}{x^2+3x+2} + \frac{1}{x^2+5x+6} + \frac{1}{x^2+7x+12} + \frac{1}{x^2+9x+20} = \frac{1}{8}.$$

解 原方程即

$$\frac{1}{(x+1)(x+2)} + \frac{1}{(x+2)(x+3)} + \frac{1}{(x+3)(x+4)} + \frac{1}{(x+4)(x+5)} = \frac{1}{8},$$

$$\left(\frac{1}{x+1} - \frac{1}{x+2}\right) + \left(\frac{1}{x+2} - \frac{1}{x+3}\right) + \left(\frac{1}{x+3} - \frac{1}{x+4}\right) + \left(\frac{1}{x+4} - \frac{1}{x+5}\right) = \frac{1}{8},$$

$$\frac{1}{x+1} - \frac{1}{x+5} = \frac{1}{8},$$

$$(x+1)(x+5) = 32,$$

$$x^2 + 6x - 27 = 0,$$

$$x_1 = 3, \quad x_2 = -9.$$

经检验,$x_1 = 3, x_2 = -9$ 都是原方程的解.

14. 已知 $(x+\sqrt{x^2+2014})(y+\sqrt{y^2+2014}) = 2014$. 求 $x^2 - 3xy - 4y^2 - 6x - 6y + 58$ 的值.

解 由平方差公式 $(a+b)(a-b) = a^2 - b^2$ 得

$$(\sqrt{x^2+2014} + x)(\sqrt{x^2+2014} - x) = 2014.$$

结合已知得

$$\sqrt{y^2+2014} + y = \frac{2014}{\sqrt{x^2+2014}+x} = \sqrt{x^2+2014} - x. \tag{1}$$

同样(x、y 互换)

$$\sqrt{x^2+2014} + x = \sqrt{y^2+2014} - y. \tag{2}$$

(1)+(2),得

$$x + y = 0.$$

代入所求式,得

$$x^2 - 3xy - 4y^2 - 6x - 6y + 58 = (x+y)(x-4y) - 6(x+y) + 58 = 58.$$

15. 已知 a 是方程

$$x^2 + x - \frac{1}{4} = 0 \tag{1}$$

的根. 求 $\dfrac{a^3 - 1}{a^5 + a^4 - a^3 - a^2}$ 的值.

解 先化简. $a = 1$ 时, $a^3 - 1$ 与 $a^5 + a^4 - a^3 - a^2$ 均为 0, 所以它们有公因式 $a - 1$, 可以约去.

$$a^3 - 1 = (a-1)(a^2 + a + 1).$$

$$\begin{aligned}
a^5 + a^4 - a^3 - a^2 &= a^3(a^2 - 1) + a^2(a^2 - 1)\\
&= a^2(a+1)(a^2 - 1) = a^2(a+1)^2(a-1).
\end{aligned}$$

$$\frac{a^3 - 1}{a^5 + a^4 - a^3 - a^2} = \frac{a^2 + a + 1}{a^2(a+1)^2}. \tag{2}$$

因为 a 是方程(1)的根, 所以

$$a^2 + a = \frac{1}{4}.$$

代入(2), 得

$$原式 = \frac{\frac{1}{4} + 1}{\left(\frac{1}{4}\right)^2} = 20.$$

16. 已知 $a = \dfrac{1}{2}\sqrt{\sqrt{2} + \dfrac{1}{8}} - \dfrac{1}{8}\sqrt{2}$. 求 $a^2 + \sqrt{a^4 + a + 1}$ 的值.

解 a 无法化简, 直接代入很繁琐.

先看看 a^2 与 a 有何关系. 移项得

$$a + \frac{1}{8}\sqrt{2} = \frac{1}{2}\sqrt{\sqrt{2} + \frac{1}{8}}.$$

两边平方得

$$a^2 + \frac{\sqrt{2}}{4}a + \frac{1}{32} = \frac{1}{4}\left(\sqrt{2} + \frac{1}{8}\right),$$

即

$$a = 1 - 2\sqrt{2}a^2. \tag{1}$$

于是

$$a^4 + a + 1 = a^4 - 2\sqrt{2}a^2 + 2 = (a^2 - \sqrt{2})^2.$$

因为 $a > \frac{1}{2}\sqrt{\frac{1}{8}} - \frac{1}{8}\sqrt{2} = 0$,所以由(1)得
$$1 - 2\sqrt{2}a^2 = a > 0,$$
$$a^2 < \frac{1}{2\sqrt{2}} < \sqrt{2}.$$

从而
$$a^2 + \sqrt{a^4 + a + 1} = a^2 + \sqrt{(a^2 - \sqrt{2})^2}$$
$$= a^2 + (\sqrt{2} - a^2)$$
$$= \sqrt{2}.$$

评注 $\sqrt{a}$ 表示 a 的算术根,一定是非负的.所以 $\sqrt{x^2} = |x|$.当 $x < 0$ 时,$\sqrt{x^2} = -x$ 而不是 x.这一点要特别留心.

17. 已知 b 是正整数,并且 $a + b = c, b + c = d, c + d = a$. 求 $a + b + c + d$ 的最大值.

解 a、b、c、d 四个数,有三个关系式,可以将 a、c、d 全用 b 表示.

由 $a + b = c, c + d = a$ 相加得
$$d = -b. \tag{1}$$

由(1)及 $b + c = d$ 得
$$c = -2b. \tag{2}$$

再由(1)、(2)及 $c + d = a$ 得
$$a = -3b.$$

所以 $a + b + c + d = -5b$. 又 b 为正整数,故 $-5b \leq -5$,即所求最大值为 -5. $b = 1$, $a = -3, c = -2, d = -1$ 时,取得最大值.

18. 已知 a、b 两数不等,并且
$$a^2 = a + 1, \tag{1}$$
$$b^2 = b + 1. \tag{2}$$
求 $a^5 + b^5$ 的值.

解 利用(1)降次,可得
$$a^5 = a \cdot a^2 \cdot a^2 = a(a+1)^2 = a(a^2 + 2a + 1)$$
$$= a(3a + 2) = 3a^2 + 2a = 5a + 3. \tag{3}$$

同样,$b^5 = 5b + 3$.

因此
$$a^5 + b^5 = 5(a + b) + 6. \tag{4}$$

(1) - (2),得

$$a^2 - b^2 = a - b. \tag{5}$$

因为 $a \neq b$，所以在(5)的两边约去 $a - b$，得

$$a + b = 1. \tag{6}$$

将(6)代入(4)，得

$$a^5 + b^5 = 11.$$

评注 由(1)、(2)及 $a \neq b$ 可知 a、b 是方程

$$x^2 - x - 1 = 0$$

的两个根. 再由韦达定理可得(6). 但上面的解法更为简单，用到的知识更少（不需要知道韦达定理）.

19. 已知 $x = \dfrac{1 + \sqrt{2001}}{2}$，求 $(4x^3 - 2004x - 2001)^{2014}$ 的值.

解 因为

$$x = \dfrac{1 + \sqrt{2001}}{2},$$

所以

$$2x - 1 = \sqrt{2001}.$$

平方再整理，得

$$4x^2 - 4x - 2000 = 0. \tag{1}$$

所以

$$4x^3 = x(4x + 2000) = 4x^2 + 2000x$$
$$= (4x + 2000) + 2000x = 2004x + 2000,$$
$$(4x^3 - 2004x - 2001)^{2014} = (-1)^{2014} = 1.$$

评注 利用(1)可将 x 的多项式降次，直至成为次数低于 2 的多项式.

20. 有两个港口 A,B，A 港在 B 港的上游 s 千米. 甲、乙两船分别从 A、B 两港同时出发，向上游航行. 甲船出发时，有一物品掉落，浮在水面，随水漂往下游. 甲船航行一段时间后发现物品掉落，立刻调头去追. 甲船追上物品时，恰好与乙船相遇. 已知甲、乙两船在静水中速度相同，都是水速的 n 倍. 甲船调头时，已经航行了多少千米？（结果用 s、n 的代数式表示）

解 设水流速度为每小时 u 千米，又设甲船调头时，物品已漂流 x 千米，则甲船调头前速度为每小时 $(n-1)u$ 千米，调头时已行 $(n-1)x$ 千米.

甲船调头时，甲、乙两船的距离仍为 s 千米，两船相遇用时

$$s \div [(n-1)u + (n+1)u] = \dfrac{s}{2nu}$$

小时.

甲船调头时,与物品相距$(n-1)x + x = nx$千米,追上物品需
$$nx \div [(n+1)u - u] = \frac{x}{u}$$
小时(由第2章第13节例题可直接得到这一结果).

所以
$$\frac{x}{u} = \frac{s}{2nu},$$
$$x = \frac{s}{2n}.$$

即物品已漂流$\frac{s}{2n}$千米,甲船调头时已航行$\frac{(n-1)s}{2n}$千米.

21. 河水是流动的,在B点流入一个静止的湖中.游泳者在河中顺流从A到B,再穿过湖游到C,共用3小时.而由C到B再到A,共用6小时.如果湖水也是流动的,从B流向C,速度与河水速度相同,那么这名游泳者从A到B再到C,共用2.5小时.这时,他从C到B再到A,共用多少小时?

解 设AB为s_1千米,BC为s_2千米.游泳速度为每小时u千米,水速为每小时v千米,则
$$\frac{s_1}{u+v} + \frac{s_2}{u} = 3,$$
$$\frac{s_1}{u-v} + \frac{s_2}{u} = 6,$$
$$\frac{s_1}{u+v} + \frac{s_2}{u+v} = 2.5.$$

去分母,以上三个方程即
$$us_1 + (u+v)s_2 = 3u(u+v), \tag{1}$$
$$us_1 + (u-v)s_2 = 6u(u-v), \tag{2}$$
$$s_1 + s_2 = 2.5(u+v). \tag{3}$$

(1)+(2),并约去u,得
$$2(s_1 + s_2) = 3(u+v) + 6(u-v). \tag{4}$$

(4)×2.5-(3)×3,消去$u+v$,得
$$2(s_1 + s_2) = 15(u-v).$$

于是
$$\frac{s_1}{u-v} + \frac{s_2}{u-v} = \frac{15}{2} = 7.5,$$

即共用7.5小时.

22. 解方程组

$$\begin{cases} x(x+1)(3x+5y) = 144, & (1) \\ x^2 + 4x + 5y = 24. & (2) \end{cases}$$

解 先观察两个方程有何特点,谋定而后动.

方程(2)可写成
$$x(x+1) + (3x+5y) = 24. \quad (3)$$

由(3)、(1)得
$$\begin{cases} x(x+1) = 12, & (4) \\ 3x + 5y = 12. & (5) \end{cases}$$

由(4)得 $x = 3$、-4. 代入(5),分别得出 $y = 0.6$、4.8. 于是,原方程组的解为
$$\begin{cases} x = 3, \\ y = 0.6, \end{cases} \begin{cases} x = -4, \\ y = 4.8. \end{cases}$$

23. 试确定一切有理数 r,使得 x 的方程
$$rx^2 + (r+2)x + r - 1 = 0 \quad (1)$$
有根且只有整数根.

解 先化简方程(1).

$r = 0$ 时,方程(1)成为 $2x = 1$,无整数根.

$r \neq 0$ 时,方程(1)的两边同时除以 r,得
$$x^2 + \left(1 + \frac{2}{r}\right)x + 1 - \frac{1}{r} = 0.$$

因为根 x_1、x_2 都是整数,所以 $-\left(1 + \frac{2}{r}\right)(= x_1 + x_2)$ 与 $1 - \frac{1}{r}(= x_1 x_2)$ 都是整数. 从而 $\frac{1}{r}$ 是整数,记为 n,则
$$x^2 + (2n+1)x + 1 - n = 0,$$
$$x = \frac{-(2n+1) \pm \sqrt{4n^2 + 8n - 3}}{2}.$$

其中 $4n^2 + 8n - 3 = (2x + 2n + 1)^2$,是整数的平方,即有
$$4n^2 + 8n - 3 = m^2, \quad (2)$$

其中 m 为正整数. (2)可化为
$$4(n+1)^2 - m^2 = 7.$$

左边可分解,而质数 7 只能分解为 1×7 或 $(-1) \times (-7)$,所以
$$\begin{cases} 2(n+1) + m = 7, & (3) \\ 2(n+1) - m = 1 & (4) \end{cases}$$

或

$$\begin{cases} 2(n+1)+m=-1, & (5)\\ 2(n+1)-m=-7. & (6) \end{cases}$$

(3)+(4),得 $n=1$.

同样,(5)+(6),得 $n=-3$.

于是 $r=1$ 或 $-\dfrac{1}{3}$(原方程的根为 0、-3 或 1、4).

24. 已知 a、b、c 三个实数满足方程组

$$\begin{cases} a+b=8, & (1)\\ ab-c^2+8\sqrt{2}c=48. & (2) \end{cases}$$

求方程

$$bx^2+cx-a=0 \qquad (3)$$

的根.

解 方程组中有三个未知字母 a、b、c,却仅有两个方程.因此多半要依靠"非负数的和为 0 时,各数均为 0"(非负数往往可通过配方产生),或不等式 $4ab\leqslant(a+b)^2$(注意其取等号条件)之类来解题.事实上,由方程(2)可得

$$ab-(c-4\sqrt{2})^2=16.$$

于是,结合方程(1)得

$$4ab=4(c-4\sqrt{2})^2+64\geqslant 64=(a+b)^2.$$

从而 $a=b=4,c=4\sqrt{2}$.故方程(3)即

$$x^2+\sqrt{2}x-1=0,$$

$$x=\dfrac{-\sqrt{2}\pm\sqrt{6}}{2}.$$

评注 (ⅰ)虽然解方程(3)只需知道比 $\dfrac{b}{a}$ 与 $\dfrac{c}{a}$,但方程(1)、(2)不能产生 a、b、c 的齐次方程,所以只有求出 a、b、c.

(ⅱ)本题实际上是两道题.第一道题是求 a、b、c.第二道题是解方程(3).

25. 设 m 是整数,方程

$$3x^2+mx-2=0$$

的两个根都大于 $-\dfrac{9}{5}$ 且小于 $\dfrac{3}{7}$.求 m 的值.

解 由题意知

$$\dfrac{-m-\sqrt{m^2+24}}{6}>-\dfrac{9}{5},$$

即
$$m + \sqrt{m^2 + 24} < \frac{54}{5}. \tag{2}$$

又
$$\frac{-m + \sqrt{m^2 + 24}}{6} < \frac{3}{7},$$

即
$$\frac{4}{\sqrt{m^2 + 24} + m} < \frac{3}{7},$$

$$m + \sqrt{m^2 + 24} > \frac{28}{3}. \tag{3}$$

$m \geq 5$ 时，$m + \sqrt{m^2 + 24} \geq 5 + \sqrt{5^2 + 24} = 12 > \frac{54}{5}$.

$m \leq 3$ 时，$m + \sqrt{m^2 + 24} \leq 3 + \sqrt{3^2 + 24} < 3 + 6 < \frac{28}{3}$.

所以，由(2)、(3)可得
$$3 < m < 5.$$

因为 m 为整数，所以 $m = 4$.

26. 已知二次函数 $f(x) = x^2 + px + q$，方程 $f(x) = 0$ 与方程 $f(2x) = 0$ 有相同的非零实根.

（ⅰ）求 $\dfrac{q}{p^2}$ 的值.

（ⅱ）若 $f(1) = 28$，解方程 $f(x) = 0$.

解 （ⅰ）$x^2 + px + q = 0$ 与 $4x^2 + 2px + q = 0$ 有相同的非零实根 x，两方程相减得
$$3x^2 + px = 0.$$

因为 $x \neq 0$，所以
$$x = -\frac{p}{3}. \tag{1}$$

代入
$$x^2 + px + q = 0, \tag{2}$$

得
$$q = \frac{p^2}{3} - \frac{p^2}{9} = \frac{2}{9}p^2, \tag{3}$$

所以

$$\frac{q}{p^2} = \frac{2}{9}. \tag{4}$$

(ⅱ) 因为 $f(1) = 28$,所以
$$p + q = 27. \tag{5}$$
将(3)代入(5),得
$$2p^2 + 9p - 9 \times 27 = 0,$$
$$p = 9 \quad \text{或} \quad p = -\frac{27}{2}.$$
$p = 9$ 时,由(1)得
$$x_1 = -3.$$
再由韦达定理得
$$x_2 = -p - x_1 = -6.$$
$p = -\frac{27}{2}$ 时,由(1)得
$$x_1 = \frac{9}{2},$$
$$x_2 = -p - x_1 = 9.$$

评注 得到(1),即(2)的一根为 $x_1 = -\frac{p}{3}$ 后,可由韦达定理得另一根为
$$x_2 = -p - x_1 = -p + \frac{p}{3} = -\frac{2}{3}p.$$
所以
$$q = x_1 x_2 = \frac{2}{9} p^2.$$

27. 设 m、n 为正整数,且 $m \neq 2$. 如果对一切实数 t,二次函数 $y = x^2 + (3 - mt)x - 3mt$ 的图像与 x 轴的两个交点间的距离不小于 $|2t + n|$. 求 m、n 的值.

解 方程
$$x^2 + (3 - mt)x - 3mt = 0$$
的两个根是 -3 与 mt. 它们就是 $y = x^2 + (3 - mt)x - 3mt$ 的图像与 x 轴的两个交点的横坐标.

已知对一切 t,有
$$|mt + 3| \geqslant |2t + n|. \tag{1}$$
取 $t = 10$,得 $10m + 3 \geqslant 20$,所以 $m \neq 1$. 已知 $m \neq 2$,所以 $m \geqslant 3$.

取 $t = -\frac{3}{m}$,则(1)的左边为 0,所以右边也必须为 0,故

$$-\frac{3}{m} = -\frac{n}{2},$$

即
$$mn = 6. \qquad (2)$$

因为 m、n 为正整数,并且 $m \geq 3$,所以

$$\begin{cases} m = 6, \\ n = 1 \end{cases} \text{或} \begin{cases} m = 3, \\ n = 2. \end{cases} \qquad (3)$$

当 $m = 6, n = 1$ 时,
$$|mt + 3| = 3|2t + 1| \geq |2t + 1| = |2t + n|.$$

当 $m = 3, n = 2$ 时,
$$|mt + 3| = 3|t + 1| \geq 2|t + 1| = |2t + n|.$$

因此(3)为本题答案.

28. 已知 a、b、c 为实数,$ac < 0$,并且
$$\sqrt{2}a + \sqrt{3}b + \sqrt{5}c = 0. \qquad (1)$$

证明:x 的二次方程
$$ax^2 + bx + c = 0 \qquad (2)$$

有大于 $\frac{3}{4}$ 且小于 1 的根.

证明 不妨设 $a > 0$(否则用 $-a$、$-b$、$-c$ 代替 a、b、c).

因为 $ac < 0$,所以 $c < 0, -c > 0$.

又
$$\sqrt{2}a + \sqrt{3}b = \sqrt{5}(-c), \qquad (3)$$

所以
$$\sqrt{3}a + \sqrt{3}b > \sqrt{2}a + \sqrt{3}b = \sqrt{5} \cdot (-c) > \sqrt{3} \cdot (-c),$$
$$a + b + c > 0. \qquad (4)$$

又(3)即
$$\sqrt{\frac{2}{5}}a + \sqrt{\frac{3}{5}}b = -c,$$

所以
$$\frac{3}{5}a + \sqrt{\frac{3}{5}}b < \sqrt{\frac{2}{5}}a + \sqrt{\frac{3}{5}}b = -c,$$

即

$$a\left(\sqrt{\frac{3}{5}}\right)^2 + b\sqrt{\frac{3}{5}} + c < 0. \tag{5}$$

由(4)、(5)可知函数 $y = ax^2 + bx + c$ 在 $x = \sqrt{\frac{3}{5}}$ 时的值与在 $x = 1$ 时的值异号,所以方程(2)有一根在区间 $\left(\sqrt{\frac{3}{5}}, 1\right)$ 内.

因为 $\frac{3}{4} < \sqrt{\frac{3}{5}}$,所以方程(2)有一根在区间 $\left(\frac{3}{4}, 1\right)$ 内.

29. 已知 $a_1 = 0, |a_2| = |a_1 + 1|, |a_3| = |a_2 + 1|, \cdots, |a_{100}| = |a_{99} + 1|$. 求 $a_1 + a_2 + \cdots + a_{100}$ 的最小值.

解 因为 $a_1 = 0$,所以 $a_2 = 1$ 或 -1,$a_1 + a_2$ 的最小值是 -1.

如果 $a_2 = -1$,那么 $a_3 = 0, a_4 = 1$ 或 -1. $a_1 + a_2 + a_3 + a_4$ 的最小值是 -2.

如果 $a_2 = 1$,那么 $a_3 = 2$ 或 -2. 前者 $a_4 = 3$ 或 -3;后者 $a_4 = 1$ 或 -1. $a_1 + a_2 = 1$, $a_3 + a_4 \geq (-2) + (-1) = -3$. $a_1 + a_2 + a_3 + a_4$ 的最小值仍为 -2.

于是,我们猜测对于 $1 \leq n \leq 50$,$a_1 + a_2 + \cdots + a_{2n}$ 的最小值是 $-n$.

一方面,取 $a_2 = -1, a_3 = 0, a_4 = -1, a_5 = 0, \cdots, a_{2n-1} = 0, a_{2n} = -1$,则 $a_1 + a_2 + \cdots + a_{2n} = -n$.

另一方面,我们可以证明:对于 $1 \leq n \leq 50$,有
$$a_1 + a_2 + \cdots + a_{2n} \geq -n. \tag{1}$$

如果 $a_1, a_2, \cdots, a_{2n}$ 中没有负数,(1)当然成立. 如果其中有负数,设 $a_i (i \geq 2)$ 是 $a_1, a_2, \cdots, a_{2n}$ 中的第一个负数,这时
$$a_i = -|a_i| = -|a_{i-1} + 1| = -(a_{i-1} + 1),$$
所以
$$a_{i-1} + a_i = -1.$$

如果 $i = 2n$,那么
$$a_1 + a_2 + \cdots + a_{2n} = a_1 + a_2 + \cdots + a_{2n-2} + (a_{2n-1} + a_{2n}) \geq -1 \geq -n.$$

如果 $2 < i < 2n$,那么
$$|a_{i+1}| = |a_i + 1| = |-(a_{i-1} + 1) + 1| = |a_{i-1}| = |a_{i-2} + 1|.$$

如果 $i = 2$,那么 $a_i = a_2 = -1, |a_3| = |-1 + 1| = 0, a_3 = 0$. 而 $|a_4| = |a_3 + 1|$.

可见,将 a_{i-1} 与 a_i 两项去掉,剩下的数仍符合上面的递推关系,只是从原来的第 $i+1$ 项开始,下标均减少 2. 继续这样处理,直至各个负项都与它前面的一项同时去掉. 剩下的和当然不小于 0,而去掉的每两项和为 -1. 所以
$$a_1 + a_2 + \cdots + a_{2n} \geq (-1) \times n = -n.$$

因此(1)成立, $a_1 + a_2 + \cdots + a_{2n}$ $(1 \leqslant n \leqslant 50)$ 的最小值为 $-n$.

特别地, $a_1 + a_2 + \cdots + a_{100}$ 的最小值为 -50.

30. 已知实数 a、b、c、d 互不相等,并且

$$a + \frac{1}{b} = b + \frac{1}{c} = c + \frac{1}{d} = d + \frac{1}{a} = x. \tag{1}$$

求出 x 的值,并证明这个值是与 a、b、c、d 无关的常数.

解

$$\frac{1}{b} = x - a,$$

$$b = x - \frac{1}{c}.$$

相乘得

$$(x - a)\left(x - \frac{1}{c}\right) = 1.$$

去分母,整理得

$$cx^2 - (ac + 1)x + (a - c) = 0. \tag{2}$$

同样,由(1)消去 d 得

$$ax^2 - (ac + 1)x + (c - a) = 0. \tag{3}$$

(2)-(3),得

$$(c - a)x^2 = 2(c - a).$$

因为 $c \neq a$,所以

$$x^2 = 2,$$
$$x = \pm\sqrt{2}.$$

评注 使(1)成立的 a、b、c、d 不但存在,而且有无穷多个. 例如 $x = \sqrt{2}$,代入(2),得

$$2c - (ac + 1)\sqrt{2} + (a - c) = 0,$$

$$c = \frac{a - \sqrt{2}}{\sqrt{2}a - 1}.$$

对任意的 $a \neq \sqrt{2}, \frac{\sqrt{2}}{2}$,令 $b = \frac{1}{\sqrt{2} - a}$, $c = \frac{a - \sqrt{2}}{\sqrt{2}a - 1}$, $d = \sqrt{2} - \frac{1}{a}$,则不难验证(1)成立,而且 a、b、c、d 互不相等.

3. 100道题

本节有100道习题.

1. 证明: $9^{24} - 1$ 能被 13 整除.

2. 分解因式 $(t-15)(t-21) - 91$.

3. 分解因式 $9x^4 - 3x^3 + 7x^2 - 3x - 2$.

4. 解方程
$$\frac{x-1}{296} + \frac{2x-1}{593} + \frac{x}{297} = 3.$$

5. 如果两个分式的和为 n,那么称它们互为 n 和.

(ⅰ) 设 x、y 互为倒数,求证: $\dfrac{2x}{x+y^2}$ 与 $\dfrac{2y}{y+x^2}$ 互为 2 和.

(ⅱ) 设 a、b 为正数,并且 $\dfrac{a}{a+4b^2}$ 与 $\dfrac{2b}{a^2+2b}$ 互为 1 和. 求 ab 的值.

6. 已知 $x + y = 8$, $x^3 + y^3 = 152$. 求 $x^2 + y^2$ 的值.

7. 如图,直角梯形 $ABCD$ 中,$AB \parallel CD$,$\angle ABC = 90°$. P、Q 分别在 AD、BC 上,$PQ \parallel AB$,并且将梯形分成面积相等的两部分. 令 $AB = x$, $DC = y$, $PQ = r$. 证明: $x^2 + y^2 = 2r^2$.

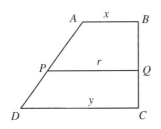

第7题图

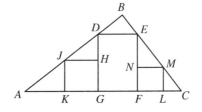

第8题图

8. $\triangle ABC$ 中, $\angle B = 90°$, 矩形 $DEFG$ 内接于 $\triangle ABC$,如图. 正方形 $JKGH$ 与 $MLFN$ 分别内接于 $\triangle AGD$ 与 $\triangle CFE$,它们的边长分别为 u、v. $DG = w$. 证明: $w = u + v$.

9. 对于分数 $u = \dfrac{a}{b}$, $v = \dfrac{c}{d}$, a、b、c、d 为正整数,称 $\dfrac{a+c}{b+d}$ 为 u、v 的中介(a 与 b、c 与 d 不一定互质). 证明:

(ⅰ) 1 是 $\dfrac{2}{3}$ 与 $\dfrac{11}{4}$ 的中介.

(ⅱ) $\frac{1}{2}(u+v)$ 是 u、v 的中介.

(ⅲ) 若 w 为 u、v 的中介,且 $u<v$,则 $u<w<v$.

(ⅳ) 若 w 为有理数,且 $u<w<v$,则 w 为 u、v 的中介.

10. 已知 m、n 为正整数,并且对所有实数 t,
$$|mt+3|\geq|2t+n|$$
恒成立. 求 m、n 的值.

11. 若 $\dfrac{3x+2y}{3a-2b}=\dfrac{3y+2z}{3b-2c}=\dfrac{3z+2x}{3c-2a}$,证明:
$$5(x+y+z)(5c+4b-3a)=(9x+8y+13z)(a+b+c).$$

12. 分解因式 $(a+b)^3+(b+c)^3+(c+a)^3+a^3+b^3+c^3$.

13. 已知 $a+b+c=0$. 求证:
$$\frac{a^2+b^2+c^2}{2}\cdot\frac{a^3+b^3+c^3}{3}=\frac{a^5+b^5+c^5}{5}.$$

14. 已知 $a+b+c=0$. 求证:
$$\frac{a^7+b^7+c^7}{7}=\frac{a^5+b^5+c^5}{5}\cdot\frac{a^2+b^2+c^2}{2}.$$

15. 证明:将 a、b、c 分别换成 $s-a$、$s-b$、$s-c$ 时,$a^3+b^3+c^3-3abc$ 的值不变. 这里 $s=\dfrac{2}{3}(a+b+c)$.

16. 求 $\dfrac{a^2-b^2-c^2}{(a-b)(a-c)}+\dfrac{b^2-c^2-a^2}{(b-c)(b-a)}+\dfrac{c^2-a^2-b^2}{(c-a)(c-b)}$.

17. 化简 $\dfrac{a}{(a-b)(a-c)(x-a)}+\dfrac{b}{(b-c)(b-a)(x-b)}+\dfrac{c}{(c-a)(c-b)(x-c)}$.

18. 若 $(y-z)^2+(z-x)^2+(x-y)^2=(y+z-2x)^2+(z+x-2y)^2+(x+y-2z)^2$,证明:$x=y=z$.

19. 已知 p 为质数. 证明:至少存在两个正整数对 (r,s),满足
$$\frac{1}{r}-\frac{1}{s}=\frac{1}{p^2}.$$

20. 若 $x^2+px+q=0$ 与 $x^2+px-q=0$ 的解均为整数,证明存在整数 a、b,满足 $p^2=a^2+b^2$,并将 q 用 a、b 表示.

21. 求 x,使得 $x^2+15x+26$ 是平方数.

22. a、b 均为正整数,且 $\sqrt{a}+\sqrt{b}=\sqrt{189}$. 求 $a+b$ 的值.

23. 证明 $(x^2-yz)^3+(y^2-zx)^3+(z^2-xy)^3-3(x^2-yz)(y^2-zx)(z^2-xy)$ 是一个平方式,并求出它的平方根.

24. 若 $a+b+c+d=0$,证明：
$$|abc+bcd+cda+dab| = \sqrt{(bc-ad)(ca-bd)(ab-cd)}.$$

25. 定义 $n! = 1\times 2\times 3\times\cdots\times n$. 问：$\sqrt[8]{8!}$ 与 $\sqrt[9]{9!}$ 哪个大？

26. 如图,长方形 $PQRS$ 以两种不同的方式放在长方形 $ABCD$ 内. 第一种：Q 在 B 点,R 在 C 点；第二种：P 在 AB 上,Q 在 BC 上,R 在 CD 上,S 在 DA 上.

如果 $AB=718$,$PQ=250$,求 BC 的长.

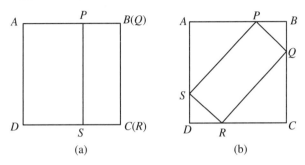

第 26 题图

27. 化简 $\sqrt[3]{a+\dfrac{a+8}{3}\sqrt{\dfrac{a-1}{3}}} + \sqrt[3]{a-\dfrac{a+8}{3}\sqrt{\dfrac{a-1}{3}}}$.

28. 化简 $\sqrt{9+\sqrt{53+8\sqrt{6}}} + \sqrt{9-\sqrt{53+8\sqrt{6}}}$.

29. 化简 $\sqrt{\sqrt[3]{4}-1} + \sqrt{\sqrt[3]{16}-\sqrt[3]{4}}$.

30. a、b 为实数,并且 $a\sqrt{1-b^2}+b\sqrt{1-a^2}=1$. 求证：$a^2+b^2=1$.

31. 解方程 $3-x=\sqrt{x-1}$.

32. 解方程 $\sqrt{x-1}+\sqrt{2x-3}+\sqrt{3x-5}+\sqrt{4x-7}=5x-6$.

33. 如果 $x^3+3px^2+3qx+r$ 与 $x^2+2px+q$ 有一个公共的一次因式,证明：
$$4(p^2-q)(q^2-pr)-(pq-r)^2=0.$$

如果上面的两个 x 的多项式有两个公共的一次因式,证明：
$$p^2-q=0, \quad q^2-pr=0.$$

34. 设整数 a,使得 x 的二次方程
$$5x^2-5ax+26a-143=0$$
的两个根都是整数. 求 a 的值.

35. 解方程 $x^4+(x-4)^4=626$.

36. 解方程 $\dfrac{\sqrt[4]{x+15}}{x}+\dfrac{\sqrt[4]{x+15}}{15}=\dfrac{32}{15}\sqrt[4]{x}$.

37. 已知 x 为实数,并且 $x^3 + \dfrac{1}{x^3} = 2\sqrt{5}$. 求 $x^2 + \dfrac{1}{x^2}$ 的值.

38. 若 $x^2 + px + q = 0$ 的一个根是另一个根的平方,证明: $p^3 - q(3p-1) + q^2 = 0$.

39. 已知 $\dfrac{1}{p} - \dfrac{1}{q} = \dfrac{1}{p+q}$, 求 $\dfrac{q}{p} + \dfrac{p}{q}$ 的值.

40. 已知二次函数的图像经过点 $(0, -1)$, $(-2, 0)$ 和 $\left(\dfrac{1}{2}, 0\right)$. 求这个二次函数.

41. (ⅰ) 证明对所有实数 a, 抛物线 $y = x^2 + 2ax + a$ 通过一个定点 A, 并求出点 A 的坐标.

(ⅱ) 证明上述抛物线的顶点在一条抛物线上,并求出这条抛物线的顶点坐标.

42. 抛物线 $y = x^2 - 2x + 4$ 先向右平移 p 个单位,再向下平移 q 个单位后,在 x 轴上的截距为 3、5, 求 p、q.

43. 如图, 抛物线的顶点为 D, 截 x 轴于点 A、$C(4, 0)$, 截 y 轴于 $B(0, -4)$, $\triangle ABC$ 的面积为 4, 求 $\triangle DBC$ 的面积.

44. 抛物线 $y = x^2 + bx + c$ 的顶点为 P, $y = -x^2 + dx + e$ 的顶点为 Q, $Q \neq P$. 两抛物线相交于 P、Q.

(ⅰ) 证明: $2(e-c) = bd$.

(ⅱ) 求直线 PQ 的斜率,证明 PQ 在 y 轴上的截距为 $\dfrac{c+e}{2}$.

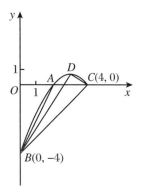

第43题图

45. 已知函数 $f(x) = x^2 - 2x$. 求出满足
$$f(f(f(x))) = 3$$
的实数 x.

46. 求有理数 x, 使得 $x^2 + 15x + 26$ 是平方数. 这里平方数指整数的平方.

47. 已知实数 x、y 满足 $3x + 4y = 8$. 求 xy 的最大值.

48. 已知 x、y 均为整数,并且 $y = \sqrt{x+100} + \sqrt{x-116}$. 求 y 的最大值.

49. 已知 $x > 0$, $y > 0$, 并且 $x + 2y = 3$. 求 $\dfrac{x^2 + 3y}{xy}$ 的最小值.

50. 已知 $3x^2 + 2y^2 = 6x$. 求 $x^2 + y^2$ 的最大值.

51. 求 $y = \sqrt{x} + \dfrac{1}{\sqrt{x}} - \sqrt{x + \dfrac{1}{x} + 1}$ 的最大值.

52. 已知实数 a、b 满足 $ab = a + b + 3$. 求 $a^2 + b^2$ 的最小值.

53. 已知 $m^2 - 2m - 1 = 0$, $n^2 + 2n - 1 = 0$ 且 $mn \neq 1$. 求 $\dfrac{mn + n + 1}{n}$ 的值.

54. 解方程 $x^4 - 5x^3 + 5x^2 + 5x - 6 = 0$.

55. 解方程 $4x^3 - 21x - 10 = 0$.

56. 解方程 $x^3 - 6x - 2 = 0$.

57. 解方程 $\sqrt{x-3} = 5 - x$.

58. 解方程 $\sqrt{x-1} + \sqrt[3]{2-x} = 1$.

59. 解方程 $\dfrac{\sqrt{x^2+8x}}{\sqrt{x+1}} + \sqrt{x+7} = \dfrac{7}{\sqrt{x+1}}$.

60. 解方程 $\sqrt[3]{x-1} + \sqrt[3]{x+1} = x\sqrt[3]{2}$.

61. 解方程 $\sqrt[m]{(1+x)^2} - \sqrt[m]{(1-x)^2} = \sqrt[m]{1-x^2}$.

62. 对什么样的 a，方程组 $\begin{cases} x^2 + y^2 = z, \\ x + y + z = a \end{cases}$ 有唯一实数解？求出这个解.

63. 解方程组 $\begin{cases} x + y = 1, \\ x^5 + y^5 = 31. \end{cases}$

64. 解方程组 $\begin{cases} x + y + z = 2, \\ 2xy - z^2 = 4. \end{cases}$

65. 解方程组 $\begin{cases} x^2 + xy + y^2 = 4, \\ x + xy + y = 2. \end{cases}$

66. 解方程组 $\begin{cases} x^4 + x^2y^2 + y^4 = 91, \\ x^2 - xy + y^2 = 7. \end{cases}$

67. 解方程组 $\begin{cases} x^3 + y^3 = 1, \\ x^2y + 2xy^2 + y^3 = 2. \end{cases}$

68. 解方程组 $\begin{cases} x^3 + y^3 = 5a^3, \\ x^2y + xy^2 = a^3, \end{cases}$ 其中 $a \neq 0$.

69. 解方程组 $\begin{cases} (x^2 + y^2)\dfrac{x}{y} = 6, \\ (x^2 - y^2)\dfrac{y}{x} = 1. \end{cases}$

70. 解方程组 $\begin{cases} y^2 + \sqrt{3y^2 - 2x + 3} = \dfrac{2}{3}x + 5, \\ 3x - 2y = 5. \end{cases}$

71. 解方程组 $\begin{cases} \dfrac{x + \sqrt{x^2 - y^2}}{x - \sqrt{x^2 - y^2}} + \dfrac{x - \sqrt{x^2 - y^2}}{x + \sqrt{x^2 - y^2}} = \dfrac{17}{4}, \\ x(x+y) + \sqrt{x^2 + xy + 4} = 52. \end{cases}$

72. 解方程组 $\begin{cases} x+y+z=a, \\ x^2+y^2+z^2=a^2, \\ x^3+y^3+z^3=a^3. \end{cases}$

73. 解方程组 $\begin{cases} 2xz+y-4xy=1, \\ 4xz^2+4y^2-16xy^2=5, \\ 2xz^3+4y^3-16xy^3=7. \end{cases}$

74. 解方程组 $\begin{cases} x+y+z=6, \\ x^2+y^2+z^2=14, \\ xz+yz=(xy+1)^2. \end{cases}$

75. 解方程组 $\begin{cases} x^2+xy+y^2=1, \\ x^2+xz+z^2=4, \\ y^2+yz+z^2=7. \end{cases}$

76. 解方程组 $\begin{cases} 4xy+y^2+2z^2=-3, \\ 4xz+x^2+2z^2=1, \\ 8yz+y^2+2z^2=1. \end{cases}$

77. 解方程组 $\begin{cases} \dfrac{2z^2}{1+z^2}=x, \\ \dfrac{2x^2}{1+x^2}=y, \\ \dfrac{2y^2}{1+y^2}=z. \end{cases}$

78. 解方程组 $\begin{cases} \dfrac{x_2 x_3 \cdots x_n}{x_1}=a_1, \\ \dfrac{x_1 x_3 \cdots x_n}{x_2}=a_2, \\ \cdots, \\ \dfrac{x_1 x_2 \cdots x_{n-1}}{x_n}=a_n, \end{cases}$ 其中 $n \geqslant 3$, $a_1, a_2, \cdots, a_n$ 为正数, $x_1, x_2, \cdots, x_n$

也为正数.

79. （ⅰ）设 p、q 为已知数, 解 s 与 t 的方程组
$$\begin{cases} s+t=-q, \\ st=-\dfrac{p^3}{27}. \end{cases}$$

（ⅱ）设 s、t 为（ⅰ）的解. 令 $u=\sqrt[3]{s}, v=\sqrt[3]{t}, x=u+v$. 证明 $x^3+px+q=0$, 并由（ⅰ）、（ⅱ）导出三次方程 $x^3+px+q=0$ 的求根公式 (卡丹公式).

(ⅲ) 设 $ax^3+bx^2+cx+d=0(a\neq 0)$ 为一般的三次方程.令 $t=x+f$,将这个三次方程化为缺二次项的方程 $t^3+pt+q=0$.求出 f、p、q(用 a、b、c、d 表示).

80. 有多少个正整数对 (m,n) 满足 $1\leq n\leq m\leq 1000$,并且使得 $m^2-2mn+n^2-3(m+n)+2=0$?

81. 求 $\dfrac{1}{3+\sqrt{3}}+\dfrac{1}{5\sqrt{3}+3\sqrt{5}}+\dfrac{1}{7\sqrt{5}+5\sqrt{7}}+\cdots+\dfrac{1}{49\sqrt{47}+47\sqrt{49}}$ 的值.

82. 不用计算器,求出 $\sqrt{19}+\sqrt[3]{99}$ 的整数部分.

83. 已知 a 为正整数,$\sqrt{x+\sqrt{x+\sqrt{x+\sqrt{x+\sqrt{x+\sqrt{x+\sqrt{x+\sqrt{x}}}}}}}}=a$.求 $[x]$.

84. 双曲线 $y=\dfrac{1}{x}$ 的同一支上有 A、B、C 三点.证明:$\triangle ABC$ 不是正三角形.

85. 直线 $y=2x-1$ 交 y 轴于 A,交 x 轴于 B.C 在 x 轴的正半轴上,并且 $\angle CAB=45°$.求直线 AC 的方程.

86. 三个二次方程 $x^2+4ax-4a+3=0$,$ax^2+(a-1)x+a=0$,$2x^2+2ax-a=0$ 中至少有一个方程有实数解.求实数 a 的取值范围.

87. 已知 p、q 为整数,$p+q=198$.求方程 $x^2+px+q=0$ 的整数根的最大值.

88. 抛物线 $y=ax^2+bx+c$ 交 x 轴于 $A(-1,0)$,$B(3,0)$,交 y 轴于 C,且过点 $D(2,-3)$.

(ⅰ) 求抛物线的方程.

(ⅱ) 点 P 在抛物线上、直线 OD 下方.求 $\triangle POD$ 的面积最大时,点 P 的坐标.

89. 给出三个数字 3、7、5,不改变它们的顺序,添加运算符号(+、-、×、÷、$\sqrt{\ }$ 以及括号),使最后的运算结果分别为 1、2、3、4、5、6、7、9、10.

90. 证明下列恒等式:

(ⅰ) $\sum\dfrac{(a+b)(b+c)}{(a-b)(b-c)}=-1$.

(ⅱ) $(1-b^2)(1-c^2)=(1-bc)^2-(b-c)^2$.

(ⅲ) $\sum\dfrac{ac}{(a-b)(b-c)}=-1$.

(ⅳ) $\sum\dfrac{(1-ab)(1-bc)}{(a-b)(b-c)}=-1$.

(ⅴ) $\sum\dfrac{(x-b)(x-c)}{bc(a-b)(a-c)}=\dfrac{x}{abc}$.

(ⅵ) $\sum\dfrac{1}{a^2(a-b)(a-c)}=\sum\dfrac{1}{a}\cdot\sum\dfrac{1}{a(a-b)(a-c)}$.

91. 已知整数 a、b 满足条件:对于任意正整数 n,$2^n a+b$ 都是平方数.求证:b 是平方数.

92. 对于每一个整数 $k \geq 0$,求出所有满足
$$x^2 = 3[x] + k^2 - 1$$
的实数 x. 这里 $[x]$ 表示不超过 x 的最大整数.

93. 设正整数 n 大于 1,不是 2 的整数幂. 证明: n 可写成若干连续正整数的和.

94. 一串从小到大的连续整数
$$m, m+1, \cdots, n$$
的和为 2000.

(i) 求 m 的最小值.

(ii) 求 m 的最小正值.

95. 找一个边长为不同整数、面积也为整数的三角形,但这个三角形不是直角三角形.

96. 设边长均为整数、周长为 $n(\geq 3)$ 的互不全等的三角形个数为 $f(n)$. 证明: $f(2n) = f(2n-3)$.

97. 边长均为整数、周长为 $12t+1$(t 为自然数)的(互不全等的)三角形有多少个?

98. 将边长为 n 的正三角形用与边平行的直线分成 n^2 个边长为 1 的正三角形,其中尖向下的正三角形(边长不限定为 1)有多少个?

99. 称正奇数 n 为不平庸的,如果 $1, 2, \cdots, n$ 可分为 A、B、C 三组,满足以下条件:

(1) A 中的数都是奇数.

(2) B 中的数都是偶数.

(3) 被 3 整除的数都在 C 中,但 C 中也可能有其他的数.

(4) 没有一个数同时属于两个组.

(5) 每组的和都相等.

证明: $n+1$ 能被 12 整除,并求出最小的不平庸数.

100. 若 x、y 是两个实数,$x^3 + y$、$x^2 + y^2$、$x + y^3$ 都是整数,证明: x、y 也是整数.

4. 100 道题的解答

曲不离口,拳不离手.

做任何事情,都要勤加练习.

数学也是如此.

这 100 道题为读者提供更多的练习机会.

不要把做题当作负担. 有时间可以做,可以多做. 没时间可以少做,可以不做.
选择一些感兴趣的题做,不必每道题都做.
题目有易有难,犹如登山,有快活三里,也有十八盘.
自古成功在尝试,难的题需要更多的尝试,更多的努力,而解题的乐趣也正在其中.
希望读者能够享受到解题之乐,乐此不疲.

1. 证明:$9^{24}-1$能被 13 整除.

证明 因为 $3^3-1=26$ 能被 13 整除,所以
$$9^{24}-1 = 3^{48}-1 = (3^3)^{16}-1$$
$$= (3^3-1)(3^{3\times15}+3^{3\times14}+\cdots+3^3+1)$$

也能被 13 整除.

评注 利用公式 $x^n-1=(x-1)(x^{n-1}+x^{n-2}+\cdots+1)$ 进行分解,而 3^3-1 能被 13 整除.

2. 分解因式 $(t-15)(t-21)-91$.

解
$$原式 = (t-18+3)(t-18-3)-91$$
$$= (t-18)^2-3^2-91$$
$$= (t-18)^2-100$$
$$= (t-8)(t-28).$$

评注 18 是 15 与 21 的平均数.

3. 分解因式 $9x^4-3x^3+7x^2-3x-2$.

解
$$原式 = (9x^4-6x^3)+(3x^3-2x^2)+(9x^2-6x)+(3x-2)$$
$$= 3x^3(3x-2)+x^2(3x-2)+3x(3x-2)+(3x-2)$$
$$= (3x-2)(3x^3+x^2+3x+1)$$
$$= (3x-2)(3x+1)(x^2+1).$$

又解
$$原式 = (9x^4+7x^2-2)-(3x^3+3x)$$
$$= (9x^2-2)(x^2+1)-3x(x^2+1)$$
$$= (x^2+1)(9x^2-3x-2)$$
$$= (x^2+1)(3x-2)(3x+1).$$

4. 解方程
$$\frac{x-1}{296}+\frac{2x-1}{593}+\frac{x}{297}=3.$$

解
$$\left(\frac{x-1}{296}-1\right)+\left(\frac{2x-1}{593}-1\right)+\left(\frac{x}{297}-1\right)=0,$$
$$\frac{x-297}{296}+\frac{2(x-297)}{593}+\frac{x-297}{297}=0,$$

所以
$$x=297.$$

因为它是一次方程,所以只有这一个根.

评注 高手或许一开始就能看出 $x=297$ 是根,可与第3章第5节例题对照.

5. 如果两个分式的和为 n,那么称它们互为 n 和.

(i) 设 x、y 互为倒数,求证:$\frac{2x}{x+y^2}$ 与 $\frac{2y}{y+x^2}$ 互为 2 和.

(ii) 设 a、b 为正数,并且 $\frac{a}{a+4b^2}$ 与 $\frac{2b}{a^2+2b}$ 互为 1 和.求 ab 的值.

解 (i)
$$\frac{2x}{x+y^2}+\frac{2y}{y+x^2}=\frac{2x}{x+y^2}+\frac{2y^2}{y(y+x^2)}$$
$$=\frac{2x}{x+y^2}+\frac{2y^2}{y^2+x}$$
$$=2.$$

评注 通分时,能将一个分数的分母化为另一个分数的分母最好.

(ii) 因为
$$\frac{a}{a+4b^2}+\frac{2b}{a^2+2b}=1,$$

所以
$$\frac{a}{a+4b^2}=1-\frac{2b}{a^2+2b}=\frac{a^2}{a^2+2b}.$$

约去 a,再去分母得
$$a^2+2b=a(a+4b^2),$$

即
$$2b=4ab^2.$$

两边同时除以 $4b$,得
$$ab=\frac{1}{2}.$$

评注 移一项过去比将两个分式相加好.

6. 已知 $x+y=8$,$x^3+y^3=152$.求 x^2+y^2 的值.

解 因为
$$x^3 + y^3 = (x+y)(x^2+y^2-xy),$$
所以
$$x^2+y^2-xy = \frac{x^3+y^3}{x+y} = \frac{152}{8} = 19. \tag{1}$$
又
$$x^2+y^2+2xy = (x+y)^2 = 8^2 = 64, \tag{2}$$
$2\times(1)+(2)$,得
$$3(x^2+y^2) = 102,$$
所以
$$x^2+y^2 = 34.$$

评注 原先我看到的题目中,已知 x^3+y^3 的值为 88,这时没有同时满足 $x+y=8$ 与 $x^3+y^3=88$ 的实数 x、y. x^3+y^3 应不小于 $\frac{(x+y)^3}{4}$,所以我将 x^3+y^3 的值改为 152. 152 从何而来?我编题时想好 $x=5, y=3$,这样 $x+y=8, x^3+y^3=152$. 而且 $x^2+y^2 = 5^2+3^2 = 34$,我早已预知. 所以说,编题容易解题难啊!

7. 如图,直角梯形 $ABCD$ 中,$AB \parallel CD$,$\angle ABC=90°$. P、Q 分别在 AD、BC 上,$PQ \parallel AB$,并且将梯形分成面积相等的两部分. 令 $AB=x$, $DC=y$, $PQ=r$. 证明:$x^2+y^2 = 2r^2$.

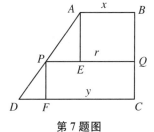

第7题图

证明 过 A、P 作 BC 的平行线,分别交 PQ 于 E,交 DC 于 F(如图),$Rt\triangle AEP \sim Rt\triangle PFD$,所以
$$\frac{AE}{PE} = \frac{PF}{DF},$$
即
$$\frac{AE}{r-x} = \frac{PF}{y-r}. \tag{1}$$
因为 PQ 分成的两部分面积相等,所以
$$AE(x+r) = PF(r+y). \tag{2}$$
$(2) \div (1)$,得
$$(x+r)(r-x) = (r+y)(y-r),$$
即
$$x^2+y^2 = 2r^2.$$

8. $\triangle ABC$ 中,$\angle B=90°$,矩形 $DEFG$ 内接于 $\triangle ABC$,如图. 正方形 $JKGH$ 与 $MLFN$

分别内接于 $\triangle AGD$ 与 $\triangle CFE$，它们的边长分别为 u、v. 令 $DG = w$. 证明：$w = u + v$.

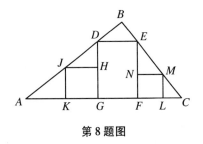

第 8 题图

证明 因为

$$\angle JDH = 90° - \angle BDE = \angle BED$$
$$= 90° - \angle NEM = \angle EMN,$$

所以

$$\text{Rt}\triangle JDH \backsim \text{Rt}\triangle EMN,$$
$$\frac{DH}{JH} = \frac{MN}{EN},$$

即

$$\frac{w-u}{u} = \frac{v}{w-v}.$$

从而

$$(w-u)(w-v) = uv,$$

化简得

$$w = u + v.$$

9. 对于分数 $u = \dfrac{a}{b}, v = \dfrac{c}{d}, a、b、c、d$ 为正整数，称 $\dfrac{a+c}{b+d}$ 为 u、v 的中介（a 与 b、c 与 d 不一定互质）. 证明：

（ⅰ）1 是 $\dfrac{2}{3}$ 与 $\dfrac{11}{4}$ 的中介.

（ⅱ）$\dfrac{1}{2}(u+v)$ 是 u、v 的中介.

（ⅲ）若 w 为 u、v 的中介，且 $u<v$，则 $u<w<v$.

（ⅳ）若 w 为有理数，且 $u<w<v$，则 w 为 u、v 的中介.

证明 （ⅰ）$1 = \dfrac{2\times 7 + 11\times 1}{3\times 7 + 4\times 1}.$

（ⅱ）不妨设 $u = \dfrac{a}{b}, v = \dfrac{c}{b}$（分母若不同，先通分），则

$$\frac{1}{2}(u+v) = \frac{1}{2}\left(\frac{a}{b} + \frac{c}{b}\right) = \frac{a+c}{b+b}.$$

（ⅲ）因为 $\dfrac{a}{b} < \dfrac{c}{d}$，所以 $ad < bc, (a+c)d < (b+d)c, \dfrac{a+c}{b+d} < \dfrac{c}{d}$. 又 $a(b+d) < b(c+a)$，所以 $\dfrac{a}{b} < \dfrac{a+c}{b+d}$.

（ⅵ）设 $k = \dfrac{m}{n}$. 因为 $u<w<v$，所以 $bm - an > 0, cn - dm > 0$. 又

$$\frac{(cn-dm)a+(bm-an)c}{(cn-dm)b+(bm-an)d}=\frac{m(bc-ad)}{n(bc-ad)}=\frac{m}{n},$$

所以 w 是 u、v 的中介.

10. 已知 m、n 为正整数,并且对所有实数 t,
$$|mt+3|\geqslant|2t+n|$$
恒成立.求 m、n 的值.

解 令 $t=0$,得 $3\geqslant n$.

$n=3$ 时,如果 $m\neq 2$,那么取 $t=-\frac{3}{m}$,于是 $0=|mt+3|<|2t+3|$,所以 $m=2$.

$n=2$ 时,如果 $m\neq 3$,那么取 $t=-\frac{3}{m}$,于是 $0=|mt+3|<|2t+2|$,所以 $m=3$.

$n=1$ 时,如果 $m\neq 6$,那么取 $t=-\frac{3}{m}$,于是 $0=|mt+3|<|2t+1|$,所以 $m=6$.

另一方面,$|2t+3|\geqslant|2t+3|$,$|3t+3|\geqslant|2t+2|$,$|6t+3|\geqslant|2t+1|$ 均对所有实数 t 成立.

因此,$(m,n)=(2,3),(3,2)(6,1)$.

11. 若 $\dfrac{3x+2y}{3a-2b}=\dfrac{3y+2z}{3b-2c}=\dfrac{3z+2x}{3c-2a}$,证明:
$$5(x+y+z)(5c+4b-3a)=(9x+8y+13z)(a+b+c).$$

证明 令 $\dfrac{3x+2y}{3a-2b}=\dfrac{3y+2z}{3b-2c}=\dfrac{3z+2x}{3c-2a}=A$.由比的性质可得
$$A=\frac{(3x+2y)+(3y+2z)+(3z+2x)}{(3a-2b)+(3b-2c)+(3c-2a)}=\frac{5(x+y+z)}{a+b+c}.$$

同理,可得
$$A=\frac{3x+2y+2(3y+2z)+3(3z+2x)}{3a-2b+2(3b-2c)+3(3c-2a)}=\frac{9x+8y+13z}{-3a+4b+5c}.$$

因此
$$\frac{5(x+y+z)}{a+b+c}=\frac{9x+8y+13z}{-3a+4b+5c},$$
即
$$5(x+y+z)(5c+4b-3a)=(9x+8y+13z)(a+b+c).$$

12. 分解因式 $(a+b)^3+(b+c)^3+(c+a)^3+a^3+b^3+c^3$.

解
$$\text{原式}=\sum[(a+b)^3+c^3]$$
$$=\sum(a+b+c)[(a+b)^2-(a+b)c+c^2]$$

$$= (a+b+c)\sum(a^2+b^2+c^2+2ab-ac-bc)$$
$$= (a+b+c)\sum(a^2+b^2+c^2) + (a+b+c)\sum(2ab-ac-bc)$$
$$= 3(a+b+c)(a^2+b^2+c^2) + (a+b+c)(2\sum ab - \sum ac - \sum bc)$$
$$= 3(a+b+c)(a^2+b^2+c^2).$$

13. 已知 $a+b+c=0$. 求证:
$$\frac{a^2+b^2+c^2}{2} \cdot \frac{a^3+b^3+c^3}{3} = \frac{a^5+b^5+c^5}{5}.$$

证明 因为 $a+b+c=0$, 所以
$$(x-a)(x-b)(x-c) = x^3 + qx - r,$$
其中 $q = \sum ab, r = abc$. 故
$$\sum a^2 = (a+b+c)^2 - 2q = -2q.$$
因为 $a^3 + qa - r = (a-a)(a-b)(a-c) = 0$, b、c 也有类似的等式, 所以
$$\sum a^3 + q\sum a - \sum r = 0,$$
即
$$\sum a^3 = 3r,$$
从而
$$\frac{\sum a^2}{2} \cdot \frac{\sum a^3}{3} = -qr. \tag{1}$$
又
$$a^5 + qa^3 - ra^2 = a^2(a^3+qa-r) = 0,$$
所以
$$\sum a^5 + q\sum a^3 - r\sum a^2 = 0,$$
$$\sum a^5 = -q\sum a^3 + r\sum a^2 = -3qr - 2qr = -5qr.$$
从而
$$\frac{\sum a^5}{5} = -qr = \frac{\sum a^2}{2} \cdot \frac{\sum a^3}{3}.$$

评注 a、b、c 是方程 $x^3+qx-r=0$ 的三个根. 一般地, 如果 a、b、c 是 $x^3 - px^2 + qx - r = 0$ 的三个根, 则 $p = \sum a, q = \sum ab, r = abc$. 这是三次方程的韦达定理.

14. 已知 $a+b+c=0$. 求证:
$$\frac{a^7+b^7+c^7}{7} = \frac{a^5+b^5+c^5}{5} \cdot \frac{a^2+b^2+c^2}{2}.$$

证明 符号同上题.

$$a^7 + qa^5 - ra^4 = 0,$$

$$\sum a^7 = -q\sum a^5 + r\sum a^4.$$

$$a^4 + qa^2 - ra = 0,$$

$$\sum a^4 = -q\sum a^2 + r\sum a = 2q^2.$$

所以

$$\sum a^7 = -q(-5qr) + r \cdot 2q^2 = 7q^2 r,$$

$$\frac{\sum a^7}{7} = q^2 r = \frac{\sum a^5}{5} \cdot \frac{\sum a^2}{2}.$$

15. 证明:将 a、b、c 分别换成 $s-a$、$s-b$、$s-c$ 时, $a^3+b^3+c^3-3abc$ 的值不变. 这里 $s = \dfrac{2}{3}(a+b+c)$.

证明

$$a^3 + b^3 + c^3 - 3abc$$

$$= \frac{1}{2}(a+b+c)[(a-b)^2 + (b-c)^2 + (c-a)^2],$$

$$(s-a)^3 + (s-b)^3 + (s-c)^3 - 3(s-a)(s-b)(s-c)$$

$$= \frac{1}{2}(s-a+s-b+s-c)\{[(s-a)-(s-b)]^2$$

$$+ [(s-b)-(s-c)]^2 + [(s-c)-(s-a)]^2\}$$

$$= \frac{1}{2}(3s-a-b-c)[(a-b)^2 + (b-c)^2 + (c-a)^2]$$

$$= \frac{1}{2}(a+b+c)[(a-b)^2 + (b-c)^2 + (c-a)^2]$$

$$= a^3 + b^3 + c^3 - 3abc.$$

16. 求 $\dfrac{a^2-b^2-c^2}{(a-b)(a-c)} + \dfrac{b^2-c^2-a^2}{(b-c)(b-a)} + \dfrac{c^2-a^2-b^2}{(c-a)(c-b)}$.

解

$$原式 = \sum \frac{a^2-b^2-c^2}{(a-b)(a-c)}$$

$$= \sum \frac{2a^2}{(a-b)(a-c)} - (a^2+b^2+c^2)\sum \frac{1}{(a-b)(a-c)}.$$

因为

$$\sum a^2(b-c) = a^2(b-c) + b^2(c-a) + c^2(a-b)$$

$$= a^2(b-c) + bc(b-c) - a(b-c)(b+c)$$
$$= (b-c)(a^2 + bc - ab - ac)$$
$$= (b-c)(a-b)(a-c),$$
$$\sum \frac{2a^2}{(a-b)(a-c)} = -2\sum \frac{a^2(b-c)}{(a-b)(b-c)(c-a)}$$
$$= \frac{-2}{(a-b)(b-c)(c-a)} \sum a^2(b-c)$$
$$= \frac{2(a-b)(b-c)(c-a)}{(a-b)(b-c)(c-a)}$$
$$= 2,$$
$$\sum \frac{1}{(a-b)(a-c)} = -\frac{1}{(a-b)(b-c)(c-a)} \sum (b-c) = 0,$$

所以
$$原式 = 2.$$

17. 化简 $\dfrac{a}{(a-b)(a-c)(x-a)} + \dfrac{b}{(b-c)(b-a)(x-b)} + \dfrac{c}{(c-a)(c-b)(x-c)}$.

解
$$原式 \times (x-a)(x-b)(x-c) = \sum \frac{-a(b-c)(x-b)(x-c)}{(a-b)(b-c)(c-a)}. \quad (1)$$

当 $x = a$ 时,$(1) = \dfrac{-a(b-c)(a-b)(a-c)}{(a-b)(b-c)(c-a)} = a$.

同样,当 $x = b$ 时,$(1) = b$. 当 $x = c$ 时,$(1) = c$.

由多项式恒等定理可得
$$\sum \frac{-a(b-c)(x-b)(x-c)}{(a-b)(b-c)(c-a)} = x.$$

因此
$$原式 = \frac{x}{(x-a)(x-b)(x-c)}.$$

18. 若 $(y-z)^2 + (z-x)^2 + (x-y)^2 = (y+z-2x)^2 + (z+x-2y)^2 + (x+y-2z)^2$,证明:$x = y = z$.

证明 因为
$$\sum (y+z-2x)^2 = \sum (y-x+z-x)^2$$
$$= \sum [(x-y)^2 + (z-x)^2 + 2(y-x)(z-x)]$$
$$= 2\sum (x-y)^2 + 2\sum (y-x)(z-x),$$

所以由已知可得

$$\sum (x-y)^2 + 2\sum (y-x)(z-x) = 0. \qquad (1)$$

又

$$0 = (x-y+y-z+z-x)^2$$
$$= \sum (x-y)^2 + 2\sum (x-y)(z-x), \qquad (2)$$

故由(1)、(2)相加得

$$\sum (x-y)^2 = 0,$$

从而 $x = y = z$.

19. 已知 p 为质数. 证明：至少存在两个正整数对 (r,s)，满足

$$\frac{1}{r} - \frac{1}{s} = \frac{1}{p^2}. \qquad (1)$$

证明 如果(1)成立，那么

$$rs = p^2(s-r).$$

所以

$$(s+p^2)(p^2-r) = p^4.$$

从而

$$s + p^2 = p^4, \quad p^2 - r = 1$$

或

$$s + p^2 = p^3, \quad p^2 - r = p.$$

因此

$$(r,s) = (p^2-1, p^4-p^2), (p^2-p, p^3-p^2).$$

上述过程可逆，也不难验证这两个整数对皆满足条件.

20. 若 $x^2 + px + q = 0$ 与 $x^2 + px - q = 0$ 的解均为整数，证明存在整数 a、b，满足 $p^2 = a^2 + b^2$，并将 q 用 a、b 表示.

解 由韦达定理可知 p、q 均为整数，并且判别式均为平方数，即有

$$p^2 - 4q = m^2, \qquad (1)$$
$$p^2 + 4q = n^2, \qquad (2)$$

这里 m、n 为正整数.

由(1)、(2)可知 m、n、p 同奇偶，并且

$$2p^2 = m^2 + n^2,$$
$$p^2 = \frac{1}{2}(m^2 + n^2) = \left(\frac{m+n}{2}\right)^2 + \left(\frac{m-n}{2}\right)^2.$$

因为 m、n 同奇偶，所以 $a = \dfrac{m+n}{2}, b = \dfrac{m-n}{2}$ 都是整数，并且

$$p^2 = a^2 + b^2.$$

因此
$$q = \frac{p^2 - m^2}{4} = \frac{1}{4} \times \left(\frac{m^2 + n^2}{2} - m^2\right)$$
$$= \frac{1}{8}(n^2 - m^2) = \frac{1}{8}(n+m)(n-m) = -\frac{1}{2}ab.$$

21. 求 x，使得 $x^2 + 15x + 26$ 是平方数．

解 对于任一整数 m，方程
$$x^2 + 15x + 26 = m^2$$
都有实数解
$$x = \frac{-15 \pm \sqrt{121 + 4m^2}}{2},$$
这里的 x 即为所求．

评注 与第 46 题做比较．

22. a、b 均为正整数，且 $\sqrt{a} + \sqrt{b} = \sqrt{189}$．求 $a+b$ 的值．

解 因为
$$\sqrt{a} = \sqrt{189} - \sqrt{b},$$
平方得
$$a = 189 + b - 2\sqrt{189b} = 189 + b - 6\sqrt{21b},$$
所以 $21b$ 为平方数，可设 b 是 $21m^2$，其中 m 为自然数．

同理，可设 $a = 21n^2$，其中 n 为自然数．

原方程成为
$$m + n = 3,$$
所以 $m=1, n=2; m=2, n=1$．故
$$a + b = (2^2 + 1^2) \times 21 = 105.$$

评注 由已知 $\sqrt{a} + \sqrt{b} = 3\sqrt{21}$，不难猜出 $\sqrt{a}$、$\sqrt{b}$ 分别为 $\sqrt{21}$、$2\sqrt{21}$，但上面的推导给出了 $\sqrt{a}$、$\sqrt{b}$ 与 $\sqrt{21}$ 为同类根式的理由．

23. 证明 $(x^2 - yz)^3 + (y^2 - zx)^3 + (z^2 - xy)^3 - 3(x^2 - yz)(y^2 - zx)(z^2 - xy)$ 是一个平方式，并求出它的平方根．

证明
原式 $= (x^2 - yz + y^2 - zx + z^2 - xy) \cdot \frac{1}{2} \sum [(x^2 - yz) - (y^2 - zx)]^2$
$= \frac{1}{4} \sum (x-y)^2 \sum [(x-y)(x+y+z)]^2$

$$= \frac{1}{4}(x+y+z)^2\left[\sum(x-y)^2\right]^2$$
$$= (x+y+z)^2(x^2+y^2+z^2-xy-yz-zx)^2,$$

是一个平方式,它的平方根是
$$\pm(x+y+z)(x^2+y^2+z^2-xy-yz-zx)$$
$$= \pm(x^3+y^3+z^3-3xyz).$$

24. 若 $a+b+c+d=0$,证明:
$$|abc+bcd+cda+dab| = \sqrt{(bc-ad)(ca-bd)(ab-cd)}. \quad (1)$$

证明 因为 $a=-(b+c+d), a+d=-(b+c)$,所以
$$(1)左边 = |bc(a+d)+ad(b+c)|$$
$$= |-bc(b+c)+ad(b+c)|$$
$$= |(b+c)(ad-bc)|$$
$$= |(b+c)[d(b+c+d)+bc]|$$
$$= |(b+c)(d+b)(d+c)|.$$

又
$$bc-ad = bc+(b+c+d)d = (d+b)(d+c),$$
$$ca-bd = -c(b+c+d)-bd = -(c+b)(c+d),$$
$$ab-cd = -b(b+c+d)-cd = -(b+c)(b+d),$$

所以
$$(1)右边 = \sqrt{(d+b)^2(d+c)^2(c+b)^2}$$
$$= |(b+c)(d+b)(d+c)|$$
$$= 左边.$$

25. 定义 $n! = 1\times 2\times 3\times\cdots\times n$. 问: $\sqrt[8]{8!}$ 与 $\sqrt[9]{9!}$ 哪个大?

解 问题即比较 $(8!)^9$ 与 $(9!)^8$ 谁大.

显然
$$8! = 1\times 2\times\cdots\times 8 < 9^8,$$

所以
$$(8!)^9 = 8!\times(8!)^8 < 9^8\times(8!)^8 = (9!)^8,$$

从而
$$\sqrt[8]{8!} < \sqrt[9]{9!}.$$

26. 如图,长方形 $PQRS$ 以两种不同的方式放在长方形 $ABCD$ 内. 第一种: Q 在 B 点, R 在 C 点; 第二种: P 在 AB 上, Q 在 BC 上, R 在 CD 上, S 在 DA 上.

如果 $AB=718, PQ=250$,求 BC 的长.

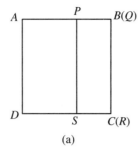
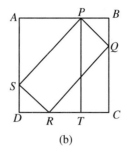

第 26 题图

解 设 $BC = x$,则 $PS = x$.又设图(b)中 $DR = t$,过 P 作 DC 的垂线,垂足为 T,则
$$PT = BC = x,$$
$$RT = \sqrt{PR^2 - x^2} = 250 \quad [\text{即图(a)中的} PQ],$$
$$TC = PB = DR = t.$$

所以
$$2t + 250 = 718,$$
$$t = 234.$$

在 Rt$\triangle QRC$ 中,$RQ = PS = x$,$RC = 250 + t$,
$$CQ = x - QB = x - \sqrt{250^2 - t^2}.$$

所以
$$x^2 = (250 + t)^2 + (x - \sqrt{250^2 - t^2})^2,$$

即
$$x\sqrt{250^2 - t^2} = 250^2 + 250t,$$
$$250^2 - t^2 = 250^2 - 234^2 = 484 \times 16 = 22^2 \times 4^2.$$

因此
$$x = \frac{250 \times 484}{22 \times 4} = \frac{250 \times 11}{2} = 1375.$$

评注 本题并不难,但要注意解法(包括运算)的简洁.

27. 化简 $\sqrt[3]{a + \dfrac{a+8}{3}\sqrt{\dfrac{a-1}{3}}} + \sqrt[3]{a - \dfrac{a+8}{3}\sqrt{\dfrac{a-1}{3}}}$.

解 令 $b = \sqrt{\dfrac{a-1}{3}}$,则 $a = 3b^2 + 1$,故
$$\text{原式} = \sqrt[3]{3b^2 + 1 + (b^2 + 3)b} + \sqrt[3]{3b^2 + 1 - (b^2 + 3)b}$$
$$= \sqrt[3]{(b+1)^3} - \sqrt[3]{(b-1)^3}$$
$$= b + 1 - (b - 1)$$
$$= 2.$$

又解 设原式为 x，则

$$x^3 = 2a + 3\sqrt[3]{a^2 - \left(\frac{a+8}{3}\right)^2 \frac{a-1}{3}} x$$

$$= 2a + \sqrt[3]{27a^2 - (a+8)^2(a-1)} x$$

$$= 2a + \sqrt[3]{-(a^3 - 12a^2 + 48a - 64)} x$$

$$= 2a - (a-4)x,$$

即

$$x^3 - 4x = a(2-x),$$

分解得

$$(x-2)(x^2 + 2x + a) = 0.$$

注意原式中 $a \geqslant 1$，所以 $x^2 + 2x + a \geqslant 0$，等号仅在 $a=1$ 时可能成立. 但 $a=1$ 时，显然原式 $=2$.

因此，总有原式 $=2$.

评注 与第 7 章第 9 节例 2 类似.

28. 化简 $\sqrt{9 + \sqrt{53 + 8\sqrt{6}}} + \sqrt{9 - \sqrt{53 + 8\sqrt{6}}}$.

解 令原式为 x，则 $x > 0$，并且

$$x^2 = 18 + 2\sqrt{81 - 53 - 8\sqrt{6}} = 18 + 2\sqrt{28 - 8\sqrt{6}}$$

$$= 18 + 4\sqrt{7 - 2\sqrt{6}} = 18 + 4(\sqrt{6} - 1) = 14 + 4\sqrt{6},$$

所以

$$x = \sqrt{14 + 2\sqrt{24}} = \sqrt{12} + \sqrt{2} = 2\sqrt{3} + \sqrt{2}.$$

29. 化简 $\sqrt{\sqrt[3]{4} - 1} + \sqrt{\sqrt[3]{16} - \sqrt[3]{4}}$.

解

$$原式 = \sqrt{\sqrt[3]{4} - 1} + \sqrt[3]{2}\sqrt{\sqrt[3]{4} - 1}$$

$$= \sqrt{\sqrt[3]{4} - 1}(1 + \sqrt[3]{2})$$

$$= \sqrt{(\sqrt[3]{4} - 1)(1 + 2\sqrt[3]{2} + \sqrt[3]{4})}$$

$$= \sqrt{(\sqrt[3]{4})^3 - 1^3} = \sqrt{3}.$$

30. a、b 为实数，并且 $a\sqrt{1-b^2} + b\sqrt{1-a^2} = 1$. 求证：$a^2 + b^2 = 1$.

证明 这其实是一道大家熟知的题，却常常将人难住. 为清晰起见，令 $c = \sqrt{1-b^2}$，$d = \sqrt{1-a^2}$，我们有

$$1 = (ac + bd)^2 = a^2c^2 + b^2d^2 + 2abcd$$

$$= (a^2+d^2)(b^2+c^2)-(ab-cd)^2 = 1-(ab-cd)^2.$$

因此 $ab=cd, a^2b^2=c^2d^2=(1-b^2)(1-a^2)$，即 $a^2+b^2=1$.

31. 解方程 $3-x=\sqrt{x-1}$.

解 显然 $1\leqslant x\leqslant 3, x=2$ 是方程的根.

因为 $3\geqslant x>2$ 时 $3-x<1<\sqrt{x-1}, 2>x>1$ 时 $3-x>1>\sqrt{x-1}$，所以只有 $x=2$ 这一个根.

本题的根一望而知，不必费事.

32. 解方程 $\sqrt{x-1}+\sqrt{2x-3}+\sqrt{3x-5}+\sqrt{4x-7}=5x-6$.

解 我喜欢先猜一猜 x 是多少.

猜一猜，猜不着也不要紧.

我可猜着了. $x=2$. 这时

$$\sqrt{x-1}=1,$$
$$\sqrt{2x-3}=1,$$
$$\sqrt{3x-5}=1,$$
$$\sqrt{4x-7}=1.$$

四个 1，和为 4，而 $5\times 2-6=4$.

当然，是否只有这一个根？

不猜，怎么解？

其实解法也很简单：

$$(\sqrt{x-1}-1)^2+(\sqrt{2x-3}-1)^2+(\sqrt{3x-5}-1)^2+(\sqrt{4x-7}-1)^2$$
$$=(x-1)+1+(2x-3)+1+(3x-5)+1+(4x-7)+1$$
$$\quad -2(\sqrt{x-1}+\sqrt{2x-3}+\sqrt{3x-5}+\sqrt{4x-7})$$
$$=10x-12-2(5x-6)$$
$$=0.$$

因此，四个平方和中每个平方均为 0，从而 $\sqrt{x-1}-1=0, x=2$.

怎么想到这种解法的呢？

上面的猜，猜出了这种解法.

33. 如果 $x^3+3px^2+3qx+r$ 与 $x^2+2px+q$ 有一个公共的一次因式，证明：

$$4(p^2-q)(q^2-pr)-(pq-r)^2=0. \qquad (1)$$

如果上面的两个 x 的多项式有两个公共的一次因式，证明：

$$p^2-q=0, \quad q^2-pr=0.$$

证明

$$x^3 + 3px^2 + 3qx + r - x(x^2 + 2px + q) = px^2 + 2qx + r$$

与 $x^2 + 2px + q$ 有公因式,这个公因式即

$$px^2 + 2qx + r - p(x^2 + 2px + q) = 2(q - p^2)x + r - pq.$$

因为 $x = \dfrac{pq - r}{2(q - p^2)}$ 是 $x^2 + 2px + q$ 的根,所以

$$\left[\frac{pq - r}{2(q - p^2)}\right]^2 + 2p\left[\frac{pq - r}{2(q - p^2)}\right] + q = 0,$$

即

$$(pq - r)^2 + 4p(q - p^2)(pq - r) + 4q(q - p^2)^2$$
$$= (pq - r)^2 + 4(q - p^2)(q^2 - pr) = 0.$$

因此(1)成立.

如果上面的两个 x 的多项式有两个公因式,那么这两个公因式就是 $x^2 + 2px + q$ 和 $px^2 + 2qx + r$,它们只差一个常数因子,所以

$$\frac{p}{1} = \frac{2q}{2p} = \frac{r}{q},$$

即 $p^2 - q = 0, q^2 - pr = 0$.

34. 设整数 a,使得 x 的二次方程

$$5x^2 - 5ax + 26a - 143 = 0$$

的两个根都是整数. 求 a 的值.

解 设两个整数根为 α、β,且 $\alpha \geqslant \beta$,则由韦达定理可得

$$a = \alpha + \beta,$$
$$26a - 143 = 5\alpha\beta.$$

消去 a 得

$$5\alpha\beta - 26(\alpha + \beta) = -143,$$

即

$$(5\alpha - 26)(5\beta - 26) = 26^2 - 5 \times 143 = -39.$$

因为 $5\alpha - 26$、$5\beta - 26$ 除以 5 均余 4,所以

$$5\alpha - 26 = 39, \quad 5\beta - 26 = -1.$$

从而 $\alpha = 13, \beta = 5, a = 18$.

35. 解方程 $x^4 + (x - 4)^4 = 626$.

解 因为 $5^4 = 625$,所以 $x = 5$ 显然是一个解. $x = -1(4 - x = 5)$ 也满足方程. 方程只有这两个实数解.

当 $x > 5$ 时, $x^4 + (x - 4)^4 > 5^4 + 1 = 626$.

当 $4 \leqslant x < 5$ 时, $x^4 + (x - 4)^4 < 5^4 + 1 = 626$.

当 $0<x<4$ 时,$x^4+(x-4)^4<4^4+4^4=512<626$.

当 $x\leqslant 0$ 时,令 $y=4-x$,则 $y\geqslant 4$,故
$$x^4+(x-4)^4=(4-y)^4+y^4$$
仅在 $y=5$ 即 $x=-1$ 时值为 626.

又解 如果一定要"解"方程,可令 $x=u+2$,原方程变为
$$(u+2)^4+(u-2)^4=626.$$
所以
$$(u^2+4+4u)^2+(u^2+4-4u)^2=626,$$
$$(u^2+4)^2+16u^2=313,$$
$$u^4+24u^2-297=0,$$
$$u^2=9 \text{ (只取正值)},$$
$$u=\pm 3,$$
即 $x=5、-1$.

评注 其实,还是前一种解法好.

36. 解方程 $\dfrac{\sqrt[4]{x+15}}{x}+\dfrac{\sqrt[4]{x+15}}{15}=\dfrac{32}{15}\sqrt[4]{x}$.

解 去分母得
$$15\sqrt[4]{x+15}+x\sqrt[4]{x+15}=32x\sqrt[4]{x},$$
即
$$(\sqrt[4]{x+15})^5=(2\sqrt[4]{x})^5.$$
所以
$$\sqrt[4]{x+15}=2\sqrt[4]{x},$$
$$x+15=2^4 x,$$
$$x=1.$$

经检验,$x=1$ 是原方程的根.

37. 已知 x 为实数,并且 $x^3+\dfrac{1}{x^3}=2\sqrt{5}$. 求 $x^2+\dfrac{1}{x^2}$ 的值.

解 设 $y=x+\dfrac{1}{x}, z=x^2+\dfrac{1}{x^2}$,则
$$z=y^2-2. \qquad (1)$$

由 $x^3+\dfrac{1}{x^3}=2\sqrt{5}$ 得
$$\left(x+\dfrac{1}{x}\right)\left(x^2-1+\dfrac{1}{x^2}\right)=2\sqrt{5},$$

即
$$y(z-1) = 2\sqrt{5}. \tag{2}$$

由(2)得 $y = \dfrac{2\sqrt{5}}{z-1}$,代入(1),整理得
$$(z+2)(z-1)^2 = (2\sqrt{5})^2 = 20. \tag{3}$$

(3)显然有一根 $z=3$. 我们有
$$(z+2)(z-1)^2 - 20 = z^3 - 3z - 18$$
$$= (z-3)(z^2 + 3z + 6).$$

因为 $z^2 + 3z + 6 = 0$ 无实数根,所以 $z = 3$,即 $x^2 + \dfrac{1}{x^2} = 3$.

又解 由已知可得 $x^6 - 2\sqrt{5}x^3 + 1 = 0$,所以
$$x^3 = \sqrt{5} \pm 2,$$
$$x = \sqrt[3]{\sqrt{5} \pm 2} = \frac{1}{2}\sqrt[3]{8\sqrt{5} \pm 16}$$
$$= \frac{1}{2}\sqrt[3]{5\sqrt{5} \pm 1 + 3\sqrt{5}(\pm\sqrt{5} + 1)}$$
$$= \frac{1}{2}\sqrt[3]{(\sqrt{5} \pm 1)^3} = \frac{\sqrt{5} \pm 1}{2},$$
$$\frac{1}{x} = \frac{2}{\sqrt{5} \pm 1} = \frac{\sqrt{5} \mp 1}{2},$$
$$x + \frac{1}{x} = \frac{\sqrt{5} \pm 1}{2} + \frac{\sqrt{5} \mp 1}{2} = \sqrt{5},$$
$$x^2 + \frac{1}{x^2} = \left(x + \frac{1}{x}\right)^2 - 2 = (\sqrt{5})^2 - 2 = 3.$$

38. 若 $x^2 + px + q = 0$ 的一个根是另一个根的平方,证明:$p^3 - q(3p-1) + q^2 = 0$.

证明 设两根为 α、β,$\alpha = \beta^2$,则由韦达定理可得
$$q = \beta^3,$$
$$p = -(\beta + \beta^2).$$

所以
$$p^3 = -(\beta + \beta^2)^3 = -\beta^3(1+\beta)^3$$
$$= -q(1 + 3\beta + 3\beta^2 + \beta^3)$$
$$= -q(1 - 3p + q)$$
$$= q(3p-1) - q^2,$$
$$p^3 - q(3p-1) + q^2 = 0.$$

39. 已知 $\dfrac{1}{p} - \dfrac{1}{q} = \dfrac{1}{p+q}$，求 $\dfrac{q}{p} + \dfrac{p}{q}$ 的值.

解 由已知可得

$$1 = \frac{p+q}{p} - \frac{p+q}{q} = \frac{q}{p} - \frac{p}{q}.$$

所以

$$\left(\frac{q}{p} + \frac{p}{q}\right)^2 = \left(\frac{q}{p} - \frac{p}{q}\right)^2 + 4 = 5,$$

$$\frac{q}{p} + \frac{p}{q} = \pm\sqrt{5}.$$

又解 由 $1 = \dfrac{q}{p} - \dfrac{p}{q}$ 两边同时乘以 $\dfrac{q}{p}$，得

$$\left(\frac{q}{p}\right)^2 - \frac{q}{p} - 1 = 0,$$

$$\frac{q}{p} = \frac{1 \pm \sqrt{5}}{2},$$

$$\frac{p}{q} = \frac{2}{1 \pm \sqrt{5}} = \frac{-1 \pm \sqrt{5}}{2}.$$

所以

$$\frac{q}{p} + \frac{p}{q} = \pm\sqrt{5}.$$

40. 已知二次函数的图像经过点 $(0,-1)$，$(-2,0)$ 和 $\left(\dfrac{1}{2},0\right)$. 求这个二次函数.

解 这个二次函数的解析式为

$$y = a(x+2)\left(x - \frac{1}{2}\right).$$

因为它通过 $(0,-1)$，所以

$$-1 = -a,$$
$$a = 1.$$

函数为

$$y = (x+2)\left(x - \frac{1}{2}\right) = x^2 + \frac{3}{2}x - 1.$$

41. （ⅰ）证明对所有实数 a，抛物线 $y = x^2 + 2ax + a$ 通过一个定点 A，并求出点 A 的坐标.

（ⅱ）证明上述抛物线的顶点在一条抛物线上，并求出这条抛物线的顶点坐标.

证明 （ⅰ）对所有的 a，$y=x^2+a(2x+1)$ 通过定点 $\left(-\dfrac{1}{2},\dfrac{1}{4}\right)$.

（ⅱ）$y=x^2+a(2x+1)=(x+a)^2+a-a^2$ 的顶点坐标为 $(-a,a-a^2)$，这些顶点都在抛物线

$$y=-x-x^2=-\left(x+\dfrac{1}{2}\right)^2+\dfrac{1}{4}$$

上．它的顶点坐标为 $\left(-\dfrac{1}{2},\dfrac{1}{4}\right)$.

42. 抛物线 $y=x^2-2x+4$ 先向右平移 p 个单位，再向下平移 q 个单位后，在 x 轴上的截距为 3、5，求 p、q.

解 原抛物线方程为 $y=(x-1)^2+3$，顶点坐标为 $(1,3)$.

现抛物线方程为 $y=(x-3)(x-5)=(x-4)^2-1$，顶点坐标为 $(4,-1)$.

因此 $p=4-1=3$，$q=3-(-1)=4$.

43. 如图，抛物线的顶点为 D，截 x 轴于点 A、$C(4,0)$，截 y 轴于 $B(0,-4)$，$\triangle ABC$ 的面积为 4，求 $\triangle DBC$ 的面积.

解 设 A 点的坐标为 $(u,0)$.

因为 $S_{\triangle ABC}=4$，所以

$$\dfrac{1}{2}\times 4\times(4-u)=4,$$

$$u=2.$$

因为抛物线方程为 $y=a(x-2)(x-4)$，过 $B(0,-4)$，所以 $a=-\dfrac{1}{2}$．抛物线方程为

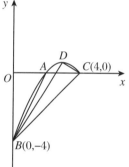

第43题图

$$y=-\dfrac{1}{2}(x-2)(x-4)=-\dfrac{1}{2}(x-3)^2+\dfrac{1}{2},$$

顶点 D 的坐标为 $\left(3,\dfrac{1}{2}\right)$.

由右侧表的两列交错相乘得

$$S_{\triangle DBC}=\dfrac{1}{2}\left(4\times\dfrac{1}{2}-3\times 4+4\times 4\right)=3.$$

B	0	−4
C	4	0
D	3	$\dfrac{1}{2}$
B	0	−4

44. 抛物线 $y=x^2+bx+c$ 的顶点为 P，$y=-x^2+dx+e$ 的顶点为 Q，$Q\neq P$．两抛物线相交于 P、Q.

（ⅰ）证明：$2(e-c)=bd$.

（ⅱ）求直线 PQ 的斜率，证明 PQ 在 y 轴上的截距为 $\dfrac{c+e}{2}$.

解 （ⅰ）P 点的横坐标为 $-\dfrac{b}{2}$，Q 点的横坐标为 $\dfrac{d}{2}$．

因为抛物线 $y = x^2 + bx + c$ 上与顶点 P 横坐标相同的点只有 P，$Q \neq P$，所以 $-\dfrac{b}{2} \neq \dfrac{d}{2}$．

$y = x^2 + bx + c$ 与 $y = -x^2 + dx + e$ 的公共点 P、Q 的横坐标满足方程
$$x^2 + bx + c = -x^2 + dx + e,$$
即
$$2x^2 + (b-d)x + c - e = 0.$$

由韦达定理可得
$$\left(-\dfrac{b}{2}\right) \cdot \dfrac{d}{2} = \dfrac{c-e}{2},$$
即
$$2(e-c) = bd.$$

（ⅱ）因为 P 点的坐标为 $\left(-\dfrac{b}{2}, c - \dfrac{b^2}{4}\right)$，$Q$ 点的坐标为 $\left(\dfrac{d}{2}, e + \dfrac{d^2}{4}\right)$，所以 PQ 的斜率为

$$k = \dfrac{e + \dfrac{d^2}{4} - \left(c - \dfrac{b^2}{4}\right)}{\dfrac{d}{2} - \left(-\dfrac{b}{2}\right)} = \dfrac{2bd + b^2 + d^2}{2(d+b)} = \dfrac{b+d}{2}.$$

直线 $PQ: y - \left(e + \dfrac{d^2}{4}\right) = k\left(x - \dfrac{d}{2}\right)$ 在 y 轴上的截距为

$$y = k\left(0 - \dfrac{d}{2}\right) + \left(e + \dfrac{d^2}{4}\right) = e - \dfrac{bd}{4} = e + \dfrac{c-e}{2} = \dfrac{c+e}{2}.$$

45．已知函数 $f(x) = x^2 - 2x$．求出满足
$$f(f(f(x))) = 3$$
的实数 x．

解 $f(x) = 3$ 即
$$x^2 - 2x = 3,$$
解得 $x = -1$ 或 $x = 3$．

因此，由 $f(f(f(x))) = 3$ 得
$$f(f(x)) = -1 \quad \text{或} \quad f(f(x)) = 3.$$

因为
$$x^2 - 2x = -1$$
的解为 $x = 1$，所以由 $f(f(x)) = -1$ 得

即
$$f(x) = 1,$$
$$x^2 - 2x = 1,$$
$$x = 1 \pm \sqrt{2}.$$

而由 $f(f(x)) = 3$ 得 $f(x) = -1$ 或 $f(x) = 3$. 从而由上面的推导可得 $x = 1, -1, 3$. 本题的解为 $x = 1 \pm \sqrt{2}, 1, -1, 3$.

46. 求有理数 x，使得 $x^2 + 15x + 26$ 是平方数. 这里平方数指整数的平方.

解 设 $x = \dfrac{p}{q}$，p、q 为互质的整数，满足

$$\left(\frac{p}{q}\right)^2 + 15\left(\frac{p}{q}\right) + 26 = m^2, \tag{1}$$

其中 m 为整数，则有

$$p^2 + 15pq + 26q^2 = m^2 q^2. \tag{2}$$

(2) 中的 $15pq$、$26q^2$、$m^2 q^2$ 都能被 q 整除，所以 p^2 也能被 q 整除. 但 q 与 p 互质，所以 $q = 1$. 故 (1) 成为

$$p^2 + 15p + 26 = m^2. \tag{3}$$

当 $p = -2, -13$ 时，$m = 0$.

以下设 m 为正整数，这时有两种解法.

解法 1 由求根公式可得

$$p = \frac{-15 \pm \sqrt{121 + 4m^2}}{2}. \tag{4}$$

其中 p 为整数，所以

$$121 + 4m^2 = n^2 \quad (n = 2p + 15).$$

从而

$$(n + 2m)(n - 2m) = 121.$$

因为 $m \neq 0$，所以

$$\begin{cases} n + 2m = 121, \\ n - 2m = 1, \end{cases}$$

解得 $n = 61, m = 30$，故 $p = 23$ 或 -38.

解法 2 由因式分解可得

$$(p + 2)(p + 13) = m^2.$$

$p + 2$ 与 $p + 13$ 的最大公约数

$$(p + 2, p + 13) = (p + 2, 11) = 1 \text{ 或 } 11.$$

若 $p+2$ 与 $p+13$ 互质,则

$$\begin{cases} p+13 = s^2, \\ p+2 = t^2, \end{cases} \quad \text{或} \quad \begin{cases} p+13 = -s^2, \\ p+2 = -t^2, \end{cases}$$

其中 s、t 为自然数,$st = m$.

从而

$$s^2 - t^2 = 11 \quad \text{或} \quad s^2 - t^2 = -11.$$

易得 $s=6,t=5$ 或 $s=5,t=6$. 因此 $p=23$ 或 -38.

若 $p+2$ 与 $p+13$ 都是 11 的倍数,则

$$\begin{cases} p+13 = \pm 11s^2, \\ p+2 = \pm 11t^2, \end{cases}$$

导出 $s^2 - t^2 = \pm 1$,无正整数解.

综上所述,$x = -2$、-13、23、-38.

评注 可与第 21 题做对照.

47. 已知实数 x、y 满足 $3x + 4y = 8$. 求 xy 的最大值.

解 因为 $3x + 4y = 8$,所以 x、y 不能全为负值. 如果恰有一个为负值,那么 $xy < 0$. 因此,当 xy 最大时,仅需考虑 x、y 全为正的情况,这时

$$xy = \frac{1}{12} \cdot (3x)(4y) \leqslant \frac{1}{12} \cdot \left(\frac{8}{2}\right)^2 = \frac{4}{3},$$

当 $x = \frac{4}{3}, y = 1$ 时,xy 取得最大值 $\frac{4}{3}$.

评注 若两个正数的和一定,则这两个数相等时,它们的乘积最大. 这是极常用的定理.

本题将 xy 变形为 $\frac{1}{12} \cdot (3x)(4y)$,就是为了得出两个和一定的正数 $3x$、$4y$. 这种技巧应当娴熟.

48. 已知 x、y 均为整数,并且 $y = \sqrt{x+100} + \sqrt{x-116}$. 求 y 的最大值.

解 由 $(y - \sqrt{x+100})^2 = x - 116$ 展开整理,可知 $\sqrt{x+100}$ 为有理数,因而为整数. 同理,$\sqrt{x-116}$ 也是整数. 当然都是非负整数,设它们分别为 a、b $(a > b)$,则

$$y = a + b = \frac{a^2 - b^2}{a - b} = \frac{216}{a - b}.$$

因为 $a - b$ 与 $a^2 - b^2 = 216$ 同奇偶,所以 $a - b$ 是偶数.

又 y 是整数,所以 $a - b$ 是 216 的约数,$a - b \geqslant 2$,故

$$y \leqslant \frac{216}{2} = 108.$$

由
$$\begin{cases} a - b = 2, \\ a + b = 108 \end{cases}$$
得 $a = 55, b = 53$, 故 $x = 55^2 - 100 = 2925$.

所以当 $x = 2925$ 时，y 取得最大值 108.

评注 $\sqrt{x+100} + \sqrt{x-116}$ 是 x 的增函数，原本没有最大值，条件 y 为整数限制了 x 不能过大.

49. 已知 $x > 0, y > 0$, 并且 $x + 2y = 3$. 求 $\dfrac{x^2 + 3y}{xy}$ 的最小值.

解
$$\frac{x^2 + 3y}{xy} = \frac{x^2 + (x+2y)y}{xy} = 1 + \frac{x}{y} + \frac{2y}{x}$$
$$\geqslant 1 + 2\sqrt{\frac{x}{y} \cdot \frac{2y}{x}} = 1 + 2\sqrt{2},$$

在 $\dfrac{x}{y} = \dfrac{2y}{x}$, 即 $x = \sqrt{2}y$ 时等号成立, 此时
$$y = \frac{3}{\sqrt{2}+2} = 3 - \frac{3}{2}\sqrt{2}, \quad x = 3\sqrt{2} - 3.$$

所以所求最小值为 $1 + 2\sqrt{2}$.

50. 已知 $3x^2 + 2y^2 = 6x$. 求 $x^2 + y^2$ 的最大值.

解 由已知可得 $3x^2 \leqslant 6x, 0 \leqslant x \leqslant 2$,
$$2(x^2 + y^2) = 2x^2 + 6x - 3x^2 = -x^2 + 6x,$$
在 $x = 2$ 时最大, 最大值为 $-2^2 + 6 \times 2 = 8$.

所以 $x^2 + y^2$ 的最大值为 4, 在 $x = 2, y = 0$ 时取得.

51. 求 $y = \sqrt{x} + \dfrac{1}{\sqrt{x}} - \sqrt{x + \dfrac{1}{x} + 1}$ 的最大值.

解 令 $t = \sqrt{x}$, 则
$$y = t + \frac{1}{t} - \sqrt{t^2 + \frac{1}{t^2} + 1}$$
$$= \frac{\left(t + \dfrac{1}{t}\right)^2 - \left(t^2 + \dfrac{1}{t^2} + 1\right)}{t + \dfrac{1}{t} + \sqrt{t^2 + \dfrac{1}{t^2} + 1}}$$
$$= \frac{1}{t + \dfrac{1}{t} + \sqrt{t^2 + \dfrac{1}{t^2} + 1}}$$

$$\leqslant \frac{1}{2+\sqrt{2+1}}$$
$$= \frac{1}{2+\sqrt{3}}$$
$$= 2-\sqrt{3},$$

故在 $t=1$ 即 $x=1$ 时,y 取得最大值 $2-\sqrt{3}$.

52. 已知实数 a、b 满足 $ab=a+b+3$. 求 a^2+b^2 的最小值.

解 记 $m=ab, n=a+b$,则
$$m = n+3.$$
又
$$n^2 = (a+b)^2 \geqslant 4ab = 4m = 4(n+3), \tag{1}$$
所以
$$n^2 - 4n - 12 \geqslant 0,$$
$$n \geqslant 6 \quad 或 \quad n \leqslant -2. \tag{2}$$

将 a^2+b^2 用 n 表示,得
$$a^2+b^2 = (a+b)^2 - 2ab = n^2 - 2m$$
$$= n^2 - 2n - 6 = (n-1)^2 - 7.$$

当 $n \geqslant 6$ 时,
$$(n-1)^2 - 7 \geqslant 18.$$

当 $n \leqslant -2$ 时,
$$(n-1)^2 - 7 \geqslant 9 - 7 = 2.$$

所以 a^2+b^2 的最小值为 2,在 $a+b=-2, ab=-2+3=1$,也就是 $a=b=-1$ 时取得.

又解 m、n 意义同上,与(1)类似,有
$$n^2 = (m-3)^2 \geqslant 4m. \tag{3}$$
所以
$$m^2 - 10m + 9 \geqslant 0, \tag{4}$$
$$m \geqslant 9 \quad 或 \quad m \leqslant 1. \tag{5}$$

将 a^2+b^2 用 m 表示,得
$$a^2+b^2 = (a+b)^2 - 2ab = (m-3)^2 - 2m = m^2 - 8m + 9.$$

抛物线 $y = m^2 - 8m + 9$ 的顶点的横坐标为 4,在区间 $(1,9)$ 内.因此 $y = m^2 - 8m + 9$ 在 $(-\infty, 1]$ 上单调递减,在 $(9, +\infty)$ 上单调递增,从而
$$m^2 - 8m + 9 \geqslant 1^2 - 8 \times 1 + 9 = 2.$$

评注 两种解法类似,第一种稍简单,但一开始未必就选择第一种解法,如果选择消去 n 就得到第二种,仍可奏效.

三解 不妨设 $b \geq a$,往证 $a = b = -1$ 时,$a^2 + b^2 = 2$ 为最小.

若 $a \geq 0$,则 $ab = a + b + 3 \geq 3, a^2 + b^2 \geq 2ab \geq 6$.

若 $b \geq 0 > a$,则 $-a = b + 3 - ab \geq 3, a^2 + b^2 \geq 9$.

于是设 $0 > b \geq a$. 令 $b_1 = -b, a_1 = -a$,则 $a_1 \geq b_1 > 0$,
$$a_1 + b_1 + a_1 b_1 = 3.$$

从而
$$(a_1 + 1)(b_1 + 1) = 4.$$

两正数 $a_1 + 1$、$b_1 + 1$ 的积一定,在 $a_1 + 1 = b_1 + 1 = 2$ 时和最小,最小值为 $(a_1 + 1) + (b_1 + 1) = 2 + 2 = 4$,所以 $a_1 + b_1 \geq 2$.
$$a^2 + b^2 = a_1^2 + b_1^2 \geq \frac{1}{2}(a_1 + b_1)^2 = 2,$$

在 $a_1 = b_1 = 1$ 时等号成立.

因此 $a^2 + b^2$ 的最小值为 2,在 $a = b = -1$ 时取得.

评注 第三种解法最为直接、简单,前面两种不佳,保留下来是为了做对比.

前两种解法写下后,总觉得不理想. 于是推倒重做. 对于解法的好坏,应有些感觉. 不好的,应加修改,甚至完全另起炉灶. 不可认为自己的解法都修改不得,那样就难有进步了.

53. 已知 $m^2 - 2m - 1 = 0, n^2 + 2n - 1 = 0$ 且 $mn \neq 1$. 求 $\dfrac{mn + n + 1}{n}$ 的值.

解 m 是方程
$$x^2 - 2x - 1 = 0$$
的一个根,$\dfrac{1}{n}$ 也是这个方程的根.

因为 $mn \neq 1$,所以 $m \neq \dfrac{1}{n}$.

由韦达定理可得
$$m + \frac{1}{n} = 2.$$

所以
$$\frac{mn + n + 1}{n} = m + 1 + \frac{1}{n} = 3.$$

54. 解方程 $x^4 - 5x^3 + 5x^2 + 5x - 6 = 0$.

解 因为系数和为 0,所以 1 是方程的一个根.

$$x^4 - 5x^3 + 5x^2 + 5x - 6$$
$$= (x^4 - x^2) - 5x(x^2 - 1) + 6(x^2 - 1)$$
$$= (x^2 - 1)(x^2 - 5x + 6)$$
$$= (x - 1)(x + 1)(x - 2)(x - 3).$$

所以方程的根为 $x = 1、-1、2、3$.

55. 解方程 $4x^3 - 21x - 10 = 0$.

解
$$4x^3 - 21x - 10 = 4x^3 - 16x - 5x - 10$$
$$= 4x(x + 2)(x - 2) - 5(x + 2)$$
$$= (x + 2)(4x^2 - 8x - 5)$$
$$= (x + 2)(2x + 1)(2x - 5).$$

所以方程的根为 $x = -2、-\dfrac{1}{2}、\dfrac{5}{2}$.

评注 以上两题实际上都是利用因式分解求解的. 高于二次的方程, 常常依靠因式分解得出结果.

56. 解方程 $x^3 - 6x - 2 = 0$.

解 令 $x = u + v$, 则
$$u^3 + v^3 + 3uv(u + v) + 6(u + v) - 2 = 0.$$

令 $uv = -2$, 则 $u^3 v^3 = -8$, 且
$$u^3 + v^3 = 2.$$

从而 $u^3、v^3$ 是方程 $y^2 - 2y - 8 = 0$ 的两个根, 故
$$u^3 = 4, \quad v^3 = -2$$

或
$$u^3 = -2, \quad v^3 = 4.$$

因此
$$x = u + v = \sqrt[3]{4} - \sqrt[3]{2}.$$

评注 一般地, 三次方程 $x^3 + px + q = 0$ 可用上面的方法来解, 参见第 79 题.

57. 解方程 $\sqrt{x - 3} = 5 - x$.

解 由题意知 $3 \leqslant x \leqslant 5$, 显然 $x = 4$ 是方程的根.

$3 \leqslant x < 4$ 时,
$$\sqrt{x - 3} < 1 < 5 - x.$$

$4 < x \leqslant 5$ 时,
$$\sqrt{x - 3} > 1 > 5 - x.$$

因此,原方程只有一个根 $x=4$.

评注 可与第 31 题做比较.

58．解方程 $\sqrt{x-1}+\sqrt[3]{2-x}=1$.

解 由题意知 $x\geqslant 1$,显然 $x=1,2$ 都是方程的根,但不知是否还有其他的根.

设 $\sqrt{x-1}=a,\sqrt[3]{2-x}=b$,则

$$\begin{cases} a+b=1, & (1)\\ a^2+b^3=1. & (2)\end{cases}$$

将 $a=1-b$ 代入(2),化简得

$$b^3+b^2-2b=0,$$

即

$$b(b-1)(b+2)=0,$$
$$b=0、1、-2.$$

因此

$$x=2、1、10.$$

经检验,$x=1、2、10$ 都是原方程的根.

59．解方程

$$\frac{\sqrt{x^2+8x}}{\sqrt{x+1}}+\sqrt{x+7}=\frac{7}{\sqrt{x+1}}. \tag{1}$$

解 两边同时乘以 $\sqrt{x+1}$,得

$$\sqrt{x^2+8x}+\sqrt{x^2+8x+7}=7. \tag{2}$$

而

$$(x^2+8x+7)-(x^2+8x)=7. \tag{3}$$

(3)÷(2),得

$$\sqrt{x^2+8x+7}-\sqrt{x^2+8x}=1. \tag{4}$$

由(2)、(4)得

$$\sqrt{x^2+8x}=3.$$

两边平方得

$$x^2+8x-9=0,$$
$$x=1 \text{ 或} -9.$$

但方程(1)中必须满足 $x+1>0$,所以 $x=-9$ 不是原方程的根.

原方程的根为 $x=1$.

60．解方程

$$\sqrt[3]{x-1} + \sqrt[3]{x+1} = x\sqrt[3]{2}. \tag{1}$$

解 两边立方得
$$2x + 3\sqrt[3]{(x-1)(x+1)}(\sqrt[3]{x-1} + \sqrt[3]{x+1}) = 2x^3. \tag{2}$$
将(1)代入(2),得
$$2x + 3\sqrt[3]{2(x^2-1)}\,x = 2x^3. \tag{3}$$
显然, $x = 0$ 是(1)的根.

$x \neq 0$ 时,在(3)的两边同时除以 x,得
$$3\sqrt[3]{2(x^2-1)} = 2(x^2-1).$$
所以
$$x^2 - 1 = 0 \tag{4}$$
或
$$3\sqrt[3]{2} = 2\sqrt[3]{(x^2-1)^2}. \tag{5}$$

由(4)得 $x = \pm 1$.

由(5)得 $x^2 = 1 \pm \dfrac{3\sqrt{3}}{2}$. 因为 $1 - \dfrac{3\sqrt{2}}{2} < 0$,所以
$$x^2 = 1 + \dfrac{3\sqrt{2}}{2},$$
$$x = \pm \dfrac{1}{2}\sqrt{4 + 6\sqrt{3}}.$$

$x = 0$、± 1、$\pm \dfrac{1}{2}\sqrt{4+6\sqrt{3}}$ 都是(3)的根,从而也都是(1)的根.

61. 解方程 $\sqrt[m]{(1+x)^2} - \sqrt[m]{(1-x)^2} = \sqrt[m]{1-x^2}$.

解 显然 $x \neq 1$. 令 $u = \sqrt[m]{\dfrac{1+x}{1-x}}$,得
$$u^2 - u - 1 = 0,$$
$$u = \dfrac{1 \pm \sqrt{5}}{2}.$$
从而
$$\dfrac{1+x}{1-x} = \left(\dfrac{1 \pm \sqrt{5}}{2}\right)^m,$$
$$x = \dfrac{(1 \pm \sqrt{5})^m - 2^m}{(1 \pm \sqrt{5})^m + 2^m}.$$

它们都是原方程的根.

62. 对什么样的 a,方程组

$$\begin{cases} x^2 + y^2 = z, & (1) \\ x + y + z = a & (2) \end{cases}$$

有唯一实数解？求出这个解.

解 将(1)代入(2)，得

$$a = x + y + x^2 + y^2 = \left(x + \frac{1}{2}\right)^2 + \left(y + \frac{1}{2}\right)^2 - \frac{1}{2},$$

所以 $a \geqslant -\frac{1}{2}$.

$a > -\frac{1}{2}$ 时，

$$\left(x + \frac{1}{2}\right)^2 + \left(y + \frac{1}{2}\right)^2 = a + \frac{1}{2}.$$

原方程组有无穷多组解：满足 $\left| y + \frac{1}{2} \right| < \sqrt{a + \frac{1}{2}}$ 的 y 有无穷多个，对每个满足这个条件的 y，令 $x = \sqrt{\left(a + \frac{1}{2}\right) - \left(y + \frac{1}{2}\right)^2} - \frac{1}{2}$, $z = x^2 + y^2$，则这些 x、y、z 都是解.

当且仅当 $a = -\frac{1}{2}$ 时，方程组有唯一解，即 $x = y = -\frac{1}{2}, z = \frac{1}{2}$.

63. 解方程组

$$\begin{cases} x + y = 1, & (1) \\ x^5 + y^5 = 31. & (2) \end{cases}$$

解 由(1)可得

$$\begin{aligned} x^5 + y^5 &= (x+y)(x^4 - x^3 y + x^2 y^2 - xy^3 + y^4) \\ &= x^4 - x^3 y + x^2 y^2 - xy^3 + y^4 \\ &= (x^2 + y^2)^2 - x^2 y^2 - xy(x^2 + y^2) \\ &= (1 - 2xy)^2 - x^2 y^2 - xy(1 - 2xy) \\ &= 5x^2 y^2 - 5xy + 1. \end{aligned}$$

所以

$$5x^2 y^2 - 5xy + 1 = 31,$$
$$x^2 y^2 - xy - 6 = 0,$$
$$xy = 3 \text{ 或 } -2.$$

$xy = 3$ 时,

$$\begin{cases} x + y = 1, \\ xy = 3 \end{cases}$$

无实数解.

$xy = -2$ 时,
$$\begin{cases} x + y = 1, \\ xy = -2 \end{cases}$$
的解为
$$(x, y) = (2, -1), (-1, 2).$$
因此,原方程组的解为 $(x, y) = (2, -1), (-1, 2)$.

64. 解方程组
$$\begin{cases} x + y + z = 2, & (1) \\ 2xy - z^2 = 4. & (2) \end{cases}$$

解 由(1)得 $z = 2 - (x + y)$,代入(2),整理得
$$x^2 + y^2 - 4x - 4y + 8 = 0,$$
即
$$(x - 2)^2 + (y - 2)^2 = 0.$$
所以 $x = y = 2, z = -2$.

评注 未知数多于方程个数时,往往借助配方求解,利用"平方和为0时,各个平方为0"得出结论.

65. 解方程组
$$\begin{cases} x^2 + xy + y^2 = 4, & (1) \\ x + xy + y = 2. & (2) \end{cases}$$

解 令 $u = x + y, v = xy$,则
$$u^2 - v = 4, \quad (3)$$
$$u + v = 2. \quad (4)$$
(3)+(4),消去 v,得
$$u^2 + u - 6 = 0, \quad (5)$$
$$u = 2 \text{ 或 } -3.$$
将 $u = 2$ 代入(4),得 $v = 0$. 从而 $xy = 0, x = 0$ 或 $y = 0$. $x = 0$ 时,由(2)得 $y = 2$. $y = 0$ 时,由(2)得 $x = 2$.
将 $u = -3$ 代入(4),得 $v = 5$. 由韦达定理可知 x, y 是
$$z^2 + 3z + 5 = 0 \quad (6)$$
的根. 但(6)的判别式
$$\Delta = 3^2 - 4 \times 5 < 0,$$
所以(6)无实数根.

原方程组的解为

$$\begin{cases} x = 0, \\ y = 2, \end{cases} \begin{cases} x = 2, \\ y = 0. \end{cases}$$

66. 解方程组
$$\begin{cases} x^4 + x^2y^2 + y^4 = 91, & (1) \\ x^2 - xy + y^2 = 7. & (2) \end{cases}$$

解 (1)即
$$(x^2 + xy + y^2)(x^2 - xy + y^2) = 91. \qquad (3)$$

(3)÷(2),得
$$x^2 + xy + y^2 = 13. \qquad (4)$$

由(2)、(4)得
$$x^2 + y^2 = 10, \quad xy = 3.$$

所以
$$(x + y)^2 = 16,$$
$$x + y = \pm 4.$$

原方程组的解为
$$\begin{cases} x = 1, \\ y = 3, \end{cases} \begin{cases} x = 3, \\ y = 1, \end{cases} \begin{cases} x = -1, \\ y = -3, \end{cases} \begin{cases} x = -3, \\ y = -1. \end{cases}$$

67. 解方程组
$$\begin{cases} x^3 + y^3 = 1, & (1) \\ x^2y + 2xy^2 + y^3 = 2. & (2) \end{cases}$$

解 (1)即
$$(x + y)(x^2 - xy + y^2) = 1. \qquad (3)$$

(2)即
$$(x + y)^2 y = 2. \qquad (4)$$

由(3)[或(4)]可得 $x + y \neq 0$,所以由(4)、(3)消去常数项得
$$2(x^2 - xy + y^2) = y(x + y),$$

即
$$y^2 - 3xy + 2x^2 = 0.$$

从而
$$y = x \quad \text{或} \quad y = 2x.$$

将 $y = x$ 代入(1),得
$$x = \frac{1}{2}\sqrt[3]{4}, \quad y = \frac{1}{2}\sqrt[3]{4}.$$

将 $y = 2x$ 代入(1),得

$$x = \frac{1}{3}\sqrt[3]{3}, \quad y = \frac{2}{3}\sqrt[3]{3}.$$

原方程组的解为

$$\begin{cases} x = \frac{1}{2}\sqrt[3]{4}, \\ y = \frac{1}{2}\sqrt[3]{4}, \end{cases} \begin{cases} x = \frac{1}{3}\sqrt[3]{3}, \\ y = \frac{2}{3}\sqrt[3]{3}. \end{cases}$$

68. 解方程组

$$\begin{cases} x^3 + y^3 = 5a^3, & (1) \\ x^2y + xy^2 = a^3, & (2) \end{cases}$$

其中 $a \neq 0$.

解 设 $u = x + y, v = xy$,则

$$u(u^2 - 3v) = 5a^3, \tag{3}$$
$$uv = a^3. \tag{4}$$

将(4)代入(3),得

$$u^3 = 8a^3, \tag{5}$$

所以 $u = 2a$.代入(4),得

$$v = \frac{1}{2}a^2.$$

由韦达定理可知 x、y 是方程

$$z^2 - 2az + \frac{1}{2}a^2 = 0$$

的根.

所以

$$\begin{cases} x = \frac{2+\sqrt{2}}{2}a, \\ y = \frac{2-\sqrt{2}}{2}a, \end{cases} \begin{cases} x = \frac{2-\sqrt{2}}{2}a, \\ y = \frac{2+\sqrt{2}}{2}a. \end{cases}$$

69. 解方程组

$$\begin{cases} (x^2 + y^2)\frac{x}{y} = 6, & (1) \\ (x^2 - y^2)\frac{y}{x} = 1. & (2) \end{cases}$$

解 显然 $x \neq 0, y \neq 0$.

(1)×(2),得

$$x^4 - y^4 = 6. \tag{3}$$

$[(1)+(2)] \cdot xy$,得

$$x^4 - y^4 + 2x^2y^2 = 7xy. \tag{4}$$

将(3)代入(4),得

$$2x^2y^2 - 7xy + 6 = 0.$$

所以

$$xy = 2 \text{ 或 } \frac{3}{2}.$$

(1)即

$$x^4 + x^2y^2 = 6xy.$$

若 $xy = 2$,则 $x^4 = 8, x^2 = \sqrt{8}$(只取正值),

$$x = \pm\sqrt[4]{8}, \quad y = \pm\frac{2}{\sqrt[4]{8}} = \pm\sqrt[4]{2}.$$

若 $xy = \frac{3}{2}$,则 $x^4 = \frac{27}{4}, x^2 = \sqrt{\frac{27}{4}}$,

$$x = \pm\sqrt[4]{\frac{27}{4}}, \quad y = \pm\sqrt[4]{\frac{3}{4}}.$$

原方程组的解为

$$(x, y) = \left(\pm\sqrt[4]{8}, \pm\sqrt[4]{2}\right), \left(\pm\sqrt[4]{\frac{27}{4}}, \pm\sqrt[4]{\frac{3}{4}}\right).$$

70. 解方程组

$$\begin{cases} y^2 + \sqrt{3y^2 - 2x + 3} = \frac{2}{3}x + 5, & (1) \\ 3x - 2y = 5. & (2) \end{cases}$$

解 令 $\sqrt{3y^2 - 2x + 3} = t$. 在(1)的两边同时乘以3,整理得

$$t^2 + 3t - 18 = 0. \tag{3}$$

所以

$$t = 3 \text{ (只取正值)},$$

即

$$3y^2 - 2x - 6 = 0. \tag{4}$$

$3\times(4)$,并用(2)消去 x,得

$$9y^2 - 2(2y + 5) - 18 = 0.$$

$$y = 2 \text{ 或 } -\frac{14}{9}.$$

原方程组的解为
$$(x,y) = (3,2), \left(\frac{17}{27}, -\frac{14}{9}\right).$$

71. 解方程组
$$\begin{cases} \dfrac{x + \sqrt{x^2 - y^2}}{x - \sqrt{x^2 - y^2}} + \dfrac{x - \sqrt{x^2 - y^2}}{x + \sqrt{x^2 - y^2}} = \dfrac{17}{4}, & (1) \\ x(x + y) + \sqrt{x^2 + xy + 4} = 52. & (2) \end{cases}$$

解 (1)即
$$\frac{2(2x^2 - y^2)}{y^2} = \frac{17}{4}.$$

再化简为
$$16x^2 = 25y^2,$$
$$4x = \pm 5y. \qquad (3)$$

(2)即
$$x^2 + xy + 4 + \sqrt{x^2 + xy + 4} - 56 = 0.$$

所以
$$\sqrt{x^2 + xy + 4} = 7 \quad (只取正值),$$
$$x^2 + xy - 45 = 0. \qquad (4)$$

由(3)、(4)解得
$$(x,y) = (5,4), (-5,-4), (15,-12), (-15,12).$$

72. 解方程组
$$\begin{cases} x + y + z = a, & (1) \\ x^2 + y^2 + z^2 = a^2, & (2) \\ x^3 + y^3 + z^3 = a^3. & (3) \end{cases}$$

解 $(1)^2 - (2)$,得
$$xy + yz + zx = 0. \qquad (4)$$

由(3)得
$$\begin{aligned} a^3 &= x^3 + y^3 + z^3 = x^3 + y^3 + z^3 - 3xyz + 3xyz \\ &= (x + y + z)(x^2 + y^2 + z^2 - yz - zx - xy) + 3xyz \\ &= a^3 + 3xyz, \end{aligned}$$

所以
$$xyz = 0.$$

故 x、y、z 中应至少有一个为 0.

当 $x=0$ 时,由(4)得
$$yz = 0.$$
所以 y、z 中还有一个为 0,代入(1)得另一个为 a,其他情况类似.

原方程组的解为
$$(x,y,z) = (0,0,a),(0,a,0)(a,0,0).$$

73. 解方程组
$$\begin{cases} 2xz + y - 4xy = 1, & (1) \\ 4xz^2 + 4y^2 - 16xy^2 = 5, & (2) \\ 2xz^3 + 4y^3 - 16xy^3 = 7. & (3) \end{cases}$$

解 (1)×$4y$−(2),得
$$4xz(2y-z) = 4y - 5. \tag{4}$$
(2)×y−(3),得
$$2xz^2(2y-z) = 5y - 7. \tag{5}$$
(1)即
$$2x(2y-z) = y - 1. \tag{6}$$

显然 $xz(2y-z)\neq 0$[否则由(4)得 $y=\dfrac{5}{4}$,而由(5)得 $y=\dfrac{7}{5}$,矛盾].

$(4)^2 \div [(5)\times(6)]$,整理得
$$4(5y-7)(y-1) = (4y-5)^2,$$
即
$$4y^2 - 8y + 3 = 0,$$
所以
$$y = \frac{1}{2} \text{ 或 } \frac{3}{2}.$$

(4)÷(6),得
$$z = \frac{4y-5}{2(y-1)} = 3 \text{ 或 } 1.$$

由(6)得
$$x = \frac{y-1}{2(2y-z)} = \frac{1}{8}.$$

原方程组的解为
$$(x,y,z) = \left(\frac{1}{8},\frac{1}{2},3\right), \left(\frac{1}{8},\frac{3}{2},1\right).$$

74. 解方程组

$$\begin{cases} x+y+z=6, & (1)\\ x^2+y^2+z^2=14, & (2)\\ xz+yz=(xy+1)^2. & (3)\end{cases}$$

解 $(1)^2-(2)$,得
$$xy+yz+zx=11. \qquad (4)$$

由(4)、(3)得
$$11-xy=(xy+1)^2,$$

即
$$(xy)^2+3xy-10=0.$$

所以
$$xy=-5 \quad \text{或} \quad xy=2.$$

若 $xy=-5$,则由(4)得
$$z(x+y)=16. \qquad (5)$$

结合(1)知 z、$x+y$ 为方程
$$u^2-6u+16=0 \qquad (6)$$

的两个根,但 $6^2-4\times 16<0$,故(6)无实数根.

若 $xy=2$,则
$$z(x+y)=9.$$

结合(1)知 z、$x+y$ 为方程
$$u^2-6u+9=0$$

的两个根,所以 $z=x+y=3$.再结合 $xy=2$ 得 $x=1,y=2$ 或 $x=2,y=1$.

原方程组的解为
$$(x,y,z)=(1,2,3),(2,1,3).$$

75. 解方程组
$$\begin{cases} x^2+xy+y^2=1, & (1)\\ x^2+xz+z^2=4, & (2)\\ y^2+yz+z^2=7. & (3)\end{cases}$$

解 $(2)-(1)$,得
$$(z-y)(x+z+y)=3. \qquad (4)$$

$(3)-(2)$,得
$$(y-x)(x+y+z)=3. \qquad (5)$$

由(4)、(5)得 $x+y+z\neq 0$,而且
$$z-y=y-x, \qquad (6)$$

即
$$2y = x + z. \tag{7}$$

$4×(1)$,并将(7)代入,得
$$7x^2 + 4xz + z^2 = 4. \tag{8}$$

比较(2)、(8)得
$$x(2x + z) = 0,$$

所以 $x = 0$ 或 $2x + z = 0$.

若 $x = 0$,则由(1)得 $y^2 = 1$. 又由(7)得 $z = 2y$,所以 $y = 1, z = 2$ 或 $y = -1, z = -2$.

若 $z = -2x$,则代入(2),得 $3x^2 = 4$,
$$x = \pm \frac{2}{\sqrt{3}},$$

从而
$$z = \mp \frac{4}{\sqrt{3}}.$$

又由(7)得
$$y = -\frac{x}{2} = \mp \frac{1}{\sqrt{3}}.$$

原方程组的解为
$$(x, y, z) = (0, 1, 2)(0, -1, -2), \left(\frac{2}{\sqrt{3}}, -\frac{1}{\sqrt{3}}, -\frac{4}{\sqrt{3}}\right), \left(-\frac{2}{\sqrt{3}}, \frac{1}{\sqrt{3}}, \frac{4}{\sqrt{3}}\right).$$

76. 解方程组
$$\begin{cases} 4xy + y^2 + 2z^2 = -3, & (1) \\ 4xz + x^2 + 2z^2 = 1, & (2) \\ 8yz + y^2 + 2z^2 = 1. & (3) \end{cases}$$

解 $(1) + 2×(2) + (3)$,得
$$4xy + 8xz + 8yz + 2x^2 + 2y^2 + 8z^2 = 0,$$

即
$$(x + y + 2z)^2 = 0.$$

所以
$$x + y + 2z = 0, \tag{4}$$

即
$$x = -(y + 2z). \tag{5}$$

代入(1),整理得
$$3y^2 + 8yz - 2z^2 = 3. \tag{6}$$

$3\times(3)-(6)$,得
$$8z^2+16yz=0, \qquad (7)$$
所以 $z=0$ 或 $z=-2y$.

若 $z=0$,则 $y^2=1$,$x+y=0$,所以 $x=\pm 1$,$y=\mp 1$.

若 $z=-2y$,则 $x=3y$,代入(1),得
$$12y^2+y^2+2z^2=-3,$$
显然无实数解.

原方程组的解为
$$(x,y,z)=(1,-1,0),(-1,1,0).$$

77. 解方程组
$$\begin{cases} \dfrac{2z^2}{1+z^2}=x, & (1) \\[4pt] \dfrac{2x^2}{1+x^2}=y, & (2) \\[4pt] \dfrac{2y^2}{1+y^2}=z. & (3) \end{cases}$$

解 三个方程相乘,得
$$8x^2y^2z^2=xyz(1+x^2)(1+y^2)(1+z^2). \qquad (4)$$

若 $x=0$,则由(1)得 $z=0$,由(2)得 $y=0$.

若 $x\neq 0$,则 y、z 亦不为 0,并且由(1)、(2)、(3)得 x、y、z 均为正.由(4)得
$$8xyz=(1+x^2)(1+y^2)(1+z^2). \qquad (5)$$
但 $1+x^2\geqslant 2x$,$1+y^2\geqslant 2y$,$1+z^2\geqslant 2z$,所以
$$8xyz\leqslant (1+x^2)(1+y^2)(1+z^2),$$
等号仅在 $x=y=z=1$ 时成立.

原方程组的解为
$$(x,y,z)=(0,0,0),(1,1,1).$$

78. 解方程组
$$\begin{cases} \dfrac{x_2x_3\cdots x_n}{x_1}=a_1, \\[4pt] \dfrac{x_1x_3\cdots x_n}{x_2}=a_2, \\[4pt] \cdots, \\[4pt] \dfrac{x_1x_2\cdots x_{n-1}}{x_n}=a_n, \end{cases}$$
其中 $n\geqslant 3$,$a_1,a_2,\cdots,a_n$ 为正数,$x_1,x_2,\cdots,x_n$ 也为正数.

解 n 个方程相乘得

$$(x_1 x_2 \cdots x_n)^{n-2} = a_1 a_2 \cdots a_n,$$

所以

$$x_1 x_2 \cdots x_n = \sqrt[n-2]{a_1 a_2 \cdots a_n}.$$

用它除以(1)得

$$x_1^2 = \frac{\sqrt[n-2]{a_1 a_2 \cdots a_n}}{a_1},$$

故

$$x_1 = \sqrt{\frac{\sqrt[n-2]{a_1 a_2 \cdots a_n}}{a_1}}.$$

同理,可得

$$x_k = \sqrt{\frac{\sqrt[n-2]{a_1 a_2 \cdots a_n}}{a_k}} \quad (k = 1, 2, \cdots, n).$$

79. （ⅰ）设 p、q 为已知数,解 s 与 t 的方程组

$$\begin{cases} s + t = -q, \\ st = -\dfrac{p^3}{27}. \end{cases}$$

（ⅱ）设 s、t 为(ⅰ)的解. 令 $u = \sqrt[3]{s}, v = \sqrt[3]{t}, x = u + v$. 证明 $x^3 + px + q = 0$,并由(ⅰ)、(ⅱ)导出三次方程 $x^3 + px + q = 0$ 的求根公式（卡丹公式）.

（ⅲ）设 $ax^3 + bx^2 + cx + d = 0 (a \neq 0)$ 为一般的三次方程. 令 $x = t + f$,将这个三次方程化为缺二次项的方程 $t^3 + pt + q = 0$. 求出 f、p、q（用 a、b、c、d 表示）.

解 （ⅰ）s、t 是二次方程

$$y^2 + qy - \frac{p^3}{27} = 0$$

的两个根. 因此

$$s = -\frac{q}{2} + \sqrt{\frac{q^2}{4} + \frac{p^3}{27}},$$

$$t = -\frac{q}{2} - \sqrt{\frac{q^2}{4} + \frac{p^3}{27}}.$$

（s 与 t 交换可得出另一组解.）

（ⅱ）由已知得

$$x^3 + px + q = (u+v)^3 + p(u+v) + q$$
$$= u^3 + v^3 + 3uv(u+v) + p(u+v) + q$$

$$= (s + t + q) + (3\sqrt[3]{st} + p)(u + v)$$
$$= (-q + q) + \left(-3 \times \frac{p}{3} + p\right)(u + v) = 0.$$

三次方程 $x^3 + px + q = 0$ 的根为
$$x = u + v = \sqrt[3]{-\frac{q}{2} + \sqrt{\frac{q^2}{4} + \frac{p^3}{27}}} + \sqrt[3]{-\frac{q}{2} - \sqrt{\frac{q^2}{4} + \frac{p^3}{27}}}.$$

(ⅲ) 不妨设 $a = 1$.
$$x^3 + bx^2 + cx + d = (t + f)^3 + b(t + f)^2 + c(t + f) + d$$
$$= t^3 + (3f + b)t^2 + (3f^2 + 2bf + c)t + f^3 + bf^2 + cf + d.$$

因此
$$f = -\frac{b}{3},$$
$$p = 3f^2 + 2bf + c = \frac{b^2}{3} - \frac{2b^2}{3} + c = -\frac{b^2}{3} + c,$$
$$q = f^3 + bf^2 + cf + d = -\frac{b^3}{27} + \frac{b^3}{9} - \frac{bc}{3} + d = \frac{2}{27}b^3 - \frac{bc}{3} + d.$$

$a \neq 1$ 时，只需将其中的 b、c、d 换成 $\frac{b}{a}$、$\frac{c}{a}$、$\frac{d}{a}$ 即可.

80. 有多少个正整数对 (m, n) 满足 $1 \leq n \leq m \leq 1000$，并且使得
$$m^2 - 2mn + n^2 - 3(m + n) + 2 = 0?$$

解 由已知可得
$$m = \frac{2n + 3 \pm \sqrt{(2n+3)^2 - 4(n^2 - 3n + 2)}}{2}$$
$$= \frac{2n + 3 \pm \sqrt{24n + 1}}{2}.$$

因为 $m \geq n$，而 $24n + 1 \geq 25 > 3^2$，所以根号前只应取正号.
$24n + 1$ 应为奇数的平方，设
$$24n + 1 = (2k + 1)^2, \quad k \geq 2,$$
则
$$6n = k(k + 1).$$

从而 k 除以 3 余 2 或能被 3 整除. 故
$$m = \frac{2n + 3 + 2k + 1}{2} = n + k + 2 = \frac{1}{6}(k + 3)(k + 4).$$

因为 $m \leq 1000$，所以
$$(k + 3)(k + 4) \leq 6000, \quad k \leq 73.$$

在 $2,3,\cdots,72,73$ 中有
$$72 \div 3 \times 2 = 48$$
个 k 满足要求,即有 48 对 (m,n) 满足要求.

81. 求 $\dfrac{1}{3+\sqrt{3}} + \dfrac{1}{5\sqrt{3}+3\sqrt{5}} + \dfrac{1}{7\sqrt{5}+5\sqrt{7}} + \cdots + \dfrac{1}{49\sqrt{47}+47\sqrt{49}}$ 的值.

解

$$\begin{aligned}
原式 &= \dfrac{1}{\sqrt{3}(\sqrt{3}+1)} + \dfrac{1}{\sqrt{3}\sqrt{5}(\sqrt{5}+\sqrt{3})} + \cdots + \dfrac{1}{\sqrt{47}\sqrt{49}(\sqrt{49}+\sqrt{47})} \\
&= \dfrac{\sqrt{3}-1}{2\sqrt{3}\sqrt{1}} + \dfrac{\sqrt{5}-\sqrt{3}}{2\sqrt{5}\sqrt{3}} + \cdots + \dfrac{\sqrt{49}-\sqrt{47}}{2\sqrt{49}\sqrt{47}} \\
&= \dfrac{1}{2}\left(\dfrac{1}{\sqrt{1}} - \dfrac{1}{\sqrt{3}} + \dfrac{1}{\sqrt{3}} - \dfrac{1}{\sqrt{5}} + \cdots + \dfrac{1}{\sqrt{47}} - \dfrac{1}{\sqrt{49}}\right) \\
&= \dfrac{1}{2}\left(1 - \dfrac{1}{7}\right) \\
&= \dfrac{3}{7}.
\end{aligned}$$

82. 不用计算器,求出 $\sqrt{19} + \sqrt[3]{99}$ 的整数部分.

解 因为
$$4 < \sqrt{19} < 5, \quad 4 < \sqrt[3]{99} < 5,$$
所以
$$8 < \sqrt{19} + \sqrt[3]{99} < 10.$$
只需比较 $\sqrt{19} + \sqrt[3]{99}$ 与 9 的大小. 而
$$\sqrt{19} + \sqrt[3]{99} \wedge 9 \quad (\wedge \text{ 代表} > \text{或} <)$$
$$\Leftrightarrow \sqrt[3]{99} \wedge 9 - \sqrt{19}$$
$$\Leftrightarrow 99 \wedge 9^3 - 3 \times 9^2 \times \sqrt{19} + 3 \times 9 \times 19 - 19\sqrt{19}$$
$$\Leftrightarrow (3 \times 9^2 + 19)\sqrt{19} \wedge 9^3 + 3 \times 9 \times 19 - 99$$
$$\Leftrightarrow 262\sqrt{19} \wedge 1143,$$
$$262^2 \times 19 = 1304236 < 1143^2 = 1306449.$$
所以
$$\sqrt{19} + \sqrt[3]{99} < 9,$$
$$[\sqrt{19} + \sqrt[3]{99}] = 8.$$

评注 有计算器何必不用呢?这种题目只此一道,下不为例.

83. 已知 a 为正整数,

$$\sqrt{x+\sqrt{x+\sqrt{x+\sqrt{x+\sqrt{x+\sqrt{x+\sqrt{x+\sqrt{x+\sqrt{x}}}}}}}}} = a. \qquad (1)$$

求 $[x]$.

解 平方得
$$x + t = a^2, \qquad (2)$$

其中 t 有八重根号,将(1)的左边最里面的 x(显然是正数)改成 0,就得到 t. 因此
$$t < a, \qquad (3)$$

并且
$$t^2 > x.$$

代入(2),得
$$t^2 + t > a^2.$$

更有
$$\left(t + \frac{1}{2}\right)^2 > a^2.$$

从而
$$t > a - \frac{1}{2}. \qquad (4)$$

由(2)、(3)、(4)得
$$a^2 - a < x = a^2 - t < a^2 - a + \frac{1}{2}.$$

因此
$$[x] = a^2 - a.$$

84. 双曲线 $y = \frac{1}{x}$ 的同一支上有 A、B、C 三点. 证明: $\triangle ABC$ 不是正三角形.

证明 设 A、B、C 的坐标为 (x_1, y_1),(x_2, y_2),(x_3, y_3). 不妨设 $0 < x_1 < x_2 < x_3$,则 $\frac{1}{x_1} > \frac{1}{x_2} > \frac{1}{x_3} > 0$,即 $y_1 > y_2 > y_3 > 0$. 所以
$$\begin{aligned}
AB^2 &= (x_2 - x_1)^2 + (y_2 - y_1)^2 \\
&= (x_2 - x_1)^2 + (y_1 - y_2)^2 \\
&< (x_3 - x_1)^2 + (y_1 - y_3)^2 \\
&= AC^2.
\end{aligned}$$

故 $\triangle ABC$ 不是正三角形.

评注 由
$$(x_2 - x_1)^2 + (y_1 - y_2)^2 + (x_3 - x_2)^2 + (y_2 - y_3)^2$$

$$< [(x_2 - x_1) + (x_3 - x_2)]^2 + [(y_1 - y_2) + (y_2 - y_3)]^2$$
$$= (x_1 - x_3)^2 + (y_1 - y_3)^2$$

得 $AB^2 + BC^2 < AC^2$,故∠CBA 为钝角,△ABC 是钝角三角形.

85. 直线 $y = 2x - 1$ 交 y 轴于 A,交 x 轴于 B. C 在 x 轴的正半轴上,并且∠CAB = 45°.求直线 AC 的方程.

解 关键在于如何利用这个 45°角.

构造等腰直角三角形,通常有两种办法,如图.一种是过 B 作 $BD \perp AC$,D 为垂点[图(a)].这时△ABD 是等腰直角三角形.AB 可求,AD、BD 也均可求.但∠DBC 不知多少度,再向前,荆棘丛生.

另一种是过 B 作 $BD \perp AB$,交 AC 于 D[图(b)].这时△ABD 为等腰直角三角形,并且 ∠DBC = 90° − ∠OBA = ∠OAB.

过 D 作 $DE \perp BC$,E 为垂足,则由 $BD = AB$ 得
$$\text{Rt}\triangle DEB \cong \text{Rt}\triangle BOA.$$

这条路可行,接下去只是一些计算.

A 点的坐标为 $(0, -1)$,B 点的坐标为 $\left(\dfrac{1}{2}, 0\right)$.

$$DE = OB = \dfrac{1}{2}, \quad BE = AO = 1, \quad OE = OB + BE = \dfrac{3}{2}.$$

D 点的坐标为 $\left(\dfrac{3}{2}, -\dfrac{1}{2}\right)$,$A$ 点的坐标为 $(0, -1)$,从而直线 AC 的方程为

$$y = \dfrac{1}{3}x - 1.$$

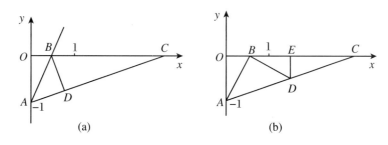

第 85 题图

评注 由于没有学过直线的夹角公式,因此只能处理一些特殊的角,如 45°角.这类问题等以后学了夹角公式,会有更一般的方法.因此,现在不宜多出这种类型的问题,留给将来统一解决为好.

86. 三个二次方程 $x^2 + 4ax - 4a + 3 = 0$,$ax^2 + (a-1)x + a = 0$,$2x^2 + 2ax - a = 0$ 中至少有一个方程有实数解.求实数 a 的取值范围.

解 三个二次方程的判别式分别为
$$(4a)^2 - 4(3-4a), \quad (a-1)^2 - 4a^2, \quad (2a)^2 + 8a.$$
$a \geqslant 0$ 或 $a \leqslant -2$ 时,$(2a)^2 + 8a \geqslant 0$,方程
$$2x^2 + 2ax - a = 0$$
有实数解.

$-1 \leqslant a \leqslant \dfrac{1}{3}$ 时,$(a-1)^2 - 4a^2 \geqslant 0$,方程
$$ax^2 + (a-1)x + a = 0$$
有实数解.

$a \geqslant \dfrac{1}{2}$ 或 $a \leqslant -\dfrac{3}{2}$ 时,$(4a)^2 - 4(3-4a) \geqslant 0$,方程
$$x^2 + 4ax - 4a + 3 = 0$$
有实数解.

因此,$a \leqslant -\dfrac{3}{2}$ 或 $a \geqslant -1$ 时,三个方程中至少有一个有实数解.但 $ax^2 + (a-1)x + a = 0$ 是二次方程,所以 $a \neq 0$.

故答案为 $a \leqslant -\dfrac{3}{2}$ 或 $0 > a \geqslant -1$ 或 $a > 0$.

87. 已知 $p、q$ 为整数,$p + q = 198$. 求方程 $x^2 + px + q = 0$ 的整数根的最大值.

解 设两根为 $x_1、x_2$,则由韦达定理可得
$$-p = x_1 + x_2,$$
$$q = x_1 x_2.$$
所以
$$p + q = x_1 x_2 - (x_1 + x_2),$$
从而
$$(x_1 - 1)(x_2 - 1) = 199.$$
不妨设 $x_1 > x_2$,则
$$x_1 = 199 + 1 = 200,$$
$$x_2 = 1 + 1 = 2.$$
因此
$$p = -202, \quad q = 400.$$
这时方程 $x^2 + px + q = 0(x^2 - 202x + 400 = 0)$ 有整数根 200,200 是最大的整数根.

88. 抛物线 $y = ax^2 + bx + c$ 交 x 轴于 $A(-1, 0)$,$B(3, 0)$,交 y 轴于 C,且过点 $D(2, -3)$.

(i) 求抛物线的方程.

(ii) 点 P 在抛物线上、直线 OD 下方. 求 $\triangle POD$ 的面积最大时,点 P 的坐标.

解 (i) 因为 $y = a(x+1)(x-3)$ 过点 $D(2,-3)$,所以 $a = 1$.

故抛物线方程为
$$y = (x+1)(x-3) = x^2 - 2x - 3.$$

(ii) 设 P 点的坐标为 $(m, m^2 - 2m - 3)$,则

$$S_{\triangle POD} = \frac{1}{2} \begin{vmatrix} m & m^2 - 2m - 3 \\ 2 & -3 \end{vmatrix} = \frac{1}{2}(-2m^2 + m + 6)$$

$$= -\left(m - \frac{1}{4}\right)^2 + \frac{49}{16}.$$

$m = \frac{1}{4}$ 时,$S_{\triangle POD} = \frac{49}{16}$ 最大. 这时 P 点的坐标为 $\left(\frac{1}{4}, -\frac{55}{16}\right)$.

89. 给出三个数字 3,7,5,不改变它们的顺序,添加运算符号($+$、$-$、$\times$、$\div$、$\sqrt{}$ 以及括号),使最后的运算结果分别为 1,2,3,4,5,6,7,9,10.

解
$$3 - 7 + 5 = 1,$$
$$(3 + 7) \div 5 = 2,$$
$$\sqrt{-3 + 7 + 5} = 3,$$
$$\sqrt{3 \times 7 - 5} = 4,$$
$$3 + 7 - 5 = 5,$$
$$3 \times (7 - 5) = 6,$$
$$\sqrt{-3 + 7} + 5 = 7,$$
$$-3 + 5 + 7 = 9,$$
$$\sqrt{-3 + 7} \times 5 = 10.$$

评注 得出 8 需用更多的符号,如 $[\sqrt{3+7}] + 5 = 8, 3! + 7 - 5 = 8$.

90. 证明下列恒等式:

(i) $\sum \dfrac{(a+b)(b+c)}{(a-b)(b-c)} = -1.$

(ii) $(1 - b^2)(1 - c^2) = (1 - bc)^2 - (b - c)^2.$

(iii) $\sum \dfrac{ac}{(a-b)(b-c)} = -1.$

(iv) $\sum \dfrac{(1-ab)(1-bc)}{(a-b)(b-c)} = -1.$

(v) $\sum \dfrac{(x-b)(x-c)}{bc(a-b)(a-c)} = \dfrac{x}{abc}$.

(vi) $\sum \dfrac{1}{a^2(a-b)(a-c)} = \sum \dfrac{1}{a} \cdot \sum \dfrac{1}{a(a-b)(a-c)}$.

证明 （i）在第 6 章第 8 节例 6 中，令 $x = a+b+c$ 即得.

（ii）将两边看成 b 的二次多项式，当 $b = \pm 1, c$ 时两边相等，所以两边恒等.
直接计算也不难，两边均等于 $1 + b^2 c^2 - b^2 - c^2$.

（iii）在第 6 章第 8 节例 6 中，令 $x = 0$.

（iv）在（v）中取 $x = abc$.

（v）当 $x = a、b、c$ 时两边相等，因此两边恒等.

（vi）

$$\sum \dfrac{1}{(a-b)(b-c)} = \dfrac{\sum(c-a)}{(a-b)(b-c)(c-a)} = 0,$$

$$\sum \dfrac{b}{(a-b)(b-c)} = \dfrac{\sum b(c-a)}{(a-b)(b-c)(c-a)} = 0,$$

$$\sum \dfrac{1}{a} \cdot \sum \dfrac{1}{a(a-b)(a-c)} = \sum \dfrac{1}{a^2(a-b)(a-c)} + \sum \dfrac{1}{a(a-b)(a-c)} \left(\dfrac{1}{b} + \dfrac{1}{c} \right)$$

$$= \sum \dfrac{1}{a^2(a-b)(a-c)} + \dfrac{1}{abc} \sum \dfrac{b+c}{(a-b)(a-c)}.$$

后一和 $= \dfrac{1}{abc} \left[(a+b+c) \sum \dfrac{1}{(a-b)(a-c)} - \sum \dfrac{a}{(a-b)(a-c)} \right] = 0$.

91. 已知整数 $a、b$ 满足条件：对于任意正整数 $n, 2^n a + b$ 都是平方数. 求证：b 是平方数.

证明 $b = 0$ 时结论已经成立. 设 $b \neq 0$.

我们证明 $a = 0$.

如果 $a < 0$，那么在无穷多个正整数

$$2, 2^2, 2^3, \cdots \tag{1}$$

中必有一个超过 b. 设 $2^n > b$，则

$$2^n a + b \leqslant -2^n + b < 0.$$

从而 $2^n a + b$ 不是平方数，与已知矛盾.

如果 $a > 0$，那么在 (1) 中必有一个超过 $b^2 - b$. 设 $2^n > b^2 - b$，则由已知 $2^n a + b$ 是平方数，记为 $d^2 (d > 0)$，可得

$$d^2 = 2^n a + b \geqslant 2^n + b > b^2, \quad d > |b|.$$

$b > 0$ 时，

$$2^{n+2}a + b < 4(2^n a + b) = (2d)^2,$$

并且

$$2^{n+2}a + b = (2d)^2 - 3b > (2d)^2 - 4d + 1 = (2d-1)^2.$$

从而 $2^{n+2}a + b$ 不是平方数, 与已知矛盾.

$b < 0$ 时, 同样有

$$(2d)^2 < 2^{n+2}a + b < (2d+1)^2.$$

从而 $2^{n+2}a + b$ 不是平方数, 与已知矛盾.

于是 $a = 0$, b 是平方数.

92. 对于每一个整数 $k \geq 0$, 求出所有满足

$$x^2 = 3[x] + k^2 - 1 \tag{1}$$

的实数 x. 这里 $[x]$ 表示不超过 x 的最大整数.

解 记 $n = [x]$.

(i) $n \geq 0$ 时, $n+1 > x \geq n$,

$$(n+1)^2 > 3n + k^2 - 1 \geq n^2,$$

即

$$n^2 - n + 2 > k^2 \geq n^2 - 3n + 1. \tag{2}$$

$n = 0$ 时, $k = 1$, $x = 0$.

$n = 1$ 时, $2 > k^2 \geq -1$, $k = 0$, $x = \sqrt{2}$; $k = 1$, $x = \sqrt{3}$.

$n = 2$ 时, $4 > k^2 \geq -1$, $k = 0$, $x = \sqrt{5}$; $k = 1$, $x = \sqrt{6}$.

$n \geq 3$ 时, $n^2 > k^2 \geq (n-2)^2$, $n > k \geq n - 2$.

1° $k = n - 2$ 时, 由 (2) 得 $n = 3$, $k = 1$, $x = 3$.

2° $k = n - 1$ 时, $n = k + 1$,

$$x^2 = 3(k+1) + k^2 - 1 = k^2 + 3k + 2,$$
$$x = \sqrt{k^2 + 3k + 2}.$$

其中 $k = 2$ 时, $x = 2\sqrt{3}$.

(ii) $n < 0$ 时, $0 \geq n + 1 > x \geq n$, 则

$$(n+1)^2 < 3n + k^2 - 1 \leq n^2,$$

即

$$n^2 - n + 2 < k^2 \leq n^2 - 3n + 1.$$

所以

$$(-n+1)^2 \leq k^2 < (-n+2)^2,$$
$$1 - n \leq k < 2 - n.$$

从而 $k = 1 - n$, $n = 1 - k$,

$$x^2 = 3(1-k) + k^2 - 1 = k^2 - 3k + 2.$$

所以 $k \geq 3$. 又 $x < 0$, 故

$$x = -\sqrt{k^2 - 3k + 2}.$$

总结为下表.

第 92 题表

k	x
0	$\sqrt{2}$、$\sqrt{5}$
1	0、$\sqrt{3}$、$\sqrt{6}$、3
2	$2\sqrt{3}$
≥ 3	$\sqrt{k^2+3k+2}$、$-\sqrt{k^2-3k+2}$

93. 设正整数 n 大于 1, 不是 2 的整数幂. 证明: n 可写成若干连续正整数的和.

证明 设 $n = 2^k(2h+1)$, h 为正整数, k 为零或正整数. 先将 n 写成 $2h+1$ 个连续整数的和, 中间一个是 2^k, 它的两侧是 $2^k - 1$ 与 $2^k + 1$, 再向外分别是 $2^k - 2$ 与 $2^k + 2$, $\cdots$, 直至 $2^k - h$ 与 $2^k + h$, 即

$$n = (2^k - h) + (2^k - h + 1) + \cdots + (2^k - 1) + 2^k + (2^k + 1)$$
$$+ \cdots + (2^k + h - 1) + (2^k + h).$$

如果 $2^k > h$, 那么 n 已经写成连续正整数的和.

如果 $2^k \leq h$, 那么将开始的 $2(h - 2^k) + 1$ 个项 (从 $2^k - h$ 到 $h - 2^k$) 去掉, 剩下的和仍为 n, 这时 n 已经是连续正整数的和.

94. 一串从小到大的连续整数

$$m, m+1, \cdots, n$$

的和为 2000.

(ⅰ) 求 m 的最小值.

(ⅱ) 求 m 的最小正值.

解 (ⅰ) 和为 2000, 即

$$\frac{(m+n)(n-m+1)}{2} = 2000. \tag{1}$$

因为 $n \geq m$, 所以 $n - m + 1 > 0$, 从而

$$m + n > 0,$$

即

$$m + n \geq 1. \tag{2}$$

于是

$$n - m + 1 = \frac{2 \times 2000}{m + n} \leqslant 4000. \tag{3}$$

(2)-(3),得

$$2m \geqslant 2 - 4000,$$
$$m \geqslant -1999.$$

上面的推导或许直接用语言(不用式子)表述更好.

首先,这批数的和为2000,所以平均值是正的,而在项数为奇数时,平均值就是位于中央的那一项,这个平均值至少为1.在项数为偶数时,平均值就是位于中央的那两项的平均值,这个平均值至少为$\frac{1}{2}$.而平均值越小,则项数越多,第一项m也就越少.因此,中央两项应为0、1,项数为4000,从m到0有2000项,从1到2000也有2000项,这时m最小,为-1999,而且

$$-1999, -1998, \cdots, -1, 0, 1, 2, \cdots, 2000$$

的和为2000,合乎要求.

(ii) $(n+m)(n-m+1) = 4000 = 125 \times 32$.

$(n+m) - (n-m+1) = 2m - 1$ 应尽量小.

$n+m$ 与 $n-m+1$ 奇偶性不同,其中一个能被32整除,因而有如下可能:

$$n + m = 125, \quad n - m + 1 = 32,$$
$$n + m = 32 \times 5, \quad n - m + 1 = 25,$$
$$\cdots,$$

其中差以$125 - 32 = 93$为最小,因此

$$n + m = 125, \quad n - m + 1 = 32.$$

最小值为 $m = \frac{93+1}{2} = 47$(这时 $n = 78$).

$47, 48, 49, \cdots, 78$ 满足要求.

95. 找一个边长为不同整数、面积也为整数的三角形,但这个三角形不是直角三角形.

解 答案不唯一.先找两个边长为不同整数、面积也为整数的直角三角形.例如一个边长为3、4、5,另一个边长为7、24、25.再将前者边长扩大到7倍,边长成为21、28、35,后者边长扩大到3倍,边长成为21、72、75.将这两个三角形拼在一起,一条高为21,边长成为35、75、28+72=100,面积当然仍为整数:

$$\frac{1}{2} \times 21 \times 100 = 1050.$$

因为$100^2 > 75^2 + 35^2$,所以这个三角形不是直角三角形.

96. 设边长均为整数、周长为 $n(\geqslant 3)$ 的互不全等的三角形个数为 $f(n)$. 证明: $f(2n)=f(2n-3)$.

证明 设一个周长为 $2n$、边长均为整数的三角形三边的长为 a、b、c,且满足 $a\leqslant b\leqslant c$,则
$$a+b+c=2n,$$
$$b\leqslant c\leqslant n-1,$$
$$a+b\geqslant n+1.$$

所以
$$a\geqslant n+1-b\geqslant(n+1)-(n-1)=2.$$

于是 $a'=a-1, b'=b-1, c'=c-1$ 均为正整数,而且
$$a'+b'=(a+b)-2\geqslant n+1-2=n-1\geqslant c>c'.$$

从而 a'、b'、c' 是一个三角形的三条边长,并且
$$a'+b'+c'=a+b+c-3=2n-3.$$

这表明每一个边长为整数、周长为 $2n$ 的三角形均有一个边长为整数、周长为 $2n-3$ 的三角形与它对应,而且对于不同的 (a,b,c),相应的 (a',b',c') 也互不相同.

反之,对于每个边长 a'、b'、c' 为整数且周长为 $2n-3$ 的三角形,令 $a=a'+1, b=b'+1, c=c'+1$,则产生一个边长为整数、周长为 $2n$ 的三角形.

因此,两种三角形之间一一对应,个数相等,即 $f(2n)=f(2n-3)$.

97. 边长均为整数、周长为 $12t+1$(t 为自然数)的(互不全等的)三角形有多少个?

解 设三边长为 a、b、c,且满足 $a\leqslant b\leqslant c$,则
$$4t+1\leqslant c\leqslant 6t.$$

对于每个 c,有
$$a\geqslant 12t+1-2c$$

且
$$a\leqslant\left[\frac{12t+1-c}{2}\right]=6t-\left[\frac{c}{2}\right].$$

所以 a 的个数为
$$6t-\left[\frac{c}{2}\right]-(12t+1-2c)+1=2c-6t-\left[\frac{c}{2}\right].$$

设 $c=4t+k, 1\leqslant k\leqslant 2t$,则对于每个 k, a 的个数为
$$8t+2k-6t-2t-\left[\frac{k}{2}\right]=2k-\left[\frac{k}{2}\right].$$

因为

$$\sum_{k=1}^{2t} 2k = (1+2t)\cdot 2t,$$

$$\sum_{k=1}^{2t}\left[\frac{k}{2}\right] = \sum_{k=2}^{2t-1}\left[\frac{k}{2}\right] + t = 2\times[1+2+\cdots+(t-1)] + t$$
$$= t(t-1) + t = t^2,$$

所以

$$\sum_{k=1}^{2t}\left(2k - \left[\frac{k}{2}\right]\right) = (1+2t)\cdot 2t - t^2 = t(3t+2),$$

即所求三角形有 $t(3t+2)$ 个.

评注 若设边长均为整数、周长为 n 的互不全等的三角形个数为 $f(n)$,则用类似方法可得

$$f(n) = \begin{cases} 3t^2 + 2t, & n = 12t+1, \\ 3t^2 + 3t + 1, & n = 12t+3, \\ 3t^2 + 4t + 1, & n = 12t+5, \\ 3t^2 + 5t + 2, & n = 12t+7, \\ 3t^2 + 6t + 3, & n = 12t+9, \\ 3t^2 + 7t + 4, & n = 12t+11. \end{cases}$$

98. 将边长为 n 的正三角形用与边平行的直线分成 n^2 个边长为 1 的正三角形,其中尖向下的正三角形(边长不限定为 1)有多少个?

解 如果 $n=2k$,那么边长为 k 的尖向下的正三角形(即三边中点所成的三角形)只有 1 个.边长为 $k-1$ 的尖向下的正三角形有 $(1+2+3)$ 个(底边在中位线上的有 2 个,底边在中位线上方的有 1 个,底边在中位线下方的有 3 个),依此类推,边长为 1 的尖向下的正三角形有

$$1 + 2 + \cdots + (2k-1) = k(2k-1)$$

个.

因此,共有

$$\sum_{h=1}^{k} h(2h-1) = 2\sum_{h=1}^{k} h^2 - \sum_{h=1}^{k} h$$
$$= 2\times\frac{1}{6}k(k+1)(2k+1) - \frac{1}{2}k(k+1)$$
$$= \frac{1}{6}k(k+1)(4k-1)$$

个尖向下的正三角形.

如果 $n = 2k-1$,则可类似地得到尖向下的正三角形的个数为

$$\sum_{h=1}^{k}(h-1)(2h-1)=\frac{1}{6}k(k-1)(4k+1).$$

99. 称正奇数 n 为不平庸的,如果 $1,2,\cdots,n$ 可分为 A、B、C 三组,满足以下条件:

(1) A 中的数都是奇数.

(2) B 中的数都是偶数.

(3) 被 3 整除的数都在 C 中,但 C 中也可能有其他的数.

(4) 没有一个数同时属于两个组.

(5) 每组的和都相等.

证明:$n+1$ 能被 12 整除,并求出最小的不平庸数.

证明

$$1+2+\cdots+n=\frac{n(n+1)}{2}.$$

因为 n 为奇数,所以 $n=6k+1$、$6k+3$ 或 $6k+5$.

当 $n=6k+1$ 时,总和 $\frac{n(n+1)}{2}=\frac{(6k+1)(6k+2)}{2}$ 不能被 3 整除,条件(5)不能满足.

当 $n=6k+3$ 时,总和的 $\frac{1}{3}$ 是

$$\frac{n(n+1)}{6}=\frac{(6k+3)(6k+4)}{6}=(2k+1)(3k+2).$$

而 C 中所有数的和是

$$3+6+\cdots+(6k+3)=\frac{(6k+6)(2k+1)}{2}=(2k+1)(3k+3),$$

超过总和的 $\frac{1}{3}$.

当 $n=6k+5$ 时,总和的 $\frac{1}{3}$ 是

$$\frac{n(n+1)}{6}=\frac{(6k+5)(6k+6)}{6}=(k+1)(6k+5).$$

而 C 中 3 的倍数的和(上面已得出)是

$$3+6+\cdots+(6k+3)=(2k+1)(3k+3)=(k+1)(6k+3),$$

比总和的 $\frac{1}{3}$ 少

$$(k+1)(6k+5)-(k+1)(6k+3)=2(k+1).$$

这时其余奇数的和是

$$1+5+7+11+\cdots+(6k+1)+(6k+5),$$

其余偶数的和是
$$2+4+8+10+\cdots+(6k+2)+(6k+4),$$
两者相等$[1+5=2+4,7+11=8+10,\cdots,(6k+1)+(6k+5)=(6k+2)+(6k+4)]$,因此应分别取出和为 $k+1$ 的部分给 C,三者的和才能相等.

但偶数中取出的和全是偶数,所以 $k+1$ 是偶数,k 是奇数.设 $k=2h-1$,则
$$n=12h-1.$$
$n+1=12h$ 能被 12 整除.

$h=1$ 时,$k=1,k+1=2$,但 $1,5,7,\cdots$ 中无法取出和为 2 的部分给 C.

$h=2$ 时,$k=3,k+1=4$,但 $1,5,7,\cdots$ 中仍无法取出和为 4 的部分给 C.

$h=3$ 时,$k=5,k+1=6,n=35,A=\{7,11,13,17,19,23,25,29,31,35\}$,$B=\{8,10,14,16,20,22,26,28,32,34\}$,$C=\{1,2,4,5,3,6,\cdots,33\}$ 满足要求.

最小的不平庸数是 35.

100. 若 x、y 是两个实数,x^3+y、x^2+y^2、$x+y^3$ 都是整数,证明:x、y 也是整数.

证明 设 $x^3+y=l,x^2+y^2=m,x+y^3=n$,其中 l、m、n 都是整数.

记 $t=xy$,我们有
$$l+n=x^3+y^3+x+y=(x+y)(x^2+y^2-xy+1), \tag{1}$$
$$(l+n)^2=(x+y)^2(x^2+y^2-xy+1)^2=(m+2t)(m+1-t)^2, \tag{2}$$
$$(l-n)^2=(x-y)^2(x^2+y^2+xy-1)^2=(m-2t)(m+t-1)^2, \tag{3}$$
$$l^2+n^2=\frac{1}{2}[(l+n)^2+(l-n)^2]=-3mt^2+2mt+m^3+m. \tag{4}$$

所以 t 是一个整系数二次方程的根,从而
$$t=a\pm\sqrt{b},\quad a=\frac{-2m}{2\times(-3m)}=\frac{1}{3},\quad b\text{ 为有理数}.$$

将 t 代入(2),得
$$(l+n)^2=r\pm 2\sqrt{b}[-(m+2a)(m+1-a)+(m+1-a)^2+b]$$
$$=r\pm 2\sqrt{b}\cdot b,$$
其中 r 为有理数.

上式两边均应为有理数,所以 b 为平方数,而 $t=xy$ 为有理数.

t 适合方程(2),这是首项系数为 2 的整系数方程,所以 t 的分母为 1 或 2.

由(1)知 $x+y$ 为有理数,而且
$$(x+y)^2=m+2t$$
为整数,从而 $x+y$ 为整数.

同理,$x-y$ 为整数,所以

$$2x = (x+y) + (x-y), \quad 2y = (x+y) - (x-y)$$

均为整数. 设 $x = \dfrac{k}{2}, y = \dfrac{h}{2}$，其中 k、h 为整数，则

$$k^2 + h^2 = 4(x^2 + y^2) = 4m$$

为 4 的倍数，从而 k、h 为偶数，x、y 为整数.